STARK

ABITUR

Prüfungsaufgaben
mit Lösungen

2013

Politik und Wirtschaft

Grund- und Leistungskurs
Gymnasium • Gesamtschule
Hessen

2009–2012

STARK

ISBN 978-3-8490-0115-5

7. ergänzte Auflage
www.stark-verlag.de

Inhalt

Jeweils zu Beginn des neuen Schuljahres erscheinen die neuen Ausgaben der Abiturprüfungsaufgaben mit Lösungen.

Autoren:

Andreas Brückmann (2010/GK A, GK B; 2011/GK C; 2012/GK C); Thomas von Machui (Hinweise; 2009/GK B, LK B; 2010/LK A, LK B; 2011/GK B, LK B; 2012/GK B, LK B); Herbert Preissler (2009/GK C, LK C; 2010/GK C, LK C; 2011/GK A, LK C; 2012/GK A, LK A); Markus Willmann (2009/GK A, LK A; 2011/LK A; 2012/LK C)

Vorwort

Liebe Schülerinnen und Schüler,

Sie haben vor, Ihr Abitur im **Fach Politik und Wirtschaft** abzulegen – im Grund- oder Leistungskurs. Ein spannendes Fach, aber seine Bezüge zu vielfältigen Themenbereichen können durchaus eine Herausforderung sein. Sicher werden Sie sich folgende Fragen stellen: Welche der zahlreichen Themen aus der deutschen und internationalen Politik, aus Wirtschaft und Verfassungs- oder Völkerrecht muss ich auf jeden Fall beherrschen? Wie sehen die Klausuren des Landesabiturs aus? Worin besteht das methodische Handwerkszeug zum erfolgreichen Bestehen der Prüfung? Nach welchen Kriterien werden meine schriftlichen und mündlichen Leistungen bewertet? Was spricht für die Wahl einer besonderen Lernleistung oder einer Präsentationsprüfung –im Vergleich zur klassischen mündlichen Prüfung? Welche Termine sind zu beachten?

Der vorliegende Band beantwortet diese und viele andere Fragen zuverlässig. Sie erhalten **alle erforderlichen Hilfen bei der Vorbereitung** auf das zentral gestellte hessische Abitur. Die umfassenden juristischen Vorschriften werden in verständlicher Form erläutert. Die ab dem Schuljahr 2011/12 für alle Abiturienten gültige neue Oberstufen- und Abiturverordnung (OAVO) ist durchgängig berücksichtigt. Auch für das mündliche 5. Prüfungsfach finden Sie hilfreiche Tipps.

Das hessische **Landesabitur** kombiniert **zentrale schriftliche**, also vom Kultusministerium erstellte **Prüfungsaufgaben** und nach wie vor von den Lehrkräften vor Ort erarbeitete **mündliche Prüfungen**. Zentral geprüft werden die Leistungskurse sowie die Grundkurse im 3. Prüfungsfach. Alle mündlichen Prüfungen im 4. und 5. Prüfungsfach liegen in der Hand der Lehrer. Hier bietet die Präsentationsprüfung im 5. Prüfungsfach besonders interessante Chancen für selbstständiges Arbeiten.

Auf den folgenden Seiten finden Sie:

- einen Überblick über die wichtigsten Bestimmungen, die für das Landesabitur im Fach Politik und Wirtschaft gelten,
- die offiziellen, vom hessischen Kultusministerium gestellten Abitur-Prüfungsaufgaben der Jahre 2009 bis 2012 mit von erfahrenen Lehrern vollständig ausformulierten Lösungen, jeweils mit Hinweisen und Tipps zur Vorgehensweise,
- Informationen und praktische Tipps zur Vorbereitung auf die mündlichen Prüfungen im 4. und 5. Prüfungsfach.

Sollten nach Erscheinen dieses Bandes noch wichtige Änderungen in der Abitur-Prüfung 2013 vom Kultusministerium Hessen bekannt gegeben werden, finden Sie aktuelle Informationen dazu im Internet unter:
www.stark-verlag.de/info.asp?zentrale-pruefung-aktuell.

Viel Erfolg!

Stichwortverzeichnis

Hinweise und Tipps zur schriftlichen Abiturprüfung

1 Wie sieht die schriftliche Abiturprüfung im Landesabitur aus?

Die Abiturklausur unterscheidet sich von den gewohnten Klausuren zunächst in zweifacher Hinsicht: durch die Möglichkeit, **aus mehreren Aufgaben auswählen** zu können, und durch die **längere Bearbeitungszeit**.

Ihnen werden drei Vorschläge mit unterschiedlichen Themen vorgelegt, aus denen Sie einen auswählen. Für das Einlesen und Ihre Entscheidung für ein Thema haben Sie 45 Minuten Zeit, die nicht von der Bearbeitungszeit abgezogen werden. Nach Ihrer Entscheidung gibt es kein Zurück mehr, denn die anderen Vorschläge werden wieder eingesammelt.

Im **Leistungskurs** verbleiben Ihnen jetzt 240 Minuten, im **Grundkurs** 180 Minuten. Als **Hilfsmittel** stehen Ihnen dafür ein Wörterbuch der deutschen Rechtschreibung, das Grundgesetz, die Charta der Vereinten Nationen (beides unkommentiert) und eine Liste der fachspezifischen Operatoren zur Verfügung.[1]
Die von Ihnen ausgewählte Aufgabe kann **alternative Arbeitsanweisungen** enthalten. Zum Beispiel: Statt einer sachlichen Erörterung können Sie sich dafür entscheiden, eine Rede vor dem Europäischen Parlament oder die Stellungnahme des Wirtschaftsministers zu entwerfen.
Dass Sie **unter verschiedenen Themen eine Auswahl treffen**, macht auch deshalb Sinn, weil Ihre PoWi-Lehrer (oder Sie selbst!) vermutlich nicht alle vom Lehrplan vorgeschriebenen Themen in gleicher Intensität vorbereiten konnten.
Aber keine Angst: Auch die zentral gestellten Aufgaben kommen von erfahrenen Lehrkräften. Sie orientieren sich an realistischen Zielsetzungen und vor allem daran, was Jahr für Jahr durch einen besonderen Erlass u. a. auch für das Fach Politik und Wirtschaft zusammengestellt wird. Für jedes Abiturjahr werden in ihm die fachspezifischen Prüfungsschwerpunkte festgelegt, und diese können auch Sie jederzeit nachlesen.[2] Sie sind eine Auswahl aus den Themen, die der Lehrplan vorgibt.

1 In den bilingualen Prüfungen steht Ihnen zusätzlich ein einsprachiges Wörterbuch zur Verfügung; nach Beschluss der Schule ist auch ein zweisprachiges Wörterbuch möglich.
2 „Landesabitur 2013 – Hinweise zur Vorbereitung auf die schriftlichen Abiturprüfungen“. Der Erlass kann unter www.kultusministerium.hessen.de (Durchklicken: Schule > Gymnasium > Landesabitur > Erlasse) heruntergeladen werden.

Im Landesabitur haben Sie mit **zwei Aufgabenarten** zu rechnen, die in drei bis vier Teilaufgaben untergliedert sind.[3] Beide Aufgabenarten beginnen mit **Analyse- und Darstellungsaufträgen**. Ihr Unterschied liegt im dritten Aufgabenteil, der entweder eine **Erörterung oder eine Gestaltung** verlangt.

Das bedeutet im Einzelnen:

1. Vorgegebene **Materialien**, seien es Falldarstellungen, theoretische Texte, Zeitungsartikel, Reden, Statistiken, Karikaturen oder Diagramme, sollen zunächst **analysiert** werden. D. h., aus den Materialien sind Informationen zu erschließen, die für das übergreifende Thema der Prüfungsaufgabe wichtig sind.
2. Im Anschluss daran haben Sie bezogen auf das im ersten Teil dargestellte Problem **fachliche Kenntnisse** zu politischen, gesellschaftlichen und wirtschaftlichen Zusammenhängen **darzustellen**.
3. Abschließend folgt in der Regel eine **Erörterung der Problemstellung**, die in ein eigenes Urteil mündet.

   Wird **statt der Erörterung eine eigene Gestaltung** verlangt, z. B. die Abfassung einer Rede oder eines Briefes bzw. der Entwurf einer Strategie, so sollen Sie die Rolle und Sichtweise von konkreten politischen Akteuren einnehmen und dadurch Handlungskompetenz in einer simulierten Situation beweisen. Im Anschluss an die Analyse eines Konflikts (Aufgabenteile 1 und 2) versetzen Sie sich also in die Situation einer daran beteiligten Partei.

   Beispiele für Gestaltungsaufgaben:
   <u>Beispiel 1:</u> *„Die zukünftige Rolle der EU in der Welt wird im Europäischen Parlament diskutiert. Entwerfen Sie zwei Reden: eine, mit der Sie als Befürworter einer neuen Geostrategie das Plenum von Ihrer Position überzeugen wollen, und eine, die die Gegenposition bezieht."*

   <u>Beispiel 2:</u> *„Am Kabinettstisch der Bundesregierung wird die Position Deutschlands für die Sitzung der Landwirtschaftsminister in Brüssel vorbereitet. Die Bundeskanzlerin bittet neben Ilse Aigner auch den Wirtschaftsminister Philipp Rösler und den Minister für wirtschaftliche Zusammenarbeit und Entwicklung, Dirk Niebel, um ihre Positionen im ‚Zuckerstreit'. Entwerfen Sie deren mögliche Stellungnahmen und eine nach Ihrer Auffassung denkbare gemeinsame Position der Bundesregierung in Brüssel."*

   In beiden Aufgaben sollen Sie die **Rolle und die Sichtweise von konkreten politischen Akteuren** einnehmen. Eine reizvolle, aber keineswegs einfache Aufgabe! Ihre erfolgreiche Bewältigung setzt – zusätzlich zum Sachwissen – Grundkenntnisse zum Rollenverständnis und zum institutionellen Kontext der Akteure voraus. Ein Abgeordneter des Europäischen Parlaments wird abhängig von seiner Parteizugehörigkeit und (hier) in Auseinandersetzung mit der bisherigen Außen- und

3 Aufgabenarten gemäß der „Einheitlichen Prüfungsanforderungen" in der Abiturprüfung. Sozialkunde/Politik. Beschluss der Kultusministerkonferenz in der Fassung vom 17. 11. 2005, S. 19 ff.

Sicherheitspolitik der EU argumentieren. Entsprechende Kenntnisse zur Politik des Ministerrats oder der Kommission sollten also in die Rede einfließen. Analog gilt die geforderte „Einfühlung“ in die Perspektive politischer Akteure bei den beiden Ministerreden. Eine Gefahr liegt in Lösungen, die nur die geforderte Pro- oder Kontra-Position mit Argumenten untermauert. Jede überzeugende Rede bemüht sich zumindest ansatzweise auch um die Entkräftung der Gegenposition.

Kursübergreifender Bezug

Die Aufgabe, die Sie ausgewählt haben, bezieht sich hauptsächlich auf ein Halbjahr, sie enthält aber auch **Verbindungen zu Inhalten von einem oder mehreren anderen Kursen zwischen Q 1 und Q 3**. In den „Einheitlichen Prüfungsanforderungen“ heißt es nämlich: „Unbeschadet einer prüfungsdidaktisch erforderlichen Schwerpunktbildung dürfen sich die von der Schülerin bzw. vom Schüler zu bearbeitenden Aufgaben nicht auf Sachgebiete eines Kurshalbjahres beschränken.“ Darin liegt eine gewisse Hürde, denn dies wurde im Unterricht nicht unbedingt geübt und in Klausuren bisher auch nicht gefordert.

Es kann demnach sein, dass Sie z. B. Welthandelsprobleme als Schwerpunkt vorgelegt bekommen, also Inhalte des Kurshalbjahres Q 3, und damit Ihre Antwort auf die Frage zu verknüpfen haben, ob die Türkei in die EU aufgenommen werden soll (Q 1 oder Q 2). Um welche Querverbindung zwischen verschiedenen Kursen bzw. Themen es sich handelt, sieht man in der Regel bereits an der **Überschrift**, die in jeder Aufgabe den konkreten Arbeitsaufträgen vorausgeht. Für unser Beispiel könnte sie lauten: „Welthandel und EU-Erweiterung“. Es hilft also, bereits die Überschriften gründlich zu lesen und ihre „Signale“ zu deuten.
Und so bekommen Sie im genannten Beispiel den Bogen für eine differenzierte Stellungnahme: Blickt man auf die anderen Schwellenländer im Welthandel, könnte die Aufnahme der Türkei in die EU einerseits deren Lage zweifellos verschlechtern (aufgrund der zu erwartenden EU-Subventionen für das neue Mitgliedsland Türkei), andererseits gäbe es auch Chancen für Schwellenländer wie Brasilien: Der potenzielle Absatzmarkt für die brasilianischen Exporte würde sich erweitern, besonders aufgrund der Fortschritte in den Verhandlungen zwischen dem Mercosur und der nun erweiterten EU.

Operatoren

Am meisten hilft genaues Lesen der **Arbeitsanweisungen**. Sie sind für Grundkursklausuren stärker gegliedert als im Leistungskurs. Bei genauem Hinschauen lassen sich ihrer Formulierung wichtige Informationen entnehmen. Alle Autoren der zentralen Prüfungsaufgaben orientieren sich an einer gemeinsamen „**Operatorenliste**“. Damit sind die Verben gemeint, die für möglichst prägnante, unmissverständliche Aufgaben sorgen sollen. Die folgende Liste umfasst alle offiziell zugelassenen Operatoren mit den verbindlichen Definitionen und verweist auf Beispielaufgaben. Dabei steht z. B. GK12/B/1 für die Grundkursaufgabe 2012, Vorschlag B, Teilaufgabe 1.

Anforderungsbereich I

Operator(en)	Definition	Beispiele
(be-)nennen	zielgerichtet Informationen zusammentragen, ohne diese zu kommentieren	GK10/A/1
berechnen/ ermitteln	Aufgaben anhand vorgegebener Daten und Sachverhalte lösen	LK09/A/1
beschreiben	spezifische Textaussagen oder Sachverhalte in eigenen Worten strukturiert und fachsprachlich ggf. unter Zuhilfenahme eigenen Vorwissens darstellen (z. T. auch AFB II)	GK09/A/1
skizzieren	einen Sachverhalt oder Gedankengang in seinen Grundzügen angeben Beispiel: *Skizzieren Sie den Einfluss der Medien auf die politische Willensbildung.*	
wiedergeben	Informationen aus dem vorliegenden Material unter Verwendung der Fachsprache in eigenen Worten ausdrücken	GK11/A/1 LK11/B/1 LK12/A/1
zusammenfassen	ausgehend von einem Einleitungssatz die wesentlichen Aussagen eines Textes komprimiert und strukturiert darlegen	LK11/A/1 GK12/B/1

Anforderungsbereich II

Operator(en)	Definition	Beispiele
analysieren	Merkmale eines Textes, Sachverhaltes oder Zusammenhanges kriterienorientiert bzw. aspektgeleitet erschließen und zusammenhängend darstellen	GK12/C/3
anwenden	einen bekannten Sachverhalt oder eine bekannte Methode auf etwas Neues beziehen Beispiel: *Wenden Sie die Merkmale von Unterentwicklung auf ein Land Ihrer Wahl an.*	
auswerten	Daten oder Einzelergebnisse zu einer abschließenden Gesamtaussage zusammenführen Beispiel: *Werten Sie die vorliegenden Materialien im Hinblick auf die wirtschaftliche Entwicklung des Landes aus.*	
begründen	einen Sachverhalt bzw. eine Aussage durch nachvollziehbare (Text-)Argumente stützen (z. T. auch AFB III) Beispiel: *Begründen Sie, wie es zu diesem Handelskonflikt/ der Veränderung des Parteiensystems gekommen ist.*	
charakterisieren	Personen, Vorgänge oder Sachverhalte in ihrer jeweiligen Eigenart treffend und anschaulich kennzeichnen und ggf. unter einem bestimmten Gesichtspunkt zusammenfassen	GK10/B/2
darstellen	Zusammenhänge und übergeordnete Sachverhalte ggf. mithilfe von Materialkenntnissen und bekannten Deutungen strukturiert beschreiben und erklären (z. T. auch AFB I)	GK11/C/2.1 LK11/B/3a GK12/A/2
einordnen/ zuordnen	Sachverhalte unter Verwendung von Vorwissen begründet in einen thematischen Zusammenhang stellen	LK11/A/2 GK12/A/3
erläutern/ erklären	Materialien, Sachverhalte oder Thesen ggf. mit zusätzlichen Informationen und Beispielen verdeutlichen, in einen Zusammenhang einordnen und begründen	LK10/B/2 GK11/A/2.2 LK12/B/3

herausarbeiten	aus Materialien bestimmte Sachverhalte erschließen, die nicht explizit genannt werden	LK10/B/1 LK12/B/2
in Beziehung setzen	Zusammenhänge unter vorgegebenen oder selbst gewählten Gesichtspunkten begründet herstellen Beispiel: *Setzen Sie die Aussagen des US-Politikers in Beziehung zu den Aufgaben und Zielsetzungen der UNO.*	
untersuchen	die Übereinstimmung vorgegebener Kriterien oder Normen mit bestimmten Sachverhalten prüfen	LK10/B/2 LK12/A/3
vergleichen/ gegenüberstellen	nach vorgegebenen oder selbst gewählten Gesichtspunkten problembezogen Gemeinsamkeiten, Ähnlichkeiten und Unterschiede ermitteln und darstellen (z. T. auch AFB III)	LK09/C/2.2

Anforderungsbereich III

Operator(en)	Definition	Beispiele
beurteilen	zu einem Sachverhalt oder einer Aussage unter Verwendung von Fachwissen und Fachmethoden Stellung nehmen, um zu einer begründeten Einschätzung zu gelangen Beispiel: *Beurteilen Sie die Lösungsvorschläge des Autors.*	
bewerten/ Stellung nehmen	wie Operator „beurteilen“, aber zusätzlich die eigenen Maßstäbe darlegen und begründen	GK11/B/3
diskutieren/sich auseinandersetzen mit	zu einer Problemstellung oder These eine Argumentation entwickeln, die zu einer begründeten Bewertung führt	LK11/A/4 LK11/C/3 GK12/C/4 LK12/A/4
entwickeln	einen eigenen (bewertenden) Gedankengang zu einem Thema entfalten und Schlussfolgerungen ziehen (z. T. auch AFB II)	
erörtern	die Vielschichtigkeit einer These oder Problemstellung erkennen, eigene Gedanken dazu entfalten und unter Abwägen verschiedener Standpunkte zu einem eigenen wertenden Urteil gelangen (z. T. auch AFB II)	GK10/A/3 GK10/B/4 LK11/B/3 GK12/A/4 LK12/C/3
gestalten/ entwerfen/ formulieren/ verfassen	Aufgabenstellungen kreativ und produktorientiert bearbeiten, z. B. auf der Grundlage eines Textes und seiner inhaltlichen oder stilistischen Gegebenheiten eine kreative Idee in ein selbstständiges Produkt umsetzen Beispiel: *Gestalten Sie auf der Grundlage der vorgegebenen Informationen eine Petition der Gewerkschaftsvertreter an den Innenminister.*	
interpretieren	auf der Grundlage einer Analyse Sinnzusammenhänge aus Materialien methodisch reflektiert erschließen, um zu einer schlüssigen Gesamtauslegung zu gelangen Beispiel: *Interpretieren Sie die Karikatur im Zusammenhang der Hauptthese des Textes.*	
überprüfen	Aussagen, Behauptungen oder Urteile kritisch befragen und auf der Grundlage erworbener Fachkenntnisse begründet beurteilen	GK11/B/2

Eine häufige Fehlerquelle liegt z. B. im Missverständnis, dass mit dem Operator „erläutern“ das breitere Ausführen von bereits Gesagtem gemeint ist. In Wirklichkeit handelt es sich um eine Erweiterungsaufgabe, die über die Materialvorgabe hinausreicht. Dieses Operatorenverzeichnis liegt sicher auf dem Schreibtisch Ihres PoWi-Lehrers, wenn er seine Klausuren entwirft. Daher müssten sie auch Ihnen bekannt sein. Wenn nicht, bitten Sie im Kurs darum, dass das Verständnis dieser Verben an Beispielen geübt wird. Sie erhalten damit einen wichtigen Schlüssel zur richtigen Anlage der eigenen Lösung.

Verständnisfragen

Nicht immer sind alle Aufgabenstellungen eindeutig und für jeden sofort verständlich. In diesem Fall haben Sie das Recht, Ihrer Arbeit eine Erläuterung beizufügen. Darin können Sie Ihre Deutung der Aufgabe und den eigenen Lösungsweg erklären. In § 32 (6) der Oberstufen- und Abiturverordnung heißt es sogar: „Sie können in diesen Erläuterungen auch Zweifel an der Richtigkeit der vorgelegten Lösung äußern und begründen, warum Ihnen eine Lösung nicht möglich ist.“

3 Welche Themen sind prüfungsrelevant?

Alle prüfungsrelevanten Inhalte der Lehrpläne sollten während der ersten drei Halbjahre der Qualifikationsphase behandelt worden sein. Für welche Inhalte dieser drei Kurse das gilt, wird – wie auf S. 1 erläutert – regelmäßig per Erlass fixiert. So hat das Kultusministerium die unten aufgeführten **thematischen Schwerpunkte für das Landesabitur 2013** als Basis für die Auswahl von Texten und Aufgaben bestimmt.[4] Dabei handelt es sich um eine nur leicht verkürzte Fassung der im Lehrplan Politik und Wirtschaft genannten obligatorischen Inhalte.[5] Die folgende Zusammenstellung können Sie sehr gut als **Checkliste** benutzen: Was kann ich bereits gut, nicht so gut, gar nicht? Die mit „LK" markierten Stichworte können Sie übergehen, wenn Sie sich auf die schriftliche Prüfung im Grundkurs vorbereiten.

Q 1 Politische Strukturen und Prozesse	**gut**	**nicht so gut**	**gar nicht**
Verfassungsnorm und Verfassungsrealität – Grundprinzipien der Verfassungsordnung der Bundesrepublik Deutschland; Art. 1 und Art. 20 GG – Grundrechte und Grundrechtsabwägung (GG, BVerfG) – Gewaltenteilung und Gewaltenverschränkung – Parlament und Regierung im konkreten politischen Gesetzgebungsprozess			
Partizipation und Repräsentation an ausgewählten Beispielen – Parteien (innerparteiliche Demokratie, Fraktionszwang und freies Mandat) – Wahlen – Pluralismus und politischer Entscheidungsprozess – weitere Akteure und Formen der politischen Beteiligung			
Medien – Einfluss der Medien auf die politische Willensbildung – Demokratisierung, Partizipation und neue Medien			
Bundesrepublik Deutschland und europäische Integration – institutionelle Strukturen und Entscheidungsprozesse in der EU (Europäisierung von Entscheidungsprozessen) – Frage nach dem Demokratiedefizit in der EU			
Politische Theorien (LK) – theoretische Grundlegung des modernen Verfassungsstaates (Gewaltenteilung, Menschenrechte, Volkssouveränität) – plebiszitäre und repräsentative Demokratie			

4 Die zusätzlichen Schwerpunkte für die bilingualen Prüfungen finden Sie im Einführungserlass (siehe Anmerkung 2).

5 Den aktuellen Oberstufenlehrplan für Politik und Wirtschaft finden Sie auf den Seiten des Hessischen Kultusministeriums unter www.kultusministerium.hessen.de (Durchklicken: Schule > Gymnasium > Lehrpläne für die gymnasiale Oberstufe).

Q 2 Wirtschaft und Wirtschaftspolitik			
Soziale Marktwirtschaft – Soziale Marktwirtschaft als ordnungspolitisches Leitbild – Funktionen und Folgen des Wettbewerbs – Konzentration in der Wirtschaft			
Ziele und Zielkonflikte wirtschaftlichen und wirtschaftspolitischen Handelns am Beispiel – „Magisches Vier-/Sechseck" – Probleme der Staatsverschuldung – Beschäftigung und Arbeitslosigkeit – Konjunktur und Konjunkturpolitik – angebots- und nachfrageorientierte Wirtschaftspolitik – Tarifautonomie und Lohnpolitik			
Wirtschaftliche Integration Europas – wirtschaftliche Integration und nationalstaatliche Interessen			
Verteilung des Volkseinkommens und Verteilungspolitik (LK) – Verteilungspolitik: soziale Gerechtigkeit zwischen Leistungs- und Bedarfsprinzip			
Q 3 Internationale Beziehungen und Globalisierung			
Weltwirtschaft und Globalisierung – Weltmarkt und Welthandel zwischen Liberalisierung der Märkte und globaler Ordnungspolitik – transnationale Konzerne – Standortfaktoren und Veränderungen der internationalen Arbeitsteilung – internationale Finanzströme und Verschuldung			
Entwicklungs- und Schwellenländer und ihre wirtschaftlichen und politischen Beziehungen zu den hochindustrialisierten Weltzentren – Ursachen und Folgen der ungleichzeitigen Entwicklung – Faktoren der Unterentwicklung – Konzeptionen und Vereinbarungen zur Verbesserung der wirtschaftlichen Entwicklung			
Aktuelle internationale Konfliktregionen und die Möglichkeiten kollektiver Friedenssicherung – Interessen, Entstehungsgründe, Konfliktpunkte (Sicherung von Menschenrechten, Terrorismus, Friedenssicherung durch Vereinbarungen und Verträge, Einflusssphären) – Friedensbegriff und Konzeptionen der Friedenssicherung			
Die deutsche Außenpolitik: Aufgaben, Erwartungen, Probleme – die sicherheitspolitische Lage Deutschlands – Bundeswehreinsätze in Konfliktregionen			
Internationales Recht (LK) – Souveränität und Völkerrecht			

Die Erstkorrektur der Arbeiten liegt in den Händen Ihres PoWi-Lehrers. Dazu erhält er oder sie Lösungs- und Bewertungshinweise des Ministeriums, anhand derer die Beurteilung vorzunehmen ist. Die Bewertungshinweise erlauben es jedoch, davon abweichende, sinnvolle Lösungswege als gleichwertig zu akzeptieren. Die Zweitkorrektur erfolgt in der Regel ebenfalls durch Lehrkräfte der eigenen Schule. In drei Fächern, die vom Kultusministerium jährlich neu bestimmt werden, übernehmen Fachlehrer einer benachbarten Schule die Zweitkorrektur („Ringtausch"). Weichen die beiden Beurteilungen voneinander ab, so kann ein neues, übereinstimmendes Gutachten gemeinsam erstellt werden. Gelingt dies nicht, entscheidet der Schulleiter im Rahmen der vorgeschlagenen Beurteilungen. Er könnte eine Drittkorrektur anordnen. Hierbei gilt: Maximal erreichbar sind **100 Prozent**. Der Schwellenwert für eine ausreichende Leistung (5 Punkte) liegt bei 46 Prozent, für eine gute Leistung (11 Punkte) müssen mindestens 76 Prozent erzielt werden.

Da sich Ihre Strategie in der Abiturklausur auf eine maximale Punktzahl richtet, werden Sie die Aufgaben besonders gründlich bearbeiten, für die es die meisten Prozentpunkte gibt. Diese Anteile werden Ihnen mit der Aufgabenstellung angegeben und zeigen eine Steigerung von relativ einfachen zu komplexeren und anspruchsvolleren Leistungen. Denken Sie bei Ihrer Zeiteinteilung daran.

Die **Wiedergabe von Gelerntem** erbringt in der Regel ein Viertel oder ein Fünftel der Gesamtleistung. Erlernbar sind Kenntnisse und Arbeitstechniken (Anforderungsbereich I), wie sie v. a., aber nicht nur, in der Textzusammenfassung gefragt sind.

Beispiel: *„Geben Sie einen Überblick über die in den Materialien zum Ausdruck kommende Kontroverse."*
(Hier überwiegt die gelernte Technik des geschickt strukturierten, unkommentierten Zusammenfassens mehrerer Texte, möglichst in eigenen Worten.)

Die **Anwendung von Gelerntem** (Transfer, Reorganisation) bildet den Schwerpunkt jeder Arbeit und ermöglicht etwa 50 Prozent der Punkte. Solche Leistungen erbringen Sie durch selbstständiges Auswählen, Erklären, Ordnen, Verarbeiten, Bearbeiten und Darstellen bekannter Sachverhalte unter vorgegebenen Fragestellungen und indem Sie das Gelernte auf vergleichbare neue Sachverhalte und Situationen übertragen (Anforderungsbereich II).

Beispiel: *„Erläutern Sie, nach welchen Verfahrensweisen und Wertorientierungen im Text dargestellte internationale Konflikte in einem demokratischen Verfassungsstaat wie der Bundesrepublik Deutschland geregelt werden."*
(Hier steht die Fähigkeit im Vordergrund, Gelerntes zum politischen System Deutschlands auf neue Sachverhalte – wie sie im Prüfungstext dargelegt sind – zu übertragen.)

Jetzt bleiben noch ca. 25 Prozentpunkte, die Sie durch Ihre **Fähigkeit zu selbstständiger Argumentation** erreichen können, also durch „selbstständige Begründungen, Folgerungen, Deutungen, Wertungen, Lösungen und Gestaltungen" (Anforderungsbereich III). Aus Ihren bisherigen Klausuren wissen Sie, dass die zuletzt genannten Anforderungen in der Regel am Schluss einer Arbeit erbracht werden.

Beispiel 1: *„Überprüfen Sie die Aussagen des Textes an Beispielen von aktuellen internationalen Konflikten."*
(Hier sollen Sie allgemeine Textaussagen daraufhin untersuchen, inwieweit sie mit konkreten Sachverhalten zu vereinbaren sind. Daraus folgern Sie eine Wertung bzw. ein Urteil.)

Beispiel 2: *„Formulieren Sie realistische Vorschläge, um die vom Text angesprochenen Tendenzen zu einer ‚Privatisierung des Krieges' einzudämmen."*
(Hier ist Ihr eigenes, möglichst gut begründetes, also abwägendes Urteil gefragt.)

5 Der verflixte Fehlerindex

Unbedingt qualitätssteigernd wirkt sich aus, wenn Sie Ihre Lösung sprachlich angemessen und gut lesbar, auch: gut leserlich!, darstellen können. Dazu gehört eine **übersichtliche Gliederung** Ihrer Arbeit, z. B. durch Absätze und Überleitungen. Indem Sie formale Schnitzer in Rechtschreibung, Grammatik und Zeichensetzung vermeiden und sich auch um **angemessene Fachbegriffe** bemühen, gewinnen Sie ein bis zwei Notenpunkte. Dies ist im **Fehlerindex** für PoWi geregelt, der für alle Oberstufenklausuren gilt. Wie er funktioniert, zeigt das folgende Beispiel:
Angenommen, Ihre Arbeit umfasst 850 Wörter, und auf jeder der fünf Seiten unterlaufen Ihnen zehn Fehler in Rechtschreibung, Grammatik, Zeichensetzung und fachsprachlicher Begrifflichkeit. Nach der Formel des Fehlerindex ergibt sich:
50 x 100 = 5000 : 850 = 5,9
Damit verlieren Sie einen Notenpunkt. Ab 51 Fehlern (Fehlerindex 6) verlieren Sie in unserem Beispiel schon zwei Notenpunkte. Einen großen Teil der Fehler vermeiden Sie durch abschließendes **Korrekturlesen**. Reservieren Sie dafür unbedingt **10 Minuten** am Ende der Arbeitszeit. Bei allen Klausuren liegt ein Rechtschreibduden bereit.

6 Tipps zur strukturierten Aufarbeitung und Wiederholung des Stoffs

Nachdem Sie die Checkliste (S. 7 f.) ausgefüllt haben, geht es an die Arbeit! Sie werden sehen, dass sich die Anstrengung auszahlt. Zu allen Themen, bei denen Sie „nicht so gut" oder „gar nicht" angekreuzt haben, legen Sie sich ein Info-Blatt an, das in vier Abschnitte gegliedert ist:

A Thema
B Ausfuhrliche Notizen zum Thema
C Reduziert auf Stichworte
D Noch Unverstandenes (Begriffe, Fragen ...)

Je früher Sie damit beginnen, umso besser. Vor allem die eigene Umformulierung des jeweiligen Stoffs auf knappe Stichworte hilft, das Gelernte zu verarbeiten. Greifen Sie dabei auf Aufzeichnungen und Arbeitsblätter aus dem Unterricht sowie auf Lehrwerke zurück, die in Ihrem Grund- oder Leistungskurs benutzt wurden. Schlagen Sie alle wichtigen Begriffe im Lexikon nach. Suchen Sie in Tages- oder Wochenzeitungen nach themenrelevanten Artikeln – eine gute Übung, da die meisten Abiturtexte den überregionalen Tageszeitungen entstammen. Arbeiten Sie mit Mitschülern zusammen. Bitten Sie – am besten mit Angabe von Wunschthemen – Ihren Kurslehrer um Wiederholungsstunden, falls er diese nicht ohnehin bereits geplant hat.

Literaturhinweise

Neben Ihren Unterlagen und den Lehrbüchern an Ihrer Schule können Sie folgende Nachschlage- und Überblickswerke zur Vorbereitung heranziehen:

- Manfred Bormann: Demokratie. Grundformen und politisches System in Deutschland (Abitur-Wissen Politik). Stark Verlag 2009. ISBN 978-3-89449-506-5.
- Ders.: Die Europäische Einigung (Abitur-Wissen Politik). Stark Verlag 2011. ISBN 978-3-89449-579-0.
- Carl Deichmann: Politische Theorien (Abitur-Wissen Politik). Stark Verlag 2011. ISBN 978-3-89449-649-4.
- Thomas Goll: Internationale Beziehungen (Abitur-Wissen Politik), Stark Verlag 2012. ISBN 978-3-86668-254-2.
- Fritz Schäffer: Grundlagen der nationalen und internationalen Politik. KompaktWissen Politik/Sozialkunde. Stark Verlag 2011. ISBN 978-3-89449-632-0.
- Manfred Wissel: Volkswirtschaft. Kompakt-Wissen Wirtschaft/Abitur. Stark Verlag 2011. ISBN 978-3-89449-685-2.

7 Die 10 häufigsten Fehler und wie Sie diese vermeiden

Ihre Abiturklausur soll nicht nur Kenntnisse und Problembewusstsein zeigen, sondern auch **methodische Fähigkeiten beweisen** – in der Textanalyse, der Auswertung einer Statistik oder Karikatur oder in der schlüssigen Formulierung eines differenzierten eigenen Urteils. Aus den im nächsten Abschnitt dargestellten Fehlern erfahren Sie „ex negativo", worauf Sie ganz besonders achten sollten.

1. In der **strukturierten Textwiedergabe** – meist die erste Aufgabe – wird auf die zeitliche Einordnung oder die Nennung des Autors im Einleitungssatz verzichtet; der Text wird nur „chronologisch" und zu nah am Wortlaut zusammengefasst.
   Die strukturierte Wiedergabe sollte **alle wesentlichen Aspekte enthalten**, jedoch so knapp wie möglich sein. Beginnen Sie mit dem Ziel (Resultat) der Argumentation eines Textes. Häufig empfiehlt es sich, von der Reihenfolge der Gesichtspunkte, wie sie im Text auftaucht, abzuweichen, damit die **innere Logik der Gedanken des Autors** deutlich wird. Um zu kennzeichnen, dass es sich nicht um Ihre Gedanken handelt, wählen Sie entweder den **Konjunktiv I** (z. B. „er habe …", „es sei falsch …") oder distanzierende Formulierungen (z. B. „Der Autor grenzt sich ab …", „resümierend stellt er fest, …"). Wörtliche Zitate sind nur bei Schlüsselbegriffen des Textes sinnvoll.
2. Eigene **Aussagen** werden gar nicht, falsch oder einfallslos **miteinander verknüpft**. Zum Beispiel wird eine nichtssagende Verknüpfung wie „weiterhin" oder „außerdem" gewählt, obwohl z. B. „aber", „denn", „während" oder „wenn" erforderlich wären. Häufig kommt es zu „**Brüchen**" in der Gedankenführung und die innere Logik der eigenen Darlegung bleibt unverständlich.

Unbedingt sollten Sie ein gesundes Maß an „**Wegweisern**" verwenden, also Formulierungen, die Ihre Vorgehensweise erläutern: „Zunächst kläre ich die Grundlagen…", „Dagegen gibt es eine Reihe von Einwänden: …". Besonders geschickt können Querverweise zu anderen Abschnitten Ihrer Arbeit sein.

3. **Eigene Thesen** werden nicht begründet, **Argumente** nicht mit Beispielen belegt, wichtige Gedanken nicht vertieft.
   Die Breite Ihrer Argumentationsbasis, der Aspektreichtum und der Grad der Differenzierung Ihrer Ausführungen sind wichtige Qualitätsmerkmale.
4. Das eigene Urteil geht nicht aus einer Auseinandersetzung mit Gegenargumenten hervor.
   Ihre Stellungnahmen, Wertungen und Urteile gewinnen erst dadurch Überzeugungskraft, dass Sie **Einwände entkräften**.
5. **Wichtige Begriffe** werden nicht definiert oder falsch verwendet. Zum Beispiel wird der Begriff „Grundgesetze" gebraucht, wenn „Grundrechte" gemeint sind.
   Verwenden Sie an zentralen Stellen kurze Definitionen: „Unter Globalisierung versteht man …"
6. Sie lassen sich zu **unangemessenen Übertreibungen** wie „Die Situation auf dem Agrarmarkt ist katastrophal" hinreißen.
7. **Wiederholungen:** Bereits Gesagtes taucht, leicht verändert, noch einmal auf.
   Sammeln Sie vor der Ausformulierung jedes Abschnitts Ihrer Arbeit zunächst unsystematisch Stichworte und erstellen Sie daraus eine relativ detaillierte Gliederung.
8. Falsches **Zitieren**, sei es wörtlich oder sinngemäß. So geht's richtig:
   www.teachsam.de/arb/zit_formen.htm
9. **Spiegelstrich-Aufzählungen** oder Pfeile im Text ersetzen eine zusammenhängende Darstellung.
   Lieber ein markantes Beispiel etwas gründlicher darstellen als alle Einzelfakten aufzählen!
10. Eine sinnvolle **äußere Strukturierung der eigenen Darlegungen** fehlt: Entweder werden zu viele oder gar keine Absätze gemacht.
    Beginnen Sie jede Teilaufgabe auf einem eigenen Blatt, um später Ergänzungen anfügen zu können. Erst am Ende sollten Sie die Seiten vollständig nummerieren.

Hinweise und Tipps zu den mündlichen Abiturprüfungen

Etwa acht Wochen nach den schriftlichen Prüfungen in beiden Leistungskursen und einem Grundkurs legen Sie zwei mündliche Prüfungen ab (4. und 5. Prüfungsfach). Die mündlichen Prüfungen finden im Juni statt. Damit nicht beide Prüfungen in einer Woche liegen, ziehen die meisten Schulen die Präsentationsprüfungen und das Kolloquium zur besonderen Lernleistung vor.
Die zuletzt genannten Prüfungsformen sind relativ jung. Sie sind eingeführt worden, weil sich der Unterricht in der Oberstufe zum einen stärker in Richtung eigenverantwortlichen Arbeitens entwickelt. Zum anderen zielen die neuen Prüfungsformate darauf, Sie auf veränderte Anforderungen in Studium und Beruf vorzubereiten. Im Folgenden werden die komplizierten rechtlichen Bestimmungen möglichst klar erläutert.

1 Die mündliche Prüfung im 4. Prüfungsfach

Diese traditionelle Prüfungsform können Sie in Politik und Wirtschaft wählen, wenn das Fach nicht Gegenstand Ihrer schriftlichen Prüfungen ist. Sie wissen: Bei der Wahl der Prüfungsfächer ist darauf zu achten, dass **alle drei Aufgabenfelder abgedeckt** sind und dass es **verpflichtende Abiturprüfungsfächer** gibt, die, wenn sie nicht schriftlich geprüft werden, bei der Wahl der mündlichen Prüfungen einzubeziehen sind.

Zeitplan	
Meldung zur Prüfung	Zu Beginn des Prüfungshalbjahres.
Prüfungsplan	Spätestens am dritten Unterrichtstag vor der mündlichen Prüfung wird der Prüfungsplan in der Schule ausgehängt.
Aufgabenstellung	Die Aufgabe wird vom Prüfer gestellt und Ihnen direkt vor der mündlichen Prüfung zu Beginn der Vorbereitungszeit mitgeteilt.
Vorbereitung	Ihre Vorbereitungszeit beträgt mindestens 20 Minuten.
Prüfung	Mindestens 20 Minuten. Ihnen steht in der Regel die Hälfte der Prüfungszeit für einen kurzen, möglichst frei gehaltenen Vortrag (auf der Grundlage von Aufzeichnungen) zur Verfügung. Den zweiten Teil bildet ein Prüfungsgespräch.
Notenbekanntgabe	Das Ergebnis der Prüfung wird Ihnen in der Regel am Prüfungstag bekannt gegeben.

Rahmenbestimmungen für die mündliche Prüfung

Generell sollen Sie nachweisen, dass Sie fähig sind,
- einen kurzen Vortrag zusammenhängend und in sprachlich korrekter und angemessener Weise zu halten,
- ein themengebundenes Gespräch zu führen, dabei
- auf Fragen und Anregungen der Prüfenden einzugehen,
- eigene sach- und problemgerechte Beiträge zu weiteren Aspekten einzubringen sowie
- den eigenen Standpunkt deutlich darzustellen und zu begründen.

Thema und Aufgabenstellung

Das **Thema** der mündlichen Prüfung wird allein von Ihrem PoWi-Lehrer gestellt. Es resultiert aus dem Unterricht aller vier Kurshalbjahre in der Qualifikationsphase, aus denen Ihnen der Prüfer Schwerpunkte nennen kann. Die Aufgaben dürfen aber keine Wiederholung des schriftlichen Abiturthemas darstellen oder schon einmal in einer Klausur gestellt worden sein. Genau wie für die schriftlichen Prüfungen gilt:
- Aufgabenart ist die Problemerörterung auf der Grundlage unbekannten Materials, das allerdings wegen der kürzeren Bearbeitungszeit einen geringeren Umfang als in einer schriftlichen Prüfung aufweist.
- Das Thema hat seinen Schwerpunkt zwar in einem der Kurshalbjahre, muss aber Sachgebiete mindestens eines weiteren Kurshalbjahres mit einbeziehen.
- Die Aufgaben gehen in der Regel von einem neuen Anwendungsfall oder von Fragestellungen aus, die eine Reorganisation des Wissens erfordern. Die Anwendung von Gelerntem bildet also den Schwerpunkt.

Sie erhalten ein der knappen Prüfungszeit entsprechendes Material mit **zwei oder drei Arbeitsaufträgen** (vgl. Operatoren S. 4 f.), zu denen Sie sich stichwortartige Notizen machen. Diese bilden die Grundlage für Ihren **Vortrag**. In diesem ersten Prüfungsteil von etwa **zehn Minuten** tragen Sie Ihre Ergebnisse zusammenhängend vor. Dabei werden Sie vom Prüfer in der Regel nicht unterbrochen.
Im zweiten Prüfungsteil, dem **Prüfungsgespräch**, wird der Prüfer an Ihre Ausführungen anknüpfen und an der einen oder anderen Stelle „nachfassen", d. h. um Richtigstellung, Präzisierung oder Erläuterung bitten. In dieser Gesprächsphase bleiben Zusammenhänge gewahrt: Sie werden also nicht mit einer großen Anzahl punktueller, unzusammenhängender Fragen konfrontiert. Daraus ergibt sich für die Vorbereitung: Erwerben Sie nicht Detailwissen, mit dem Sie ein Fernsehquiz gewinnen könnten, sondern bemühen Sie sich um ein **Verständnis der wesentlichen Zusammenhänge**.

Die mündlichen Prüfungen werden in der Regel einzeln durchgeführt. Auf Vorschlag des Prüfers und mit Zustimmung der Prüfungsteilnehmer sowie des Vorsitzenden des Prüfungsausschusses können aber auch **Gruppenprüfungen** stattfinden. Dann stehen für jeden Teilnehmer 20 Minuten der Prüfungszeit zur Verfügung, sodass die Leistung jedes einzelnen Schülers angemessen bewertet werden kann. Bei zwei Prüflingen dauert die mündliche Prüfung also 40 Minuten.

Bewertung

Für die Bewertung gelten grundsätzlich die gleichen Kriterien wie bei schriftlichen Abiturarbeiten. Zusätzlich kommt die Fähigkeit hinzu, auf Fragen und Einwände sachgerecht einzugehen, Hilfen zu verwenden sowie dabei den eigenen Standpunkt deutlich darzustellen und zu begründen. Im Protokoll werden die Fragen des Prüfers und Ihre Antworten stichwortartig festgehalten, z. B. auch, ob eine Frage mit Nachhilfe durch den Prüfer beantwortet wurde.
Bei einer mündlichen **Prüfung mit null Punkten** (bei Zusatzprüfungen nach Verrechnung mit der schriftlichen Prüfung) ist das Abitur nicht bestanden. Dies gilt auch für die Präsentationsprüfung und die besondere Lernleistung.

Tipps zur Vorbereitung auf die mündliche Prüfung

Im Fach PoWi haben Sie die Methode der Textanalyse bzw. der Interpretation von Karikaturen, Statistiken und Diagrammen bereits erlernt und häufig geübt. Deshalb sollten Sie sich nicht primär durch Lektüre einzelner Materialien dieser Art vorbereiten, sondern diese höchstens zur Übung noch einmal anschauen. Da Sie in kurzer Zeit relativ viel Stoff wiederholen müssen, empfiehlt sich die Lektüre von Überblicksdarstellungen. Hierbei werden Sie zunächst auf Ihre Lehrbücher zurückgreifen. Weitere Literatur kann Ihnen Ihr Prüfer nennen. Zusätzlich zu den auf Seite 7 f. dieses Bandes dargestellten Inhalten geht es bei der mündlichen Prüfung **auch um den Stoff des Prüfungshalbjahrs**. Was können Sie bereits gut, nicht so gut, gar nicht?

Q 4 Aspekte der Globalisierung – Chancen, Probleme, Perspektiven (Zwei der fünf Themen sind verbindlich.)	**gut**	**nicht so gut**	**gar nicht**
Nationalismus und Fundamentalismus: Ursachen, Gefahren für den Frieden und die Menschenrechte (Ursachen, Problemfelder, Strategien; kulturelle Differenzen und politische Intoleranz, politischer und religiöser Fundamentalismus und Menschenrechte)			
Soziale Sicherungssysteme, Migration und deren Ursachen (Soziale Sicherung und Sozialpolitik in Industrie- und Entwicklungsländern; Diskussion einer „Weltsozialordnung“; Emigration, Migration, Integration; globale Strategien zur Armutsbekämpfung)			
Weltumweltpolitik (Akteure der Umweltpolitik; nationale Interessen und globale Umweltvereinbarungen; Nord-Süd-Ausgleich; Umweltschäden/Umweltkonflikte: Prävention, Nachhaltigkeit und Krisenmanagement)			
Politik im Zeitalter der Globalisierung (Verhältnis von Politik und Ökonomie: Chancen und Grenzen politischer Beteiligung und Entscheidung, „global governance“, staatliche Ziele und Unternehmensziele)			
Kultur und Wissen (Nationale Identitäten, interkultureller Dialog und globale Wertesysteme; Frauen- und Geschlechterpolitik; Medien und Wissensgesellschaft zwischen freier Nutzung, politischer Steuerung und globaler Kommerzialisierung)			

Sie sollten sich unbedingt **Exzerpte** anlegen (ideal: auf Karteikarten), denn beim bloßen Lesen bleibt nicht viel hängen. Gehen Sie dabei wie auf S. 10 f. beschrieben vor. Vermeiden sollten Sie übertriebenes Datenlernen. Wenn Sie nicht gerade grobe Zuordnungsfehler begehen, wird man Ihnen eine Datierungsunsicherheit nachsehen.
Bereiten Sie sich möglichst nicht allein vor, sondern treffen Sie sich regelmäßig mit Mitschülern zur Prüfungsvorbereitung. Das macht mehr Spaß, ist effektiver und verhindert, dass Sie mangels Feedback Vorbereitungsfehler machen. Interpretieren Sie gemeinsam ausgewählte Materialien und tragen Sie sich gegenseitig in Form von Kurzreferaten größere Zusammenhänge vor.

2 Die mündliche Prüfung im 5. Prüfungsfach

Die mündliche Prüfung im 5. Prüfungsfach darf sich nicht auf eines der vier anderen Prüfungsfächer erstrecken. Sie haben im Unterschied zum 4. Prüfungsfach die Wahl zwischen drei Formaten. Sie allein entscheiden, ob Sie

- eine weitere mündliche Prüfung,
- eine Präsentationsprüfung oder
- eine besondere Lernleistung

ablegen möchten. Nur bei einer besonderen Lernleistung, für die Sie das Thema vorschlagen, müssen der Prüfer und der Prüfungsvorsitzende an Ihrer Schule zustimmen.

2.1 Die Präsentationsprüfung

Während es in der herkömmlichen mündlichen Prüfung um die Abarbeitung von Teilaufgaben nach kleinschrittigen Anweisungen geht, haben Sie in der Präsentationsprüfung größere Freiheiten und können sich etwa sechs Wochen lang mit dem Thema beschäftigen. Diese Phase der selbstständigen Erarbeitung fließt auch über die geforderte Reflexion im Kolloquium in die Bewertung ein.
Die Art dieses Prüfungsformats erspart Ihnen den Überraschungseffekt einer normalen mündlichen Prüfung. Ihre Chancen, Inhalt und Ablauf der Prüfung zu beeinflussen, sind erheblich größer. Es ist daher wohl auch kein Zufall, dass die Ergebnisse in Präsentationsprüfungen im Durchschnitt besser ausfallen als in regulären mündlichen Prüfungen. Der größere Aufwand zahlt sich aus!

Rahmenbestimmungen

Sie sollen eine eher **offene Problemstellung** aus dem PoWi-Unterricht von Q 1 bis Q 4 selbstständig klären und darüber einen **mediengestützten Vortrag** halten. Durch die größere Offenheit der Aufgabe, die mehrere Lösungswege und Präsentationsweisen erlaubt, stellen Sie Ihre Kompetenz zur selbstständigen Problemlösung unter Beweis. In der Regel werden Sie mit einer Wertungsfrage oder der Frage nach einer Problemlösung konfrontiert. Möglich sind auch gliedernde Fragen entsprechend den drei Anforderungsbereichen oder die Vorgabe von einer oder mehreren Schlüsselquellen (oder anderen Materialien, z. B. Filmen).

Im Unterschied zur besonderen Lernleistung werden Sie bei der Vorbereitung auf die Prüfung nicht betreut. Allerdings haben Sie bei der Ausgabe des Themas die Möglichkeit, neben den Formalia des Prüfungsablaufs auch Fragen zum genauen Verständnis der Aufgabe zu besprechen, was besonders bei einer sehr offenen, nicht gegliederten Problemstellung unbedingt ratsam ist. Ihr Fachlehrer kennt Sie aus dem Unterricht und kann so bei der Wahl des Themas Ihre Interessenschwerpunkte berücksichtigen, er legt es jedoch allein fest.

Ein an vielen Schulen eingeführtes „**Übergabeprotokoll**", das die Gesprächsinhalte bei der Themenausgabe zusammenfasst, kann Informationen zu folgenden Aspekten enthalten:
- rechtliche Vorgaben (Abgabetermin, Selbstständigkeit)
- technische Voraussetzungen (z. B. Bereithaltung eines Foliensatzes bei Powerpoint-Präsentationen; Abgabe der Präsentationsunterlagen auf einer CD-ROM im Anschluss an die Prüfung, räumliche Bedingungen der Prüfung, Angabe eines Testzeitraums)
- die Art der Quellen, die herangezogen werden können
- Anforderungen des Prüfers an die Dokumentation des geplanten Prüfungsablaufs (z. B. Darstellung des Gangs der Untersuchung, Thesen, verwendete Literatur, Vertiefungsmöglichkeiten im Kolloquium; Angabe der technischen Anforderungen für die Präsentation)
- Gewichtung einzelner Kompetenzen bei der Bewertung (z. B. Vorrang der inhaltlichen Durchdringung eines Themas vor medialer Darstellung, Bedeutung der methodischen Reflexion)

Fachübergreifende Prüfungen sind möglich, z. B. auf der Basis des bilingualen Unterrichts oder bei einer geschichtlich untermauerten Frage. Die Problemstellung verknüpft also Inhalte zweier Kurse oder Fächer. Die meisten Schulen handhaben die **Auflage eines kursübergreifenden Bezugs** übrigens so, dass sie durch einen Fachübergriff ersetzbar ist. Wichtig: Präsentationsprüfungen können nicht in einem der ersten vier Prüfungsfächer abgelegt werden.
Erwartet wird, dass Sie
- die Fragestellung des relativ offenen Themas operationalisieren, d. h. „handhabbar" machen, in Teilaspekte zerlegen, einen Schwerpunkt festlegen,
- Materialien selbstständig recherchieren oder andere fachspezifische Methoden zur Problemlösung einsetzen,
- gefundenes Material auf seine Zuverlässigkeit und Brauchbarkeit einschätzen,
- eine geeignete mediale Unterstützung auswählen, die Erkenntniswert hat und nicht lediglich illustrativen Zwecken dient,
- einen Vortragstext erstellen und auf den Zeitrahmen von 15 Minuten zuschneiden,
- während des Vortrags oder im Kolloquium die Methoden Ihres Vorgehens bzw. der Visualisierung reflektieren (z. B. durch Überlegung von Alternativen).

Eine Woche vor der Präsentation übergeben Sie Ihrem Prüfer eine „**schriftliche Dokumentation des geplanten Ablaufs**". Dieser etwa zwei- bis dreiseitige Ablaufplan sollte im Kern die Darstellung des Untersuchungsgangs und der Ergebnisse in (ausformulierten) Thesen enthalten. Außerdem geben Sie alle verwendeten Materialien und Quellen an. Schließlich können Sie hier auch **Vertiefungsmöglichkeiten** für das Kolloquium nennen, die Sie sehen. Nicht alles von dem, was Sie in vier bis sechs Wochen erarbeitet haben, lässt sich ja in den 15 Minuten gründlich darstellen. Diese Dokumentation wird nicht zur Beurteilung herangezogen, sondern dient nur der Vorbereitung Ihres Prüfers aufs Kolloquium. Dennoch ist eine Prüfung mit „nicht bestanden" zu bewerten, wenn bei der schriftlichen Dokumentation ein Betrugsversuch nachgewiesen wird oder wenn Sie sie nicht oder nicht fristgemäß abgeben.

Die Gedanken sind so zu strukturieren, dass sich ein „**roter Faden**" erkennen lässt. Ziel ist also ein **rhetorisch geschickter und medial unterstützter Vortrag** vor dem Fachausschuss der Prüfung, einem Expertengremium – anders als bei Referaten im Unterricht, die sich hauptsächlich an ein „Laienpublikum" richten. Dies ist die Regel, einzelne Schulen können jedoch andere Vorgaben machen. Zum Beispiel: „Als Zielgruppe einer solchen Präsentation ist grundsätzlich ‚der Oberstufenschüler' zu sehen. Abweichungen davon sind in der Aufgabenstellung deutlich zu vermerken." Prüfen Sie, ob es besondere Auflagen Ihrer Schule gibt. Anders als in der alternativen mündlichen Prüfung wird Ihr Vortrag nicht vom Prüfer unterbrochen.

Zwischen Vortrag und Kolloquium gibt Ihnen der Fachausschuss in der Regel eine kleine Umbau- und Verschnaufpause. Im **15-minütigen Kolloquium** geht es danach darum, die gefundene Lösung zu erläutern und gegebenenfalls zu verteidigen. Dazu gehört auch, die Methode der Untersuchung und der Präsentation darzulegen und die eigenen Argumente zu reflektieren. Erwartet wird im Kolloquium außerdem, dass Ihnen auf Nachfrage die **Vernetzung des Präsentationsthemas mit Unterrichtsinhalten** der Qualifikationsphase gelingt. Möglich sind also Fragen zur Themenstellung, nach Querverbindungen, Anwendungen, verwendeten Quellen, nach dem methodischen Vorgehen, nach der Funktionalität der gewählten Präsentationsformen, nach der beabsichtigten und der erzielten Wirkung etc.
Nach Abschluss der Prüfung übergeben Sie Ihre Unterlagen (Folien, Flipchart-Bögen, Powerpoint-Präsentation am besten auf CD-ROM) dem Vorsitzenden, der diese dem Protokoll hinzufügt.

Bewertung

Bei der Bewertung Ihrer Präsentation können die im Erlass genannten Kriterien unterschiedlich gewichtet werden. Eine prozentuale Aufteilung in die beiden Prüfungsteile Präsentation und Kolloquium oder eine präzise Gewichtung inhaltlicher und medialer Kompetenzen ist jedoch nicht festgelegt. Viele Schulen verwenden stattdessen **Ausschlussklauseln** folgender Art: „Eine unzureichende fachliche Leistung, die mit 0–3 Punkten zu beurteilen wäre, kann in der Präsentationsprüfung nicht zu einer Gesamtbeurteilung von 5 und mehr Punkten führen. Andererseits kann eine mit befriedigend oder besser zu beurteilende fachliche Leistung nicht durch misslungenes Präsentieren zu einer Gesamtbeurteilung von weniger als 5 Punkten führen." Damit soll betont werden, dass der Inhalt (die Fachkompetenz) im Vordergrund steht. Die Bewertung orientiert sich insgesamt an den folgenden Kriterien:

- Qualität und Umfang der vermittelten fachlichen Informationen, auch Vollständigkeit, exemplarisches Vorgehen, Aktualität, Kreativität,
- Strukturierung der Präsentation (z. B. Problembeschreibung – gegliederte Darstellung – Lösungen – Bewertungen – zusammenfassender Schluss),
- sachgerechter Einsatz der Medien, Qualität der audiovisuellen Unterstützung,
- Präzision und logische Nachvollziehbarkeit der Darstellung,
- kommunikative (einschließlich rhetorischer) Fähigkeiten,
- Reflexion über die gewählte Präsentationsmethode und über die vorgetragenen Lösungen und Argumente.

Zeitplan für die Präsentationsprüfung

Meldung zur Prüfung	Zu Beginn des Prüfungshalbjahres geben Sie an, in welchem Fach Sie eine Präsentationsprüfung ablegen wollen.
Aufgabenstellung	Die allein von Ihrem Prüfer formulierte Aufgabenstellung wird Ihnen in der Regel am Unterrichtstag nach der letzten schriftlichen Prüfung, also meist am letzten Schultag vor den Osterferien ausgehändigt. Dabei können Sie Ihrem Prüfer Fragen zum Verständnis des Themas stellen.
Vorbereitung	Als Bearbeitungszeit – ohne Betreuung durch den Prüfer – sind mindestens vier Schulwochen anzusetzen – nach den Osterferien.
Abgabe der schriftlichen Dokumentation	Spätestens eine Woche vor der Präsentation ist dem Prüfer eine schriftliche Dokumentation über den geplanten Ablauf der Präsentation abzuliefern („Ablaufplan“).
Prüfungsplan	Die Präsentationsprüfungen können vor den mündlichen Prüfungen stattfinden. Spätestens am dritten Unterrichtstag vor der Prüfung wird der Prüfungsplan in der Schule ausgehängt.
Prüfung	In der Regel 30 Minuten, wobei Ihnen für die Präsentation zunächst etwa 15 Minuten zur Verfügung stehen. In der zweiten Hälfte, dem Kolloquium, beantworten Sie Fragen zu Ihrem Vortrag.
Notenbekanntgabe	Das Ergebnis der Prüfung wird Ihnen in der Regel am Prüfungstag bekannt gegeben.

Wenn Sie sich für diese Form des 5. Prüfungsfachs entscheiden, sollten Sie vorher selbstständiges Arbeiten an einem Problem geübt und die eine oder andere Präsentation gehalten sowie mit Ihrem PoWi-Lehrer ausgewertet haben. So lernen Sie am besten die konkreten inhaltlichen und formalen Erwartungen Ihres Prüfers kennen. Letztlich festlegen müssen Sie sich aber erst mit der Meldung zum Abitur, also zu Beginn des Abiturhalbjahres. Die folgenden Tipps beruhen z. T. auf einer sehr hilfreichen Zusammenstellung des Liebig-Gymnasiums in Gießen, die häufig erprobt wurde.

Checkliste zur Vorbereitung

1. Die Erarbeitungsphase: Problemlösung und Visualisierung Ihres Vortrags

Der zeitliche Aufwand für die Vorbereitung ist hoch. Eine gelungene mediale Aufbereitung des Inhalts für die Präsentation setzt eine gründliche inhaltliche Recherche voraus. Der Prüfer gibt Ihnen u. U. Quellenmaterial zu einem Thema vor, das im Zusammenhang mit dem Unterricht steht. Literatursuche und Exzerpte beim Lesen sind danach selbstständig vorzunehmen. Damit sollten Sie sofort nach der Themenvergabe anfangen und folgende Punkte bedenken:

- Reflektieren Sie das gestellte **Thema** gründlich. Überlegen Sie, welche Vorkenntnisse Sie mobilisieren können (fachlich: Unterricht der Qualifikationsphase, überfachlich: z. B. rhetorische Übungen im Deutschunterricht). Ist das Thema zu allgemein und zu weit gefasst? Dann müssen Sie es „handhabbar" machen! Die leitende Fragestellung muss so „klein" sein, dass sie bearbeitbar ist, sie sollte in eine oder mehrere Thesen umformulierbar sein.
- Was ist das **Ziel** der Präsentation? Klären Sie, worin der Transfer-Auftrag steckt. An wen richtet sich Ihr Vortrag?
- Versuchen Sie, alle **Nebenfragen** zu formulieren, die das Thema aufwirft (vor allem: Warum-Fragen!).
- Wie lautet die **zentrale Leitfrage**, der rote Faden, die Problemstellung? Welche inhaltlichen Informationen gibt es dazu?
- Wie beschaffe ich die erforderlichen **Informationen**, z. B. Internet, Schulbibliothek, evtl. Universitätsbibliothek, Buch- und Zeitschriftenhandel? Möchten Sie eine Befragung von Experten/eine Meinungsumfrage durchführen?
- In welcher logischen **Reihenfolge** lässt sich der Inhalt darstellen? Sie haben mehrere Möglichkeiten: Vom Allgemeinen zum Besonderen (oder umgekehrt); als historischer Zugriff; von einer Problemfrage über mögliche Lösungswege zu einer abschließenden Wertung; über Vergleiche verschiedener Standpunkte (Perspektivenwechsel). Sie können auch zustimmende und widersprechende Aspekte zu einem Problem sammeln. Wichtig ist, dass Sie zu einer Lösung finden sowie mögliche Einwände und offene Fragen formulieren. Diese Gliederung können Sie z. B. in das Argumentationsschema des Fünfsatzes bringen (Alternative: Einleitung – Hauptteil – Schluss).
- Was sind die nächsten **Arbeitsschritte**? Machen Sie sich einen Arbeitsplan!
- Wählen Sie die Ihrem Thema angemessenen **Fachmethoden:** Empirische Methoden: Statistik, Erhebung (Übertragung in andere Darstellungsformen), Quellenanalyse und -kritik, Fallanalyse, Zukunftsszenario, Urteilsbildung, Ideologiekritik.
- Auswahl der **Medien:** Welches Medium passt zum Thema, welches liegt mir? Möglich sind: Flipchart, Wandzeitung (Mindmap, Skizze etc.), Multimedia: Powerpoint o. Ä., Videosequenzen; Folien: z. B. Entwicklung eines Strukturbildes. Überprüfen Sie unterschiedliche Darstellungsformen auf ihre Aussagekraft/als Mittel der Fokussierung.
- Wie lässt sich der Inhalt mit Bildern, Farben, Überschriften veranschaulichen, ohne dabei überladen zu wirken? Welches Medium möchten Sie einsetzen, z. B. Overhead-Folien, Beamer, Plakat?
- Halten Sie Ihren **Vortrag zur Probe** vor Eltern oder Mitschülern. Wenn möglich, kontrollieren Sie den Vortrag durch Kassette oder Video. Sie erfahren dann eher, wo Sie noch etwas umstellen, ergänzen oder verkürzen sollten, und können Ihren Zeitverbrauch besser einschätzen.
- Klären Sie rechtzeitig die **Anforderungen an die „schriftliche Dokumentation des geplanten Ablaufs"** Ihrer Präsentation mit dem Prüfer. Erstellen Sie einen Ablaufplan, in dem Sie Ihre Hauptaussagen ausformulieren, auf mögliche Schwerpunkte für das Kolloquium hinweisen, ein Verzeichnis der benutzten Literatur geben. Möglich ist auch, ein Thesenpapier als Handout für den Vortrag zu konzipieren.

2. Der Vortrag (15 Minuten)

- **Einführung**

  Benennen Sie Ihr Thema und geben Sie das Material an, auf das Sie sich stützen. Geben Sie unbedingt Ihre Problemstellung bzw. Schwerpunktsetzung an. Zeigen Sie Ihre Gliederung bzw. Ihre Leitfragen auf und sagen Sie, welches Ziel Sie erreichen möchten.

- **Hauptteil**

  a) Gliederung
  Geben Sie Ihrem Vortrag eine für das Thema geeignete, für den Zuhörer nachvollziehbare Struktur.
  Setzen Sie klare Schwerpunkte.
  Orientieren Sie sich an Wichtigem statt an Details. Exkurse sprengen den Zeitrahmen, gut gewählte Beispiele dagegen nicht.

  b) Spannung
  Halten Sie Blickkontakt zum Publikum, sprechen Sie möglichst frei. Bleiben Sie natürlich, so wie Sie sonst auch sind.
  Achten Sie auf angemessene Betonung, Mimik, Gestik, Lebendigkeit, Artikulation, Lautstärke.
  Wählen Sie ein Sprechtempo, das Mitdenken erlaubt, aber nicht langweilt.
  Regen Sie das Verstehen beim Zuhörer sprachlich, visuell oder auditiv an.

  c) Prägnanz
  Argumentieren Sie kausal: Begründen, vergleichen, belegen, veranschaulichen Sie.
  Halten Sie die Zeitvorgabe von 15 Minuten präzise ein.
  Zu vermeiden sind verschachtelte Sätze, unübliche Fremdwörter, missverständliche Sprechweisen.
  Erklären Sie je nach Adressatenkreis Fachbegriffe, Abkürzungen und nötige Fremdwörter.
  Sprechen Sie auf Ihr Ziel hin, verlieren Sie sich nicht in Details.

- **Zusammenfassung**

  Geben Sie einen Rückbezug zum Einstiegsproblem.
  Fassen Sie kurz zusammen.
  Geben Sie einen Ausblick/einen einprägsamen Schlusspunkt, der zu Fragen anregt.

3. Fragen zur Reflexion Ihres Vortrags im Kolloquium (15 Minuten)

Bereiten Sie sich auf folgende Nachfragen Ihres Prüfers vor:

- Welche Schwierigkeiten hatten Sie mit dem Thema, mit der Materialsuche, der inhaltlichen und methodischen Aufbereitung der Präsentation, und wie sind Sie diese angegangen? Gefragt ist hier die methodische Selbstreflexion des eigenen Weges der Problemlösung (Intentionen, Alternativen, Probleme, Umwege); bedenken Sie Mittel-Zweck-Zusammenhänge/die Leistungsfähigkeit von Methoden zur Erschließung von Sachverhalten.
- Halten Sie die wichtigsten Gründe für die von Ihnen gewählte visuelle Gestaltung fest.
- Welche Aspekte haben Sie am Thema interessiert, welche weniger? Warum?
- Welche Aspekte hätten Sie gerne noch vorgestellt?
- Wo lassen sich Bezüge zu Unterrichtsinhalten in zwei Halbjahren herstellen (alternativ: Bezüge zu einem anderen Fach)?
- Bei Partnerarbeit (Gruppenprüfung): Wie entwickelte sich die Zusammenarbeit, worin bestand Ihr eigener Anteil an der Arbeit? Wie haben Sie Probleme geklärt?
- Welche Stärken, welche Schwächen sehen Sie in Ihrem Vortrag, nachdem Sie ihn gehalten haben?

Themenbeispiele

Wie breit das Spektrum möglicher Themen ist, können Sie den folgenden Beispielen aus Prüfungen der letzten Jahre entnehmen:

- „Working Poor“ in Deutschland – ein Problem für den Sozialstaat?
- Untersuchen Sie die Entwicklung des Strommarktes in der EU während der letzten zehn Jahre sowie die Auswirkungen auf unsere Region.
- Konzentration und Wettbewerb unter Berücksichtigung nationaler und internationaler politischer und wirtschaftlicher Entwicklungen – ein lösbarer Gegensatz?
- Rechtsextremismus und wirtschaftliche Entwicklung
- Die Türkei – künftig ein Teil der EU?
- Untersuchen Sie an Beispielen die Funktionen der Massenmedien in der Demokratie, speziell im Hinblick auf internationale Konflikte.
- Die Vereinten Nationen als Mittler zwischen den Sicherheitsinteressen der Weltgemeinschaft und dem Kernenergieprogramm des Iran.
- Frieden durch Zivilisierung der internationalen Politik? Untersuchen Sie die Rolle des Internationalen Strafgerichtshofs.
- Irak: Krieg um Öl?
- Indien – ein Globalisierungsgewinner oder -verlierer?
- Ist die Ungleichheit zwischen Mann und Frau ein Merkmal von Entwicklungsländern?
- Untersuchen Sie ökonomische Ursachen des Sextourismus in der Dritten Welt. Zeigen Sie darüber hinaus auf, welche Gegenmaßnahmen und Initiativen es gibt. Beziehen Sie lokale Einrichtungen in Ihre Untersuchung mit ein.
- Untersuchen Sie die Entwicklung des Fairen Handels am Beispiel Bananen in unserer Region.
- Untersuchen Sie die Darstellung der Dritten Welt in den lokalen Medien.

2.2 Die besondere Lernleistung

Eine besondere Lernleistung (BL) stellt eine „kleine Forschungsarbeit“ dar, die von einem Lehrer ihrer Wahl über **mehrere Monate kontinuierlich betreut** und von Ihnen schließlich in einem Kolloquium vorgestellt wird. Anders als bei der Präsentation handelt es sich im Kern um eine schriftliche Arbeit „im Rahmen oder Umfang eines Kurses von mindestens zwei Halbjahren“. Da es keine eigenen Kurse für die BL gibt, sollten Sie für die Vorbereitung mit einem **Aufwand von etwa 100 Stunden** rechnen. Die BL kann z. B. eine Fallstudie, ein umfassender Beitrag aus einem Wettbewerb, eine Jahresarbeit oder das Ergebnis eines fachübergreifenden Projektes sein.

Rahmenbestimmungen

Die Problemstellung der BL muss eigenes Nachforschen, Nachdenken und kritisches Untersuchen im wissenschaftspropädeutischen Sinne ermöglichen. Andererseits muss sie mit einem begrenzten Umfang von Sekundärliteratur und ohne großen finanziellen Aufwand zu bewältigen sein. Das genaue **Thema** der BL wird in Absprache mit der von Ihnen gewählten Lehrkraft oder – bei einem fachübergreifenden Thema – den

beiden Lehrkräften vereinbart. Den Themenvorschlag machen Sie! Am besten formulieren Sie zunächst einen Arbeitstitel; nach einer Einarbeitungsphase (etwa 1 bis 2 Monate) legen Sie gemeinsam mit der betreuenden Lehrkraft das endgültige Thema fest. Falls das Thema fachübergreifend ist, übernimmt eine Lehrkraft die Koordination der Betreuung und Bewertung.
Soll die besondere Lernleistung ins Abitur eingebracht werden, darf sie nicht bereits ganz oder teilweise als Leistungsnachweis in einem Ihrer Kurse angerechnet worden sein.

Oberste Priorität für eine gute oder sehr gute BL hat der **Eigenanteil**, d. h. die selbstständige Wahl einer Fragestellung und die **vom Prüfungslehrer betreute Untersuchung**. Wichtig sind ein gewisses Maß an Kreativität und die Fähigkeit, mittels selbstständig angewandter Methoden zu problemlösenden Erkenntnissen zu gelangen. Hüten Sie sich vor dem bloßen Zusammenschreiben fremder Quellen. Eine BL kann auch als **Gruppenprüfung** gewählt werden. Dann muss der Eigenanteil jedes Mitglieds der Gruppe deutlich sein.
Prüfungen in der BL können **auch in einem der ersten vier Prüfungsfächer** durchgeführt werden: Wenn Sie PoWi als Leistungskurs haben, kann also die BL ebenfalls in diesem Fach erfolgen. Die Schulleitung entscheidet aufgrund der Themenstellung, ob die besondere Lernleistung einem Aufgabenfeld zugeordnet werden kann und dadurch die Auflagen zur Abdeckung der drei Aufgabenfelder erfüllt. Die BL kann dabei aber nicht die Prüfverpflichtung in den Fächern Deutsch, Mathematik und Fremdsprache oder Naturwissenschaft oder Informatik „aushebeln".
Die schriftliche Ausarbeitung wird vom Betreuungslehrer und einem weiteren Lehrer beurteilt. Das **Kolloquium** wird von diesen beiden Lehrkräften sowie der oder dem Vorsitzenden des Fachausschusses durchgeführt. In diesem Prüfungsgespräch von ca. 20 Minuten stellen Sie die Ergebnisse der BL dar, erläutern und verteidigen sie und antworten auf Fragen. Das Kolloquium wird ähnlich wie eine mündliche Abiturprüfung durchgeführt. Es dient auch dazu, die Selbstständigkeit der Leistung festzustellen.

Bewertung

Bei der Bewertung gibt es keine feste Quote für den Anteil der Ausarbeitung und des Kolloquiums an der Gesamtnote der BL. Eine Addition des Ergebnisses beider Teile, der schriftlichen Ausarbeitung und des Kolloquiums, ist im Gegensatz zur mündlichen Zusatzprüfung nicht möglich. Ebenso wenig kann eine formale Gewichtung der beiden Prüfungsteile vorgenommen werden.
Sie sollen nachweisen, dass Sie die Aufgabenstellung selbstständig konzipiert, bearbeitet und reflektiert haben, fachliches Wissen angemessen schriftlich und mündlich darstellen und den Arbeitsprozess exakt und kritisch dokumentieren können. Im Übrigen gelten die Bestimmungen hinsichtlich der **drei Anforderungsbereiche** (Schwerpunkt im Anforderungsbereich II: selbstständiges Auswählen, Erklären, Anordnen, Ordnen; Verarbeiten, Bearbeiten und Darstellen bekannter Sachverhalte unter vorgegebenen Gesichtspunkten und Fragestellungen; selbstständiges Anwenden und Übertragen des Gelernten auf vergleichbare neue Sachverhalte und Situationen).

Die Note der BL wird **im Abitur vierfach gewertet**. Bei null Punkten ist das gesamte Abitur nicht bestanden.

Bei der **Bewertung der schriftlichen Ausarbeitung** gelten folgende Kriterien:
- Konzentration auf die Themenstellung,
- sinnvolle Gliederung,
- Nachvollziehbarkeit der Darstellung,
- sprachliche Korrektheit,
- normgerechte Literatur- und Quellenangaben,
- Qualität von Zeichnungen, Abbildungen oder Experimenten,
- äußere Form und Layout,
- angemessener Ausdruck,
- korrekte Verwendung von Fachbegriffen,
- Benennung der Gültigkeitsbedingungen des Ergebnisses,
- fachspezifische Methodenanwendung und -bewertung,
- Selbstständigkeit/Originalität,
- Qualität und Umfang der Recherchen,
- Nachweis der Arbeitskontakte und Kooperationspartner.

Zeitplan für die besondere Lernleistung

Meldung zur Prüfung	Sie beantragen die Genehmigung einer besonderen Lernleistung spätestens zu Beginn der Jahrgangsstufe 13 bei der Schulleitung mit Angabe einer betreuenden Lehrkraft. Die Zustimmung des Betreuungslehrers und das Konzept werden dem Antrag beigefügt. Erst mit der Zustimmung des Schulleiters ist Ihre Meldung perfekt.
Aufgabenstellung	In der Regel schlagen Sie der betreuenden Lehrkraft das Thema vor.
Vorbereitung	Zur Erstellung der Arbeit haben Sie mehrere Monate Zeit: vom Schuljahresbeginn bis zu den Osterferien. Sie werden dabei von einer Lehrkraft Ihrer Wahl betreut.
Abgabe der schriftlichen Ausarbeitung	Die schriftliche Ausarbeitung der besonderen Lernleistung ist spätestens am letzten Tag der schriftlichen Abiturprüfung bei der Schulleitung bzw. dem betreuenden Lehrer abzugeben, d. h. zwei Tage vor den Osterferien.
Prüfungsplan	Die Kolloquien für die besonderen Lernleistungen können vor den mündlichen Prüfungen stattfinden. Spätestens am dritten Unterrichtstag vor der Prüfung wird der Prüfungsplan in der Schule ausgehängt.
Prüfung	Das Kolloquium dauert mindestens zwanzig Minuten und besteht aus Vortrag und Prüfungsgespräch.
Notenbekanntgabe	Das Gesamtergebnis aus schriftlicher Ausarbeitung und Kolloquium wird Ihnen in der Regel am Prüfungstag bekannt gegeben.

Gründe für die Wahl einer besonderen Lernleistung

- Die Beschäftigung mit aktuellen Themen aus dem Bereich Politik und Wirtschaft ist sehr motivierend. Verschiedenartige Quellen, unterschiedliche Perspektiven und sehr oft ein persönlicher Bezug zum Thema machen die BL in PoWi zu einer äußerst interessanten Unternehmung.
- Sie können sie als Chance für die eigene Entwicklung wahrnehmen: Sie entwerfen Ihre Fragestellung selbst, stellen sich (eventuell gemeinsam mit anderen) eine Aufgabe, ein Ziel, und bearbeiten dieses planvoll und eigenverantwortlich über längere Zeit.
- Sie können einen eigenen Wettbewerbsbeitrag einbringen (siehe Themenbeispiele) oder reflektieren ein Praktikum, einen Auslandsaufenthalt.
- Sie wissen bereits besonders viel zu einem Thema, sei es, weil Sie dazu sehr viel Literatur gelesen haben, sei es, weil das Thema für Sie auch von persönlicher Bedeutung ist.
- Im Gegensatz zum Lehrer-Schüler-Verhältnis im regulären Unterricht stellt sich während der Betreuungsphase der BL ein eher kollegiales Verhältnis zwischen Lehrer und Schüler ein.
- Die besondere Lernleistung wird im Abitur gesondert ausgewiesen und kann daher in Bewerbungsverfahren eine besondere Rolle spielen.
- Eine BL geht mit vierfacher Wertung in die Gesamtqualifikation ein.

Themenbeispiele

- Eine Fallstudie, z. B. „McDonald's als Global Player – Vorbild wirtschaftlicher und kultureller Globalisierung?"; „Parteienfinanzierung in Deutschland und in anderen Demokratien – Welche Rolle soll der Staat spielen?"
- Ergebnisse aus einer Wettbewerbsbeteiligung, z. B. „Jugend gründet", „Schule macht Zukunft", „Alle für EINE WELT – EINE WELT für alle". Dazu gehört z. B. die Erstellung von Filmen, Theaterstücken, Musicals, Büchern, Internet-Auftritten, Dokumentationen.
- Dokumentation und Bericht zu einem Auslandspraktikum, z. B. „Entwicklungshilfe in Peru" oder zu einem EU-Projekt an Ihrer Schule.
- Ergebnisse eines fachübergreifenden Projekts, z. B. „Investigativer Journalismus am Beispiel von …" (PoWi, Deutsch); „Die ‚Nationale Identität' von Nachfahren italienischer Immigranten in Deutschland" (PoWi, Geschichte); „Körpersprache im Unterricht" (PoWi, Biologie, Deutsch); „Ursachen und Auswirkungen der Flutkatastrophe an der Elbe" (PoWi, Erdkunde, Biologie); „Der Flughafenausbau in Frankfurt" (PoWi, Naturwissenschaften); „Jurisdiction in Germany and the US" (PoWi, Englisch).

Wie gewinnen Sie einen Betreuungslehrer?

Zunächst die schlechte Nachricht: Es gibt keinen Anspruch auf Betreuung durch eine bestimmte Lehrkraft. Nur ganz wenige Schulen entlasten ihre Lehrkräfte nämlich für diese zusätzliche Arbeit – und Engagement ist notwendige Voraussetzung für Qualität. Die gute Nachricht: Die allermeisten Lehrer freuen sich, wenn ihre Schüler aktiv werden und sich dieser Herausforderung stellen. Einer dieser Lehrkräfte an Ihrer Schule legen Sie Ihre Idee oder Ihren Themenvorschlag vor, am besten gleich mit einem Rohkonzept, das folgende Fragen berücksichtigt:

- Welches Thema soll mit welchen Methoden und in welchem Zeitrahmen erarbeitet werden?
- Liegt der Schwerpunkt der Arbeit in einem bestimmten Fach, oder ist sie fächerübergreifend angelegt? Als Referenzfächer gelten alle in der Schule angebotenen Fächer.
- Geht die Arbeit aus einem Wettbewerb hervor, oder ist eine Wettbewerbsteilnahme geplant?
- Unterstützen schulische oder außerschulische Institutionen (Förderverein, Institute, Firmen …) die Arbeit?
- Wurden die geplante Arbeit oder wesentliche Bestandteile bereits anderweitig im Rahmen der Schule angerechnet?

Der erwünschte Betreuungslehrer kann Ihrem Vorhaben zustimmen oder seine Zustimmung von Änderungen abhängig machen (z. B. Einbeziehung bestimmter Quellen). Er kann die Wahl als Betreuungslehrer auch ablehnen oder Ihnen einen anderen Lehrer empfehlen.

Die Betreuung sollte neben der Korrektur und Bewertung der schriftlichen Arbeit sowie der Durchführung des Kolloquiums folgende Elemente umfassen:

- Hilfe bei der Themenfindung und -formulierung: Der Betreuungslehrer weiß, was „machbar“ ist und kennt die zu berücksichtigenden drei Anforderungsbereiche,
- drei bis fünf ausführliche Begleitgespräche, die stichwortartig zu protokollieren sind,
- Unterstützung beim Zeitplan und bei der praktischen Durchführung (z. B. Bereitstellen von Hilfsmitteln, Literaturhinweise usw.).

Umfang und Gliederung der schriftlichen Arbeit

Erfahrungsgemäß umfassen die meisten Arbeiten 25 bis 50 maschinenschriftliche Seiten (ohne Anhang). Zur schriftlichen Ausarbeitung gehören:

- Titelblatt (enthält Thema, Referenzfach/-fächer, Name der Schule, Name der betreuenden Lehrkraft, Schuljahr, Abgabezeitpunkt),
- Inhaltsverzeichnis (alle Gliederungspunkte des gesamten Textes vollständig mit genauer Seitenangabe),
- Einleitung: Begründung für die Themenwahl, Erläuterung und Abgrenzung des Themas, Begründung seiner Relevanz,
- Hauptteil: Darstellung des Problems, von Lösungswegen, Methoden und Ergebnissen,

- Schlussteil: Zusammenfassung der Ergebnisse bzw. ein Ausblick, am besten in einer Kurzfassung von einer Seite, evtl. Darstellung möglicher Konsequenzen, Querverbindungen, Auswirkungen,
- Anhang: wichtige Materialien und Präsentationselemente, eventuell Abbildungsverzeichnis, Abkürzungsverzeichnis,
- eine kritisch-reflektierende Darstellung des Arbeitsprozesses in Form eines Arbeitsberichtes (in der Einleitung oder im Schlussteil),
- die Angaben der verwendeten Literatur und weiterer Hilfsmittel und
- eine Erklärung über die selbstständige Anfertigung der Arbeit.

Wie geht die besondere Lernleistung in den Abiturschnitt ein?

Die besondere Lernleistung wird als fünftes Prüfungsfach eingebracht und geht dabei vierfach gewertet in den Abiturprüfungsbereich ein. 16 bis 17 Punkte mehr in der Gesamtqualifikation verbessern die Note um ein Zehntel. Allerdings sollte man die Einbringung einer besonderen Lernleistung nicht nur unter dem Gesichtspunkt der möglicherweise verbesserten Gesamtqualifikation sehen. Wichtig ist vielmehr, dass man in einem Spezialgebiet zeigen kann, dass man zu langfristigem und zielgerichtetem quasi-wissenschaftlichen Arbeiten fähig ist.

Beispielrechnung:

ohne besondere Lernleistung:

	Fach	Erg. Q 4	Erg. Abiturprüfung	Summe (Q 4 * 1 + Abi * 3)
LF 1				
LF 2				
3. Pf				
4. Pf				
5. Pf				
			insgesamt:	

mit besonderer Lernleistung:

	Fach	Erg. Q 4	Erg. Abiturprüfung	Summe (Q 4 * 1 + Abi * 3)
LF 1				
LF 2				
3. Pf				
4. Pf				
			Ergebnis	Lernleistung * 4
besondere Lernleistung				
			insgesamt:	

3 Tipps zum Verhalten in der Prüfung

1. **Ihr Auftreten in der Prüfung überlegen!** Wenn Sie die besondere Bedeutung dieses Tages in Ihrer Kleidung ausdrücken möchten, tun Sie das, ohne zu übertreiben. Wenn Sie mit Krawatte Atemnot bekommen oder in einer Bluse verkleidet aussehen, lassen Sie diese Sachen im Schrank. Keine Kaugummis oder Mützen! Wichtiger als der äußere Eindruck ist, dass Sie sich wohlfühlen. Ihre Nervosität wird jeder verstehen, doch meist verfliegt sie rasch. Bemühen Sie sich um ein selbstbewusstes Auftreten, aber verstellen Sie sich nicht, spielen Sie keine Rolle.

2. **Nicht verunsichern lassen!** Lassen Sie sich nicht von der Anwesenheit der Prüfungskommission irritieren (Prüfer, Protokollant, Vorsitzender des Fachausschusses, evtl. außerdem Schulleiter als Vorsitzender der Prüfungskommission, Zuhörer). Zunächst haben Sie das Wort, und das Prüfungsgespräch wird allein Ihr Prüfer führen. Prüfungsvorsitzender und Protokollant haben ein Fragerecht, von dem sie aber in der Regel keinen Gebrauch machen. Allenfalls erwartet Sie von dieser Seite eine „Schlussfrage", die aber relativ allgemein gehalten sein wird oder sich konkret auf Ihre Ausführungen bezieht. Gehen Sie immer davon aus, dass Ihr Prüfer Sie nicht bloßstellen, sondern Ihnen Gelegenheit geben will, Ihre Kompetenzen zu zeigen. Bei einer kritischen Nachfrage sollten Sie nicht voraussetzen, dass Ihr Prüfer Sie verunsichern will, sondern überlegen, ob er Sie vielleicht behutsam von einem Irrweg zurückholt.

3. **Initiative zeigen!** Im Verlauf Ihrer Darlegung können eine eigene Gliederung des Themas, markante Beispiele, die Darstellung von Gegenpositionen, der Entwurf einer Tafelskizze und sporadisch eingestreute kritische Anmerkungen sowie ein Sprachstil, der sich von der Schriftsprache unterscheidet, das Interesse eines Prüfers aktivieren, der vielleicht zehn Prüfungen hintereinander abzunehmen hat.

4. **Anforderungsbereiche beachten!** Die reine Reproduktion von Gelerntem erfüllt nur den Anforderungsbereich I. Wesentlicher für die Bewertung ist der Anforderungsbereich II, der sich über die Anwendung von Kenntnissen auf neue Zusammenhänge definiert. Dieser Anforderungsbereich stellt den Prüfungsschwerpunkt dar. Im höchsten Anforderungsbereich III geht es um die begründete Darlegung eigenständiger Deutungen und um kompetente Beurteilungsleistungen. Deshalb sollten Sie auf keinen Fall vergessen, dass Sie früher oder später dazu aufgefordert werden, einen eigenen Deutungsansatz darzustellen oder einen Sachverhalt zu beurteilen. Die schriftliche Aufgabenstellung enthält diesen Anforderungsbereich zumeist in der dritten Aufgabe. Machen Sie auch sprachlich deutlich, wenn Sie sich in Anforderungsbereich III bewegen („Mich überzeugt die vorliegende Argumentation nicht", „Die Kritik des Autors greift an einer entscheidenden Stelle zu kurz", „Bush ist meiner Auffassung nach keineswegs nur ein Realpolitiker"). Die Nichterfüllung dieses Anforderungsbereiches kann ein Argument gegen eine zweistellige Punktzahl sein.

5. **Fragen vom Allgemeinen zum Besonderen beantworten!** Die meisten Fragen sind nicht nur mit einem Wort zu beantworten, sondern berühren ein breiteres Feld. Dann empfiehlt es sich, die Antwort „von oben nach unten", also vom Allgemeinen zum Besonderen anzugehen. Erläutern Sie zunächst die groben Kategorien und gehen Sie sukzessive ins Detail. Der Prüfer erfährt dadurch, dass Sie „den Überblick haben" und nicht nur den Lernstoff „auswendig herunterbeten".
6. **Demonstrativ angemessene Fachbegriffe verwenden!** Damit stellen Sie nicht nur Ihre Kompetenz unter Beweis, sondern Sie sparen auch Zeit.
7. **Aktuelle Beispiele einbauen!** Lesen Sie in den Wochen vor der Prüfung regelmäßig Zeitung. So können Sie den Aktualitätsbezug in Ihren Ausführungen herstellen und zeigen zugleich, dass Sie Anwendungszusammenhänge im Blick haben.
8. **Die Reaktion des Prüfers beobachten!** Natürlich ist es etwas schwierig, in einer ohnehin angespannten Situation, wie sie eine Prüfung darstellt, einen Stoff gegliedert vorzutragen und gleichzeitig noch Mimik und Körperhaltung des Prüfers zu beobachten. Trotzdem sollte man dies zumindest versuchen. Dafür ist es wichtig, dass Sie Blickkontakt zum Prüfer halten. Durch nonverbale Indizien kann man beispielsweise bei der Darstellung einer Grobgliederung abschätzen, welche Unterpunkte willkommen oder unwillkommen sind.
9. **Strategisch mit Wissenslücken umgehen!** Untersuchungen zum Verhalten in mündlichen Prüfungen deuten an, dass immer das Bemühen des Prüflings durchscheinen sollte, die Prüfung erfolgreich absolvieren zu wollen. Unter diesem Gesichtspunkt können Sie durchaus eventuell auftretende Wissenslücken explizit zugeben. Sie sollten aber zugleich versuchen, ein eigenes Lösungskonzept zu entwickeln. „Ich könnte mir eine Lösung dieser Frage etwa so vorstellen ...", wäre beispielsweise ein Einleitungssatz dazu.
10. **Zeitplan der Prüfung beachten!** Nach etwa zehn Minuten werden Sie in der Regel unterbrochen, bis dahin haben Sie im Idealfall Ihre Ausführungen zu den Arbeitsaufträgen beendet. Gegebenenfalls empfiehlt es sich, die eigene Darstellung so zu raffen, dass dieser Zeitplan eingehalten wird. Zeitknappheit kommt häufiger vor als ein vorzeitig beendeter Vortrag.

Prüfungsaufgaben

Hessen – Politik und Wirtschaft – Grundkurs 2009
Vorschlag A

Thema: *Wirtschaftspolitik und Parteien*

Aufgaben

1. Beschreiben Sie auf der Basis der beiden Texte (Material 1 und 2) zentrale Elemente freidemokratischer und sozialdemokratischer Wirtschaftspolitik und ordnen Sie die in den Materialien vorgeschlagenen Maßnahmen bestimmten wirtschaftspolitischen Grundkonzeptionen zu. (35 BE)
2. Erläutern Sie beispielhaft wirtschaftspolitische Maßnahmen der Bundesregierungen (oder einer Bundesregierung) der letzten Jahre und bewerten Sie diese Maßnahmen im Hinblick auf das Problem der Staatsverschuldung und das Schaffen von Arbeitsplätzen. (40 BE)
3. Programmatische Zielvorstellungen von Parteien werden in der Regierungsarbeit häufig nicht umgesetzt. Erklären und bewerten Sie diesen politischen Sachverhalt. (25 BE)

M 1: Wirtschaftspolitische Konzeption der FDP

Die FDP ist die Partei der sozialen Marktwirtschaft. Unsere freiheitliche Wirtschaftsverfassung sorgt für Innovationen, Wachstum, Arbeitsplätze und den notwendigen sozialen Ausgleich. Damit der Wettbewerb zwischen den Unternehmen um die besten Produkte und Dienstleistungen funktionieren kann, müssen nicht nur Privateigentum, Vertragsfreiheit und freie Preisbildung garantiert werden; auch der vom Staat gesetzte wirtschaftspolitische Rahmen muss stabil und berechenbar sein.

Die Marktwirtschaft muss leistungsfähiger werden, nicht nur in konjunkturell guten Zeiten. Notwendig ist deshalb:

1. Ein scharfes, allgemeines Wettbewerbsrecht, das Monopole verhindert und Marktmacht eindämmt. Die FDP-Bundestagsfraktion will keine Sonderregelungen für bestimmte Branchen, sondern starke unabhängige Wettbewerbsbehörden, die den Wettbewerb auf allen Märkten durchsetzen. Deshalb sollte das Bundeskartellamt die Möglichkeit bekommen, Unternehmen, die sich dauerhaft wettbewerbswidrig verhalten, zu entflechten.

2. Eine Rückführung des Staates auf seine Kernaufgaben, die Überprüfung aller Subventionen, weniger bürokratische Eingriffe in die Wirtschaft, nachhaltige Reformen der Sozialsysteme, Senkung der Staatsquote auf unter 40 Prozent – all das würde das politische Unfugpotential auf allen Ebenen deutlich verringern. Deutschland braucht keine kurzatmigen Konjunktur- und Ausgabenprogramme, sondern eine konstante Wirtschaftspolitik, auf die Unternehmer und Verbraucher vertrauen können.

Privatisierung und die Öffnung des Arbeitsmarktes sind ordnungspolitische Daueraufgaben. Betriebliche Bündnisse für Arbeit müssen möglich sein. Der Flächentarifvertrag muss sich dem Wettbewerb mit betrieblichen Lösungen stellen. [...]

In: Bundestagsfraktion der FDP,
http://www.fdp-fraktion.de/webcom/show_themen_abisz_neu.php?wc_c=539&wc_id=70
vom 24. 8. 2008

M 2: Wirtschaftspolitische Konzeption der SPD

Im Mittelpunkt unserer Wirtschaftspolitik steht die konsequente Förderung des Wachstums. Dynamisches Wachstum entsteht aber nur, wenn die Rahmenbedingungen stimmen und es Anreize dazu gibt. Dynamisches Wachstum ist eines der wichtigsten Mittel, um die Konsolidierung der Staatsfinanzen zu erreichen und die Arbeitslosigkeit entschieden zu bekämpfen. [...]

Die Bundesregierung hat auf unsere Initiative hin ein Wachstums- und Beschäftigungspaket in Höhe von 25 Milliarden Euro beschlossen. Mit Hilfe des Programms kurbeln wir die Konjunktur weiter an und investieren in zentrale Zukunftsbereiche:

Forschung und Entwicklung sind Voraussetzung für wirtschaftlichen Erfolg. Deshalb werden die Mittel für Forschung und Entwicklung um sechs Milliarden Euro aufgestockt. Unser Ziel ist, dass Staat und Wirtschaft bis 2010 gemeinsam ihre Ausgaben für Forschung und Entwicklung auf 3 Prozent des BIP[1] erhöhen.

Für die Sanierung von Gebäuden mit dem Ziel der Energieeinsparung stehen zusätzlich vier Milliarden Euro bereit. Mit dieser Maßnahme geben wir der Bauwirtschaft Impulse und unterstützen lokale Wirtschaftsunternehmen.

Wir investieren 4,3 Milliarden Euro in eine moderne Verkehrsinfrastruktur und bauen so Schienennetz, Wasserwege und Straßen aus.

Wir fördern die Vereinbarkeit von Familie und Beruf durch die bessere steuerliche Absetzbarkeit von Kinderbetreuungskosten und die Einführung des Elterngeldes.

Mittelständische Betriebe, insbesondere das Handwerk, sind arbeitsintensiv und haben ein hohes Potenzial für zusätzliche Beschäftigung.

Handwerkerrechnungen für Renovierungs- und Modernisierungsmaßnahmen können bis zu 600 Euro pro Jahr steuerlich abgesetzt werden.

Die steuerliche Absetzbarkeit der Aufwendungen für pflegebedürftige Haushaltsangehörige haben wir verbessert. [...]

Mit zusätzlichen Investitionen fördern wir Wachstum und Beschäftigung. Wir setzen auf die traditionellen Stärken unseres Landes:
- gute Produkte, innovative Forschung und Entwicklung
- gut ausgebildete Arbeitnehmerinnen und Arbeitnehmer
- leistungsfähige Betriebe und moderne Infrastruktur

In: http://www.spd.de/de/politik/themen/wirtschaft/index.html vom 10. 4. 2007

Anmerkung:
1 BIP – Bruttoinlandsprodukt; gängiges Maß für die Leistung einer Volkswirtschaft

Lösungsvorschläge

Unterrichtsinhalte:

- 12/I: Ziele und Zielkonflikte wirtschaftlichen und wirtschaftspolitischen Handelns am Beispiel Beschäftigung und Arbeitslosigkeit, „Magisches Vier-/Sechseck", Staatsverschuldung;
  Konjunktur und Konjunkturpolitik: angebots- und nachfrageorientierte Wirtschaftspolitik, Investitionstätigkeit und Konjunktur;
  Wirtschaftliche Integration Europas: der Vertrag von Maastricht und die Konvergenzkriterien
- 12/II: Partizipation und Repräsentation an ausgewählten Beispielen, insbesondere die Rolle der Parteien, Wahlen, Pluralismus und politischer Entscheidungsprozess

1. *Die Aufgabenstellung ist zweigeteilt. Im ersten Teil sind unter genauer Auswertung der beiden Texte die wesentlichen wirtschaftspolitischen Aussagen herauszuarbeiten. Dabei sind Thesen in indirekter Rede wiederzugeben und alle inhaltlichen Aspekte am Text zu belegen. Im zweiten Teil sollen diese Aussagen auf der Basis des erworbenen Lernwissens eingeordnet werden. (AFB I und AFB II)*

   Die FDP stellt sich auf der Homepage ihrer Bundestagsfraktion (Stand 24. 8. 2008) als **„Partei der sozialen Marktwirtschaft"** (M 1, Z. 1) dar und unterstützt eine **liberale Wirtschaftsverfassung**. Nach Vorstellung der Liberalen soll der Staat nur ordnungspolitisch tätig werden und berechenbare Rahmenbedingungen für einen funktionierenden Wettbewerb zwischen den Unternehmen gewährleisten (vgl. M 1, Z. 3–6). Ein strenges Kartellrecht soll Monopole verhindern und ein „scharfes, allgemeines Wettbewerbsrecht" (M 1, Z. 9) die Marktmacht großer Konzerne beschränken (vgl. M 1, Z. 9–14). Der **Staat** solle **zu seiner Kernaufgabe zurückgeführt** werden. Dazu müssten alle Subventionen überprüft, die Sozialsysteme reformiert, die Staatsquote auf unter 40 % gesenkt und bürokratische Eingriffe in die Wirtschaft vermieden werden. Kurzfristig orientierte Konjunkturprogramme lehnt die FDP ab. Sie befürwortet Privatisierungen sowie eine Deregulierung des Arbeitsmarktes mit Öffnungsklauseln und vornehmlich an Betrieben ausgerichteten Tarifverträgen (vgl. M 1, Z. 15–23).

   Auf ihrer Homepage (Stand 10. 4. 2007) fordert die SPD ebenfalls eine anhaltende **Unterstützung des Wirtschaftswachstums und passende Rahmenbedingungen**. Die Staatsfinanzen sollen konsolidiert und die Arbeitslosigkeit soll gesenkt werden (vgl. M 2, Z. 1–5). Dafür plädiert die Partei aber für umfassende staatliche Aktivitäten. So sei auf SPD-Initiative hin ein **Wachstums- und Beschäftigungspaket** zur Ankurbelung der Konjunktur vereinbart worden (vgl. M 2, Z. 6–8). Dieses sehe Investitionen in Forschung und Entwicklung, in die Bauwirtschaft und den Verkehr sowie steuerliche Vergünstigungen für Familien vor. Auch das Handwerk werde unterstützt. Dazu sollen staatliche Gelder in Aufträge und Anreizsysteme fließen, z. B. mit dem Ziel der Energieeinsparung oder der Verbesserung der Pflege (M 2, Z. 13, 24 f.).

Beide Parteien lassen sich unterschiedlichen wirtschaftspolitischen Grundpositionen zuordnen. Die **FDP** verfolgt eher eine **neoklassische Wirtschaftspolitik** (**Adam Smith**). Die Vorschläge zur Reform der Marktwirtschaft weisen in Richtung der **Angebotstheorie**. Das wettbewerbliche Leistungsstreben und die Initiative privater Unternehmer im Rahmen einer freiheitlichen Wirtschaftsverfassung werden betont. Insbesondere die Staatsquote ist der FDP zu hoch. Der Staat soll sich als Akteur weitgehend zurücknehmen. Dieses Leitbild vom Markt entspricht dem Ideal einer streng am Konsumenten und an dessen Bedürfnissen ausgerichteten Kreislaufwirtschaft, ganz im Sinne von **Alfred Müller-Armack** und den anderen Theoretikern der Sozialen Marktwirtschaft. Diese waren im Prinzip auch nicht gegen Konjunkturpolitik. Allerdings sollten die Maßnahmen marktkonform sein und nicht ausschließlich auf Vollbeschäftigung setzen, sondern die Wirtschaft insgesamt fördern. Massive Eingriffe in den Wirtschaftsablauf oder gar Arbeitsbeschaffungsmaßnahmen lehnten diese Theoretiker ab. Parallelen zu diesen Gedanken finden sich auch im FDP-Positionspapier. Dezidierte Konjunkturprogramme werden abgelehnt. Stattdessen setzen die Liberalen auf **Deregulierung** und **Privatisierung**. Dabei stören die FDP folgerichtig die ausgebauten Sozialsysteme mit den damit verbundenen Kosten und die stark regulierten Arbeitsmärkte (vgl. M 1, Z. 16 und Z. 21 f.).

Schwieriger ist die Zuordnung bei der SPD, da deren Vorstellungen sowohl nachfrage- als auch angebotsorientierte Elemente umfassen. Die wirtschaftspolitischen Konzeptionen der SPD klingen zunächst ebenfalls nach Angebotstheorie. Die Sozialdemokraten wollen das Wachstum durch geeignete Rahmenbedingungen und Anreize fördern (vgl. M 2, Z. 1 ff.). Zudem wird die Konsolidierung der Staatsfinanzen als wichtiges Ziel ausgegeben (vgl. M 2, Z. 4). Betrachtet man die geforderten Maßnahmen jedoch genauer, ergibt sich eine **weitgehend nachfrageorientierte Strategie**. So möchte die aktuelle Regierungspartei umfangreiche Investitionen tätigen, z. B. in die Verkehrsinfrastruktur. Außerdem soll der Staat über die Vergabe öffentlicher Aufträge (z. B. zur Gebäudesanierung) als Nachfrager auftreten. Das ist ganz im Sinne des **Keynesianismus**, der versucht, einen konjunkturellen Abschwung bzw. eine Rezession zu lindern. Als krisenverschärfend deuten diese Theoretiker den Rückgang des privaten und öffentlichen Konsums. Das führe zu einem Rückgang der Produktion und zu einem Ansteigen der Arbeitslosigkeit. Dem müsse kurzfristig entgegengesteuert werden, notfalls auch über kreditfinanzierte Ausgaben (**deficit spending**). Ähnliche Ansatzpunkte finden sich im SPD-Programm. So möchte die SPD ein Beschäftigungspaket in Milliardenhöhe auflegen (vgl. M 2, Z. 6–8) und die Steuerzahler entlasten, z. B. über die Absetzbarkeit von Handwerkerrechnungen. Allerdings werden auch an diesen Maßnahmen angebotsorientierte Züge deutlich. So sollen Investitionen vornehmlich in zentralen Zukunftsbereichen getätigt werden, z. B. im Bereich Forschung und Entwicklung (vgl. M 2, Z. 8 f.). Die Absetzbarkeit der Handwerkerrechnungen ist gleichzeitig eine Förderung mittelständischer Unternehmen.

Es handelt sich bei der sozialdemokratischen Wirtschaftspolitik um eine Mischung aus **nachfrage- und angebotsorientierten Maßnahmen**, sodass man von einem „**Policy Mix**" sprechen kann.

2. *Die Aufgabenstellung ist relativ offen hinsichtlich der zu wählenden Beispiele. Das ist insofern ein Vorteil, als die Auswahl in Bezug auf den Kenntnisstand, die Aktualität und auch die im zweiten Teil geforderten Bewertung angepasst werden kann. So könnten hier z. B. die Rentenreform, die Steuerreform, die Arbeitsmarktreformen oder die Mehrwertsteuerreform behandelt werden. Entscheidend ist aber nicht die Zahl der gewählten Beispiele, sondern die möglichst genaue Erklärung. Im zweiten Teil der Aufgabenstellung sollen die selbst gewählten wirtschaftspolitischen Beispiele im Hinblick auf das Schaffen von Arbeitsplätzen bzw. auf das Problem der Staatsverschuldung bewertet werden. Die Einschätzung selbst ist dabei Ihnen überlassen. Hier kommt es auf die Nachvollziehbarkeit des Urteils und die Schlüssigkeit der Argumentation an. (AFB II und AFB III)*

Jede Bundesregierung hat nach Artikel 109 Abs. 2 GG und dem Stabilitätsgesetz von 1967 die Aufgabe, wirtschaftspolitische Maßnahmen zu ergreifen, um ein **gesamtwirtschaftliches Gleichgewicht** herzustellen. Hinzu kommt allgemein die Aufgabe, den in Artikel 20 GG nicht präzise definierten **Sozialstaat in seiner Ausprägung zu bestimmen**. Die verschiedenen Bundesregierungen haben diese Eingriffsmöglichkeiten in die Wirtschaft im Sinne des **Magischen Sechsecks** unterschiedlich weit ausgelegt. Das lag nicht nur an den differierenden wirtschaftspolitischen Vorstellungen der Parteien, die jeweils die Regierung stellten, sondern auch an den jeweiligen binnen- und weltkonjunkturellen Lagen. Selten jedoch wurden Eingriffe der Vorgängerregierung wieder grundsätzlich zurückgenommen. Das lässt sich besonders am **Bereich der Arbeitsmarktpolitik** zeigen.

Das Schaffen von Arbeitsplätzen gehört bei jedem wirtschaftspolitischen Ansatz zu den Kernaufgaben. Je nach Grundannahmen setzten die Maßnahmen entweder eher auf die Regulierung des Arbeitsmarktes oder auf stärkere staatliche Eingriffe. So wurde im Sinne der Angebotstheorie in den letzten Jahren der **Kündigungsschutz mehrfach gelockert**, um nicht zu sagen ausgehöhlt. Das sollte den Unternehmen je nach Wirtschaftslage mehr Flexibilität bei Anstellungen und Entlassungen geben. Die Auswirkungen dieser Maßnahme sind schwer zu beurteilen, unter anderem auch deshalb, weil sie von anderen Maßnahmen überlagert werden, so z. B. von der **zunehmenden Zeitarbeit** und der **staatlich subventionierten Kurzarbeit**. Es ist zu beobachten, dass viele Unternehmen versuchen, eine Stammbelegschaft aufzubauen, die auch in Krisenzeiten so lange wie möglich gehalten werden soll. Alle nicht zu dieser Belegschaft gehörenden Beschäftigten werden in konjunkturell schwierigen Zeiten sofort freigesetzt, wie aktuelle Beispiele in der Automobilindustrie zeigen.

Auf der Seite der stärkeren staatlichen Regulierung sind vor allen Dingen die Reformen des Arbeitsmarktes zu nennen, z. B. die Zusammenlegung von Arbeitslosen- und Sozialhilfe im Rahmen der Hartz-IV-Gesetze. Bestimmte Maßnahmen im Rahmen dieser **Arbeitsmarktreformen** zeitigten trotz hoher bürokratischer Hürden schon bald Erfolge. Zu nennen wären hier zum einen die **Ich-AG** – inzwischen aber schon wieder abgeschafft –, die Selbstständigkeit und Eigeninitiative im Sinne unternehmerischen Handelns mit Anschubfinanzierungen erfolgreich förderte; zum anderen die intensivere und erfolgreichere Vermittlung nach dem

Modell „Fördern und Fordern". Dieses Konzept sollte Arbeitslose schnell wieder in den Arbeitsmarkt integrieren, z. B. durch Nach- und Umschulung. Zugleich sollte ein gewisser Druck aufgebaut werden, neue Arbeit auch unterhalb der eigenen Qualifikationsstufe aufzunehmen, da ansonsten die staatlichen Leistungen gekürzt würden. Nicht zuletzt diese Maßnahmen im Sinne eines **gestärkten Subsidiaritätsprinzips** haben zu einem Sinken der Arbeitslosigkeit auf annähernd 3 Millionen Menschen geführt (Ende 2008). Ein Großteil dieser Arbeitslosen gilt nach Meinung vieler Wirtschaftswissenschaftler als nicht vermittelbar.

Die **Verminderung** der Sätze für das **Arbeitslosengeld** sollte einerseits die Sozialkassen entlasten und geringere Bundesbeiträge ermöglichen, andererseits den Anreiz schaffen, wieder eine Beschäftigung aufzunehmen. Diese Rechnung ging zum Teil auf. Schon bald konnte die Bundesagentur für Arbeit Überschüsse vermelden. Zu den negativen Seiten der Hartz-IV-Reformen gehört die überzogene Standardisierung auf sogenannte Regelfälle. Dies führte unter anderem dazu, dass hoch qualifizierte Arbeitnehmer, die jahrzehntelang in die Sozialkassen eingezahlt hatten, gleichgestellt wurden mit unqualifizierten Menschen, die noch nie gearbeitet hatten. Die Bevölkerung empfand das als Verstoß gegen die soziale Gerechtigkeit und lehnte bald die gesamten Arbeitsreformen ab.

Auch in anderer Hinsicht ging die Rechnung nicht auf. Im Hinblick auf die Staatsverschuldung ist zu kritisieren, dass entgegen der Annahmen die Kosten für die Sozial- und Arbeitsmarktpolitik durch die Reformen keineswegs gesunken, sondern im Gegenteil noch gestiegen sind. So ist der **Anteil der Sozialausgaben am Bruttoinlandsprodukt auf über 30 %** gestiegen, das sind siebenhundert Milliarden Euro im Jahr. Ein Drittel des Bruttoinlandsproduktes wird in diese Umverteilungsmaschinerie gesteckt. Das hat sich für die Schaffung neuer Arbeitsplätze als kontraproduktiv erwiesen. Kritik an dieser Entwicklung kommt bezeichnenderweise zunehmend von den sogenannten Leistungsträgern der Gesellschaft, also der Mittelschicht und den mittelständischen Unternehmern, deren Steuern und Abgaben trotz gegenteiliger Beteuerungen der Politik in den letzten Jahren nicht gesunken sind, die aber einen Großteil der Arbeitsplätze schaffen. So belasten **steigende Sozialabgaben** über die Lohnnebenkosten die Kostenstruktur der Unternehmen. Das hat zu dem negativen Effekt geführt, dass Unternehmen zunehmend versuchen, bei den Löhnen zu sparen, um ihre Wettbewerbsposition im Rahmen der Globalisierung zu stärken. So ist der Netto-Stundenlohn der Arbeitnehmer seit 1990 gesunken, die Gesamtabgabenlast aber gestiegen. Nicht zuletzt lag das an einer Verlagerung der Abgaben in den Bereich der indirekten Steuern, was den Faktor „Arbeit" entlasten sollte. Hier wäre als zentrales Beispiel die **Mehrwertsteuererhöhung** zu nennen.

Diese Steuererhöhung sollte zum einen die Einnahmen des Staates erhöhen, zum anderen die Neuverschuldung sowie die gesamte Verschuldung des Staates reduzieren. Notwendig wurden diese Sparmaßnahmen unter anderem durch die **EU-Stabilitätskriterien**, die der Neuverschuldung eines Staates engere Grenzen setzen. Tatsächlich konnte die aktuelle Bundesregierung die Staatsverschuldung durch die Mehrwertsteuererhöhung etwas verringern. Gleichzeitig hatte diese Erhöhung der Verbrauchssteuern aber deutliche Negativfolgen. Da das Geld unmittelbar aus dem Konsum abgeschöpft wurde, ging dieser zurück. Von dieser Schwächung hat sich die Binnennachfrage bis heute nicht erholt. Im Gegenteil, um die unerwünschten Folgen zu lindern, wurden weitere flankierende Maßnahmen hinzugefügt. Da die Mehrwertsteuererhöhung besonders den Dienstleistungsbereich traf, sollte dieser im Gegenzug angekurbelt werden. So lassen sich Handwerkerrechnungen und haushaltsnahe Dienstleistungen aktuell leichter von der Steuer absetzen. Die Haushalte sollten als Arbeitgeber tätig werden, was auch gelang. Das Handwerk bekam tatsächlich mehr Aufträge und stellte vermehrt ein. Dieser **Steuerbonus** belastet allerdings den Staatshaushalt. Die inkohärente Politik ist jedoch auch der komplizierten Gemengelage in einer großen Koalition geschuldet, in der unterschiedliche wirtschaftspolitische Konzeptionen aufeinandertreffen.

3. *Diese Aufgabe verlangt einen methodischen Zweischritt. Im ersten Schritt gilt es, die Entstehungsbedingungen der parteiprogrammatischen Zielvorstellungen in den Blick zu nehmen und auf praktische Fragen der Regierungsarbeit zu beziehen. Bei der Bewertung muss dann zu diesen politischen Sachverhalten Stellung bezogen werden. Eine Kritik ist ebenso möglich wie eine Verteidigung, bei der die politischen Gegebenheiten als sinnvoll und stimmig akzeptiert werden. Auch eine abwägende Position ist denkbar. Aktuelle Beispiele können die Argumentation unterstützen. (AFB II und AFB III)*

Parteiprogramme werden für Parteimitglieder und potenzielle Wähler geschrieben. Sie entstehen durch **Aushandlungsprozesse verschiedener Interessengruppen** in einer pluralistischen Gesellschaft. Daher sind viele Elemente dieser Programme als **Kompromisse** anzusehen, die zum Teil bewusst vage formuliert sind. Zudem liegen meist mehrere Jahre zwischen der Erarbeitung, dem Beschluss und der beabsichtigten Umsetzung eines Parteiprogramms. Aus diesem Grund gibt es nur selten einen unmittelbaren Bezug zur aktuellen Politik.

Zu diesen programmatischen Aussagen der Parteien kommen dann die Vorankündigungen der Regierungen über ihre Vorhaben hinzu. Da die Regierungen in Deutschland häufig Koalitionsregierungen sind, müssen schon während der Koalitionsverhandlungen bestimmte Kompromisse gefunden werden. In die Ankündigungen und Regierungsentscheidungen fließen zudem Rücksichten auf die eigene Wählerklientel, aber auch aktuelle Umfragen und die öffentliche Meinung, die wiederum durch die Medien beeinflusst wird, ein. Was also in einem Regierungsprogramm steht, ist in der Regel schon eine Mischung der verschiedenen parteiprogrammatischen Vorhaben und eine Reaktion auf die Wahlergebnisse.

Parteiprogramme werden oft nicht umgesetzt, weil die **unterschiedlichen Ressortinteressen der Minister** das verhindern. Zwar hat der Regierungschef laut Grundgesetz die Richtlinienkompetenz bezüglich kontroverser Sachfragen im Kabinett, gerade aus **Rücksicht auf den Koalitionspartner** bei Regierungskoalitionen lassen sich aber parteiprogrammatische Inhalte nicht immer durchsetzen.

Ein weiteres Konfliktfeld liegt in der **Rolle des Abgeordneten**. Er kann sich nach Artikel 38 GG auf seine **Gewissensfreiheit** und sein **freies Mandat** berufen. Dadurch wird jedoch die Geschlossenheit in Bezug auf die Fraktionsdisziplin unterlaufen. Beabsichtigte Gesetzesänderungen im Sinne der Durchsetzung eines Parteiprogramms können so scheitern. Die Parteiführer versuchen zumeist, die Abweichler wieder „auf Linie“ zu bringen, und argumentieren mit den Erwartungen der Wähler an die Geschlossenheit der Partei und die Durchsetzung ihrer angekündigten Ziele. Das gelingt aber nicht immer, wie die gescheiterte Wahl von Andrea Ypsilanti zur hessischen Ministerpräsidentin im Herbst 2008 zeigte.

Zudem dürfen die Mechanismen der **innerparteilichen Willensbildung** nicht außer Acht gelassen werden. Zu den Prinzipien innerparteilicher Demokratie gehören zum Beispiel die Souveränität der Mitgliederversammlung, das Mehrheitsprinzip, das Recht auf freie Meinungsäußerung, die Wahl auf Zeit und die Wählbarkeit aller Mitglieder. Das hat unter anderem zur Folge, dass die programmatischen Aussagen von vor wenigen Jahren aktuell schnell an Gültigkeit verlieren können. Ein Beharren auf den einstmals festgezurrten Prinzipien könnte Politiker sogar ihren Rückhalt in der Partei kosten.

Die Nichteinhaltung der Parteiprogramme ist im politischen Alltag jedoch wenig problematisch, denn die Wählerschaft scheint diese Wankelmütigkeit kaum zu stören. Nur die wenigsten lesen Parteiprogramme. Viel wichtiger sind die verdichteten Aussagen der Spitzenpolitiker im Rahmen des Wahlkampfes. Nicht gehaltene Versprechungen aus dieser Phase werden in aller Regel sehr übel genommen. Die **Parteiprogramme** selbst haben wohl eher die Funktion **einer Selbstvergewisserung der Parteien**. Deshalb wird durchaus heftig um Formulierungen gerungen. Sobald die Programme geschrieben sind, verlieren sie aber fast automatisch an Bedeutung, da auf dieser mühsam errungen Plattform sofort neue politische Diskussionen stattfinden. Ein besonders prominentes Beispiel ist das vor der Bundestagswahl 2005 verfasste Leipziger Parteiprogramm der CDU, in dem sich die neoliberalen Marktderegulierer durchgesetzt hatten. Die Leitlinie dieses Programms war so weit weg von den Vorstellungen der meisten CDU-Wähler und auch des Koalitionspartners SPD, dass es kaum praktische Wirksamkeit entfalten konnte. Einer konstruktiven Regierungspolitik hat das nicht geschadet, wohl aber etliche Parteimitglieder enttäuscht. Erst eine formale Entmachtung der Parteigruppierungen, die auf den Aussagen dieses Parteiprogramms bestanden, brachte schließlich wieder innerparteiliche Ruhe. Die praktische Regierungsarbeit mit ihren politischen Unwägbarkeiten lässt ein Beharren auf zum Teil Jahre alten programmatischen Aussagen in aller Regel nicht zu, und das ist auch gut so. Aktuelles Beispiel ist die sich sukzessive verändernde familienpolitische Position der CDU. Für den interessierten Leser und Wähler bieten Programme dennoch genügend Anhaltspunkte, um sich über den ungefähren Standpunkt der Partei zu bestimmten Politik- und Lebensfragen zu informieren.

Hessen – Politik und Wirtschaft – Grundkurs 2009
Vorschlag B

Thema: *Gesetzgebung, Grundrechte und Verfassungsinstitutionen*

Aufgaben

1. Geben Sie die von Gunter Hoffmann referierte Kontroverse zwischen dem ehemaligen Verfassungsrichter Di Fabio und Bundesinnenminister Schäuble wieder. (20 BE)

2. Der Autor thematisiert in seinem Artikel einen Konflikt zwischen Bundesregierung, Bundestag und Bundesverfassungsgericht.
Stellen Sie die Funktionen dieser Verfassungsorgane im politischen Gesetzgebungsprozess dar und erklären Sie den Konflikt vor diesem Hintergrund. (40 BE)

3. Der Text von Hoffmann zitiert Bundesinnenminister Schäuble mit den Worten: „Nationale Rechtsordnungen wie internationales Recht werden den neuen Formen der Bedrohungen nicht mehr ausreichend gerecht" (Z. 48–50).
Erörtern Sie, wie diesen Bedrohungen innenpolitisch und im Bereich der internationalen Beziehungen begegnet werden kann. (40 BE)

M 1: Minister gegen Richter. Was ist erlaubt im Antiterrorkampf? Wolfgang Schäuble und Udo Di Fabio streiten um Grundsätzliches

Soll die Regierung für die Sicherheit, das Bundesverfassungsgericht für die Freiheit zuständig sein? Die Debatte, die seit längerem schwelt, hat Bundesinnenminister Schäuble nun auf diese Frage zugespitzt – um zugleich einer solchen Aufgabenverteilung zwischen den Gewalten entschieden zu widersprechen. Schäuble, der „Verfassungsminister": Auch in der Vergangenheit habe der Rechtsstaat Freiheitsrechte verteidigt; vom Staat könne aber auch künftig „nicht das Unmögliche verlangt" werden, dass er nämlich Unrecht und Gewalt möglichst ausnahmslos unterbinden und „zugleich in freiheitlicher Distanz und Diskretion nichts sehen, nichts hören und nichts fragen" dürfe. Auf die klare Definition einer „roten Linie", die nicht überschritten werden darf, lässt Schäuble sich nicht ein.

Anders das Bundesverfassungsgericht. Ausgerechnet in Berlin redete in der vergangenen Woche Udo Di Fabio, Verfassungsrichter in Karlsruhe, der Politik ins Gewissen und warnte sie vor einem „präventionstechnischen Überbietungswettbewerb" im Kampf gegen den Terrorismus. In Karlsruhe wiederum plädierte tags darauf der „Verfassungsminister" an die Adresse der obersten Richter, sich stärker zurückzuhalten und der Politik bei der „Durchsetzung des Rechts" unter Einsatz des staatlichen Gewaltmonopols nicht weiter in den Arm zu fallen. […]

Auf den ersten Blick erscheint der Schlagabtausch zwischen Di Fabio und Schäuble paradox. Beide, der christdemokratische Minister wie der Richter, sehen sich als „Konservative“. Doch in dieser Debatte verläuft die Trennlinie erstmals in dieser Deutlichkeit zwischen den Verfassungsinstitutionen, also zwischen Gericht, Regierung und Parlament. Seit das Verfassungsgericht am 15. Februar 2006 das Luftsicherheitsgesetz für verfassungswidrig erklärte, gelten die Richter bei Schäuble insgeheim als die wahre Bastion gegen die neue Sicherheitsgesetzgebung aus Berlin. Das gescheiterte Gesetz, das die Ermächtigung geben sollte, ein entführtes Flugzeug abzuschießen, wenn es „gegen das Leben von Menschen eingesetzt“ werde, war noch von der rot-grünen Koalition eingebracht und von einer breiten parlamentarischen Mehrheit unterstützt worden. Erbost über die Entscheidung Karlsruhes, hatte Schäuble eine „Wiedervorlage“ angekündigt. Der Ingrimm über das Gericht hielt an, aber er schwieg.

Bei seiner Intervention gegen die Berliner Linie kam Udo Di Fabio daher vor der Bundesakademie für Sicherheitspolitik nicht zufällig auf das „Luftsicherheitsgesetz“ als Herz- und Paradebeispiel für eine potenzielle Grenzüberschreitung zurück. Es könne durchaus Grenzfälle in der Politik geben, und die habe die rot-grüne Regierung mit ihrem „Aktionismus“ klären wollen, so der Richter. Aber das Recht könne diese Grenzfälle nicht regeln. Zu beneiden seien Politiker in einer solchen Lage nicht, aber „man darf so etwas nicht ins Grundgesetz gießen“. Durch die Blume widersprach Udo Di Fabio damit zugleich allen Berliner Mutmaßungen, wonach das Gericht in Sachen Luftsicherheit inzwischen Zweifel plagten, es mute der Politik für den Ernstfall zu viel zu.

Hinhaltend wiederum ließ der Verfassungsrichter sich auf eine Lieblingsidee Wolfgang Schäubles ein, nämlich den Einsatz der Bundeswehr im Inneren gesetzlich zu regeln. Das solle in „ruhigeren Zeiten“ geschehen, wog Di Fabio vorsichtig ab. Schäuble hingegen möchte nicht warten, er ist generell der Ansicht, der Gegensatz von „Innen und Außen“ habe sich aufgelöst, seit Terroristen asymmetrische Kriege[1] führten. Damit begründet er auch eine Flut anderer Vorstöße aus seinem Haus, die darauf zielen, Informationen zu gewinnen, international zu kooperieren, nationale Befugnisse zu konzentrieren oder auch Online-Durchsuchungen zu ermöglichen.

Schäubles Kernthese, um die sich der Konflikt mit Karlsruhe rankt: „Nationale Rechtsordnungen wie internationales Recht werden den neuen Formen der Bedrohung nicht mehr ausreichend gerecht.“ Manche Staatsrechtler gehen inzwischen merklich weiter als der Innenminister: Der Rechtsstaat wie der Staat überhaupt werde in der Auseinandersetzung mit dem „Feind“, dem terroristischen Islamismus, zum Opfer seiner Zurückhaltung, argumentieren sie.

In: Gunter Hofmann, Minister gegen Richter, in: Die Zeit vom 15. 11. 2007, S. 4

Anmerkung:

1 Mit asymmetrischen Kriegen bezeichnet man militärische Auseinandersetzungen unter kriegsführenden Parteien, die waffentechnisch und strategisch sehr verschieden orientiert sind.

Lösungsvorschläge

Unterrichtsinhalte:
- 12/II: Verfassungsnorm und Verfassungsrealität: Grundrechte und Grundrechtsabwägung, Parlament und Regierung im konkreten politischen Gesetzgebungsprozess
- 13/I: Aktuelle internationale Konfliktregionen und die Möglichkeiten kollektiver Friedenssicherung: Friedensbegriff und Konzeptionen der Friedenssicherung (auch im Sinne eines erweiterten Sicherheitsbegriffes);
  Nationalismus und Fundamentalismus: Ursachen, Gefahren für den Frieden und die Menschenrechte: Politischer und religiöser Fundamentalismus

1. *Sie sollen den Zeitungsbericht über eine aktuelle Kontroverse zwischen dem Bundesverfassungsgericht und dem Innenminister wiedergeben, also unter Beibehaltung des Sinns auf das Wesentliche reduzieren. Sie können dabei den Text nach den Gesichtspunkten neu ordnen (z. B. Anlass der Kontroverse, Position Schäubles, Position Di Fabios, Fazit), die Sie als wesentlich erkennen, müssen also nicht „textchronologisch" arbeiten. (AFB I)*

   Der am 15. 11. 2007 in der Wochenzeitung „Die Zeit" erschienene Bericht von Günter Hoffmann informiert über einen seit einiger Zeit schwelenden **Streit zwischen dem Bundesverfassungsgericht und Innenminister Schäuble**. Inhaltlich geht es um die Möglichkeiten und Grenzen staatlichen Handelns bei der Bekämpfung des Terrorismus.
   Den Anlass des Konflikts zwischen den Vertretern der beiden Verfassungsorgane bildet die **Zurückweisung des Luftsicherheitsgesetzes durch das Bundesverfassungsgericht** im Jahr 2006, mit der der Innenminister nicht einverstanden ist. Er möchte dieses Gesetz erneut in den Bundestag einbringen. Darüber hinaus strebt er weitere Sicherheitsgesetze an, z. B. zur Ermöglichung des Bundeswehreinsatzes im Inneren und von Online-Durchsuchungen.
   Schäuble rechtfertigt die ausgeweitete Sicherheitsgesetzgebung mit **neuartigen Bedrohungen**, wie z. B. **Terrorismus** oder „**asymmetrische[n] Kriege[n]**" (Z. 44), und benennt die doppelte Aufgabe des Rechtsstaates, Freiheit und Sicherheit zu gewährleisten (vgl. Z. 1 ff.). Angesichts veränderter Herausforderungen müsse der Spielraum staatlichen Handelns erweitert werden (vgl. Z. 9 f.). Das Verfassungsgericht dürfe das zur Durchsetzung des Rechts eingesetzte Gewaltmonopol des Staates nicht begrenzen (vgl. Z. 16 f.).
   Während Innenminister Schäuble die Rechte und Mittel des Staates ausweiten möchte, um die Sicherheit der Bürger zu erhöhen, plädiert der Verfassungsrichter Di Fabio für die stärkere Zurückhaltung des Staates im Sinne der Freiheitsrechte. Di Fabio bestreitet die Angemessenheit der von Schäuble vertretenen Sicherheitspolitik, wirft der Regierung aktionistische Aufgeregtheit vor (vgl. Z. 34, 42) und warnt vor Übertreibungen durch präventive Maßnahmen (vgl. Z. 13). Von der Verfassung gezogene Grenzen dürften nicht überschritten werden (vgl. Z. 32), auch Grundgesetzänderungen lehnt er ab (vgl. Z. 34 ff.).
   Am Ende des Berichts über die Kontroverse verweist der Autor auf Positionen von Staatsrechtlern, die dem Innenminister Recht geben.

2. *Die Aufgabe erwartet von Ihnen die sachliche Beschreibung der am Gesetzgebungsprozess beteiligten Verfassungsorgane. Anschließend sollen Sie den in Aufgabe 1 verdeutlichten Konflikt darauf beziehen. Eine Beurteilung ist nicht Teil der Aufgabe. (AFB II)*

Zum Verständnis des dargestellten Konflikts wird im Folgenden der Gesetzgebungsprozess beschrieben und die Rolle der beteiligten Verfassungsorgane erklärt. Am Ende wird der zuvor dargestellte Konflikt zwischen Schäuble und Di Fabio in diesen Zusammenhang eingeordnet.

Regierungshandeln kann im demokratischen Rechtsstaat nur auf der Grundlage von Gesetzen gestaltet werden. Dabei zeigt sich deutlich das **System der Gewaltenverschränkung**, d. h., die drei Gewalten (Regierung, Gesetzgebung und Rechtsprechung) werden zwar durch getrennte Organe ausgeübt (= Gewaltenteilung), es gibt aber gegenseitige Einflussnahmen und Überschneidungen zwischen den Gewalten. Über das **Recht zur Gesetzesinitiative** verfügen **Bundesrat**, **Bundestag und Bundesregierung**. Es wird vorwiegend von der Regierung genutzt. Der Innenminister ist für Gesetze zum Schutz der inneren Sicherheit, aber auch für den Schutz der Verfassung zuständig; für die äußere Sicherheit trägt insbesondere der Verteidigungsminister die Verantwortung. Die Abstimmung erfolgt im Bundeskabinett. Alle Gesetzesvorlagen werden im Bundestag in drei Lesungen diskutiert und von den zuständigen Bundestagsausschüssen beraten, im Fall des Luftsicherheitsgesetzes vermutlich vom Innenausschuss. Stimmt die Mehrheit des Bundestages dem Gesetz nach der dritten Lesung zu, wird es an den Bundesrat weitergegeben. Stimmt auch der Bundesrat zu, wird das Gesetz an den Bundespräsidenten zur endgültigen Unterzeichnung weitergeleitet, der es aber bei rechtlichen Bedenken stoppen kann, z. B. bei einem offensichtlichen Verstoß gegen die Verfassung. Stimmt der Bundesrat nicht zu, kann ein Vermittlungsausschuss zwischen Bundestag und Bundesrat einen Ausgleich der unterschiedlichen Positionen erreichen. Unter bestimmten Voraussetzungen kann der Bundestag den Einspruch des Bundesrates überstimmen.

Das **Bundesverfassungsgericht** hat **keinen direkten Einfluss auf die Gesetzgebung**. Allerdings kann es Gesetze für nicht verfassungsgemäß erklären und damit außer Kraft setzen. So greift ein Teil der Judikative in den Bereich der Legislative ein. Entscheidungen des Bundesverfassungsgerichts sind für alle Staatsorgane verbindlich, sie haben also Gesetzeskraft. Das oberste Gericht besitzt aber kein Initiativrecht, d. h., es kann nicht von sich aus aktiv werden. Bei **Grundrechtsverletzungen**, die z. B. durch ein Gesetz drohen können, steht jedem Bürger nach Art. 93.4 a GG das Recht zu, eine **Verfassungsbeschwerde** einzureichen. Kommt es zur Auseinandersetzung zwischen obersten Bundesorganen, z. B. einem „Organstreit" zwischen Regierung und Parlament, sind beide Seiten antragsberechtigt. Das Bundesverfassungsgericht orientiert sich bei seiner Arbeit allein am Grundgesetz, dieses gilt praktisch in der Fassung, wie das Gericht es auslegt. Parteipolitische Erwägungen dürfen keine Rolle spielen.

In der Auseinandersetzung zwischen Schäuble und Di Fabio geht es neben der sachlichen Frage, ob ein bestimmtes Vorgehen gegen terroristische Gefahren vom

Grundgesetz gedeckt ist oder den Grundrechten widerspricht, auch um die institutionelle Macht des Bundesverfassungsgerichts, ein von Regierung und Parlament für notwendig gehaltenes Gesetz infrage zu stellen. Dies wird im ersten Satz des Textes angedeutet, der Schäubles rhetorische Frage nach einer Zuständigkeit für Sicherheit und Freiheit wiedergibt. Außerdem appelliert der Minister an die Hüter der Verfassung, „sich stärker zurückzuhalten" (Z. 15).
Der Verfassungsrichter Di Fabio äußert sich öffentlich äußerst kritisch über die Denkhaltung „der Politik" allgemein, die sich beim Kampf gegen den Terrorismus in einen „präventionstechnischen Überbietungswettbewerb" (Z. 13) begeben habe und in seinen Augen vor „Aktionismus" (Z. 34) nicht gefeit sei. Damit möchte di Fabio ausdrücken, dass Gesetze und Grundgesetzänderungen die Freiheitsrechte zu sehr einschränkten, also den Kern der Verfassung gefährdeten. Dieser Verfassungskern ist durch einen eigenen Grundgesetz-Artikel (Ewigkeitsklausel) besonders geschützt (Art. 79.3) und in Art. 19.2 GG heißt es: „In keinem Fall darf ein Grundrecht in seinem Wesensgehalt angetastet werden."
In dieser Kontroverse steht nicht ein einzelner Gesetzgebungsvorgang im Mittelpunkt, sondern eine **grundsätzliche Streitfrage**. Di Fabios Position soll dabei eindeutig die **Stellung des Bundesverfassungsgerichts** als „Wächter der Verfassung" und insbesondere der Grundrechte stärken, während Schäuble den im engeren Sinne politischen Entscheidungsträgern der Exekutive und Legislative durch eine entsprechende Veränderung der Verfassung mehr Optionen eröffnen möchte.

3. *Sie sollen in dieser Aufgabe zunächst die zitierte These Schäubles analysieren. Anschließend erörtern Sie, wie man den neuen Formen der Bedrohung begegnen kann. Dies geschieht durch eine Pro und Kontra abwägende Argumentation, an deren Ende Ihr eigenes Urteil stehen muss. (AFB II und III)*

Wolfgang Schäuble stellt die Frage, ob unsere Rechtsordnung, also die in Verfassung und Gesetzen niedergelegten Regeln, angesichts des Terrorismus und neuer, asymmetrischer Kriege anachronistisch geworden ist.
Wodurch unterscheidet sich die **veränderte Sicherheitslage**? Bombenanschläge in London und Madrid haben in den letzten Jahren gezeigt, dass sich der Terror nicht auf die Dritte Welt oder auf die USA beschränkt. Seit dem 11. September 2001 herrscht eine **Art „Weltbürgerkrieg"**. In diesem wenden sich versteckt arbeitende **terroristische Gruppen mit größter Gewalt gegen zivile Ziele**, um eigene politische Interessen durchzusetzen. Wichtiger als militärische Erfolge sind ihnen die psychischen Folgen. Ihr Ziel ist es, die Bevölkerung einzuschüchtern oder eine Regierung dazu zu zwingen, etwas zu tun oder zu unterlassen. So fanden 2004 die Zuganschläge in Madrid drei Tage vor den spanischen Parlamentswahlen statt, in denen es auch um die weitere Beteiligung des Landes am Irak-Krieg ging. Um sich dieser Gewalt zu erwehren, haben die USA und einige andere Staaten zwei Kriege begonnen (Afghanistan, Irak) und dabei selbst phasenweise das Völkerrecht missachtet. Deutschland hat den USA nach „9/11" „bedingungslose Solidarität" versprochen und schickt bis heute Einheiten der Bundeswehr nach Afghanistan. Unsere Freiheit werde „am Hindukusch" verteidigt, behauptete ein

SPD-Verteidigungsminister. Nach den Vorgängen in Abu Ghraib (Irak) und Guantánamo wird zur Zeit über die Anwendung zahlreicher Foltermethoden („Waterboarding“ etc., z. B. in einem amerikanischen Gefängnis in Polen) berichtet, die auf Befehl oder mit Billigung der amerikanischen Regierung stattfand. Sind demokratische Staaten also zu einer mindestens zeitweisen Aufgabe von Teilen ihrer Rechtsordnung bereit?

Dieser Kontext ist es, in dem die Forderungen des deutschen Innenministers verständlicher werden. Einerseits ist entschiedenes staatliches Handeln notwendig, der Staat muss seiner Pflicht nachkommen, die Bürger zu schützen. Denn durch die in der Bevölkerung nach Anschlägen aufkommende Angst wächst in der Regel der Glaube, die Regierung könne nicht für die Sicherheit der Bürger im Lande sorgen. Die Macht der Regierung wird somit von „innen“ geschwächt. Dieser Gefahr kann eine **intensivierte polizeiliche Terrorismusbekämpfung**, einschließlich effizienter Zusammenarbeit der betroffenen Staaten, entgegenwirken; z. B. durch die Einrichtung einer internationalen Antiterrordatei, durch eine angemessene Ausstattung der Polizei oder durch verdeckte Ermittler etc. Die Kooperation muss darauf zielen, terroristische Aktionen im Vorfeld zu erkennen und zu verhindern.

Polizeiliches und militärisches Vorgehen sind aber nicht ausreichend. **Prävention durch Bekämpfung der Ursachen des Terrorismus** muss hinzukommen. In der Außen- und Entwicklungspolitik sollten Strategien gegen Ungerechtigkeit und daraus resultierenden Hass gegenüber den Industriestaaten in der Dritten Welt, gegen schlechte Bildung und Fanatismus eingesetzt werden. Wichtig für ein erfolgreiches Vorgehen ist allerdings seine Glaubwürdigkeit: Wenn es bei der Terrorismusbekämpfung zu Verletzungen der Menschenrechte und des Völkerrechts kommt, geht sie – und damit ihre Erfolgsaussicht – verloren. Dies gilt auch innenpolitisch. Schäubles übertriebenes Streben nach immer raffinierteren Präventionstechniken könnte einen gefährlichen Substanzverlust des demokratischen Rechtsstaats bewirken, dessen Kernidee der Freiheit immer stärker relativiert wird.

Angesichts dieser Überlegungen sehe ich gute Gründe dafür, dass die **staatliche Schutzpflicht** sowohl innenpolitisch wie durch internationale Zusammenarbeit ernster genommen werden muss als vor dem 11. September. Das Abschießen eines entführten Passagierflugzeugs gehört aber nicht dazu. Passagiere und Besatzung würden damit zum bloßen Objekt staatlichen Handelns. Der Staat würde sich damit auf die gleiche Stufe stellen wie die Entführer. Letztlich bedeutete dies eine Verletzung der im Grundgesetz Art. 1 Absatz 1 garantierten Menschenwürde, des Kerns unserer Verfassung.

Hessen – Politik und Wirtschaft – Grundkurs 2009
Vorschlag C

Thema: *Deutsche Außenpolitik und Menschenrechte*

Aufgaben

1. Geben Sie die unterschiedlichen Positionen (Material 1 bis 3) zu der Frage der Teilnahme von Bundeskanzlerin Angela Merkel an der Eröffnung der Olympischen Spiele in Peking wieder. (20 BE)
2. Stellen Sie – gegebenenfalls beispielhaft – dar, welchen Stellenwert die Menschenrechte im Gesamtzusammenhang des Grundgesetzes für die Bundesrepublik Deutschland haben. (25 BE)
3. Ordnen Sie die Nichtteilnahme der Bundeskanzlerin an der Eröffnung der Olympischen Spiele in den größeren Zusammenhang der deutschen Außenpolitik der Großen Koalition ein. (25 BE)
4. Erörtern Sie die in der „Jungen Welt" (Material 3) zitierte These: „Staaten haben keine Freunde, Staaten haben Interessen" (Z. 17). (30 BE)

M 1: Menschenrechtsdebatte. Altkanzler Schröder fährt zur Olympia-Eröffnung

Im Gegensatz zu Bundeskanzlerin Angela Merkel will deren Amtsvorgänger Gerhard Schröder an der Eröffnung der Olympischen Spiele am 8. August in Peking teilnehmen. Schröder kritisierte „Rituale" beim Thema Menschenrechte.

[…] Einen entsprechenden Bericht der „Zeit" bestätigte Schröders Büro am Mittwoch. In einem Namensartikel für das Wochenblatt warb Schröder zugleich für einen verstärkten Dialog mit China und forderte unter Verweis auf die Modernisierungserfolge: „Wir sollten dem Land Respekt zollen."

„Deutschland könnte von allen europäischen Staaten den größten Einfluss in China haben", schrieb Schröder. Alle, die China kennen würden, wüssten jedoch, „dass wir dieses Ziel nicht durch öffentliche Anklage Chinas, sondern nur durch vertrauensvolle Zusammenarbeit erreichen werden."

Sein Eindruck sei, dass Deutschland die eigenen Möglichkeiten nicht ausreichend nutze, um an der Öffnung und Modernisierung Chinas mitzuwirken.

Kritik äußert Schröder auch an „Ritualen" beim Thema Menschenrechte: Ihm sei immer daran gelegen gewesen, als Modernisierungspartner die chinesische Regierung zu unterstützen, „aber nicht im Sinne einer Belehrung und einer Bloßstellung der chinesischen Gesprächspartner, sondern durch eine Hilfestellung beim Aufbau von Rechtsstaatlichkeit."

Er habe daher auf ritualisierte, symbolhafte und nur für die deutsche Öffentlichkeit gedachte Aktivitäten verzichtet: „Sie mögen für Nichtregierungsorganisationen angemessen sein, für staatliches Handeln und für die außenpolitisch Verantwortlichen sind sie es nicht.“

In: Das Handelsblatt, 16. 7. 2008

M 2: Das Westfalen-Blatt (Bielefeld) zum Thema Olympia ohne Merkel

[…] Mag sein, dass sich die chinesische Führung in ihrer Ehre verletzt gefühlt hat, weil Bundeskanzlerin Angela Merkel der Eröffnungsfeier der Olympischen Spiele fernblieb. Aber damit kann Deutschland leben. Wer wie Merkel die Wahrung der Menschenrechte anmahnt, muss nicht auch noch Kommunisten hofieren, die in Tibet und anderswo nach kultureller und politischer Freiheit lechzende Menschen niederknüppeln lassen. Ex-Kanzler Gerhard Schröder kann leicht reden, das Fernbleiben seiner Nachfolgerin hemme die Beziehungen zu China. Er ist nur noch Privatmann. Zudem war der Putin-Freund in seiner Amtszeit nicht als jemand aufgefallen, der bei Menschenrechtsverletzungen am lautesten Protest erhob. Die Kritik von deutschen Wirtschaftsvertretern, Merkels Fernbleiben werde Aufträge kosten, zeugt von Bertolt Brechts Erkenntnis „Erst kommt das Fressen, dann die Moral“. Es ist unredlich, Folteropfer gegen Gewinne aufzurechnen. Zudem: Wie viele Aufträge sind deutschen Firmen schon entgangen, weil sich Chinesen nicht um Patentrechte scheren? Schröder und Co. sollten schweigen: Es war das richtige politische Signal, dass Merkel nicht in Peking saß.

In: Das Westfalen-Blatt, 10. 8. 2008

M 3: Zaungast des Tages: Angela Merkel

Angela Merkel ist im Urlaub. Sie wandert, wie es hieß, und das ist sicher angenehm. Und vor allem keine olympische Disziplin. Dennoch ist fraglich, ob sie damit gut beraten war.

Die vielbeschworene Macht der Bilder kann ihre eigene Dynamik entwickeln. Schon die Eröffnung der Spiele in Peking zeigte: Nahezu alles, was Rang und Namen in der Weltpolitik hat, war in Peking präsent. Rußlands Premier schritt mit wichtiger Miene daher, ehe ihn die Geisterfahrt des georgischen Anführers in den Kaukasus eilen ließ. George W. Bush schwelgte förmlich in der Größe seines Amtes. Dabbeljuh[1] hielt prächtig Hof. Er besuchte einen evangelischen Gottesdienst, beschwor die Menschenrechte, ohne daß ihm jemand „Guantánamo“ zurief, und fachte die patriotische Begeisterung seiner Sportler an. Nebenbei traf er sich mit Chinas Staatschef, mit Putin, mit wem auch immer. Kurz, Bush arbeitete.

Auch Frankreichs Staatsschauspieler Nummer eins ließ es sich nicht nehmen, mal schnell zur Eröffnung der Spiele in Peking vorbeizuschauen. Nebenbei brachte er noch ein Atomgeschäft zwischen dem staatlichen Strommulti EDF[2] und China unter Dach und Fach.

Staaten haben keine Freunde, Staaten haben Interessen, soll Sarkozys Vorgänger Charles de Gaulle gesagt haben. Und wenn es im Interesse der „nationalen Wirtschaftschampions“ ist, tut ein französischer Präsident, was er muß. Das zahlt sich aus, besonders gegenüber China. Und dort wird man sich auch merken, wer gefehlt hat. Und aus welchem Grund. Erstaunlich ist, daß die deutsche Wirtschaftslobby ihrer Regierungschefin diese Fehlleistung durchgehen ließ. Immerhin war deren Vorgänger dort. Man kann vom Hartz-IV-Schröder denken, was man will. Aber als Außenpolitiker und oberster Lobbyist des deutschen Kapitals war er deutlich effizienter als Merkel.

In: Junge Welt, 12. 8. 2008, S. 8

Anmerkungen:
1 Gemeint ist George W. Bush.
2 EDF steht für den Energiekonzern Électricité de France

Lösungsvorschläge

Unterrichtsinhalte:

- 12/II: Verfassungsnorm und Verfassungsrealität: Grundprinzipien der Verfassungsordnung der Bundesrepublik Deutschland; Art. 21 und Art. 20 GG; Medien: Einfluss der Medien auf die politische Willensbildung
- 13/I: Die deutsche Außenpolitik nach der Wiedervereinigung: Neue Aufgaben, Erwartungen, Probleme: die sicherheitspolitische Lage Deutschlands; Nationalismus und Fundamentalismus: Ursachen, Gefahren für den Frieden und die Menschenrechte; kulturelle Differenzen

1. *Mit dem Operator „wiedergeben" werden Sie dazu aufgefordert, die in M 1 bis M 3 wiedergegebenen unterschiedlichen Stellungnahmen zur Frage der Nichtteilnahme von Bundeskanzlerin Merkel an den Eröffnungsfeierlichkeiten der Olympischen Spiele in Peking „unter Beibehaltung des Sinnes" zusammenzufassen. Identifizieren Sie vor der Zusammenfassung jeweils kurz die Quelle und achten Sie bei Ihren Formulierungen darauf, dass die Distanz zu den Texten gewahrt bleibt. Sollten Sie Begriffe oder Passagen wörtlich übernehmen, so sind die Kennzeichnung der Zitate und die Angabe der Zeilennummern erforderlich. (AFB I)*

   Bei M 1 handelt es sich um einen Auszug aus der Wirtschaftszeitung „Handelsblatt" vom 16. 7. 2008, in dem wiederum aus einem „Namensartikel" des Exkanzlers **Gerhard Schröder** in der Wochenzeitung „Die Zeit" zitiert wird. Dort kritisiert Schröder das Fernbleiben der Bundeskanzlerin von der Eröffnungsfeier der Olympischen Spiele als symbolhaftes **Ritual beim Thema Menschenrechte** ohne jede Wirkung. Man solle **China** angesichts seiner Modernisierungserfolge mehr „Respekt zollen" (Z. 7). Mit „öffentliche[n] Anklage[n]" (Z. 10) erreiche man gar nichts. Wichtiger sei vielmehr „vertrauensvolle Zusammenarbeit" (Z. 10 f.), durch die man Einfluss auf China nehmen könne. Ihm sei es in seiner Amtszeit eher darum gegangen, die chinesische Regierung „als **Modernisierungspartner**" (Z. 15) auf dem Weg zu mehr Rechtsstaatlichkeit zu unterstützen, ohne China dabei bloßzustellen. Die Handlungsweise Merkels passe besser zu einer Nichtregierungsorganisation als zu einer **verantwortlichen Außenpolitik** der Regierung.

In der Quelle M 2, ein Beitrag aus dem „Westfalen-Blatt“ vom 10. 8. 2008, wird dagegen die Haltung Merkels vorbehaltlos unterstützt. Die Kritik Schröders, der als Privatmann leicht reden habe, sowie einiger Wirtschaftsvertreter am Fernbleiben Merkels wird verurteilt. Merkels Geste sei genau **die richtige Antwort** gewesen auf **Chinas Menschenrechtsverletzungen**. Schröder und die Wirtschaft sollten besser schweigen, denn sie redeten nach dem Motto: „Erst kommt das Fressen, dann die Moral“ (Z. 11).
M 3 ist eine in überaus ironischem Tonfall gehaltene Glosse der marxistischen, linken Tageszeitung „Junge Welt“ vom 12. 8. 2008, in der sich der Autor über die Auftritte verschiedener Staatsoberhäupter bei den Eröffnungsfeierlichkeiten in **Peking** lustig macht, eine klare Stellungnahme zu Merkels Fernbleiben aber vermeidet. Allerdings wird nicht ohne Häme angemerkt, die Chinesen würden sich wohl merken, „wer gefehlt hat“ (Z. 20). Auch wundert sich der Autor hintersinnig darüber, dass „die deutsche **Wirtschaftslobby**“ (Z. 21) Frau Merkel „diese Fehlleistung durchgehen ließ“ (Z. 22). Auf jeden Fall sei der ehemalige Bundeskanzler Schröder als „Außenpolitiker und oberster Lobbyist des deutschen Kapitals“ (Z. 23 f.) wesentlich effizienter gewesen als Merkel.

2. *Der Operator „darstellen“ verlangt von Ihnen die Beschreibung und Erklärung von Entwicklungszusammenhängen und Zuständen mithilfe von Materialkenntnissen und bekannten Deutungen. Sie können hier also auf Ihr im Unterricht erworbenes Wissen über den Stellenwert der Grundrechte im Grundgesetz zurückgreifen; zusätzlich steht Ihnen das Grundgesetz selbst zum Nachschlagen zur Verfügung. Sie sollten darüber hinaus aber auch – zumindest beispielhaft – auf die Verfassungswirklichkeit eingehen. (AFB II)*

Die **Verfassung der Bundesrepublik** schützt die **Grund- und Menschenrechte** gleich in ihren ersten 19 Artikeln und verpflichtet die Verfassungsorgane zu deren Beachtung. Die Grundrechte, so heißt es wörtlich, seien für alle Staats-und Verwaltungsorgane „**unmittelbar geltendes Recht**“ (Art. 1 Abs. 3 GG).
Zusammen mit Artikel 20, der die **demokratische Grundordnung** sowie **das Bundes-, Rechts- und Sozialstaatsprinzip** beinhaltet, sind die Grundrechte mit einer sog. **Ewigkeitsklausel** (Art. 79 GG) versehen; die Grundrechte dürfen also vom Gesetzgeber auch mit einer verfassungsändernden zwei Drittel Mehrheit „in ihrem Kerngehalt“ nicht angetastet werden.
Nach dem Verfassungsverständnis der Bundesrepublik gelten die Grundrechte – und dies hat auch mit der deutschen Geschichte zu tun – als sog. **vorstaatliche Rechte**. Diese werden vom Staat nicht etwa gewährt, sondern stehen dem Menschen von Natur aus zu und sind deshalb vom Staat zu schützen und zu respektieren und dürfen nicht aufgehoben werden.
Sollte dies dennoch geschehen, so steht jedem Bundesbürger, der sich in seinen Grundrechten von der Verwaltung verletzt fühlt, ein **Klagerecht vor dem Bundesverfassungsgericht** zu.
Das ist die **Verfassungstheorie**. In der **Verfassungswirklichkeit** werden die Grundrechte von den Staatsorganen im Allgemeinen respektiert, aber es gibt den-

noch Fälle, in denen dies nach Ansicht vieler Beobachter nicht der Fall ist – aktuell etwa im Bereich der „informationellen Selbstbestimmung", wo vor allem über den „Großen Lauschangriff" und „Online-Durchsuchungen" von Computern diskutiert wird. Zudem lassen sich auch eine ganze Reihe von Beispielen dafür anführen, dass der Gesetzgeber Regelungen beschlossen hat, die anschließend vom Bundesverfassungsgericht als verfassungs- und grundrechtswidrig eingestuft wurden – so etwa die **Fristenregelung beim § 218** oder das **Volkszählungsgesetz** aus den 80er Jahren.
Schließlich gibt es Entscheidungen des Gesetzgebers, die von den Betroffenen als Grundrechtsverstoß gewertet werden, obgleich sie vom Bundesverfassungsgericht als grundrechtskonform sanktioniert wurden, wie z. B. die Eigentumsregelung im deutschen **Einigungsvertrag**, welche die Nicht-Rückgabe von Eigentum vorsieht, das vor 1949 von den sowjetischen Besatzungsbehörden in der SBZ enteignet wurde. Die Betroffenen halten das für einen Verstoß gegen den Schutz des Privateigentums und sprechen von „Staatshehlerei".
Trotz solcher Einzelfälle kann für die Bundesrepublik von einer sehr **weitgehenden Beachtung von Grund- und Menschenrechten** durch die Verfassungsorgane gesprochen werden.

3. *Der Operator „einordnen" erfordert, Sachverhalte in einen Zusammenhang zu stellen. Hier soll die in M 1 bis M 3 thematisierte Geste Merkels in den Gesamtzusammenhang der gegenwärtigen deutschen Außenpolitik eingeordnet werden. Die Grundzüge der deutschen Außenpolitik müssen deshalb möglichst knapp dargelegt werden. (AFB II)*

Die von Bundeskanzlerin Merkel geführte **Große Koalition** wird getragen von den beiden großen deutschen Volksparteien **CDU/CSU** und **SPD**, welche die **Außenpolitik der Bundesrepublik** seit ihrer Gründung in wechselnden Konstellationen geprägt haben. Die außenpolitischen Grundlinien waren in den 50er und 70er Jahren heftig umstritten; seit dem Ende des Kalten Krieges und der Wiedererlangung der vollständigen Souveränität gibt es jedoch einen relativ **weitgehenden Konsens** über die **außenpolitischen Grundlinien**, an denen sich auch die Große Koalition orientiert. Dieser Konsens lässt sich in den folgenden fünf Punkten zusammenfassen:

- die Verankerung der Bundesrepublik im **nordatlantischen Bündnis** als einer Wertegemeinschaft demokratischer Staaten und die Selbstverpflichtung auf das Prinzip der Multilateralität,
- die **europäische Integration** und die Entwicklung und Vertiefung der EU zu einer prosperierenden und auch außenpolitisch handlungsfähigen Staatengemeinschaft,
- die **deutsch-französische Freundschaft** und enge Zusammenarbeit zwischen Deutschland und Frankreich als Kern und Motor der Europäischen Union,
- im Rahmen der UN die Bereitschaft zur Übernahme von **Verantwortung für die Bewältigung internationaler Konflikte**, die den Weltfrieden bedrohen, und zwar mit den Mitteln einer **„vernetzten" Sicherheitspolitik**,

- das Eintreten für die weltweite **Durchsetzung des freien Handels**, der für Deutschland als Exportnation von zentraler Bedeutung ist.

Die Thematik der Menschenrechte war und ist ein zentrales Anliegen der deutschen Regierung. So tritt die Bundesrepublik, deren Verfassung alle Staatsorgane auf die Grund- und Menschenrechte verpflichtet, auch in ihrer Außenpolitik für deren Respektierung und möglichst weltweite Durchsetzung ein. Alle genannten Organisationen, NATO, EU und UN, haben für sich in ihren Gründungsurkunden die **Menschenrechte verbindlich** gemacht, die EU kann gegen Mitgliedstaaten, die dagegen verstoßen, sogar Sanktionen verhängen.
Mithilfe der Diplomatie, der Entwicklungspolitik, aber auch durch ihre vernetzte Sicherheitspolitik versucht die Bundesregierung, Menschenrechtsprinzipien weltweit Geltung zu verschaffen. In diesen Kontext gehören **Gesten** wie die Einladung des **Dalai Lama** durch die Kanzlerin, ihr Fernbleiben von der Eröffnungsfeier in Peking, ihre „Kühle" gegenüber dem russischen Präsidenten **Putin** oder ihre Forderung an die Bush-Administration, **Guantánamo** zu schließen.
Allerdings gibt es über den Sinn solcher Gesten Dissens – wie die ablehnende Reaktion des Außenministers **Steinmeier** (**SPD**) auf die Einladung des Dalai Lama zeigt. Dabei geht es jedoch nicht um den Inhalt, sondern um die effektivere Strategie bei der Durchsetzung menschenrechtspolitischer Ziele.

4. *Hier soll eine in M 3 zitierte These durch eine Kette von Für-und-Wider-Argumenten auf ihre Stichhaltigkeit untersucht und schließlich dazu eine eigene Stellungnahme entwickelt werden. Es bietet sich an, für beide in der These anklingenden Verhaltensmuster von Staaten eine Reihe von Beispielen anzuführen. Die eigene Stellungnahme muss anschließend nicht notwendigerweise so aussehen, dass Sie sich die fragliche These zu eigen machen oder sie ablehnen. Eine differenzierende mittlere Position ist in dieser Sache ebenso gut begründbar. (AFB III)*

In der dem französischen Staatspräsidenten de Gaulle zugeschriebenen These wird die Position des **außenpolitischen Realismus** auf den Punkt gebracht, der davon ausgeht, dass die Außenpolitik der Staaten **allein von ihren Interessen** bestimmt wird, nicht aber von Werten, Ideologien oder gar Gefühlen wie Freundschaft, Sympathie oder Antipathie.

In der Tat gibt es für eine solche Außenpolitik zahlreiche Beispiele aus der Geschichte und der aktuellen Politik. Die Haltung **Bundeskanzler Schröders** gegenüber China, aber auch gegenüber Russland erscheint schon auf den ersten Blick primär „**interessengeleitet**". Schröder machte daraus gar kein Hehl, denn er führte auf seinen Staatsbesuchen regelmäßig ein großes Gefolge von Wirtschaftsvertretern mit sich. Über Menschenrechtsverletzungen, mafiöse Strukturen und autoritäre Tendenzen sah er großzügig hinweg, wenn nur die **Auftragslage** stimmte.
Der französische **Staatspräsident Sarkozy** verhielt sich ähnlich gegenüber dem libyschen **Staatschef Gaddafi**, einem terrorismusverdächtigen Machthaber, der mitten in Paris sein prächtiges Beduinenzelt aufschlagen durfte. Frankreich konnte so milliardenschwere Wirtschaftsverträge abschließen und Ölgeschäfte tätigen.

Auch das starke „entwicklungspolitische" Engagement, das **China** seit etwa zehn Jahren in **Afrika** an den Tag legt, hat seine Motive eher im Rohstoffreichtum des schwarzen Kontinents als in entwicklungspolitischer Uneigennützigkeit.
Ist es also wahr? Kommt im Verkehr der Staaten miteinander erst „das Fressen, dann die Moral" (M 2, Z. 11)? Da sich die Regierungen in ihren Amtseiden alle dazu verpflichten, „den Nutzen" ihrer Völker zu mehren, kann ihnen eine interessengeleitete Außenpolitik im Ernst nicht vorgeworfen werden.
Andererseits formulierte die Bundeskanzlerin jüngst einen bemerkenswerten Satz: Die **Sicherheit des Staates Israel**, sagte sie, sei „Teil der **deutschen Staatsraison**". In der Tat hat sich die Bundesrepublik gegenüber Israel als ein zuverlässiger Partner und Freund erwiesen – auch wenn ihr das in der arabischen Welt keine Freundschaft und Aufträge einbrachte. Dass Deutschland die ihm aus seiner Geschichte zugewachsene **Verantwortung gegenüber Israel** so ernst nimmt, ist aber nicht in Kategorien des Interesses, sondern eher in solchen des Gewissens zu erklären.
Ein zweites Beispiel: Deutschland hat seit der Wiedervereinigung etwa 20 Millionen Einwohner mehr als Frankreich. Dennoch hat sich die Bundesregierung damit abgefunden, dass Deutschland nach dem noch immer gültigen **Vertrag von Nizza** im **europäischen Ministerrat** kein größeres **Stimmengewicht** zukommt als Frankreich. Denn die gleiche Gewichtung beider Länder ist für Frankreich eine Prestigefrage von großer nationaler Bedeutung. Man hat also **auf die Durchsetzung nationaler Interessen** zugunsten der deutsch-französischen Freundschaft **verzichtet**.
Nach **Huntington** treibt die internationale Politik seit dem Ende des Kalten Krieges auf einen „**Kampf der Kulturen**" zu. Danach würde die Außenpolitik der Staaten stärker von kulturellen Affinitäten und Unterschieden als von Interessen bestimmt. Vielleicht greift also die Alternative „Interesse" oder „Freundschaft" als handlungsleitendes Motiv der Außenpolitik einfach zu kurz.
Denn es wird dabei auch zu wenig beachtet, dass Interessenpolitik und die Pflege von politischen Freundschaften sich keineswegs ausschließen, sondern sehr häufig miteinander vereinbar waren und sind. Als die USA nach dem Zweiten Weltkrieg mit dem Marshallplan die europäischen Volkswirtschaften wieder aufzubauen halfen, da taten sie dies nicht nur aus freundschaftlichen Gefühlen für die europäischen Völker, sondern weil sie ein prosperierendes Europa als politischen Verbündeten und Handelspartner brauchten. Das tut der damaligen Leistung jedoch keinen Abbruch.
Die europäische Integrationspolitik ist nur deshalb zur Erfolgsgeschichte geworden, weil von der Integration letztlich alle Mitgliedstaaten profitierten; aus der Erfahrung des konkreten Nutzens wirtschaftlicher Verflechtung konnte sich die Wertegemeinschaft der europäischen Völkerfamilie entwickeln.
Mit anderen Worten: Außenpolitik sollte nicht von einem unüberbrückbaren Gegensatz zwischen „Interesse" und „Moral" ausgehen; eine pragmatische Außenpolitik wird versuchen, die beiden Ebenen zu verknüpfen.

Hessen – Politik und Wirtschaft – Leistungskurs 2009
Vorschlag A

Thema: *Soziale Gerechtigkeit zwischen Leistungs- und Bedarfsprinzip*

Aufgaben

1. Ermitteln Sie, worin für den Autor Gerd Habermann (Material 1) der Schlüssel zu erfolgreichem Wirtschaften liegt und warum er sich gegen staatliche Intervention in den Wirtschaftsprozess wendet. (15 BE)

2. Ordnen Sie die Argumentation des Autors wirtschaftstheoretisch ein. (20 BE)

3.1 Arbeiten Sie aus den statistischen Materialien (Material 2 a, b, c) heraus, wie sich Löhne, Gewinne und Sozialleistungen entwickelt haben, und prüfen Sie auf der Basis Ihrer Ergebnisse die wirtschaftspolitischen Überlegungen von Gerd Habermann. (35 BE)

3.2 Diskutieren Sie anschließend, ob die in der Position Habermanns zum Ausdruck kommenden wirtschaftspolitischen Auffassungen mit dem Sozialstaatsgedanken des Grundgesetzes vereinbar sind. (30 BE)

M 1: Gerd Habermann: Die Ökonomie des Neides

Missgunst ist eine mächtige Antriebsfeder der Wirtschaftspolitik. Moderne Umverteilungsökonomien bestrafen die Erfolgreichen und belohnen Misserfolge durch soziale Transfers – mit fatalen Folgen […].

Man kann sich auf Märkten nur durch Leistungen für andere – die Kunden – voranbringen, indem man Wettbewerber durch bessere Angebote überflügelt. Es kann hier heißen: privates Laster, öffentlicher Vorteil. Der Markt setzt zu seinem Funktionieren weder Helden noch Heilige voraus. Der „Gewinn" ist eine Anerkennung der Konsumenten, die mit ihren Ausgaben über den Wert der angebotenen Leistungen abstimmen – den Wert für Konsumenten, wohlgemerkt; denn für die Konsumenten ist die Marktwirtschaft da. Gibt es hier wirklich Gerechtigkeitsprobleme, wenn jeder nach seinem Beitrag zur Wunscherfüllung seines Nächsten belohnt wird?

Aber eben dieser Wettbewerb als „auslesende" Einrichtung ist den Neidhammeln der „sozialen Gerechtigkeit" und „Solidarität" schon verdächtig. Selbst wenn der Sieger nur „groß" werden kann durch den Dienst am Nächsten und von dessen Neigungen immer abhängig ist, bleibt er doch Sieger und genießt eine Prämie, welche die Zurückgebliebenen nicht genießen können. Sie brandmarken Wettbewerb nun als „sozialen Darwinismus" oder „Ellenbogengesellschaft". In Wirklichkeit können nur wettbewerblich organisierte Gesellschaften auch für Hilflose – „sozial Schwache" – so viel erübrigen, dass Armut als Massenerscheinung praktisch verschwindet, während eine Gesellschaft ohne Wettbewerb sie wieder herbeiführt, um sie dann zu verwalten.

[…] Die Praxis der sozialen Gerechtigkeit läuft dagegen auf möglichst viel Gleichheit, bewirkt durch umverteilenden Zwang, hinaus. […] Der moderne Versorgungsstaat versucht, den Neid durch umfassende Umverteilung zu beschwichtigen. Wohlfahrtsökonomie ist Neidbeschwichtigungsökonomie […]. Die Neidökonomie des Wohlfahrtsstaates drückt sich vor allem in der Forderung nach Chancen-, möglichst sogar Ergebnisgleichheit aus. Ihr Hauptansatz ist eine progressive Steuerpolitik[1], eine möglichst progressive Staffelung der Sozialbeiträge, eine saftige Erbschafts- und Vermögenssteuer, um an die Substanz zu kommen, und das Angebot möglichst vieler „öffentlicher Güter" zum Null- oder Sozialtarif. […]

„Chancengleichheit", wenn sie mehr bedeuten soll als die Gleichheit vor dem Gesetz, ist eine zerstörerische Utopie. Geografische, kulturelle, zeitliche (zwischen den Generationen), familiäre, charakterliche und gesundheitliche Unterschiede oder auch verschiedene Begabungen sind entweder prinzipiell nicht zu beseitigen oder nur um den Preis einer totalitären Zwangsordnung, die nun wieder extreme politische Ungleichheiten mit ihren Folgen heraufführen muss. „Chancengleichheit" kann es bei näherer Betrachtung nur als Gleichheit vor dem Gesetz geben. […]

Aus all dem folgt, dass es unmöglich ist, eine neidfreie Gesellschaft herbeizuführen, durch Gesellschaftspolitik die Menschen zu „entneiden". Vielmehr ist die Gleichmachungspolitik ein Anschlag auf das edelste Motiv des Menschen: das Streben nach Selbstverwirklichung. Denn jeder bringt sein eigenes Programm mit und hat ein natürliches Recht darauf, seine besonderen Begabungen und Talente zu entwickeln – mit natürlicherweise ungleichen Ergebnissen. Gerade diese Tatsache bringt in einer Marktwirtschaft den Reichtum, die Vielfalt und das Glück hervor. […]

Gerd Habermann, Betrachtungen zur „Ökonomie des Neides". In: iw – Forum Vortragsreihe des Instituts der deutschen Wirtschaft Köln, Nr. 51/2001, © Deutscher Instituts-Verlag, Köln (Auszug)

Anmerkung:

1 Progressive Steuerpolitik: Anstieg der Steuerbelastung – auch prozentual – bei steigendem Einkommen.

M 2a:

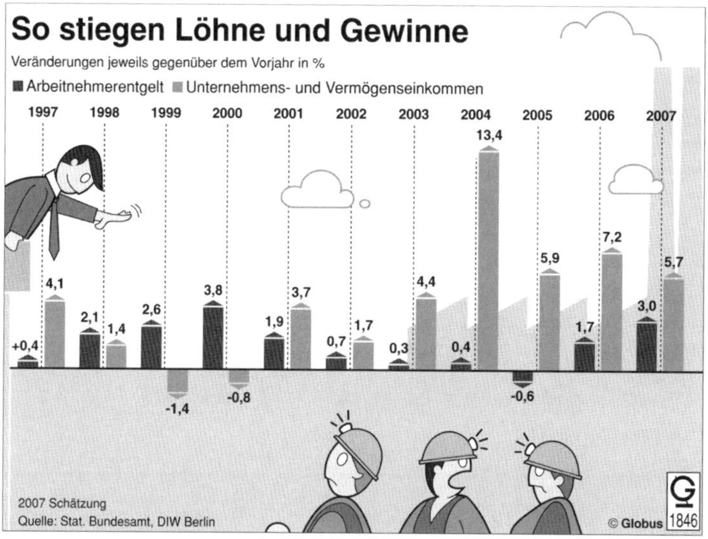

Quelle: Globus-Grafik 1846. In: Wochenschau, 59. Jg., Nr. 2, März/April 2008, S. 83

M 2b:

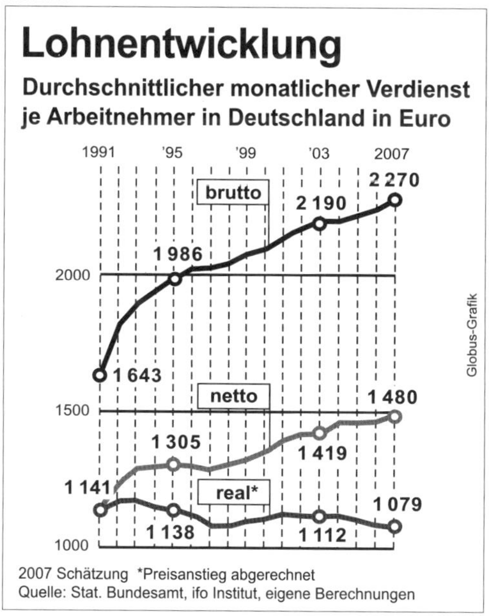

Quelle: Globus-Grafik 2464. In: Frankfurter Rundschau, 15. 3. 2008

M 2c:

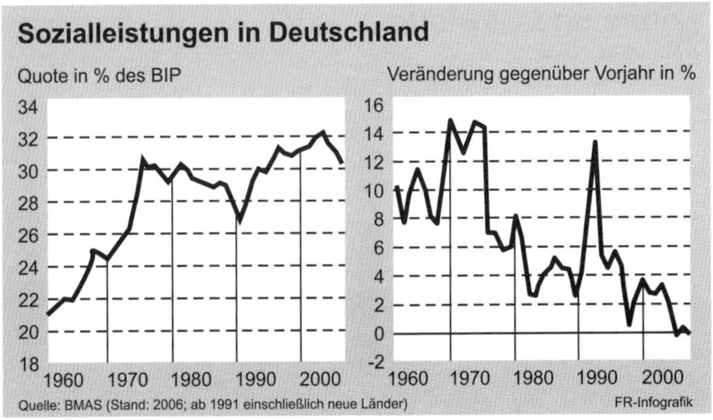

In: Frankfurter Rundschau, 20. 6. 2008

Lösungsvorschläge

Unterrichtsinhalte:

- 12/I: Verteilung des Volkseinkommens und Verteilungspolitik: soziale Gerechtigkeit zwischen Leistungs- und Bedarfsprinzip
- 12/II: Verfassungsnormen und Verfassungsrealität: insbesondere: Grundprinzipien der Verfassungsordnung; die Artikel 1 und Art. 20 Grundgesetz; Grundrechte und Grundrechtsabwägung; Parlament und Regierung im konkreten politischen Gesetzgebungsprozess

1. *Diese Aufgabenstellung geht über eine reine Textwiedergabe hinaus. Der Argumentationsansatz muss klar herausgestellt werden, sodass man die Position des Autors nachvollziehen und einordnen kann. Die Thesen des Autors müssen in indirekter Rede wiedergegeben und zu der teilweise vorhandenen Polemik eine deutliche Distanz aufgebaut werden. Sämtliche in eigenen Worten zusammengefassten Argumente Gerd Habermanns müssen am Text belegt werden. Die Wiedergabe sollte einer eigenen Strukturierung folgen. (AFB I)*

   Gerd **Habermann** kritisiert in seinen „Betrachtungen zur ‚Ökonomie des Neides'" (Forum – Vortragsreihe des Instituts der deutschen Wirtschaft Köln, Nr. 51 aus dem Jahr 2001) die seiner Meinung nach verfehlten Grundlagen moderner Umverteilungsökonomien.

   Der Autor prangert den **modernen Versorgungsstaat** an, dem er infolge falsch verstandener sozialer Gerechtigkeit und Solidarität einen „umverteilenden Zwang" unterstellt (Z. 22). Dabei seien doch gerade Gewinnstreben und Konkurrenzdenken **positive Antriebsfedern** der menschlichen Selbstverwirklichung (Z. 39 f.) und gut für die Gesellschaft insgesamt („privates Laster, öffentlicher Vorteil",

Z. 6). Wirtschaftlicher **Gewinn** sei die Belohnung für **markt**gerechtes – d. h. am Kunden orientiertes – Verhalten (Z. 7 ff.) der in einem **Leistungswettbewerb** stehenden Wirtschaftssubjekte. Antithetisch weist der Autor Forderungen nach mehr sozialer Gerechtigkeit durch Umverteilung dieser Gewinne zurück (Z. 21 f.). Diese **Auslese** in Form des Wettbewerbs sichere den Sozialstaat und verhindere Armut, weil er erst die Mittel erwirtschafte, mit denen man sozial Schwachen helfen könne (Z. 17–20). Chancengleichheit auf sozialer Ebene könne es gar nicht geben, höchstens als Element des materiellen Rechtsstaates lässt er sie gelten (Z. 30–37).). Unterschiede in der Gesellschaft und **Ungleichheiten der Marktteilnehmer** seien systembedingt und systemnotwendig und damit „prinzipiell nicht zu beseitigen" (Z. 33).
Er lehnt also einen „Wohlfahrtsstaat[…]" (Z. 25) ab, weil er auf „Missgunst" (Z.1) beruhe und erfolgreiches Wirtschaften durch staatliche Eingriffe wie eine progressive Steuerpolitik oder hohe Vermögensteuern bestrafe (Z. 24–29).

2. *Bei dieser Aufgabenstellung soll die Argumentation des Autors in den wirtschaftstheoretischen Bezugsrahmen eingeordnet werden. Dazu müssen Sie zentrale Aussagen und Überlegungen Gerd Habermanns entsprechenden ökonomischen Theorieelementen zuordnen. Es muss also Lernwissen reorganisiert und mit dem Argumentationsstrang des Textes in Einklang gebracht werden. Wichtig ist hier der Textbezug – auch wenn dieser in der Aufgabenstellung nicht explizit gefordert wird. Die Ergebnisse von Aufgabe 1 stellen dabei die Basis dar. (AFB II)*

Gerd **Habermann** betont in seinen Betrachtungen die individuelle Freiheit, die Selbstverwirklichung und das Leistungsprinzip. Er ist ein **Gegner des Wohlfahrtsstaates** (Z. 24 f.). Staatliches Handeln soll sich bei seiner ökonomischen Sicht auf Ordnungs- und Wettbewerbspolitik beschränken. Jegliche Umverteilungspolitik (Prozesspolitik) verurteilt er. Damit kann man ihn den **Befürwortern einer angebotsorientierten Wirtschaftspolitik** zuordnen.

Eine angebotsorientierte Wirtschaftspolitik im neoliberalen Sinne möchte die Rahmenbedingungen für die Wirtschaft verbessern und nutzt andererseits auch finanzpolitische Instrumente, z. B. Abschreibungserleichterungen oder Innovationsförderungen. **Ziel** ist ein **mittelfristiges gesamtwirtschaftliches Gleichgewicht** durch die Zunahme der Beschäftigung sowie die Verbesserung des Produktionsapparates und der Produktionsstruktur. Die angebotsorientierte Wirtschaftspolitik lehnt eine staatliche Prozesspolitik ab und bevorzugt reine **Ordnungspolitik**. Dabei stützt sie sich auf Vertreter des klassischen Wirtschaftsliberalismus, z. B. auf **Adam Smith**. Dieser war der Meinung, der Staat müsse vor allem Ordnung und Sicherheit garantieren. Zudem müsse er solche Aufgaben übernehmen, die die einzelnen Wirtschaftssubjekte nicht leisten können. Zwar bedürfe es einer starken Hand, um den selbstsüchtigen Menschen in seine Schranken zu weisen, aber der Einzelne sollte in der Lage sein, seine individuellen Interessen zu verfolgen. Dies sei letztlich zum Nutzen der Gemeinschaft, von der er wiederum abhänge.

Die Angebotstheoretiker sehen das Versagen keynesianischer Nachfragepolitik darin, dass es ihr nicht gelungen war, die ständigen konjunkturellen Schwankungen mit den damit einhergehenden Wachstums-, Beschäftigungs- und Inflationsproblemen in den Griff zu bekommen. Sie selbst sehen die **private Wirtschaft** als **tendenziell stabil** und sich **selbst regulierend** an. Notwendige Strukturanpassungen der Wirtschaft würden durch Subventionen und staatliche Reglementierung eher behindert. Die für Investitionen erforderlichen Unternehmergewinne würden durch hohe Löhne und Lohnnebenkosten sowie zu hohe Steuern und Abgaben geschmälert. Die Nachfrage müsse gar nicht künstlich angekurbelt werden, sondern hänge viel eher von den Erwartungen der Arbeitnehmer an sichere Arbeitsplätze und eine stabile Wirtschaftsentwicklung ab („permanent income“-Hypothese). Die Aufgabe des Staates liegt demnach in einer stetigen Geldmengen- und Fiskalpolitik – unbeeinflusst von Konjunkturschwankungen –, in der Reduzierung der Staatsquote, im Abbau der Staatsverschuldung, in der Flexibilisierung der Arbeitszeit, dem Abbau von staatlichen Vorschriften und Subventionen, kurz, der **Deregulierung**. Vor diesem Hintergrund ist Habermanns Position verständlich. Er sieht in einem überbordenden Sozialstaat eine Gefahr für den Wettbewerb, für die Unternehmen und für den Standort Deutschland. Die Wirtschafts- und Finanzpolitik beeinflusst die Angebotsbedingungen unmittelbar von der Kostenseite her, nämlich über die Steuerbelastung und die Sozialpolitik. Hier setzt Gerd Habermann an: Er will die staatlichen Eingriffe möglichst reduzieren, hält Unterschiede in der Gesellschaft für produktiv und leistungsfördernd (Z. 31–35) und sieht den Sozialstaat vor allen Dingen als Kostenfaktor für die Unternehmen. Soziale Gerechtigkeit und Chancengleichheit hält er im Prinzip nicht für staatliche Aufgaben, diese ergeben sich, wenn jeder Einzelne entsprechend seinen Talenten nach Selbstverwirklichung strebe (vgl. Z. 21, 30, 38 ff.).

3.1 *Die Operatoren „herausarbeiten“ und „(über-)prüfen“ weisen schon auf eine zweigeteilte Aufgabenstellung hin. Die statistischen Materialien sind zunächst wie Textmaterialien auf der „Was-Ebene“ darzustellen. Auf der Basis der dabei gewonnenen Ergebnisse sollen die Aussagen des Autors geprüft werden. Die Untersuchung auf deren Angemessenheit hin erfolgt mithilfe des Lernwissens und möglichst aktueller Beispiele. Die Bewertungsrichtung ist nicht vorgegeben. Sowohl Zustimmung als auch Kritik an den Positionen ist möglich. (AFB II)*

Das Säulendiagramm (M 2a) stellt das Verhältnis der Entwicklung von Arbeitnehmerentgelten zu Unternehmens- und Vermögenseinkommen für den Zeitraum von 1997 bis 2007 dar. Dabei kann man zum einen feststellen, dass die Entwicklung konjunkturbedingten Schwankungen unterliegt. Zum anderen fällt ein **starkes Auseinanderdriften von Löhnen und Gewinnen** in diesem Zeitraum auf. Das heißt, dass trotz des Aufschwungs in den letzten Jahren der Volkseinkommensanteil für die abhängig Beschäftigten proportional geringer gestiegen ist. Jedoch muss berücksichtigt werden, dass im Vermögenszuwachs auch Arbeitnehmeranteile, z. B. aus Geldanlagen, enthalten sind. Da die Vermögen seit 2001 stärker

steigen als die aus Arbeit gewonnenen Einkommen, läuft die Entwicklung auf eine **Gerechtigkeitslücke in der Verteilungsfrage** hin.
Diese Problematik im Zusammenhang mit einer gerechten Verteilung des Volksvermögens wird noch einmal verstärkt durch die Aussagen des Materials 2 b. Die Statistik zeigt die Entwicklung des durchschnittlichen monatlichen Verdienstes je Arbeitnehmer in einem Zeitraum von 1991 bis 2007 und unterscheidet dabei Brutto-, Netto- und Reallöhne. Hierbei wird deutlich, dass trotz gestiegener Brutto- und Nettolöhne das Einkommen von Arbeitnehmerhaushalten gesunken ist. Da bei den **Reallöhnen** der Preisanstieg bereits abgerechnet wurde, kann man von **relativer Stagnation bzw. geringer Rückläufigkeit** sprechen.
Die Kurvendiagramme (M 2c) zeigen den Anteil von staatlichen Sozialleistungen prozentual zum Bruttoinlandsprodukt von 1960 bis 2006 sowie Veränderungen gegenüber dem Vorjahr. Die Sozialleistungen finanzieren sich aus Sozialbeiträgen und steuerlichen Zuschüssen des Staates. Die aktuelle **Sozialquote** von 2006 erreicht dabei nur wieder den Stand von vor über 30 Jahren, und das bei im Durchschnitt wachsendem Wohlstand und BIP in diesem Zeitraum. Beim zweiten Kurvendiagramm sind gravierende Unterschiede bei der Entwicklung des Sozialstaates zu beobachten. Ende der Sechzigerjahre (Regierungsübernahme durch Willy Brandt) wurde der Sozialstaat massiv ausgebaut, was einen steilen Anstieg der Sozialleistungen bedeutete. Ab etwa Mitte der Siebzigerjahre gehen die Sozialleistungen jedoch wieder stark zurück. Schon die sozialliberale Koalition hatte also den Ausbau der Sozialsysteme gebremst. Unter der Regierung Kohl bewegte sich die Zunahme dann auf relativ geringem Niveau bis hin zu einem steilen Anstieg Anfang der Neunzigerjahre, scheinbar im Zuge der Wiedervereinigung. Außerdem fällt ins Auge, dass seit 2002 ein **prozentualer Abwärtstrend bei den Sozialleistungen** festzustellen ist, just also ab dem Zeitpunkt, an dem die Agenda 2010 mit den Hartz IV-Reformen ihre Wirkung entfaltete. In den letzten Jahren ist schließlich kein Anstieg der Sozialleistungen zu verzeichnen. Entsprechend geht die Quote dieser Leistungen am Bruttoinlandsprodukt von gut 32 % auf circa 30 % zurück.
Es bleibt festzuhalten, dass der aus Löhnen gewonnene Anteil der Arbeitnehmer am Volkseinkommen tendenziell stagniert bzw. rückläufig ist, während das Volkseinkommen insgesamt sowie das Einkommen der Unternehmen und das Vermögenseinkommen gewachsen sind. Man kann daraus eine zunehmende **Tendenz zu ungleicher Verteilung des erarbeiteten Volkseinkommens** ablesen. Zwar wird immer noch ein knappes Drittel des Sozialproduktes in den Sozialstaat umverteilt, die Phase des permanenten Wachstums der Sozialleistungen ist aber vorbei.
Das müsste ganz im Sinne des Autors Gerd Habermann sein, der fordert, die Staatsquote zurückzuführen. Der **neoliberalen Theorie** folgend möchte er den wirtschaftlichen Leistungsträgern möglichst viel von ihren Gewinnen lassen und spricht sich klar **gegen eine Umverteilung im großen Stil** aus (vgl. Z. 1, Z. 15 ff., Z. 23 f.). Die Praxis der sozialen Gerechtigkeit wird von ihm gar als Zwangssystem angesehen, und er klassifiziert den bundesdeutschen Sozialstaat als „moderne[n] Versorgungsstaat“ (Z. 22 f.), denn das Prinzip der Marktwirtschaft und damit das **freie Spiel von Angebot und Nachfrage** dürfe nicht infrage

gestellt werden, da nur Gewinnerwartungen und Leistungsbereitschaft zu verstärktem Wachstum und Produktivitätssteigerung führten. Gerade diese Effektivität garantiere Einkommen, allerdings unterschiedliche. Nur aus der großen Leistungsfähigkeit der erfolgreichen Wirtschaftssubjekte könnten dann die Zuwendungen für sozial Schwache erwirtschaftet werden (vgl. Z. 16–20). Scheinbar hat die Kritik der Wirtschaftsliberalen am „überbordenden" Sozialstaat Wirkung gezeigt, wenn man die **fallende Sozialleistungskurve** (M 2c) betrachtet. Die stärkere Betonung des Subsidiaritätsprinzips mit mehr Eigenverantwortung, mehr privater Vorsorge und Eigenrisikoübernahme, geänderten Zumutbarkeitsgrenzen, z. B. bei der Wiederaufnahme von Arbeit, und mit einer allgemeinen Rückkehr zu höherer Leistungsbereitschaft ist ein wichtiges Thema in der aktuellen wirtschaftspolitischen Debatte. Ein rundum versorgender Wohlfahrtsstaat hat nur noch wenige Anhänger.
In der Tat spricht ja auch einiges dafür, von dem Verfahren abzukommen, dem Bürger erst im großen Stil Steuern und Sozialabgaben abzunehmen, um sie dann nach zum Teil schwer nachvollziehbaren Prinzipien neu bzw. anders zu verteilen. Genau das allerdings verbirgt sich hinter dem **Solidaritätsprinzip**. Denn der Staat hat einen anderen Blickwinkel als der einzelne Bürger oder Unternehmer. **Soziale Verwerfungen**, die den **gesellschaftlichen Frieden gefährden** können, werden von den Angebotstheoretikern häufig zu wenig in den Blick genommen. Gerade der Abbau von Sozialleistungen verschärft die soziale Kluft, verstärkt das Prekariatsrisiko, baut Vertrauen in die Zukunft und in die Leistungsfähigkeit des politischen Systems ab und erhöht die Unzufriedenheit mit der Politik. Jüngste Umfragen zeigen, dass die Mehrheit der Bevölkerung den Sozialabbau mit Skepsis betrachtet. Das kann letztlich demokratiefeindlichen Tendenzen Vorschub leisten. Zu den marktradikalen, aber bei aller Polemik („Neidhammeln", Z. 12) an einigen Stellen nachvollziehbaren Vorstellungen Habermanns könnten Elemente **keynesianischer Ansätze** ergänzt werden. Denn es bleibt nun einmal eine Tatsache, dass die bundesdeutsche Wirtschaft überwiegend (zu 65 %) vom Binnenmarkt lebt, und gerade der ist in den letzten 15 Jahren vernachlässigt worden. **Einkommenssteigerungen** von Lohnabhängigen **erhöhen die Kaufkraft** und **generieren Wachstum**. Auch der Staat kann in diesem Bereich Wirkung entfalten. Die Bundesregierung versucht das zurzeit z. B. durch Rentengarantien oder die Abwrackprämie. Ersteres soll Vertrauen in die Zukunft schaffen, Letzteres im Sinne antizyklischer Politik private Anschaffungswünsche vorziehen helfen. Diese und andere Maßnahmen werden vor dem Hintergrund ergriffen, dass das Vertrauen in die von Habermann reklamierten Selbstheilungskräfte des Marktes deutlich nachgelassen hat.

3.2 *Der Operator „diskutieren" erfordert eine abwägende Argumentation, die schließlich zu einer begründeten Bewertung führt. Hier ist zu diskutieren, inwieweit Habermanns ökonomische Sichtweise mit dem Sozialstaatsgebot des Grundgesetzes vereinbar ist. Die Bewertung bleibt offen und damit Ihnen überlassen. Die Begründungen sollen auf erlerntem Wissen basieren. (AFB III)*

Das **Grundgesetz** ist zwar **in Bezug auf die wirtschaftliche Ordnung prinzipiell offen**, da es keine bestimmte Wirtschaftsform favorisiert. Aus der Summe der individuellen Grundrechte, der im Grundgesetz aufgeführten sozialen Rechte und Ansprüche sowie der wenigen genannten wirtschaftlichen Grundsätze ergibt sich jedoch die Marktwirtschaft als einzige passende Wirtschaftsform. Hier sind unter anderem die individuelle Freiheit, die Freizügigkeit, das Leben in Würde, das Eigentumsrecht oder die Sozialpflichtigkeit des Eigentums zu nennen.
Das in **Art. 20 GG** verankerte **Sozialstaatsprinzip** gehört zum unveränderlichen Verfassungskern. Sozialstaatlichkeit bezeichnet die Pflicht des Staates, für den Ausgleich der sozialen Gegensätze zu sorgen und nicht den Kräften des Marktes allein zu vertrauen. Diese Prinzipien sind durch zahlreiche Verfassungsgerichtsurteile, z. B. zum Existenzminimum, ergänzt und konkretisiert worden. Umfang und Ausprägung des Sozialstaates sind zwar im Grundgesetz nicht festgelegt worden, das hat man der Politik überlassen, ein Abschaffen des Sozialstaates an und für sich ist aber nicht möglich.
Außerdem ist dem Staat nach **Art. 109** ein Eingreifen bei gesamtwirtschaftlichen Störungen auferlegt. So soll er ein **gesamtwirtschaftliches Gleichgewicht** herstellen. Das **Stabilitätsgesetz von 1967** konkretisierte dies zum seither sogenannten magischen Vier- bzw. Sechseck. Dort ist das Sorgen für eine gerechte Einkommensverteilung genauso festgehalten wie das Eingreifen mit dem Ziel, wirtschaftliches Wachstum und Vollbeschäftigung anzustreben.
Habermann versucht, einen unversöhnlichen Gegensatz zwischen marktwirtschaftlichem Wettbewerb und sozialer Gerechtigkeit zu konstruieren (Z. 12–17). Das Grundgesetz aber sieht diesen Gegensatz nicht und legt der Politik die Pflicht auf, beide Pole der sozialen Marktwirtschaft miteinander zu verbinden. Zwar kann ein zu starkes Ausschlagen in die jeweils eine oder andere Richtung, hin zu Subsidiarität oder Solidarität, kritisiert werden. Eine **unregulierte, freie, schrankenlose Marktwirtschaft** ist aber **mit der Verfassung nicht vereinbar**. Dennoch entsprechen die Aussagen des Autors der in den letzten Jahren in der Bundesrepublik geführten Diskussion. „**Leistungsgerechtigkeit**" **versus** „**Bedarfsgerechtigkeit**" waren die Rufe der jeweiligen Lager. Die Kritiker eines überbordenden Sozialstaates hatten dabei starke Argumente auf ihrer Seite. Zum einen konnte tatsächlich gefragt werden, ob das Sozialstaatsgebot des Grundgesetzes wirklich meinte, über ein Drittel aller erwirtschafteten Leistungen in eine große Umverteilungsmaschinerie zu stecken. Zum anderen stellte sich die aktuelle Ausprägung des bundesdeutschen Sozialstaates im globalen Wettbewerb als ein zunehmend belastender Kostenfaktor und damit Standortnachteil heraus. So lag der Gedanke nahe, den Sozialstaat etwas zurückzunehmen. Den **Faktor Arbeit** von seinen zahlreichen Nebenkosten etwas zu entlasten, schien absolut sinnvoll. Die Kritiker des neoliberalen Ansatzes behaupteten, dabei sei man weit über das Ziel hinausgeschossen. Sie konnten Zahlen nachweisen, nach denen die relative Armut sprunghaft anstieg und die Binnennachfrage zunehmend lahmte. Ihre Position bekam jetzt im Zuge der globalen Finanzkrise, die sich zu einer Weltwirtschaftskrise ausgeweitet hat, erheblichen Aufschwung, denn die einseitige **Exportorientierung** macht Deutschland jetzt besonders anfällig für globale Absatzkrisen.

Einerseits hatte die jahrelange Lohnzurückhaltung der deutschen Arbeitnehmer die relative Position des Standortes Deutschland erheblich gestärkt, die Lohnstückkosten haben sich im Verhältnis zu allen wichtigen Konkurrenten verringert. Das hatte nicht nur zu regelmäßigen Exportrekorden geführt, sondern auch zahlreiche Arbeitsplätze in Deutschland geschaffen. Andererseits hatte dieser jahrelange Aufschwung aber nicht zu Lohnsteigerungen, mehr Konsum und mehr Wohlstand bei den deutschen Arbeitnehmern geführt. Insbesondere der deutsche Einzelhandel klagte seit Jahren über die Kaufzurückhaltung der Bürger. Versuche, hier eine gewisse nachholende Lohnentwicklung zu generieren, werden jetzt von der Finanzkrise im Keim erstickt. Das einseitige Setzen auf außenwirtschaftliches Wachstum und den globalen Finanzmarkt hat sich als verfehlte Strategie herausgestellt. Gerade diese Entwicklung aber macht das deutsche Modell der Sozialen Marktwirtschaft jetzt wieder attraktiv, denn dieses Modell soll ein einseitiges Vertrauen auf die Kräfte des Marktes verhindern.
Der **Staat muss** gesellschaftspolitisch handeln und den **sozialen Frieden wahren**. Wie weit er dabei gehen darf, soll immer wieder neu justiert und diskutiert werden. Wenn man Gerd Habermanns Gedanken konsequent weiterführt, würden sie letztlich zu einer Abschaffung des Sozialstaates führen, nach dem Motto: Jeder ist seines eigenen Glückes Schmied, muss also auch für alle Eventualitäten des Lebens selber vorsorgen. Das können aber nur die wirtschaftlich Starken. Leistungsbereitschaft ist jedoch nicht nur Gewinnstreben, sondern obliegt auch der Sozialverträglichkeit. Fürsorge resultiert nicht nur aus „Neid“ (Z. 23), sondern aus der zivilisatorischen Errungenschaft eines **solidarischen Miteinanders**. Das ist unter anderem die Grundlage unserer Sozialversicherungen. Schrankenloses Streben nach Selbstverwirklichung ist nicht das „edelste Motiv“ (Z. 39), sondern würde auf Dauer die Grundlagen unseres Systems zerstören.

Hessen – Politik und Wirtschaft – Leistungskurs 2009
Vorschlag B

Thema: *Pluralismus*

Aufgaben

1. Geben Sie Franz Walters Überlegungen zur neuen Parteienvielfalt in den Parlamenten der Bundesrepublik Deutschland wieder. (20 BE)

2. Erläutern Sie, worin sich die Idee des Pluralismus im politischen System der Bundesrepublik Deutschland verwirklicht. Gehen Sie dabei, vor dem Hintergrund von Walters Ausführungen, auf die Besonderheiten des Wahlrechts in der Bundesrepublik Deutschland und die Rolle von Spitzenkandidaten ein. (45 BE)

3. Walter behauptet, dass es „gerade die neoliberalen Apologeten ökonomischer Deregulierung und kräftig entbundener Freiheiten“ seien, „die mit den neuen Komplexitäten in der Politik hadern und vom Mehrheitswahlrecht schwärmen, da es eindeutige Verhältnisse schaffe“ (Z. 19 ff.).
Erläutern Sie diese Aussage und nehmen Sie zu dem angesprochenen Problem Stellung. (35 BE)

M 1: Franz Walter: Politik aus keinem Guss

Gefragt sind die Manager und nicht die Kämpfer. Wie Drei-Parteien-Bündnisse die Republik verändern werden.

Aller Wahrscheinlichkeit nach wird sich der Trend zum Fünfparteiensystem am Sonntag mit der Bürgerschaftswahl in Hamburg fortschreiben und festigen. Auch in der Hansestadt wird dann die Union ihre absolute Mehrheit verlieren; möglicherweise reicht es auch nicht für ein konventionelles Zweierbündnis. Die Debatte über komplexe Bündnisse jenseits der klassischen Lager wird infolgedessen am Montag an Fahrt gewinnen. Die Republik steht vor einer neuen Etappe, ja: einer neuen Ära.

Einige Interpreten sehen in einer solchen Entwicklung den Zug zur Destabilisierung des Systems; andere feiern es als Beginn kreativer Allianzen. Wie meist, so haben wir auch in diesem Fall weder das eine noch das andere ernsthaft zu gewärtigen. Wir werden es gewiss mit nicht ganz wenigen Problemen zu tun bekommen, aber ebenso fraglos auch einige Vorzüge erfahren und lernen.

Zunächst einmal ist die Bewegung zum Vielparteiensystem Ausdruck von Demokratie und Modernität. Der Souverän, der Wähler mithin, will es so. Er mag sich nicht mehr auf die bipolare Alternative[1] zwischen zwei im Grunde inhaltlich längst blass und diffus gewordenen Volksparteien beschränken. Schließlich ist die Gesellschaft insgesamt bunter geworden, heterogener, facettenreicher. Wer die Pluralisierung und

Individualisierung[2] der zurückliegenden Jahrzehnte nicht mehr missen möchte, der hat auch die neue Vielfalt im Parteiensystem nicht zu beklagen.

Dabei sind es gerade die neoliberalen Apologeten[3] ökonomischer Deregulierung[4] und kräftig entbundener Freiheiten, die mit den neuen Komplexitäten in der Politik hadern und vom Mehrheitswahlrecht schwärmen, da es eindeutige Verhältnisse schaffe. Doch steht die Philosophie des Mehrheitswahlrechts und Westminster-Modells[5] (mit der nahezu unumschränkten Herrschaft der einen, siegreichen Partei) für nahezu vormoderne Teilungen: in schwarz oder weiß, links oder rechts, unten oder oben, bürgerlich oder proletarisch, marktförmig oder staatsdirigistisch. Für eine Gesellschaft indessen, in der die Rollen multipler werden, sich oft verschränken, eher kombinieren als ausschließen, in der viel darauf ankommt, dass man verschiedene Bereiche auf Zeit vernetzt und verwebt, Kommunikation zwischen den jeweiligen Systemen und Lebenswelten herstellt – für eine solche Gesellschaft taugt eher die Idee des komplexen Bündnisses als die der vermeintlich eindeutigen Politik aus einem Guss und einem Prinzip.

Insofern ist das Vielparteiensystem nichts weniger als ein Spiegel der sozialen und kulturellen Modernität, es ist Ausdruck einer gewandelten Demokratie. Die Zusammensetzung der Parlamente bestimmen die Wahlbürger. An den Wahlsonntagen sind sie zwischen 8 und 18 Uhr der Souverän. Aber unmittelbar danach fällt die Souveränität fast vollständig in die Hände der Politik-Eliten. Gerade weil der Souverän im demokratischen Akt komplexe Vielfalt produziert, verliert er die Möglichkeiten, die machtpolitischen Folgen seiner Entscheidung zu beeinflussen. Denn die Koalitionsbildung ergibt sich nicht mehr direkt aus dem Wahlergebnis, sondern erst als Resultat mühseliger, windungsreicher, mit List und Tücke zu führender Koalitionsbildungsprozesse durch die Parteiführer. Pluralität und Modernität demokratischer Artikulation sind das Ergebnis, wenn Politik auf diese Weise weniger uniform wird. Paradoxerweise führen sie aber auch zu einer Oligarchisierung[6] der anschließenden Entscheidungsprozeduren.

Und das setzt sich unmittelbar fort, wenn komplexe Kabinette aus mehr als nur zwei Parteiformationen gebildet werden. Denn dort liegen die Normen und Zielperspektiven der Gruppierungen oft weit auseinander, dort sind Herkunft und Interessenlagen der Anhängerschaften häufig widersprüchlich, dort ist aufgrund traditioneller Fremdheit der Argwohn gegeneinander groß. Um in einem solchen Bündnis abschreckenden Streit zu vermeiden, um Beschluss- und Handlungsfähigkeit herzustellen, werden die Parteiführer die von Emotionen durchwirkten Arenen der Öffentlichkeit meiden und die Absprachen in der Regierungsallianz auf kleinste Zirkel in abgeschlossenste Räume verlegen. Nur so sind Effizienz und Stabilität zu erreichen. Nichts ist für eine solche nahezu unumgängliche Kooperation der Eliten widriger als die unkalkulierbare Parteiendemokratie. Daher wird sie systematisch beschnitten. Abermals also: Eine neue demokratische Kultur bringt Vielfalt hervor, aber das Management dieser Vielfalt drängt zur Oligarchisierung, zur Intransparenz, zur Minimalisierung von Demokratie.

Doch bedeutet Oligarchisierung keineswegs Omnipotenz. Im Gegenteil. Die Führungsqualitäten der Partei-Eliten in kooperativen Bündnissen definieren sich durch Moderation, Abstimmung, Anpassungsfähigkeit, geschmeidigen Opportunismus, Gleichgültigkeit gegenüber Prinzipien. Anders ausgedrückt. Die parlamentarischen Anführer in solchen Breitband-Regierungsbündnissen werden noch farbloser sein, werden noch weniger Kanten und Biss aufweisen, als es schon jetzt der Fall ist. Das wird aber zugleich das Bedürfnis der Wähler nach dem klassischen Typus des Kämpfers, Tribunen und Charismatikers massiv verstärken. Populistische Figuren werden somit künftig in schöner Regelmäßigkeit auftauchen, auch erhebliche Resonanz finden und zahlreiche Wähler sammeln – aber dann für den Regierungsalltag in heterogenen Kabinetten nicht taugen.

Fürchtet man Auftritt und Destruktivität der Populisten, dann wird man in den Zeiten einer solchen Oligarchisierung nach Möglichkeiten suchen, plebiszitäre Elemente in die Demokratie einzubauen – Volksbegehren und Volksentscheide also. Es ist kein Zufall, dass gerade klassische und bewährte Konkordanzdemokratien[7] (wie die Schweiz) über solche Ventile und Äquivalente zur Hinterzimmer-Demokratie verfügen. Denn sonst könnte die paradoxe Spannung aus eigenwilliger Bürgerdemokratie im Wahlakt und Zentralisierung der Entscheidung im Regierungshandeln zu ernsten Legitimationsproblemen führen. Kurzum: Volksentscheide erfolgen nicht aus Gründen basisdemokratischer Schwärmereien, sondern aus dem Zugzwang heraus, den Widerstreit von moderner Demokratie und einer Effizienzsorge, die Beteiligung nur in geringem Maße verträgt, nicht zu einem zerstörerischen Antagonismus auswachsen zu lassen. Doch noch ist die Diskussion über all diese Folgen eines neuen Parteien- und Bündnissystems nicht einmal eröffnet.

In: Süddeutsche Zeitung vom 22. 2. 2008, S. 2

Hinweis: Franz Walter ist Professor für Politikwissenschaft an der Universität Göttingen.

Anmerkungen:
1 bipolare Alternative: Wahlmöglichkeit zwischen zwei dominierenden Parteien
2 Individualisierung: hier im Sinne von Loslösung aus traditionellen Bindungen, wodurch Freiräume entstehen, die der Einzelne nach eigenen Fähigkeiten, Bedürfnissen und Interessen ausgestalten kann
3 Apologeten: Anbeter
4 Deregulierung: kontrollierte Rücknahme staatlicher Eingriffe in wirtschaftliche Prozesse
5 Westminster-Modell: Regierungssystem Großbritanniens
6 Oligarchisierung: Tendenz zu einer Herrschaft Weniger
7 Konkordanzdemokratie: (lat.-griech.); bezeichnet eine demokratische Regierungsform, in der (gesellschaftliche und) politische Konflikte nicht primär über politische Mehrheiten und (einfache) Mehrheitsregeln, sondern über Verhandlungen, Kompromisse und möglichst breite Übereinstimmung gelöst werden. (Quelle: Klaus Schubert, Martina Klein, Das Politiklexikon. 4., aktualisierte Auflage. Bonn: Dietz 2006)

Lösungsvorschläge

Unterrichtsinhalte:

- 12/I: Konzentration und Wettbewerb: Funktionen und Folgen des Wettbewerbs, Ursachen und Wirkungen von Konzentration;
  Konjunktur und Konjunkturpolitik: angebots- und nachfrageorientierte Wirtschaftspolitik
- 12/II: Verfassungsnorm und Verfassungsrealität: Parlament und Regierung im konkreten politischen Gesetzgebungsprozess;
  Partizipation und Repräsentation an ausgewählten Beispielen: Rolle der Parteien, Wahlen, Pluralismus und politischer Entscheidungsprozess

1. *Der Operator „wiedergeben" verlangt von Ihnen, den Text unter Wahrung seines Sinns und seiner inneren Logik auf das Wesentliche zu reduzieren. Fassen Sie dabei den Text möglichst in eigenen Worten zusammen. Das in der Überschrift formulierte Sprachspiel hilft, den Kerngedanken des Textes aufzuspüren. (AFB I)*

   Franz Walter beurteilt in seinem Kommentar für die „Süddeutsche Zeitung" vom 22. 2. 2008 die **Entstehung eines Fünf-Parteien-Systems** vor dem Hintergrund politischer und gesellschaftlicher Veränderungen in Deutschland überwiegend positiv. Er begreift diese Entwicklung als „**Ausdruck von Demokratie und Modernität**" (Z. 12 f.) sowie von „Pluralisierung und Individualisierung" (Z. 16 f.). Ein polarisierendes Lagerdenken, das in der Vergangenheit auf zwei Volksparteien beruhte, lehnten die Wähler nun ab. Allerdings benennt Walter auch die Gefahr, dass kompliziertere Wahlergebnisse durch „windungsreiche[r] […] Koalitionsbildungsprozesse" (Z. 39) der „Politik-Eliten" (Z. 35) interpretiert werden müssten. So führe die neue Pluralität zu einer „**Oligarchisierung**" (Z. 42) im politischen Prozess, da die schwierigen Entscheidungen über neue Koalitionen nur von „kleinste[n] Zirkel[n] in abgeschlossenste[n] Räume[n]" (Z. 50 f.) getroffen werden könnten. Dieses Verfahren verspreche größere Effizienz, **beschränke** aber die **Parteiendemokratie**. Walter beschreibt mehrere daraus erwachsende Risiken und Chancen. Erstens könnten populistische Politiker davon profitieren. Denkbar sei zweitens, dass die Forderung nach dem Einbau plebiszitärer Elemente als notwendiges Ventil zu einer „Hinterzimmer-Demokratie" (Z. 72) aufkomme. Damit ließe sich die Gefahr eines „zerstörerischen Antagonismus" (Z. 78) zwischen Demokratie und effizientem Regierungshandeln verhindern. Drittens spiegele der bereits vernehmbare Wunsch nach einem Mehrheitswahlrecht, das „eindeutige Verhältnisse" (Z. 21) schaffe, den fragwürdigen Wunsch nach einer „Politik aus einem Guss" (Z. 30). Insgesamt sieht Walter in der Entwicklung zu einem Vielparteiensystem sowohl Risiken wie Chancen.

2. *Entsprechend dem Operator „erläutern" sollen Sie den Begriff „Pluralismus" erklären und dabei seine Bedeutung für das politische System der Bundesrepublik Deutschland herausarbeiten. Insbesondere wird erwartet, dass Sie das im Text angesprochene Wahlrecht und die Zuspitzung von Wahlen auf Spitzenkandidaten in den Blick nehmen. (AFB II)*

Walter stützt seine Überlegungen zur Veränderung des Parteiensystems auf die These einer zunehmenden „**Pluralisierung**" unserer Gesellschaft, die er eindeutig als **Entwicklung zu mehr Demokratie und Modernität** wertet (vgl. Z. 12 ff.). Im Bereich des politischen Systems entspreche eine größere **Parteienvielfalt** dem Willen des Bürgers, dem die Alternative zwischen zwei kaum noch unterscheidbaren Volksparteien zu Recht nicht mehr ausreiche.
An den immer schwieriger werdenden Koalitionsbildungsprozessen zeigt sich das allgemeine Merkmal einer liberalen Demokratie: Das **Nebeneinander verschiedener gesellschaftlicher Gruppen**, deren **unterschiedliche Interessen** mittels eines fairen politischen Prozesses in eine Definition des Gemeinwohls überführt werden müssen, die dann für alle – auf Zeit – akzeptabel ist.
So werden z. B. Arbeitnehmerinteressen von **Gewerkschaften** artikuliert, Wirtschaftsforderungen von **Unternehmerverbänden** oder Umweltprobleme durch **Bürgerinitiativen** zur Sprache gebracht. Sie stützen sich dabei insbesondere auf die Grundrechte der Meinungs- und Pressefreiheit (Art. 5 GG), der Koalitionsfreiheit (Art. 9 GG) und der Versammlungsfreiheit (Art. 8 GG). Zahlreiche Verbände in allen gesellschaftlichen Bereichen konkurrieren in der Öffentlichkeit um Aufmerksamkeit, Einfluss und Macht. Verbandsfunktionäre und Lobbyisten werden von Parlamenten und Regierungen als wichtige Gesprächspartner im staatlichen Willensbildungs- und Entscheidungsprozess betrachtet, z. B. in Anhörungen von Bundestagsausschüssen.
Gleichwohl unterscheiden sich die **Interessenorganisationen** durch ihre Finanzkraft, ihre Mitgliederstärke oder auch dadurch, ob Gegenverbände bestehen oder nicht (z. B. Hausbesitzerverband – Mieterbund), ferner durch ihre rechtliche Stellung (Beamte haben kein Streikrecht, Kammern beruhen auf Zwangsmitgliedschaft). Daraus resultieren **ungleiche Durchsetzungschancen** und **unterschiedliche Druckmittel**. Alte Menschen können meist nicht mehr streiken, 20 Millionen Rentner sind jedoch ein wichtiges Wählerpotenzial. Andere Gruppen (z. B. Kinder, Behinderte) sind kaum organisationsfähig, ihre Interessen werden stellvertretend von Wohlfahrtsverbänden aufgegriffen.
Allerdings steigen die Chancen zur Durchsetzung von Interessen, wenn es den Verbänden gelingt, ihre Forderungen über die Parteien einzubringen. **Parteien verfügen im Unterschied zu Interessengruppen** im staatlichen Willensbildungs- und Entscheidungsprozess **über den größeren Einfluss**. Parteien bündeln unterschiedliche Interessen, sind demokratisch aufgebaut, nehmen an Wahlen teil und sind über ihre Fraktionen im Parlament oder über ihre Minister in der Regierung an Gesetzgebung und Exekutive beteiligt. Sie stehen als Bindeglied und Teil des „intermediären Systems" zwischen Gesellschaft und Staat, ihr Einfluss erstreckt sich auch auf die Zeit zwischen den Wahlen.

Zum Pluralismus im politischen System zählt neben dem Mehrparteien-System auch das **austarierte Verhältnis der Verfassungsorgane**, ein **System von „checks and balances"**, das einen Missbrauch von Macht durch die Mehrheit abwehren soll. Das Grundgesetz verankert hierzu die **Gewaltenteilung**, also die Ausübung der Staatsgewalt durch besondere Organe der Gesetzgebung, der vollziehenden Gewalt und der Rechtsprechung (Art. 20). Über den Bundesrat gibt es den Bundesländern besondere Rechte bei der Gesetzgebung („vertikale Gewaltenteilung"). Der Pluralismus äußert sich auch in den **Parlamentsfunktionen:** bei der Gesetzgebung und der Regierungsbildung, insbesondere auch durch die Kontrollmöglichkeiten der Opposition gegenüber der Regierungsmehrheit.

Bedroht der Pluralismus aber nicht die Handlungsfähigkeit des politischen Systems? Seine **mangelnde Effizienz und zu langwierige Auseinandersetzungen über Kompromisse und Koalitionen** können dazu führen, dass sich Bürger von der Politik abwenden und nicht mehr zur Wahl gehen. Exemplarisch dafür ist die hessische Landtagswahl im Januar 2008, die in dem vergeblichen Bemühen endete, eine Koalition von SPD, Grünen und Linke zu bilden. Ein Jahr lang gab es keine parlamentarische Regierung, der politische Prozess der Gesetzgebung war weitgehend lahm gelegt, danach kam es zu Neuwahlen. Es ist deshalb nachvollziehbar, dass Walter in seinem kurz nach der Hessen-Wahl verfassten Kommentar auf einen Vorschlag eingeht, der eine Begrenzung der Parteienvielfalt im Auge hat. Die Einführung der **Mehrheitswahl** (vgl. Z. 19 ff.) würde nicht nur die Erweiterung des Parteiensystems und Schwierigkeiten bei Koalitionsbildungen, sondern auch eine „Destabilisierung des Systems" (Z. 7 f.) verhindern. Das Mehrheitswahlsystem, in dem nur direkt gewählte Kandidaten ins Parlament einziehen, verdrängt die kleineren Parteien, also FDP, Grüne und Linke. Liegt in der Existenz der kleinen Parteien wirklich die Gefahr eines ausufernden Pluralismus?
Das in Deutschland gültige **personalisierte Verhältniswahlsystem**, in dem jeder Wähler zwei Stimmen vergeben kann, eine für den Wahlkreisabgeordneten und eine für die Parteiliste, die über die Sitzverteilung im Bundestag entscheidet, stärkt die kleinen Parteien. Ihre Chancen beruhen darauf, mit der **Zweitstimme** gewählt zu werden. Hier schlägt sich jede Stimme in Mandaten nieder, sobald die 5-Prozent-Hürde überschritten ist. So kann sich die Vielfalt gesellschaftlicher und politischer Interessen im Parlament ausdrücken.

Andererseits konzentriert sich bei Landtags- und Bundestagswahlen die Parteienkonkurrenz in der Regel auf zwei **Spitzenkandidaten**, die ihre Parteien im Wahlkampf anführen. Insbesondere die großen Parteien personalisieren damit die Wahlkämpfe, sie bezeichnen in Bundestagswahlkämpfen die Zweitstimme sogar als „Kanzlerstimme", obwohl der Regierungschef allein vom Parlament gewählt wird. Die Bedeutung programmatischer Alternativen tritt folglich zurück, die Wahlchancen kleinerer Parteien, die am Wettbewerb um den Kanzlerkandidaten nicht teilnehmen, verringern sich. Insgesamt könnte sich dadurch der politische Pluralismus verringern.

3. *Die Aufgabe bezieht sich wiederum auf die Frage nach dem richtigen Wahlrecht. Ihre hier geforderte Stellungnahme soll die zitierte These Walters erklären und mit zusätzlichen Informationen verdeutlichen. Anschließend ist die Frage nach der Berechtigung einer Reform des Wahlsystems argumentativ zu erörtern und abschließend zu beurteilen. (AFB III)*

Die Aussage des Autors formuliert einen **Widerspruch:** Walter behauptet, dass auf der einen Seite die Vertreter einer konsequent durchgeführten Marktwirtschaft für Privatisierungen und den Abbau gesetzlicher Vorschriften im Bereich der Arbeitswelt votieren, d. h. für die Ausweitung der Marktfreiheit eintreten. Auf der anderen Seite sprächen sich aber dieselben Personen für eine Einschränkung des Pluralismus im politischen Bereich aus, votierten also gegen das mit dem Verhältniswahlrecht verbundene Vielparteiensystem, und plädierten für das Mehrheitswahlrecht.

Gegen diese Behauptung wäre zunächst anzuführen, dass die „neoliberale" FDP als traditionelle Koalitionspartei von den negativen Folgen eines Mehrheitswahlrechts massiv betroffen wäre. Weder von ihr noch von der CDU, die ebenfalls als wirtschaftsfreundlich angesehen werden kann, hört man die Forderung nach einem Mehrheitswahlrecht.
Es trifft jedoch zu, dass die von Walter benannten „neuen Komplexitäten in der Politik" (Z. 20) zunehmen. Das Parteiensystem verändert sich durch das Erstarken der „Linken", wodurch der politische Pluralismus zu einem **Fünf-Parteien-System** erweitert, die Mehrheitsbildung zugleich aber erschwert wird. Das Fehlen „eindeutige[r] Verhältnisse" (Z. 21) liegt auch an der **Schwächung der großen Volksparteien:** Stimmenverluste in der Bundestagswahl 2005 zwangen – auch aufgrund des Verhältniswahlsystems – beide Parteien zur **Bildung einer großen Koalition**. Dieses ungewöhnliche Bündnis wurde in den Medien oft mit den von Walter genannten Merkmalen beschrieben: „Moderation, Abstimmung, Anpassungsfähigkeit, geschmeidige[r] Opportunismus, Gleichgültigkeit gegenüber Prinzipien" (Z. 59 f.). Von einer „Sozialdemokratisierung" der CDU ist die Rede, und auch der SPD-Vizekanzler gilt vielen als ein Politiker ohne „Kanten und Biss" (Z. 62).
Damit die großen Parteien wieder mit klareren Alternativen aufwarten können, müsste man sie vom Zwang permanenter Kompromissaushandlung befreien. Die **Einführung der Mehrheitswahl**, die in der Regel eine Partei zur alleinigen Regierungsbildung befähigt, könnte dazu verhelfen. Jeder Wähler hätte nur eine Stimme zu vergeben, das „Stimmensplitting" zugunsten einer kleinen Partei wäre ausgeschlossen. Zum Beispiel müsste sich ein Wähler zwischen CDU und FDP entscheiden bzw. zwischen SPD und Grünen. Das pluralistische Parteiensystem würde sich folglich in Richtung eines **Zweiparteiensystems** entwickeln.
Nicht die Parteien müssten in Koalitionsverhandlungen treten, sondern der **Wähler würde** darüber **entscheiden, wer die Regierung führt**. Eindeutige Mehrheiten garantierten eine **stabile Exekutive**, die das Regierungshandeln für die Akteure im ökonomischen Bereich berechenbar macht. Während die Verhältniswahl einen **Regierungswechsel** eher erschwert, wird er durch die Mehrheitswahl

erleichtert, da geringe Veränderungen in den Stärkeverhältnissen der Parteien nach Wählerstimmen große Veränderungen nach Mandaten auslösen können. Hier spricht man von einem „Verzerrungseffekt" dieses Wahlsystems.

Allerdings bringt das angelsächsische „Westminster-Modell[s]" (Z. 22) auch **erhebliche Nachteile**, die Walter zu Recht benennt. Die **Souveränität des Wählers wird eingeschränkt**, da ein Großteil der Stimmen nicht zum Zuge kommt. Zahlreiche Wähler fühlen sich nicht im Parlament vertreten, d. h., ein Verzerrungseffekt bedroht das Prinzip gleicher Wahlen (Art. 38.1 GG). Gesellschaftlicher Wandel kann sich daher nur begrenzt auf den politischen Prozess auswirken, die **Gefahr politischer Immobilität** wächst. Eine „bunter [...], heterogener, facettenreicher" (Z. 16) gewordene Gesellschaft findet sich im politischen System nur eingeschränkt wieder. Insbesondere träfen **innovative Anstöße**, die durch die Neugründung einer Partei möglich sind, auf erhebliche Schwierigkeiten. In Deutschland hatte z. B. in den 80er Jahren die Umweltschutzbewegung zur Entstehung der „Grünen" geführt, weil die etablierten Parteien die neuen Probleme nicht wahrgenommen hatten.

Aus den angeführten Gründen sehe ich die Veränderung des Wahlsystems deshalb sehr kritisch, weil das **Aushandeln von Kompromissen** genauso zum Wesen unserer repräsentativen und pluralistischen Demokratie gehört wie die dabei anzustrebende **Beteiligung von Minderheiten**. Beides kann am ehesten durch das Verhältniswahlsystem realisiert werden.

Hessen – Politik und Wirtschaft – Leistungskurs 2009
Vorschlag C

Thema: *Souveränität und Völkerrecht – Einflussmöglichkeiten der UN*

Aufgaben

1. Geben Sie die Überlegungen Fischers zum Wandel des Souveränitätsbegriffs und des Völkerrechts in der internationalen Politik wieder (Material 1). (20 BE)

2.1 Erläutern Sie die Veränderungen für die Vereinten Nationen im Bereich der Friedenssicherung seit den 90er Jahren und arbeiten Sie heraus, inwiefern sich diese neuen Aufgaben durch Rückgriff auf Bestimmungen der UN-Charta (z. B. Art. 2, Art. 7, Art. 39) legitimieren lassen. (30 BE)

2.2 Vergleichen Sie die Rolle von Demokratie und Menschenrechten in der Bundesrepublik Deutschland mit der in Birma (Material 1 und 2). (20 BE)

3. „[…] gerade auf dem Hintergrund der Katastrophe von Birma muss die internationale Diskussion um die Schutzpflicht noch verstärkt werden." (Z. 55 f.) Erörtern Sie – ausgehend von den Überlegungen Fischers – Chancen und Probleme von UN-Einsätzen auf der Grundlage des Prinzips der „responsibility to protect". (30 BE)

M 1: Unterlassene Hilfeleistung

Das weltweite Mitgefühl für die zahlreichen Opfer der Flutkatastrophe in Birma ist groß. Noch größer aber waren Wut und Entsetzen über die menschenverachtende Haltung des in Birma mit absoluter Macht herrschenden Militärregimes gegenüber dem Leid seiner eigenen Bürger. Internationale Hilfe wurde abgewehrt, dann verzögert und schließlich gegenüber dem UN-Generalsekretär Wochen nach der Katastrophe erlaubt. Währenddessen kamen die Menschen […] elendig um oder mussten […] ums Überleben kämpfen.

Und warum geschah ein solcher kaum fassbarer Akt der Barbarei gegenüber der eigenen Bevölkerung? Ganz einfach: Die Militärs in Birma fürchteten im Falle der Öffnung des Landes für internationale Hilfe um ihre Macht. Bei den letzten freien Wahlen 1990 hatte die demokratische Opposition um Friedensnobelpreisträgerin Aung San Suu Kyi einen erdrutschartigen Sieg über die Militärs errungen. Genau darauf gründet nun die Furcht der Militärregierung, das Land angesichts einer nationalen Katastrophe für fremde Hilfe zu öffnen. Die Zustände in Birma schrien zum Himmel und der Ruf nach einem Eingreifen der internationalen Staatengemeinschaft war gleichermaßen laut wie folgenlos. Denn ohne die Bereitschaft des Militärs, internationale Hilfe und Helfer ins Land zu lassen, waren die Vereinten Nationen machtlos. Die nationale Souveränität ist eben nicht nur ein Rechtsbegriff, sondern entspricht realen Machtverhältnissen.

Souveränität wird als die Kontrolle eines bestimmten Territoriums und dessen Bevölkerung durch eine Regierung definiert. Hinzu gehört noch die internationale Anerkennung von Staat und Regierung als Inhaber und Repräsentant der souveränen Macht im jeweiligen Staat.

Gründend auf den Erfahrungen in Ruanda und auf dem Balkan, wo Teile eines Volkes durch die eigenen Regierungen real mit versuchtem Völkermord oder ethnischer Vertreibung mittels Massenterror konfrontiert waren, wurde innerhalb des Völkerrechts und der UN nach einer Lösung gesucht, damit sich dieses Grauen nicht mehr wiederholen kann.

Die Antwort lautete: Verantwortung zu schützen („Responsibility to Protect")[1]. Kommt also ein Staat seiner Schutzverantwortung gegenüber den eigenen Bürgern im Fall der konkreten Bedrohung durch Völkermord, Kriegsverbrechen, ethnische Säuberung und Verbrechen gegen die Menschlichkeit nicht nach, dann tritt die Schutzpflicht der Vereinten Nationen in Kraft. Diese können dann bis hin zu einer Sicherheitsratsresolution unter Kapitel VII (Anordnung militärischer Zwangsmittel) die internationale Gemeinschaft oder eine Gruppe von Staaten zum Eingreifen, also zu einer humanitären Intervention ermächtigen. [...] Damit wurde das Verhältnis zwischen Staatssouveränität und dem einzelnen Bürger im Völkerrecht entscheidend zu Gunsten des Letzteren verschoben.

Dies ist dem Prinzip nach ein sehr großer Fortschritt zum Schutz des Einzelnen und seiner unveräußerlichen Rechte. Zwischen dem Prinzip und der Praxis klafft allerdings noch eine riesige Lücke. Was nützt ein Recht, wenn es nicht oder zumindest nicht dann, wenn man es am dringendsten braucht, zur Anwendung kommen kann [...]?

Birma ist für diese neue Verantwortung zum Schutz allerdings ein widersprüchliches Beispiel und zeigt, wie entwicklungsbedürftig dieses neue Recht tatsächlich noch ist. Denn die Verpflichtung zu schützen bezieht sich ausdrücklich auf Völkermord, ethnische Vertreibung und Verbrechen gegen die Menschlichkeit, nicht aber auf bewusst unterlassene Hilfeleistung seitens einer Regierung.

Und in der Tat kann eine solche Öffnung dieser neuen internationalen Verpflichtung zu nur schwer überschaubaren Konsequenzen führen: Gilt diese Verantwortung zu schützen nur im Fall großer Naturkatastrophen oder auch bei allgemeiner Massenverelendung und himmelschreiender Unfähigkeit der Regierenden? Erwächst daraus ein neuer Eingriffstatbestand? [...] Ergibt sich daraus am Ende gar eine neue „Regime Change Doctrine"[2] [...]? All diese Fragen und noch einige mehr bedürfen nach der Katastrophe von Birma dringend der Klärung.

Aber gerade auf dem Hintergrund der Katastrophe von Birma muss die internationale Diskussion um die Schutzpflicht noch verstärkt werden. Auch deshalb war es wichtig, dass Frankreich alles versucht hat, um im Sicherheitsrat eine Resolution für den Zugang der Hilfe nach Birma durchzusetzen, selbst wenn diese an der Volksrepublik China, dem Schutzpatron der Militärs in Birma, gescheitert ist.

Das Mindeste, was erreicht werden muss und erreicht werden kann, ist die moralische Ächtung solcher Regimes und ihrer Taten. Und auch auf Regierungen, die ein solches Verhalten aus realpolitischen oder ideologischen Gründen decken, muss Druck ausgeübt werden. Man sollte sich allerdings keine Illusionen machen: Die bei den Prinzipien der Pflicht zu schützen und der humanitären Intervention sind alles andere als einfach durchzusetzen. Die „Realisten“ werden sie deshalb für nichts anderes als unpraktischen Idealismus halten. Dies aber ist mitnichten der Fall.

Ein Realismus, dessen Weisheit sich im kategorialen Dreieck von Souveränität, Macht und Gleichgewicht erschöpft, wird den neuen Realitäten des 21. Jahrhunderts nicht gerecht werden können. Dies gilt aber ebenso für moralisch und politisch gut begründete neue Prinzipien, wenn bei deren Um- und Durchsetzung auf einen eisernen Realismus verzichtet wird. Seit dem Ende des Kalten Kriegs vollziehen sich in der internationalen Politik und im Völkerrecht Entwicklungen, die den neuen Realitäten [...] zu entsprechen versuchen. Dazu gehören die Grundsätze der humanitären Intervention und der Verpflichtung zu schützen. Ihre Praktikabilität wird Zeit brauchen, aber das galt auch für alle vergleichbaren Entwicklungen zuvor, an deren Gültigkeit wir uns heute wie selbstverständlich gewöhnt haben. Es besteht daher kein Grund, die Flinte ins Korn zu werfen.

Joschka Fischer, In: Die Zeit, Montags-Kolumne vom 26. 5. 2008, http://www.zeit.de/online/2008/22/fischer-kolumne-menschenrechte?page=1 vom 16. 7. 2008

Anmerkungen:

1 Dieses völlig neue Prinzip der „Verantwortung zu schützen“ ist von der UN-Vollversammlung im Jahr 2000 sowie durch die Sicherheitsratsresolution Nummer 1674 im Jahr 2006 beschlossen worden.

2 Notwendigkeit eines Regimewechsels

M 2: Opposition wirft Junta Wahlfälschung vor (FAZ)

Birmas Opposition hat der Regierung bei dem umstrittenen Verfassungsreferendum am Samstag massiven Wahlbetrug vorgeworfen. Bei der Stimmabgabe – eine Woche nach dem verheerenden Zyklon mit zehntausenden Toten – seien Wähler bedroht und eingeschüchtert sowie zu Ja-Stimmen gezwungen worden, berichtete die „US-Kampagne für Birma“ nach Kontakten mit Wahlbeobachtern der Oppositionspartei Nationalliga für Demokratie (NLD). Die Junta[3] stellte dagegen einen überwältigenden Sieg in Aussicht. Fast 100 Prozent der Wähler in Kokogyun bei Rangun hätten mit Ja gestimmt [...]. NLD-Mitglieder berichteten [...], in der Irrawaddy-Region seien seit Freitag Lautsprecherwagen durch die Straßen gefahren, die bei Nein-Stimmen Haft- und Geldstrafen androhten. [...] Bei der Abstimmung geht es um eine Verfassung, mit der das seit 1962 regierende Militär[4] seine tragende Rolle im Staat legitimieren will. Nach der neuen Verfassung bleiben bei den für 2010 geplanten Wahlen ein Viertel der Parlamentssitze dem Militär vorbehalten, ebenso mehrere Kabinettsposten. Die populäre Oppositionsführerin Aung San Suu Kyi, die unter Hausarrest steht, darf nicht antreten. Dafür wurde eigens ein Paragraf geschaffen, der Menschen, die mit Ausländern verheiratet waren, politische Ämter verbietet. Suu Kyis gestorbener Mann war Brite. [...]

In: Frankfurter Allgemeine Zeitung, 11. 5. 2008, http://www.faz.net/s/Rub4694CFEF46E04113B2625E709D786A26/Doc~E62CBAF453D664C5594748577EDF30FAB~ATpl~Ecommon~Scontent.html?rss_aktuell, vom 16. 7. 2008

Anmerkungen:

3 Bilden Militärführer in Form eines Regierungsausschusses den machthabenden Teil einer Staatsregierung, wird diese Regierung Militärjunta genannt.

4 1988 wurde die demokratische Opposition des Landes blutig niedergeschlagen.

Lösungsvorschläge

Unterrichtsinhalte:

- 12/II: Partizipation und Repräsentation an ausgewählten Beispielen: Wahlen, Pluralismus und politischer Entscheidungsprozess;
  Verfassungsnorm und Verfassungsrealität: Grundprinzipien der Verfassungsordnung der Bundesrepublik Deutschland, die Artikel 1 und 20 GG, Grundrechte und Grundrechtsabwägung
- 13/I: Aktuelle internationale Konfliktregionen und die Möglichkeiten kollektiver Friedenssicherung: Entstehungsgründe, Interessen und Konfliktpunkte; Friedensbegriff und Konzeptionen der Friedenssicherung (auch im Sinne eines erweiterten Sicherheitsbegriffs); Einflussmöglichkeiten von und Entscheidungsprozesse in internationalen Organisationen (UNO);
  Internationales Recht: Souveränität und Völkerrecht

1. *Mit dem Operator „wiedergeben" werden Sie aufgefordert, einen Text „unter Beibehaltung des Sinnes auf Wesentliches zu reduzieren". Die Formulierung der Aufgabe gibt Ihnen eine zusätzliche Hilfestellung bei der Auswahl der wesentlichen Sachverhalte, denn Sie sollen sich auf Fischers Überlegungen „zum Wandel des Souveränitätsbegriffs und des Völkerrechts" konzentrieren, können also diejenigen Textteile unbeachtet lassen, die dazu keinen Bezug haben.*
   Bevor Sie mit der Wiedergabe beginnen, sollten Sie Text und Autor kurz identifizieren. Bitte achten Sie auf die notwendige Distanz zum Text und auf die Kennzeichnung wörtlich übernommener Begriffe oder Passagen als Zitate. (AFB I)

   Der in Auszügen vorgelegte Text „Unterlassene Hilfeleistung" von **Joschka Fischer**, dem langjährigen **Außenminister der Regierung Schröder**, erschien am 26. 5. 2008 im Internet als „Montags-Kolummne" der Zeitung „Die Zeit".
   Fischer verurteilt in dieser Kolumne die „menschenverachtende Haltung" (Z. 2 f.) der **birmanischen Militärjunta**, die angesichts einer verheerenden Flutkatastrophe aus Angst vor möglichen Einflüssen von Fremden auf die eigene Bevölkerung ausländischen Helfern und Hilfsorganisationen die Einreise lange Zeit verwehrte. Dadurch seien viele Menschen „elendig" (Z. 6) umgekommen.
   Die Weltgemeinschaft habe hilflos zugesehen, weil sich die Junta auf das **Prinzip der nationalen Souveränität** berief und die „realen Machtverhältnisse[n]" (Z. 18 f.) ein Einschreiten der Staatengemeinschaft nicht erlaubten. Denn Souveränität sei traditionell definiert als die Kontrolle einer Regierung über Territorium und Bevölkerung eines Staates (Z. 20 f.).
   Fischer erinnert im Folgenden daran, dass die UN in den 90er Jahren aufgrund des entsetzlichen **Völkermords in Ruanda** und der **ethnischen Säuberungen auf dem Balkan** das Völkerrecht weiterentwickelt und den Begriff der nationalen Souveränität ergänzt habe durch eine „**Verantwortung zu schützen**" (Z. 29), die die Weltgemeinschaft trage und der sie notfalls durch eine „**humanitäre[n] Intervention**" (Z. 36) nachkommen müsse. Das Völkerrecht habe sich vom Staatenrecht in Richtung Bürgerrecht entwickelt; das Schicksal des einzelnen Bürgers in einem

Land mit verbrecherischer Regierung sei dem Völkerrecht nicht mehr gleichgültig. Allerdings zeige das Beispiel Birma, dass die Durchsetzung der „Verantwortung zu schützen“ nach wie vor schwierig sei, denn die **Volksrepublik China sei als Schutzmacht der Junta** aufgetreten und habe einen gegen diese gerichteten Beschluss des **Weltsicherheitsrates** nicht zugelassen.
Der Fall Birma sei aber auch deshalb problematisch, weil es sich hier nicht – wie in den 90er Jahren – um Völkermord oder drohende ethnische Säuberungen handele, sondern „nur“ um unterlassene Hilfeleistung einer Regierung angesichts einer verheerenden Flutkatastrophe. Es sei bislang unklar, ob dies ein „**neuer Eingriffstatbestand**“ (Z. 52) sei.
Jedenfalls müsse aus Anlass dieses Falles die Diskussion um die Durchsetzung der Verantwortung zu schützen intensiviert und der **Druck auf Regimes** wie das birmanische, aber auch auf seine Helfer unter den Mitgliedern des Sicherheitsrates verstärkt werden. Die Umsetzung neuer, völkerrechtlicher Grundsätze werde jedoch Zeit brauchen.

2.1 *Die Operatoren „erläutern“ und „herausarbeiten“ sind dem Anforderungsbereich II (Reorganisation) zugeordnet. Hier sollen Sie auf der Basis vorhandenen Wissens und gegebener Einsichten Zusammenhänge herstellen und an Beispielen verdeutlichen bzw. aus Materialien (hier: der Charta der UN) Sachverhalte erschließen, die nicht explizit genannt werden. Bitte achten Sie bei der Darlegung Ihrer Gesichtspunkte auf eine klare Gliederung.*

Während des **Kalten Krieges** hatten die beiden Militärblöcke die Friedenssicherung auf gegenseitige **atomare Abschreckung** aufgebaut. Diese bipolare Struktur der Weltpolitik hatte durchaus eine friedenserhaltende Funktion, denn die beiden Supermächte wirkten einerseits als Ordnungsmächte innerhalb ihrer Machtbereiche, sorgten andererseits durch das Prinzip der Abschreckung aber auch für die Respektierung des Prinzips der Nichteinmischung durch die Staaten des gegnerischen Blocks. Auf der Ebene der internationalen Gemeinschaft sorgte das **Veto-Recht der Supermächte** im Weltsicherheitsrat für eine **wechselseitige Blockade** der Supermächte. So stagnierte die Entwicklung des Völkerrechts.
Mit dem **Zusammenbruch des Ostblocks** entfiel die wechselseitige militärische Bedrohung und das Prinzip der atomaren Abschreckung wurde überflüssig. Entsprechend kam es zu massiven Abrüstungsschritten, die Hoffnungen auf eine „Friedensdividende“ aufkeimen ließen.
Die ehemaligen Ostblockländer durchschritten einen friedlichen **Transformationsprozess**, aus dem viele von ihnen mit einem veränderten Wirtschaftssystem und demokratisch geläutert hervorgingen.
Andere aber, und hier beispielhaft der **Vielvölkerstaat Jugoslawien**, gerieten in einen **Auflösungsprozess**, weil die untergegangene kommunistische Ordnungsmacht den **Zwangsverband der zerstrittenen Ethnien** nicht mehr aufrecht erhalten konnte. Südosteuropa erlebte eine neue Epoche von Balkankriegen. Die von großserbischen Machtpolitikern angeordneten „**ethnischen Säuberungen**“ zwangen Europa und die Weltgemeinschaft zum Handeln.

Auch in anderen Teilen der Welt, vor allem in Afrika und Asien, kam es nach dem Ende des Kalten Krieges zu **staatlichen Zerfallserscheinungen** und bürgerkriegsartigen Konflikten: Überwunden geglaubte ethnische oder religiöse Gegensätze lebten wieder auf. Clanführer und regionale Kriegsherren, sog. **warlords**, rissen die Macht an sich, Terrorgruppen und Drogenmafia zerstörten staatliche Ordnungen, Regierungen ließen durch ihre Armee ethnische Minderheiten massakrieren oder aus dem Land jagen. Der Begriff der „**failed states**" war in aller Munde.
Die **Vereinten Nationen** hatten durch die Auflösung der Blöcke ihre Handlungsfähigkeit zurückgewonnen und reagierten auf die neuartigen Konflikte mit neuartigen Friedensmissionen vom Typus des „**peace-keeping**" und „**peace-building**". Sogar vor dem „**peace-enforcement**", der bewaffneten Friedenserzwingung, schreckten sie in Einzelfällen nicht zurück.
Die veränderte Sicherheitslage zwang die Weltgemeinschaft zu einer vorsichtigen Weiterentwicklung des Völkerrechts. Dem durch **Artikel 2 der UN-Charta** geschützten Prinzip der nationalen Souveränität wurde eine „**Verantwortung der Weltgemeinschaft zum Schutz**" zur Seite gestellt – etwa im Falle einer drohenden humanitären Katastrophe. Zwar ist ein Eingriff in die Souveränitätsrechte eines Staates nach **Artikel 39** der UN-Charta nur im Falle einer „Bedrohung des Friedens" legitimiert; eine „Friedensbedrohung" könne aber durchaus auch von einer Regierung ausgehen und sich gegen Teile der eigenen Bevölkerung richten. Deshalb sei eine „humanitäre Intervention" auf Beschluss des Weltsicherheitsrates nach **Kap. VII** der UN-Charta in Extremfällen unter Umständen erforderlich. Das Prinzip der nationalen Souveränität wurde dadurch zwar nicht beseitigt, aber doch zugunsten der Menschenrechte relativiert. Berufen konnten sich die UN dabei z. B. auf die **Menschenrechtserklärung der Vereinten Nationen**. Allerdings ist die praktische Durchsetzung des Rechts auf eine humanitäre Intervention weiterhin schwierig wie der Fall Birma zeigt.

2.2 *Als Grundlage für den Vergleich der Bedeutung der Menschenrechte in Birma und in der Bundesrepublik stehen Ihnen für Birma die der Aufgabe beigegebenen Materialien zur Verfügung. Für die Bundesrepublik können Sie auf den Fundus der im Unterricht erarbeiteten Kenntnisse zurückgreifen; zusätzlich steht Ihnen das GG zur Verfügung. (AFB II)*

Über die Lage der **Menschenrechte in Birma** erfährt man aus den beiden Materialien wenig Erfreuliches. Die letzten **freien Wahlen** haben in Birma nach M 1 im Jahre 1990 stattgefunden. Über die Wahlsiegerin wurde damals Hausarrest verhängt. Die **Militärjunta herrscht seitdem unumschränkt**, schottete das Land nach außen weitgehend ab und ließ aus Angst vor äußeren Einflüssen nach der Flutkatastrophe lange Zeit keine ausländischen Helfer ins Land.
Wenige Tage nach der Katastrophe veranstaltete das Regime, das geht aus M 2 hervor, ein **Verfassungsreferendum** und erreichte für die neue Verfassung, die den Militärs politische Schlüsselpositionen auch nach den für 2010 geplanten Wahlen sichert, fast 100 % Zustimmung. Allerdings wurde dieses Abstimmungsverhalten durch **massiven Druck des Regimes** bis hin zur **Androhung von**

Gefängnisstrafen für mit Nein stimmende Wähler erreicht. Nach alledem kann von einer Gewährleistung der Menschenrechte in Birma keine Rede sein.
Die Verfassung der Bundesrepublik schützt die **Grund- und Menschenrechte** demgegenüber gleich in ihren ersten 19 Artikeln und verpflichtet die Verfassungsorgane zu deren Beachtung. Die Grundrechte, so heißt es wörtlich, seien für alle Staats- und Verwaltungsorgane „**unmittelbar geltendes Recht**" (Art. 1 Abs. 3 GG). Zusammen mit Artikel 20, der die **demokratische Grundordnung, das Bundes-, Rechts- und Sozialstaatsprinzip** beinhaltet, sind die Grundrechte mit einer sog. **Ewigkeitsklausel** (Art. 79 GG) versehen; die Grundrechte dürfen also vom Gesetzgeber auch mit einer verfassungsändernden zwei Drittel Mehrheit „in ihrem Kerngehalt" nicht angetastet werden.
Nach dem Verfassungsverständnis der Bundesrepublik gelten die Grundrechte – und dies hat auch mit der deutschen Geschichte zu tun – als „**vorstaatliche Rechte**", die vom Staat nicht etwa „gewährt" werden, sondern dem Menschen von Natur aus zustehen und deshalb vom Staate zu schützen und zu respektieren sind und nicht aufgehoben werden dürfen. Sollte dies dennoch geschehen, steht jedem Bundesbürger, der sich in seinen Grundrechten von der Verwaltung verletzt fühlt, ein **Klagerecht vor dem Bundesverfassungsgericht** zu.
Als unverzichtbare Bestandteile einer demokratischen Grundordnung, die im Falle der Bundesrepublik durch die erwähnte Ewigkeitsklausel geschützt sind, gelten darüber hinaus die Gewaltenteilung, ein aus freien und demokratischen Wahlen hervorgehendes Mehrparteiensystem und der Föderalismus. Keines dieser Verfassungsprinzipien ist in der birmanischen Militärdiktatur verwirklicht.

3. *Der Operator „erörtern" gehört zum Anforderungsbereich III (Reflexion) und verlangt die Prüfung einer Problemstellung „durch eine Kette von Für-und-Wider-Argumenten" sowie die anschließende Entwicklung einer eigenen Stellungnahme. Gegenstand der Erörterung – ausgehend von den Überlegungen Fischers – ist der Sinn und Nutzen der in M 1 eingeführten „responsibility to protect".*

Joschka Fischer weist in Zeile 29 seines Beitrags darauf hin, dass die „Verantwortung zu schützen" von den Vereinten Nationen aufgrund von Erfahrungen in Ruanda und auf dem Balkan anerkannt worden sei, wo es in den 90er Jahren zu Völkermord und ethnischer Vertreibung durch die eigene Regierung gekommen war. In Anmerkung 1 wird der Hinweis gegeben, dass dieses „völlig neue Prinzip" durch einen **Beschluss der UN-Vollversammlung aus dem Jahr 2000** und die **Resolution des UN-Sicherheitsrats** mit der Nr. 1674 aus dem Jahr 2006 zu geltendem Völkerrecht geworden ist. Auch wenn die Praktikabilität laut Fischer Zeit brauchen wird (vgl. Z. 74), plädiert er für eine langfristige Etablierung der Schutzpflicht, um den neuen Realitäten gerecht zu werden.
Dennoch sind dieses Prinzip und die daraus folgende „humanitäre Intervention" unter Politikern und Völkerrechtlern bis heute umstritten. Die Befürworter wie Fischer verweisen darauf, dass nur dieses Prinzip die **Abwendung von humanitären Katastrophen** wie in **Ruanda** und **Srebrenica** ermöglicht und vielleicht sogar – hätte es das Prinzip früher gegeben – den Völkermord der Roten Khmer

in Kambodscha verhindert hätte. Die Völkergemeinschaft könne nicht sehenden Auges zulassen, dass von irgendeinem Gewaltherrscher Tausende, ja Millionen Menschen umgebracht würden.
Durch eine humanitäre Intervention könne nicht nur im jeweils aktuellen Fall unter Umständen Schlimmes verhindert werden, sie könne auch **abschreckend und vorbeugend wirken**. Das neue Völkerrechtsprinzip könne also die Durchsetzung der Menschenrechte und „good governance" auf dem ganzen Globus befördern.
Die Gegner machen vor allem geltend, dass durch dieses Prinzip die **Hemmschwelle** zur Gewaltanwendung in internationalen Konflikten wieder **herabgesetzt** und das **Souveränitätsprinzip** und das der Nichteinmischung fremder Staaten in die inneren Angelegenheiten eines anderen Staates **ausgehöhlt** würden. Friedliche Formen der Konfliktbewältigung – diplomatische und ökonomische Druckmittel – würden nicht mehr ausgereizt und unter dem Deckmantel einer humanitären Intervention könnten sehr leicht ganz andere Motive verborgen werden. Auch sei die Festsetzung der Schwelle, von der an eine humanitäre Intervention zu erfolgen habe, willkürlich und der politischen und medialen Manipulation unterworfen. Unter dem Deckmantel des Humanismus könne Interventionismus und sogar Imperialismus betrieben werden.
Die meisten Argumente beider Seiten sind durchaus ernst zu nehmen. Aber all das ist Völkerrechtstheorie. Meine Entscheidung für die Möglichkeit humanitärer Interventionen möchte ich durch Verweis auf die Vorgeschichte des ersten Kriegseinsatzes, an dem Deutschland nach dem Zweiten Weltkrieg beteiligt war, verdeutlichen: In den späten 90er Jahren wurde die Frage der Legitimität einer bewaffneten humanitären Intervention Europas auf dem Balkan in der pazifistischen Partei „Die Grünen" leidenschaftlich diskutiert. Fischer, damals Außenminister der Regierung Schröder, trat mit Hinweis auf das Massaker der serbischen Armee in der UN-Schutzzone von Srebrenica entschieden für das Recht zur bewaffneten humanitären Intervention ein – auf einem Parteitag der Grünen warf ihm ein grüner Pazifist dafür einen Farbbeutel an den Kopf.
Wenige Jahre später beschlossen die Grünen und die große Mehrheit des deutschen Bundestages die **Beteiligung der Bundeswehr am NATO-Einsatz im Kosovo** zur Abwendung einer weiteren humanitären Katastrophe – angerichtet durch die serbische Armee, die begonnen hatte, die Kosovaren gewaltsam aus ihrem Land zu vertreiben. Für die Mehrheit der Abgeordneten des Deutschen Bundestages war diese **Entscheidung** damals **unabweisbar**, obgleich für die Intervention wegen des russischen Vetos nicht einmal eine **UN-Resolution** vorlag. Es war wohl für die meisten eine Frage des Mitgefühls und der **menschlichen Solidarität**.
Als ein demokratischer Staat, der den Menschenrechten auch aus historischen Gründen besonders verpflichtet ist, als das größte Land in der EU, als Mitglied der NATO, die sich als demokratische Wertegemeinschaft versteht, und als UN-Mitglied, das einen ständigen Sitz im Sicherheitsrat anstrebt, kann sich die **Bundesrepublik Deutschland** im Rahmen ihrer Möglichkeiten der **Verantwortung für die Abwendung von humanitären Katastrophen** nicht entziehen, ohne ihre Bündnisfähigkeit aufs Spiel zu setzen. Diese Verantwortung wahrzunehmen ist aber in erster Linie eine politische und keine militärische Aufgabe.

Hessen – Politik und Wirtschaft – Grundkurs 2010
Vorschlag A

Thema: *Sicherheits- und Entwicklungspolitik*

Aufgaben

1. Zeigen Sie die im Text (Material) benannten Probleme der Entwicklungspolitik im Umgang mit fragilen Staaten auf und benennen Sie die Anforderungen, die Tobias Debiel an die internationalen Akteure stellt. (25 BE)
2. Erläutern Sie, warum die Zusammenarbeit von Industrienationen wie der Bundesrepublik Deutschland mit Entwicklungsländern für die jeweilige Wirtschaft interessant ist oder sein kann. (40 BE)
3. Erörtern Sie ausgehend vom Text und unter Einbeziehung sicherheitspolitischer Aspekte die Frage, ob die Bundesrepublik Deutschland mit fragilen Staaten entwicklungspolitisch zusammenarbeiten soll. (35 BE)

M 1: Tobias Debiel: Fragile Staaten als Problem der Entwicklungspolitik

Die Entwicklungspolitik steht zu Beginn des 21. Jahrhunderts vor neuen Herausforderungen. Einerseits hat sie sich mit den Millennium Development Goals (MDGs) anspruchsvolle Vorgaben bei der Verbesserung der Lebensbedingungen für breite Teile der Weltbevölkerung gesetzt, so etwa die Halbierung der weltweit in absoluter Armut Lebenden bis zum Jahr 2015. Andererseits bleibt eine nennenswerte Zahl von Ländern durch Staatsversagen blockiert oder ist bereits von Staatsverfall geprägt. Derart fragile Länder weisen erhebliche Leistungsdefizite in zentralen staatlichen Funktionsbereichen auf. Sie sind nicht oder nur bedingt in der Lage, ein legitimes Gewaltmonopol zu etablieren und ihre Bürger vor Gewalt zu schützen. Die politische Machtkontrolle ist defizitär, das Rechtswesen kaum existent. Staatliche Dienstleistungen und Steuererhebung funktionieren allenfalls in den Städten und auch hier nur mangelhaft. Die soziale Grundversorgung ist nur rudimentär gewährleistet, der Wirtschaft fehlen verlässliche Rahmenbedingungen.

Umgang mit fragilen Staaten

Zahlreiche Geberländer waren in den neunziger Jahren zurückhaltend, sich unter den schwierigen Bedingungen von Staatsversagen und Staatsverfall finanziell wie politisch zu engagieren. Hierfür gab es gute Gründe:

Die Erfolgschancen externen Engagements waren, wie zahlreiche empirische Studien nachwiesen, gering, solange in den Nehmerländern gegen die Prinzipien verantwortlicher Regierungsführung verstoßen wurde oder die Kapazitäten für einen funktionsfähigen Staat fehlten. Von daher konzentriert sich die Entwicklungszusammenarbeit seit dem Ende des Ost-West-Konflikts vorrangig auf so genannte „good performers“, die sich in Richtung marktwirtschaftliche Demokratien bewegen. Besonders zum Ausdruck kommt dieser Ansatz aktuell im Millennium Challenge Account (MCA) – ein Programm, das die Bush-Administration im März 2002 aufgelegt hat und in dessen Rahmen bis zum Jahr 2006 zusätzlich fünf Milliarden US-Dollar zur Verfügung gestellt werden sollen.

Zunehmend setzt sich in der entwicklungspolitischen Diskussion die Erkenntnis durch, dass man sich nicht gänzlich von problematischen Ländern abwenden kann. Die zentrale Botschaft, die gleichermaßen von der Weltbank wie vom Entwicklungshilfeausschuss […] der Organisation für Wirtschaftliche Zusammenarbeit und Entwicklung (OECD) verkündet wird, lautet: „Stay engaged, but differently."[1] Denn das „Ignorieren" von Krisenländern ist ein gefährliches Unterfangen, welches das Risiko eines Abgleitens in den Staatsverfall erhöhen kann. […]

Anforderungen an internationale Akteure

Oftmals scheitert ein angemessener Umgang mit fragilen Staaten bereits daran, dass einzelne Geberländer dem Problem geringe Priorität einräumen oder die politische Praxis durch Interessengegensätze und Konkurrenz zwischen den Ministerien, durch Ad-hoc-Entscheidungen und mangelnde Koordination geprägt ist. Gerade in kritischen Phasen von Verfalls- oder Reformprozessen sind aber Antworten wichtiger Regierungen gefordert.

Neben erhöhter Kohärenz auf nationaler Ebene ist die gemeinsame Strategieentwicklung unter den Gebern von zentraler Bedeutung. Stärker als bislang sollte eine kohärente Geberpolitik auf ein kontinuierliches Engagement achten, das keinen starken Schwankungen unterliegt. Allzu häufig wurden Entwicklungsländer in der Vergangenheit entweder von Hilfe überschwemmt oder aber ignoriert und quasi als „Waisenkinder" behandelt. Um insbesondere Letzterem entgegenzuwirken, sollten Krisenländer nie ohne Ansprechpartner auf internationaler Ebene bleiben. Einzelne Geberländer könnten hier eine besondere Zuständigkeit übernehmen.

Schließlich muss die internationale Staatengemeinschaft effektiver reagieren, wenn sich fragile Staaten in kritischen Situationen befinden. In solchen Phasen können nennenswerte Fortschritte gemacht, aber auch gefährliche Abwärtsspiralen in Gang gesetzt werden. Letzteres ist insbesondere dann der Fall, wenn politische Eliten sich Umsturzversuchen aus Nachbarstaaten ausgesetzt sehen oder breite Bevölkerungsschichten durch wirtschaftliche Einbrüche in Existenzängste gestürzt und für Feindbildideologien anfällig werden. Internationale Akteure können in derartigen Situationen bei einer sorgfältigen Abstimmung ihrer Politiken konstruktiv Einfluss nehmen. So sollten sie subregionale Organisationen in Krisengebieten dazu drängen, Vereinbarungen zur Verhinderung wechselseitiger Destabilisierung abzuschließen und im Zweifelsfall auch umzusetzen. Darüber hinaus müssen wichtige Geberstaaten auf eine Reform der internationalen Finanzinstitutionen hinwirken, damit diese ihre Reformpolitik in fragilen Staaten an Konfliktanalysen binden und auf negative Rückwirkungen hin analysieren.

Tobias Debiel, Fragile Staaten als Problem der Entwicklungspolitik.
In: Aus Politik und Zeitgeschichte. Nr. 28–29/2005 (11. 7. 2005), S. 12 f. und S. 18

Anmerkung:
1 in etwa: „Engagiere dich weiterhin, aber in anderer Form."

Lösungsvorschläge

Unterrichtsinhalte:

- 12/I: Ziele und Zielkonflikte wirtschaftlichen und wirtschaftspolitischen Handelns am Beispiel von Beschäftigung und Arbeitslosigkeit
- 13/I: Internationale Konfliktregionen und die Möglichkeiten kollektiver Friedenssicherung: Entstehungsgründe, Akteure, Interessen und Konfliktpunkte; Entwicklungs- und Schwellenländer und ihre wirtschaftlichen und politischen Beziehungen zu den hochindustrialisierten Weltzentren: Ursachen und Folgen der ungleichzeitigen Entwicklung

1. *Die Aufgabenstellung ist zweigeteilt: Zunächst verlangt der Operator „aufzeigen" von Ihnen, Probleme der Entwicklungspolitik mit fragilen Staaten (oft auch als schwache Staaten oder als „failing states" bezeichnet) aus dem Text zu erschließen und wiederzugeben. Anschließend werden Sie durch den Operator „benennen" aufgefordert, die Position des Autors ohne Kommentierung wiederzugeben. Beginnen Sie mit der Formulierung eines kurzen einleitenden Satzes zu Autor und Textart. Versuchen Sie dann, in Ihrer Antwort die Teilung in „Probleme der Entwicklungspolitik" einerseits und „Anforderungen an internationale Akteure" andererseits deutlich zu machen. (AFB I)*

Tobias Debiel legt in seinem Aufsatz „Fragile Staaten als Problem der Entwicklungspolitik" in der Zeitschrift „Aus Politik und Zeitgeschichte" aus dem Jahr 2005 die **neuen großen Herausforderungen** für die Entwicklungspolitik dar. Diese würden sich einerseits aus den hochgesteckten Zielen der internationalen Staatengemeinschaft ergeben, bis 2015 die Lebensbedingungen für weite Teile der Weltbevölkerung zu verbessern (**Millenniumsziele der UNO**), und andererseits aus der tatsächlichen Situation in den Entwicklungsländern. Hierbei spielten die fragilen Staaten eine besondere Rolle, da die dort auftretenden Probleme häufig Hindernisse bei der Umsetzung der Ziele darstellten. Fragile Staaten würden nämlich erhebliche **Defizite in den Bereichen Demokratie und Rechtsstaatlichkeit** aufweisen. Sie hätten Schwierigkeiten, das Gewaltmonopol des Staates durchzusetzen und die Sicherheit und Grundversorgung ihrer Bürger zu gewährleisten. Hinzu kämen schlecht funktionierende, oft korrupte Verwaltungen und eine Wirtschaft, der stabile Rahmenbedingungen fehlten.

Als Konsequenz aus diesen Problemen hätten sich die Geberländer in den 1990er-Jahren oft gegen ein Engagement in fragilen Staaten entschieden. Empirische Untersuchungen würden bestätigen, dass die **Erfolgschancen für ein rentables Engagement geringer** waren als in Staaten, die sich durch „good governance" auszeichneten. Deshalb sei man dazu übergegangen, stabile Staaten, sog. **good performers** (vgl. Z. 22 f.) zu fördern. So haben z. B. die USA von 2002–2006 diesen Staaten zusätzliche Entwicklungshilfen in Höhe von 5 Milliarden US-Dollar zur Verfügung gestellt (vgl. Z. 23 ff.).

Die Entwicklungspolitik erkenne inzwischen jedoch, dass ein „‚Ignorieren' von Krisenländern" (Z. 33) gefährlich sei. Denn ein fragiler Staat könne in Richtung

„Staatsverfall“ (Z. 34) abgleiten und somit zu einem Staat werden, der seine Aufgaben nicht nur schlecht, sondern gar nicht mehr wahrnehmen könne.
Aus diesem Grund fordert Tobias Debiel von den internationalen Akteuren **eine kohärentere Entwicklungspolitik**, da zurzeit anstatt strategischer Ziele Ad-Hoc-Entscheidungen, „Interessengegensätze und Konkurrenz zwischen den Ministerien“ (Z. 38), also kurzfristiges Denken, dominieren würden. Hierzu gehört auch Debiels Forderung nach einer **Reform der internationalen Finanzinstitutionen** (z. B. IWF, Weltbank) (vgl. Z. 60 ff.): Nur wenn die Akteure mögliche negative Rückwirkungen ihrer Bemühungen beachten (etwa bei Strukturreformen) und Konfliktanalysen in ihre Überlegungen mit einfließen lassen, kann Entwicklungszusammenarbeit mit fragilen Staaten dauerhaft erfolgreich sein.
Damit verbunden ist der Appell Debiels, sich konstanter zu engagieren, um die **verfügbaren Hilfsmittel möglichst gleichmäßig zu verteilen**, anstatt einige Länder mit Hilfe zu „überschwemm[en]“ (Z. 46), während andere leer ausgehen. Debiel schlägt hierfür eine Art Patenschaft vor, sodass Krisenländer immer einen Ansprechpartner auf internationaler Ebene haben.
Als letzte Maßnahme spricht sich Debiel für ein effizienteres Reagieren auf Krisensituationen aus: Der Autor ist der Überzeugung, dass internationale Akteure destabilisierenden Faktoren (z. B. Umsturzversuchen aus Nachbarstaaten, wirtschaftlichen Krisen usw.) konstruktiv entgegenwirken könnten.

2. *Entsprechend dem Operator „erläutern“ sollen Sie mithilfe von Beispielen erklären, warum eine Zusammenarbeit zwischen Industrienationen und Entwicklungsländern für die jeweilige Wirtschaft interessant ist. Die Beispiele können Sie selbst auswählen – je nachdem, was im Unterricht behandelt wurde. Hierbei bietet es sich an, zunächst auf die wirtschaftlichen Interessen der Bundesrepublik Deutschland und danach auf die der Entwicklungsländer einzugehen. (AFB II)*

Aus Sicht der **deutschen Wirtschaft** gibt es zahlreiche Gründe für eine Zusammenarbeit mit Entwicklungsländern: Durch Handelsverträge, die Abnahmemengen und -preise festlegen, kann sich Deutschland einen bevorzugten **Zugang zu Rohstoffen** sichern, die im eigenen Land nicht verfügbar sind (z. B. Erdöl, Erdgas). Zudem können deutsche Unternehmen personalintensive Arbeitsschritte aus dem Hochlohnland Deutschland in Entwicklungsländer verlagern, in denen deutlich geringere Löhne gezahlt werden müssen. So könnte auch in Zukunft die Forschungs- und Entwicklungsarbeit in Deutschland erfolgen, während **einzelne Produktionsschritte in Niedriglohnländer** ausgelagert werden (hier wären jedoch die Folgen für den Arbeitsmarkt in Deutschland zu bedenken, die in dieser Aufgabe aber nicht näher beleuchtet werden sollen).
Auch als **Absatzmärkte** sind die Entwicklungsländer für die deutsche Wirtschaft von Interesse, zumal Deutschlands Unternehmen angesichts ihrer hohen Exportquoten immer nach neuen Absatzmöglichkeiten suchen. Jedoch ist zu bedenken, dass ein Großteil des deutschen Exportanteils in die EU geht, der Anteil der Entwicklungsländer am deutschen Export fällt dagegen relativ gering aus.

Im Rahmen des entwicklungspolitischen Engagements der Bundesrepublik werden deutsche Firmen häufig mit der Durchführung von Projekten in Entwicklungsländern beauftragt. So kann das Auftragsvolumen im eigenen Land erhöht und Arbeitsplätze können gesichert werden. Zudem entstehen Wirtschaftskontakte, die oft zu **Folgeaufträgen** führen und auch von Nutzen sind, wenn deutsche Unternehmen über die **Verlagerung eines Standortes** nachdenken (müssen). Mit Sicherheit werden die Länder, mit denen man bereits Kontakte und wirtschaftliche Beziehungen pflegt und deren Strukturen man kennt, weiter oben auf der Liste möglicher Standorte stehen.
Ein weiteres grundsätzliches Argument liegt in der Überzeugung, dass **wirtschaftliche Verbindungen** zu mehr Wohlstand und damit langfristig auch zu **mehr Stabilität in den Entwicklungsländern** führen. Deutschland als Exportnation hat ein großes (ökonomisches) Interesse an stabilen Verhältnissen. Und wenn zuvor von der Auslagerung von Produktionsstufen in Entwicklungsländer die Rede war, so ist es auch im Interesse der deutschen Wirtschaft, dass die Produktionsabläufe in diesen Ländern nicht durch Bürgerkriege, Unruhen u. Ä. gestört werden.
Ein letztes Argument stellen die vielfältigen **Herausforderungen des 21. Jahrhunderts** dar: Terrorismus, Migration, Umweltprobleme, Klimawandel und wirtschaftliche Entwicklung sind eng miteinander verflochten und müssen global betrachtet und gelöst werden. Auch deutsche Unternehmen sind betroffen, wenn Instabilität und soziale Unruhen in fragilen Staaten wie Somalia zu Piraterie am Horn von Afrika führen. Auch deutsche Schiffe wurden entführt, was deutsche Firmen sowohl direkt als auch indirekt betraf, etwa durch höhere Versicherungsbeiträge für Frachtrouten in gefährdeten Küstengebieten oder durch die Kosten für den Einsatz der Bundesmarine am Horn von Afrika, der vom Steuerzahler (und damit ebenso von deutschen Unternehmen) getragen werden muss. Auch deutsche Unternehmen sind von den Folgen des Klimawandels betroffen und müssten daher ein langfristiges Interesse daran haben, dass in Entwicklungsländern CO_2-arme Technologien eingesetzt werden und ressourcensparend gewirtschaftet wird.

Ebenso ist für die **Wirtschaft der Entwicklungsländer** eine Zusammenarbeit mit Industrienationen, wie z. B. Deutschland, sinnvoll. Trotz eines oft nur geringen Anteils der Entwicklungsländer am Weltmarkt bietet sich durch die Zusammenarbeit mit deutschen Unternehmen die **Möglichkeit**, **Güter und Rohstoffe zu exportieren**. In manchen Bereichen (z. B. Zuckermarkt) können bestimmte Entwicklungsländer (AKP-Staaten) zu Vorzugskonditionen in die EU und damit nach Deutschland exportieren. Dies sorgt für **Arbeitsplätze** in den Entwicklungsländern, auch wenn diese oft nur im primären Sektor oder im Niedriglohnbereich des sekundären Sektors liegen.
Für die Unternehmen in Entwicklungsländern ist der **Technologietransfer**, der mit der wirtschaftlichen Kooperation einhergeht, von großem Vorteil. In der kapitalintensiven Innovationsphase werden Güter in der Regel in den Industrieländern produziert. In der Reifephase werden Teile der Produktion ins Ausland verlagert bis schließlich in der Standardisierungsphase das Erzeugnis zum „globalen Pro-

dukt" geworden ist und sich eine Produktionsverlagerung in Entwicklungsländer anbietet, die aufgrund ihrer niedrigeren Lohnkosten entscheidende Faktorkostenvorteile gegenüber den Industrieländern aufweisen. Die Entwicklungsländer werden so in die Lage versetzt, sich am Weltmarkt zu beteiligen.
Folgt man der Logik, dass Handel zu mehr Wohlstand und damit zu **höheren Steuereinnahmen des Staates** führt, so kann noch ergänzt werden, dass Unternehmen in den Entwicklungsländern von einem stärkeren Staat profitieren. Dieser kann Rechtssicherheit gewährleisten und zentralen Aufgaben wie der Förderung von Bildung und Infrastruktur nachkommen.

3. *Der Operator „erörtern" verlangt, zu einer Fragestellung sowohl Pro- als auch Kontra-Argumente anzuführen und zu einer eigenen Stellungnahme zu gelangen. Am besten Sie beginnen mit der Position, die sie nicht vertreten (z. B. die BRD sollte nicht mit fragilen Staaten zusammenarbeiten) und stellen dann die Position, die Sie selbst vertreten, gegenüber. Versuchen Sie, bei Ihrer Gliederung die Argumente zu kategorisieren (ökonomische, sicherheitspolitische, moralisch-ethische Argumente usw.) und zu gewichten. Beachten Sie, dass die Aufgabenstellung ausdrücklich die Einbeziehung sicherheitspolitischer Aspekte einfordert. (AFB III)*

In Aufgabe 2 wurde dargelegt, warum die Zusammenarbeit zwischen der BRD und den Entwicklungsländern wirtschaftlich sinnvoll ist oder sein kann. Bei der Zusammenarbeit mit fragilen Staaten muss aber besonders bedacht werden, dass ein deutsches **Engagement** für diejenigen, die in diesen Staaten arbeiten, **nicht ganz ungefährlich ist**. Ob dies die Bundeswehr in Afghanistan ist, zivile Entwicklungshelfer in Nigeria oder deutsche Unternehmer im Irak: Diese Menschen begeben sich in erhöhte Gefahr. In den letzten Jahren haben sich in einigen Staaten regelrechte Netzwerke etabliert, die deutsche Staatsbürger entführen und erst gegen die Zahlung eines Lösegelds wieder freilassen. Todesopfer unter Bundeswehrsoldaten – bis 1990 in der BRD undenkbar – sind seit Beginn der Auslandseinsätze der Bundeswehr ebenfalls zu beklagen. Das deutsche Engagement in fragilen Staaten kostet Geld und kann Menschenleben fordern.
Deutschland kann nicht unbegrenzt Hilfe leisten, weder militärisch mit der Bundeswehr noch finanziell und personell in der Entwicklungszusammenarbeit. Tobias Debiel fordert ein „kontinuierliches Engagement" (Z. 44), das auch fragile Staaten mit einschließt. Sollte man aber nicht dort helfen, wo die Hilfe auf fruchtbaren Boden trifft und nicht im Sumpf von Korruption und Bürgerkriegen verschwindet? Dies mag hart klingen, aber wenn man sich bewusst macht, dass die Hilfsmittel, die Deutschland zur Verfügung hat, endlich sind, so bedeutet (mehr) Hilfe für fragile Staaten immer auch weniger Hilfe für die Staaten, die sich durch „good governance" auszeichnen und die durch externe Faktoren wie etwa die Finanzkrise in Schwierigkeiten geraten sind.
Auf der anderen Seite benötigen gerade Menschen in Staaten, die nicht einmal die Sicherheit ihrer Bürger gewährleisten können, in besonderem Maße unsere Hilfe. Es ist nicht mit den **moralischen und ethischen Wertvorstellungen des Grundgesetzes** vereinbar, diese Menschen einfach „abzuschreiben".

Ein Aspekt, der nicht so sehr auf Deutschland, wohl aber auf die großen ehemaligen Kolonialmächte Großbritannien und Frankreich zutrifft, beinhaltet die Frage nach der **historischen Verantwortung gegenüber fragilen Staaten**. Oft waren es willkürliche Grenzziehungen während der Kolonialzeit, die bis heute nachwirken und der Stabilität dieser Staaten im Wege stehen.
Aber nicht nur in der Geschichte findet man Argumente für eine Zusammenarbeit mit den Entwicklungsländern, sondern auch in der Gegenwart und Zukunft: Die Welt des 21. Jahrhunderts ist auf eine Weise vernetzt, die historisch einmalig ist. **Ein fragiler Staat ist kein isoliertes oder isolierbares Problem**, die Folgen betreffen vielmehr alle Staaten auf der Welt: Wird ein fragiler Staat erst zum „failed state", werden die Bürger vermehrt in anderen Staaten Schutz suchen. Flüchtlingslager, ungenügende medizinische Versorgung und Nahrungsmittelengpässe würden dann schon bald für Instabilität in den Nachbarstaaten sorgen, im ungünstigsten Fall könnte so ein Dominoeffekt entstehen, der ganze Regionen destabilisiert und Migrationsbewegungen in die Europäische Union und nach Deutschland verstärken würde.
Auch im Sinne des **erweiterten Sicherheitsbegriffs** kann Deutschland nicht abseits stehen bleiben. Die deutsche Sicherheit wird nicht nur am Hindukusch (P. Struck) verteidigt: Terroristen und Kriminelle finden in vielen fragilen Staaten Unterschlupf. Ein präventives Handeln tut daher Not. Auf Dauer können die Industriestaaten nicht abwarten, bis fragile Staaten zusammenbrechen, um dann militärisch zu intervenieren.
Meiner Meinung nach sollte die Bundesrepublik Deutschland also in jedem Fall mit fragilen Staaten entwicklungspolitisch zusammenarbeiten, nicht nur aus humanitären Gründen, sondern auch aus eigenem Interesse: Friedrich Dürrenmatt prägte in seiner Komödientheorie zu den Physikern den Satz „Was alle angeht, können nur alle lösen". Egal ob Klimawandel, Migration oder Terrorismus – diese globalen Phänomene können nicht allein durch die Anstrengungen der Industrieländer gelöst werden. Nur eine gemeinsame Anstrengung aller Staaten ermöglicht es, den Herausforderungen des 21. Jahrhunderts erfolgreich zu begegnen.

Hessen – Politik und Wirtschaft – Grundkurs 2010
Vorschlag B

Thema: *Rolle der Parteien und zivilgesellschaftlicher Akteure*

Aufgaben

1. Geben Sie die Hauptaussagen des Textes von Evelyn Finger (Material 1) wieder. Beziehen Sie sich dabei insbesondere auf die Äußerungen zur NPD. (20 BE)
2. Charakterisieren Sie die Aufgaben der Parteien im Rahmen des politischen Systems der Bundesrepublik Deutschland. (20 BE)
3. Erläutern Sie, wie die demokratischen Parteien sowie zivilgesellschaftliche Akteure im Kampf gegen den Rechtsradikalismus erfolgreich sein könnten. Nehmen Sie dabei die Materialien in M 2 zu Hilfe. (30 BE)
4. Evelyn Finger weist in ihrem Text (Material 1) auf „Arbeitsmarktprobleme" hin, die rechtsradikalen Gruppierungen Zulauf brächten.
   Erörtern Sie, inwieweit Wirtschafts- und Arbeitsmarktpolitik hier den Propagandisten rechtsradikalen Gedankenguts den Boden entziehen könnten. (30 BE)

M 1: Evelyn Finger: Rechts, wo die Mitte ist

[…] Seit mehr als zehn Jahren betreiben Rechtsradikale, mit und ohne Parteiauftrag, im wirtschaftlichen Krisengebiet der neuen Bundesländer die planvolle Faschisierung[1] der Jugend. Sie lenken den Frust junger Arbeitsloser auf die vor Ort nur als Chimäre[2] vorhandenen ausländischen Job-Konkurrenten. Sie kanalisieren die Abstiegsangst junger Mittelständler durch sozialrevolutionäre Agitation im Namen eines gerechten Machtstaates. Sie veranstalten längst nicht mehr nur Wehrsportlager, sondern helfen bei der Lehrstellensuche, organisieren Kinderbetreuung, intervenieren gegen Schulschließungen. Dass die NPD vergangenes Jahr bei Testwahlen der unter 18-jährigen in manchen Orten Sachsens über zwanzig Prozent der Stimmen holte, war kein Zufall, sondern Vorbote jener „völkischen Graswurzelrevolution", die der „Bombenholocaust"[3]-Protagonist[4] Jürgen Gansel angesichts der jüngsten NPD-Erfolge schon halb gewonnen wähnt. Der ostdeutsche Rechtsextremismus ist keine Kinderkrankheit, die von selbst vergeht. […]

Fest steht: Die Skepsis gegenüber dem Parlamentarismus wächst bundesweit, wobei die Fieberkurve des Frusts im Osten auf eklatant höherem Niveau als im Westen steigt. Nur 38 Prozent der Ostdeutschen (im Vergleich zu 64 Prozent der Westdeutschen) hielt im vergangenen Jahr die Demokratie für die beste Staatsform. […] Die Rechte verdankt ihr Wahlergebnis nicht nur Hartz IV und Schulhof-CDs, flächendeckender Plakatierung und Hüpfburgen. Ihr Erfolg hat ideologische Gründe. So ist die aggressive Heimatverbundenheit durchaus anschlussfähig an die Gemütslage der bürgerlichen Mitte, deren neues deutsches Selbstbewusstsein allenthalben beschworen wird. […]

Natürlich hat NPD-Chef Udo Voigt nach der Wahl in Mecklenburg-Vorpommern triumphierend mitgeteilt, seine Partei sei in der Mitte der Gesellschaft angekommen. Wahrscheinlicher ist, dass die Mitte sich auf die NPD zubewegt. Indem die NPD nun unisono[5] mit den Konservativen den deutschen Geburtenrückgang beklagt, schürt sie die wachsende Sehnsucht nach nationaler Geborgenheit in Zeiten der Entsolidarisierung. Dabei verstärken antiglobalistische und antikapitalistische Argumente sich gegenseitig, die dann in verschiedenen Opferdiskussionen einfließen, die die NPD derzeit führt: die Deutschen als Opfer im Kampf um Arbeitsplätze, das EU-Mitglied Deutschland als Opfer ausländischer Misswirtschaft und die Deutschen als Opfer des Zweiten Weltkrieges. […] Attraktiv an der Ideologie der „nationalen Opposition" erscheint den Marktwirtschaftsverlierern das geschlossene Weltbild. Den Widerspruch zwischen neoliberaler Flexibilitätsforderung und familienfreundlichem Wertkonservatismus […] überwindet die NPD durch ihren drastischen Nationalismus. Sie suggeriert, wenn sie erst an der Macht wäre, würde der Fleißige nach der guten alten Leistungsethik automatisch belohnt, und die Lebensläufe der Arbeitnehmer verliefen kohärent[6], statt von Zufällen der Marktentwicklung abzuhängen.

Solche Lügen zu widerlegen wäre Aufgabe der anderen Parteien. Dazu müssten sie allerdings zuerst ihre eigenen Glaubwürdigkeitsdefizite beheben: etwa die Verharmlosung der Globalisierungsfolgen für den Arbeitsmarkt beenden. Denn solange die etablierten Parteien in Selbstgefälligkeit erstarrt sind, kann die NPD sich weiterhin als letzte Repräsentantin politischer Ehrlichkeit aufspielen. […]

Evelyn Finger, „Rechts, wo die Mitte ist". In: Die Zeit Nr. 39/2006 (zitiert nach: Bundeszentrale für politische Bildung (Hg.): Informationen zur politischen Bildung Nr. 292: Parteiensystem der Bundesrepublik Deutschland, 2006, S. 55)

Anmerkungen:

1 Faschisierung – Beeinflussung der Jugend mit rechtsradikalen Vorstellungen
2 Chimäre – Fantasiegebilde, Hirngespinst
3 Bombenholocaust – Argumentationselement rechter Propaganda, das die Bombardierung deutscher Städte während des 2. Weltkrieges mit der Judenvernichtung gleichsetzt.
4 Protagonist – Vorkämpfer, zentrale Gestalt
5 unisono – im Einklang, einstimmig
6 kohärent – zusammenhängend

M 2

Populismus beruht auf dem bewussten Versuch der Vereinfachung von Problemen. Darin liegt sein Reiz und Erfolgsrezept. Das Verbrechen nimmt überhand? Wir müssen härter durchgreifen. Es kommen zu viele Asylanten ins Land? Man muss ihnen den Zugang versperren. Der globale Kapitalismus macht uns arm? Man muss seinen Protagonisten die Flügel stutzen. So einfach ist das.

Aber es ist eben nicht so einfach. Wenn Populisten regieren, merken sie das. Dann stehen sie ratlos vor der Komplexität. […] Mit der Komplexität leben zu lernen – das ist die vielleicht größte Aufgabe demokratischer politischer Bildung. In reifen Demokratien wissen die Wähler, dass nicht alle Blütenträume der Politiker reifen können. […] Das Leben ist nun einmal kompliziert, und Schritte in die richtige Richtung sind oft das einzige, was wir ernsthaft erhoffen können.

Ralf Dahrendorf, Acht Anmerkungen zum Populismus. In: Transit 25 (2003), S. 159 f. (zitiert nach: Wochenschau, Heft Januar/Februar 2005, S. 39)

[…] Es gibt in offenen Gesellschaften tatsächlich eine starke Unterströmung, die sich nach vermeintlich einfachen, eindeutigen Verhältnissen sehnt und auf aggressive Abschottung gegen Fremdes und Unwägbares setzt. Doch diesen Kräften kann man nicht entgegentreten, indem man ihre Wähler für unzurechnungsfähig oder noch nicht genügend demokratisch erzogen erklärt, sondern nur, indem man einen offenen politischen Kampf gegen sie führt.

Richard Herzinger, Populistenpopanz. Die Klage über politische Verführer lenkt vom Reformunwillen der etablierten Demokraten ab. In: Die Zeit, Nr. 18/2002 (zitiert nach: Wochenschau, Heft Januar/Februar 2005, S. 38)

[…] Populistische Parteien und Bewegungen zwingen die politischen Eliten und die Institutionen der Demokratie, sich jener vernachlässigten Fragen und Probleme anzunehmen, aus denen der Populismus seine Kraft bezieht.

Lothar Probst, Demokratie braucht Populismus. In: Frankfurter Allgemeine Sonntagszeitung, 2. 12. 2001, S. 7 (zitiert nach: Wochenschau, Heft Januar/Februar 2005, S. 38)

Lösungsvorschläge

Unterrichtsinhalte:

- 12/I: Konjunktur und Konjunkturpolitik: angebots- und nachfrageorientierte Wirtschaftspolitik;
  Ziele und Zielkonflikte wirtschaftlichen und wirtschaftspolitischen Handelns an Beispielen: Beschäftigung und Arbeitslosigkeit, Tarifautonomie und Lohnpolitik
- 12/II: Partizipation, Repräsentation und Regierung: (Rolle der) Parteien, Fraktionszwang und freies Mandat, Pluralismus und politischer Entscheidungsprozess, weitere Akteure und Formen der politischen Beteiligung;
  Verfassungsnorm und Verfassungsrealität: Parlament und Regierung im konkreten politischen Gesetzgebungsprozess

1. *Diese Aufgabe verlangt von Ihnen, die Aussagen aus M 1 – insbesondere zur NPD – in eigenen Worten zusammenzufassen. Geben Sie dazu eine kurze Einleitung, in der Sie Autorin, Titel und Datum der Veröffentlichung nennen. Verdeutlichen Sie eine kritische Distanz zur Autorin, indem Sie die indirekte Rede verwenden und Zitate unter Angabe der Zeilennummern als solche kennzeichnen. (AFB I)*

   Evelyn Finger beschreibt in ihrem Artikel „Rechts, wo die Mitte ist“, erschienen in der Wochenzeitung „Die Zeit“ Nr. 39/2006, dass Rechtsradikale vor allem in den neuen Bundesländern schon seit über zehn Jahren die Jugend mit ihrem Gedankengut beeinflussten. Sie belegt dies mit den Ergebnissen von Testwahlen der unter 18-jährigen in Sachsen, bei denen die NPD mancherorts auf über 20 % der

Stimmen kam. Finger betont aber, dass dies keine zufällige Entwicklung sei. Die NPD helfe den Menschen bei alltäglichen Problemen wie Schulschließungen oder der Suche nach Lehrstellen, wodurch die Menschen langfristig an die NPD gebunden würden – mit der Folge, dass der **Rechtsextremismus in Ostdeutschland nicht „von selbst vergeht“** (Z. 13).
Darüber hinaus habe der Erfolg der NPD aber auch „ideologische Gründe“ (Z. 19): Nicht nur, dass die **Skepsis gegenüber Demokratie und Parlamentarismus bundesweit steige** (wobei die Skepsis im Osten um über 25 % größer ist als im Westen), die „aggressive Heimatverbundenheit“ (Z. 20) der **NPD sei mit den Wertvorstellungen der bürgerlichen Mitte durchaus kompatibel**. Viele Fragen und Probleme der Gegenwart würden von der NPD aufgegriffen und mit einfachen Lösungen beantwortet, wobei die NPD die Deutschen häufig in der Opferrolle sehe (als Opfer ausländischer Misswirtschaft, des Zweiten Weltkriegs usw.) und ihnen ein Gefühl „nationaler Geborgenheit in Zeiten der Entsolidarisierung“ (Z. 27 f.) vermittle.
Hier liegt die **Hauptthese** der Autorin, die auch den zunächst paradox klingenden Titel ihres Artikels („Rechts, wo die Mitte ist“) erklärt: Nicht die NPD habe sich in den vergangenen Jahren in die (politische) Mitte der Gesellschaft bewegt, sondern die **Gesellschaft habe sich nach rechts bewegt**.
Während die demokratischen Parteien den Widerspruch zwischen mehr Flexibilität – um den Anforderungen eines globalisierten Arbeitsmarktes gerecht zu werden – und der Erhaltung der Stabilität der Familie nicht auflösen könnten, böte die NPD ein „**geschlossene[s] Weltbild**“ (Z. 33), das den Menschen ein Gefühl von Geborgenheit gebe und ihnen eine gerechtere Gesellschaft verspreche.
Evelyn Finger beklagt, dass die **demokratischen Parteien** an „**Glaubwürdigkeitsdefizite[n]**“ (Z. 40) leiden würden. Um die NPD ideologisch zu widerlegen, müssten die Parteien erst einmal ihre „Selbstgefälligkeit“ (Z. 42) aufgeben und den Bürgern einige unbequeme Wahrheiten (z. B. die Folgen der Globalisierung für den Arbeitsmarkt) erklären, sodass sich die NPD nicht länger als „Repräsentantin politischer Ehrlichkeit“ (Z. 43) aufspielen könne.

2. *Der Operator „charakterisieren“ verlangt von Ihnen, einen Sachverhalt in seinen Eigenarten zu beschreiben. Im Unterricht werden Sie auf die eine oder andere Weise über die Funktionen von Parteien im politischen System der Bundesrepublik gesprochen und diskutiert haben, hier können Sie ihr Wissen wiedergeben. Bedenken Sie, dass Sie für die Beantwortung der Aufgabe ein Grundgesetz zur Verfügung haben – nutzen Sie es! (AFB I und II)*

Parteien spielen im politischen System der Bundesrepublik Deutschland eine zentrale Rolle. Ihre **Mitwirkung bei der „politischen Willensbildung des Volkes“** ist ausdrücklich im **Grundgesetz** verankert (Art. 21 Abs. 1). Parteien werden als sog. **intermediäre Systeme** bezeichnet, die eine vermittelnde Rolle zwischen den Bürgern und dem Staat einnehmen sollen, so wie auch Verbände, Vereine oder Massenmedien.

Eine wesentliche Aufgabe der Parteien liegt in der **Rekrutierung politischen Personals:** Die Parteien wählen Personen aus, bilden diese aus und präsentieren sie den Bürgern bei Wahlen um politische Ämter. Damit verbunden ist auch die Möglichkeit, innerhalb einer Partei aufzusteigen bzw. immer höhere Ämter angetragen zu bekommen (z. B. waren fast alle Bundeskanzler zuvor bereits Regierungschefs in einem Bundesland oder konnten als Bundesminister Verantwortung tragen).
Eine weitere Aufgabe der Parteien liegt in der **Interessenartikulation**, d. h., über die Parteien können Forderungen und Erwartungen an das politische System gestellt werden, wodurch ein politischer Diskurs angeregt werden soll (etwa mit dem Ziel einer Verbesserung des Datenschutzes, wie es die „Piratenpartei" tat).
So wie die Bürger über die Parteien Interessen gegenüber dem Staat artikulieren können, können aber auch umgekehrt die Parteien **Einfluss auf die öffentliche Meinung** nehmen, indem sie für ihre Ziele werben. So wurde z. B. durch den FDP-Parteichef Guido Westerwelle erst kürzlich eine Diskussion um die Bezüge von Hartz IV-Empfängern begonnen („spätrömische Dekadenz").
Gleichzeitig **bündeln Parteien aber auch verschiedene Interessen zu Programmen**, wodurch die Bürger sozusagen „Pakete" wählen, die die Vorstellungen einer Partei zur Wirtschafts-, Innen-, Umwelt-, Außenpolitik usw. beinhalten. Parteien sorgen so für eine „Übersichtlichkeit" im politischen „Angebot" und machen die Vielzahl der Interessen überhaupt erst politisch handhabbar.
Die Bedeutung der Parteien für das politische System zeigt sich nicht nur in deren Erwähnung im Grundgesetz, sondern auch durch die staatliche Förderung (**staatliche Parteienfinanzierung**), durch die die Parteien eine größere Unabhängigkeit von Spenden aus Industrie und Wirtschaft erlangen sollen.
Eben weil Parteien eine so wichtige Rolle spielen, können sie vom Bundesverfassungsgericht verboten werden, wenn sie die „freiheitliche demokratische Grundordnung zu beeinträchtigen oder zu beseitigen" (Art. 21 Abs. 2 GG) suchen.

3. *Der Operator „erläutern" (AFB II) verlangt, Sachverhalte und Materialien durch Wissen und Einsichten in einen Zusammenhang einzuordnen, mit Beispielen zu belegen und zu begründen. Hier müssen Sie aber streng genommen Lösungen entwickeln (was eigentlich dem AFB III zuzurechnen ist). Lesen Sie M 2 gründlich und beziehen Sie die Überlegungen zum Phänomen des Populismus in Ihre Antwort mit ein. Bedenken Sie, dass in M 1 bereits ein Lösungsansatz enthalten ist: Evelyn Finger wirft den Parteien vor, „in Selbstgefälligkeit" erstarrt zu sein. Wie also könnten sich Parteien aus dieser „Selbstgefälligkeit" lösen?*

Wie auch der **Populismus** warten **rechtsradikale Parteien** oft mit vereinfachenden Erklärungsansätzen auf, wie Evelyn Finger in M 1 am Beispiel der NPD zeigt. Die in M 2 angebotenen Materialien verdeutlichen noch einmal, wie sehr sich der Populismus der **bewussten Vereinfachung von Problemen** bedient und daraus resultierend die scheinbar so einfachen Lösungen fordert. Ralf Dahrendorf betont in seinem Artikel jedoch, dass Populisten, wenn sie erst an die Regierung gelangten, „ratlos vor der Komplexität" (M 2, Z. 7) stehen, ihre Lösungen sich also als nicht tragfähig erweisen.

Wir leben in einer **komplexen Welt** und müssen uns daher mit komplexen Problemen auseinandersetzen: Welche Auswirkungen wird der Klimawandel haben? Gibt es überhaupt einen menschengemachten Klimawandel? Wie müsste ein gerechtes Steuersystem aussehen? Können wir langfristig auf Atomkraft verzichten? Sollten wir gentechnisch veränderte Nahrungsmittel zulassen? Derartige Fragen können nicht mit einem kurzen Satz beantwortet werden. **Komplexe Probleme brauchen vielmehr komplexe Lösungen**. Die demokratischen Parteien sollten daher im Rahmen der politischen Willensbildung versuchen, der Bevölkerung auch komplexe Zusammenhänge verständlich zu erklären und auf Vereinfachungen zu verzichten. Gleichzeitig müssen demokratische Politiker, die diese Leistung erbringen, populistischen Parolen entgegentreten und sie als unzulässige Vereinfachungen demaskieren. Dabei wird häufig auch eine umfassendere Erklärung nötig sein.
Bei der Übermittlung dieser Erklärungen an die Bürger gibt es zwei Hindernisse: Zum einen werden in unseren Massenmedien aus Zeitgründen Argumentationen von Politikern gerne auf eine Länge von 30 Sekunden zusammengeschnitten, eine Praxis, die auch in den öffentlich-rechtlichen Nachrichten immer häufiger Einzug hält. Aber selbst wenn es einem Politiker gelingt, mehr Sendezeit für eine Erklärung zu bekommen, besteht die Gefahr, dass die Zuhörer „abschalten" (technisch wie kognitiv). Daher erliegen nicht nur rechtsradikale Parteien immer wieder der Einfachheit von populistischen Erklärungen.
Es ist aber nicht nur eine Aufgabe von Parteien und Verbänden, **gegen Rechtsradikalismus zu kämpfen** – es ist eine **Sache jedes Bürgers**. Es liegt zunächst an uns als Bürger, kritisch nachzufragen, ausreichende Erklärungen für komplexe Probleme einzufordern und solche Parteien zu belohnen – etwa durch unsere Stimmen bei Wahlen –, die diesem Auftrag nachkommen.
Aber auch **zivilgesellschaftliche Initiativen** sind wichtig: Warum überlässt man der NPD das Demonstrieren gegen Schulschließungen? Warum hilft – so Evelyn Finger – nur die NPD Jugendlichen bei der Suche nach Lehrstellen? Hier müssen sich nicht nur **Parteien**, sondern auch **Vereine und Verbände stärker engagieren** und sich – wie Lothar Probst richtig feststellt – „jener vernachlässigten Fragen und Probleme" annehmen, „aus denen der Populismus seine Kraft bezieht (M 2, Z. 19 f.). Die Parteien müssen Jugendliche (und Erwachsene) unterstützen, wenn sie Hilfe benötigen, um zu zeigen, dass Solidarität nichts mit „Volksgemeinschaft" zu tun hat, sondern Bestandteil der sozialstaatlichen Ordnung der BRD ist. Anstatt in vielen Städten und Gemeinden Jugendzentren zu schließen und Stellen für Sozialarbeiter zu streichen, muss eine Gesellschaft, die die **Deutungshoheit über Begriffe wie „Zusammenhalt" und „Solidarität"** nicht rechten Parteien überlassen will, mehr **Geld für Projekte gegen rechts** zur Verfügung stellen.
Diese beschriebenen Vorgehensweisen könnten den Parteien helfen, sich aus der Erstarrung in „Selbstgefälligkeit" (M 1, Z. 42) zu lösen und den Rechtsradikalismus erfolgreich zu bekämpfen.

4. *Der Operator „erörtern" verlangt eine Pro-Contra-Abwägung, die zu einer eigenen Stellungnahme führt. Hier geht es um Wirtschafts- und Arbeitsmarktpolitik, d. h., Sie können auf ihre in der Jgst. 12/1 bzw. 12/2 erworbenen Kenntnisse zurückgreifen, z. B. zur angebots- und nachfrageorientierten Wirtschaftspolitik, zum magischen Viereck, zur Lohnpolitik usw. Achten Sie aber darauf, dass Sie Ihre Argumente immer auf die Fragestellung „Eindämmung rechtsradikalen Gedankenguts" beziehen. Am Ende der Erörterung muss außerdem Ihre eigene Position erkennbar sein, belassen Sie es also nicht bei einer reinen Gegenüberstellung der Argumente, sondern gewichten Sie und beziehen Sie selbst Stellung. (AFB III)*

Evelyn Finger nennt einige wirtschaftliche und arbeitsmarktpolitische Probleme, bei deren Lösung die NPD in den neuen Bundesländern offenbar die Menschen unterstützt, so z. B. bei der Suche nach Lehrstellen. Aber auch die Tatsache, dass rechtsradikale Parteien die „Abstiegsangst junger Mittelständler" (Z. 4 f.) ernst nehmen und dem Frust der Arbeitslosen ein Ventil geben, scheint diesen Parteien immer mehr Befürworter zu verschaffen.
Der historische Vergleich mit der hohen Arbeitslosigkeit in den 1930er-Jahren infolge der Weltwirtschaftskrise drängt sich auf, in der radikale Parteien wie die KPD und die NSDAP mit ihren einfachen, aber radikalen Parolen ebenfalls großen Zulauf verzeichnen konnten.
Es stellt sich also die Frage, inwieweit durch wirtschafts- und arbeitsmarktpolitische Maßnahmen der rechtsradikalen Propaganda der Boden entzogen werden kann. Der Staat hat dabei durchaus einige Einflussmöglichkeiten: Er kann **selbst als Arbeitgeber aktiv werden**, etwa um die in M 1 genannten Defizite zu beheben, sei es bei der Kinderbetreuung (vgl. Z. 7), oder im Bildungsbereich („Schulschließungen", Z. 7 f.). Hier könnte der Staat Arbeitsplätze schaffen und damit nicht nur das Problem der Arbeitslosigkeit in den neuen Bundesländern abmildern, sondern gleichzeitig auch Propagandisten rechtsnationalen Gedankenguts wie die NPD in doppelter Hinsicht bekämpfen: Zum einen dadurch, dass die Unterstützungsangebote der NPD nicht mehr benötigt werden, zum anderen dadurch, dass die Bereitschaft der unter 18-Jährigen, rechtsradikale Parteien zu wählen (vgl. Z. 8 ff.), durch eine bessere (politische) Bildung verringert werden kann.
Daneben kann der Staat aber auch durch seine Wirtschaftspolitik indirekt dazu beitragen, dass Arbeitsplätze entstehen: So kann er durch **angebotsorientierte Maßnahmen**, wie die steuerliche Förderung von Unternehmen (z. B. durch günstige Steuersätze oder Subventionen), Anreize schaffen, in den neuen Bundesländern zu investieren. Ferner könnten Unternehmen durch Abschreibungserleichterungen oder Investitionshilfen entlastet werden. Auch eine Senkung der Lohn- und Lohnnebenkosten könnte den Faktor „Arbeit" für Unternehmen verbilligen und so zur Schaffung neuer Arbeitsplätze führen.
Evelyn Finger erwähnt, dass die NPD ihr Wahlergebnis zwar „nicht nur Hartz IV" (Z. 18) verdankt, aber offenbar sind die **Hartz-Gesetze** auch ein Faktor für den Ruck nach rechts, sodass eine Politik des stärkeren Forderns vermutlich nicht zielführend wäre. Denn dadurch würden die Abstiegsängste der Menschen eher noch vergrößert. Zielführender wäre dagegen eine aktive Arbeitsmarktpolitik des För-

derns, die z. B. eine bessere Betreuung und Vermittlung der Arbeitslosen, Arbeitsbeschaffungsmaßnahmen und Weiterbildungen für Arbeitslose beinhaltet. Auch durch Kombilöhne könnten Arbeitsplätze im Niedriglohnsektor erhalten werden. Umstrittener sind Maßnahmen wie die Lockerung des Kündigungsschutzes oder von Flächentarifverträgen. Kritiker bemängeln, dass bei diesen Maßnahmen die Arbeitslosigkeit nicht gesenkt wird, sondern „gute" Arbeitsplätze abgebaut und durch Arbeitsplätze im Niedriglohnbereich ersetzt würden.
Eine **keynesianische Politik** dagegen würde eine **aktivere Konjunkturpolitik** des Staates bedeuten, die in Phasen der Krise – etwa während der Finanzkrise 2008 – mit staatlichen **Investitionsprogrammen** (oft im Bereich der Infrastruktur) die Wirtschaft ankurbelt, wodurch Arbeitsplätze erhalten werden können. Die „**Abwrackprämie**" kann hier als Beispiel für ein staatliches Eingreifen zugunsten der Automobilindustrie gewertet werden.

All diese Maßnahmen können helfen, den Propagandisten rechtsradikalen Gedankenguts die Argumentationsbasis zu entziehen. Jedoch ist zu bedenken, dass dies grundsätzlich Maßnahmen sind, die ein aktiver und wirtschaftlich erfolgreicher Staat durchführen sollte – unabhängig von der Stärke rechtsradikaler Parteien. Meiner Meinung nach können wirtschafts- und arbeitsmarktpolitische Maßnahmen deshalb nicht die einzige Antwort auf rechtsradikales Gedankengut sein. Zumal es seit den 1970er Jahren keinem Industrieland mehr gelungen ist, Vollbeschäftigung zu erreichen und somit immer ein Nährboden für rechtsradikale Gruppierungen existiert bzw. existieren wird. Eine **wehrhafte Demokratie** wie die BRD sollte deshalb auch auf mehreren Ebenen ansetzten: So gibt es z. B. **staatlich geförderte Programme für Aussteiger** aus der rechtsradikalen Szene, ebenso wie Schüleraustauschprogramme, durch die junge Menschen die Gelegenheit bekommen, dumpfe **fremdenfeindliche Ängste abzubauen** und Ausländer nicht nur als Konkurrenten auf dem Arbeitsmarkt zu sehen. Auch die Möglichkeiten des Grundgesetzes, nämlich eine **Partei** nach Artikel 21 Abs. 2 zu **verbieten**, könnten und sollten ausgeschöpft werden, sodass die NPD nicht länger staatliche Zuschüsse erhält, mit denen dann z. B. Wehrsportlager oder Schulhof-CDs mit rechtsradikalem Gedankengut finanziert werden können.
Als letztes und wichtigstes Argument möchte ich mich auf Ralf Dahrendorf beziehen, der in M 2 fordert, mit „der Komplexität leben zu lernen" (Z. 7). In reifen Demokratien wüssten die Wähler, dass „nicht alle Blütenträume" (Z. 9) reifen. **Mehr Geld für Bildung** ist daher meines Erachtens ein viel wichtigeres Instrument im Kampf gegen rechtes Gedankengut als wirtschaftliche oder arbeitsmarktpolitische Maßnahmen. Ein aufgeklärter Bürger, der versteht, dass es für eine komplexe Welt nur selten einfache Lösungen gibt, ist noch immer der beste Garant für eine stabile Demokratie.

Hessen – Politik und Wirtschaft – Grundkurs 2010
Vorschlag C

Thema: *Wirtschaftspolitische Theorien – Konjunkturpolitik*

Aufgaben

1. Geben Sie die zentralen Aussagen Alexandra Borchardts (Material) wieder. (20 BE)
2. Ordnen Sie die Aussagen der Autorin in wirtschaftspolitische Konzeptions- und Theoriezusammenhänge ein. (25 BE)
3. Erläutern Sie die allgemeine Bedeutung und beabsichtigte Wirkung von Konjunkturprogrammen in der Wirtschaftspolitik vor dem Hintergrund der von der Bundesregierung im Kontext der Finanzmarktkrise 2008/2009 beschlossenen Programme. (25 BE)
4. Diskutieren Sie die Position der Autorin vor dem Hintergrund ausgewählter wirtschaftspolitischer Maßnahmen der Bundesregierung. Berücksichtigen Sie bei Ihren Überlegungen mögliche Folgen für das im Grundgesetz verankerte Sozialstaatsgebot. (30 BE)

M 1: Alexandra Borchardt: Das Leben danach

[…] Die Fähigkeit, Maß zu halten, ist eine Kulturleistung, ohne die Gesellschaften nicht funktionieren. Das Kleinkind beherrscht sie noch nicht, vernünftige Eltern bringen sie ihm bei. Und doch wird die Fähigkeit immer wieder auf die Probe gestellt […].

Das gilt für den Aufschwung wie für die Krise. Geht es bergauf, muss es von allem immer noch ein bisschen mehr sein: mehr Rendite, ein paar Prozentpunkte mehr Zinsen, ein höheres Gehalt. Und geht nicht doch noch ein größeres Haus, die Übernahme eines größeren Konkurrenten? Irgendwann, wenn aus dem Aufschwung Überschwang geworden ist, kommt die Krise. Und mit ihr neue Maßlosigkeit. Plötzlich können sie nicht groß genug sein, die Konjunkturprogramme, alle mögen konsumieren, was das Zeug hält, wer jetzt nicht nach Subventionen ruft, ist selber schuld. Haushalten zum Wohl kommender Generationen? Konsumverzicht zum Wohl der Ökologie? Vergessen. Weltweit streifen politisch Verantwortliche derzeit diese Prinzipien ab wie einen unbequemen Anzug. Sie müssen Endzeitstimmung spüren. Denn offenbar macht es ihnen nichts mehr aus, nackt dazustehen, wenn die Schulden unbezwingbar geworden sind.

Es ist die Stunde der Untergangspropheten. Die einen überbieten sich mit Negativ-Szenarien zur Wirtschaftsentwicklung. Die anderen beerdigen gleich den Kapitalismus als Ganzes. Der Markt habe versagt, sagen sie. Weil sie sich ein System erträumen, bei dem es zu jeder Zeit nur Gewinner gibt. Dabei funktioniert der Markt: Er korrigiert brutal, was unvorstellbar aus dem Ruder gelaufen war. Durch Maßlosigkeit.

Doch es gibt ein Leben danach. Und es wird ein Leben mit mehr Kapitalismus sein. Es ist abzusehen, dass sich viele Staaten mit ihren Schulden so strangulieren werden, dass der Weg aus der Krise nur mit mehr Marktwirtschaft zu schaffen ist. Wenn der Staat eine Aufgabe hat, ist es jene, die Entwicklung der Märkte intelligent zu steuern. Das Ziel muss sein, die Wirtschaft zukunftsfähig zu machen, also so auszurichten, dass sie kommende Generationen ernährt und dabei die natürlichen Grundlagen erhält. Wachstum wird dafür gebraucht, es ist aber kein Wert an sich. Auf die Qualität des Wachstums kommt es an.

Blind den Konsum zu unterstützen, das ist schlechte Politik. Oder wollen wir wirklich, dass Autofahrer wieder hemmungslos Geländewagen ordern? Dass sich alle 39 Millionen deutsche Haushalte einen neuen Kühlschrank bestellen? Selbst wenn neue Geräte weniger Strom verbrauchen: Deren Herstellung verschlänge so viel Energie und Material, dass die Ökobilanz negativ wäre.

Es könnte schlecht aussehen für einige Sieger von gestern, die Banken- und die Autobranche vorneweg. Für die Menschen, die dort arbeiten, ist das schlimm. Etliche werden neue Arbeit suchen müssen. Es gilt deshalb, die Sieger von morgen zu finden – mit Ideen, Initiativen und Investitionen.

Bedarf für neue Produkte, Einrichtungen und Dienstleistungen gibt es reichlich. Es reicht ein Blick auf die Herausforderungen unserer Zeit: Da geht es um umweltverträgliche Energieversorgung, Mobilität und Siedlungsstrukturen, um die alternde Gesellschaft, um die Entwicklung benutzerfreundlicher Technologien, die Vereinbarkeit von Beruf und Familie, und natürlich um Bildung. All diese Felder haben Innovationen nötig.

Der Staat wird diese nicht bieten können, er kann nur Anreize setzen. Eher als den Konsum sollte die Politik deshalb Existenzgründer fördern. Sie haben es angesichts der Kreditklemme besonders schwer, aber es sind nun einmal vor allem Unternehmer, die Arbeitsplätze schaffen. Die Freude daran, aus einer Idee ein Geschäft zu machen, ließe sich schon in der Ausbildung wecken [...].

Vielleicht gibt es ja in den Chefetagen noch den einen oder anderen Shai Agassi, den ehemaligen SAP-Vorstand, der Elektroautos zu seiner Mission gemacht hat. Daraus könnte dann der eine oder andere Bill Gates oder Dietmar Hopp werden, die Gründer von Microsoft und SAP, die Millionen ihres Vermögens in soziale Projekte oder Wachstumsbranchen investieren. Neue Unternehmer sollten aber mindestens drei Dinge beherzigen: Nur in Dinge investieren, die sie verstehen. Von der Leistungskraft, die ihnen gegeben ist, der Gesellschaft etwas zurückgeben. Und Maß halten.

Der Staat wiederum kann investieren und steuern. Aber die Kraft für einen neuen Aufschwung muss von den Menschen kommen.

Alexandra Borchardt, Das Leben danach. In: Süddeutsche Zeitung, 31. 12. 2008/1. 1. 2009

Lösungsvorschläge

Unterrichtsinhalte:

- 12/I: Konjunktur und Konjunkturpolitik: Investitionstätigkeit und Konjunktur; angebots- und nachfrageorientierte Wirtschaftspolitik;
  Ziele und Zielkonflikte wirtschaftlichen und wirtschafts-politischen Handelns an Beispielen: Probleme der Staatsverschuldung; Beschäftigung und Arbeitslosigkeit
- 12/II: Verfassungsnorm und Verfassungswirklichkeit: Grundprinzipien der Verfassungsordnung der Bundesrepublik Deutschland (unter besonderer Berücksichtigung von Art. 1 und Art. 20 GG); Grundrechte und Grundrechtsabwägung;
  Bundesrepublik Deutschland und europäische Integration: der aktuelle Prozess der europäischen Integration

1. *Der Operator „wiedergeben" verlangt von Ihnen die Reduzierung des Textes auf seine zentralen Aussagen. Um die Argumente der Autorin neutral und mit der nötigen Distanz referieren zu können, sollten Sie die Konjunktivform verwenden. Direkte Zitate aus dem Text müssen gekennzeichnet, d. h. mit Zeilenangaben versehen werden. (AFB I)*

   Bei dem vorliegenden Text handelt es sich um einen Kommentar der Journalistin Alexandra Borchardt zur damaligen **Weltwirtschaftskrise**, der in der Silvesterausgabe der Süddeutschen Zeitung 2008/09 erschienen ist.
   Für Borchardt ist diese Krise vor allem ein Ergebnis von „**Maßlosigkeit**" (Z. 8). Konsumenten und Unternehmen hätten im **Aufschwung** „von allem immer noch ein bisschen mehr" (Z. 4 f.) haben wollen (mehr Rendite, mehr Zinsen, höhere Gehälter). So sei aus dem Aufschwung „**Überschwang**" (Z. 7) geworden und daraus sei schließlich die **Krise** entstanden. Auf diese reagierten alle Beteiligten mit neuen Maßlosigkeiten. Auf Pump würden riesige **Konjunkturprogramme** aufgelegt und **Subventionen** ausgeschüttet, um die Verbraucher zu ungebremstem Konsum zu veranlassen. Solide Haushaltsprinzipien und die Interessen zukünftiger Generationen seien dabei auf der Strecke geblieben.
   Borchardt wendet sich dagegen, den Markt oder den Kapitalismus für die Krise verantwortlich zu machen. Der **Markt funktioniere** durchaus, denn er habe nur korrigiert, „was unvorstellbar aus dem Ruder gelaufen war" (Z. 20). Deshalb führe nicht weniger, sondern **mehr Marktwirtschaft** aus der Krise heraus. Dabei komme allerdings den Staaten die Aufgabe zu, „die Entwicklung der Märkte intelligent zu steuern" (Z. 24), um die Wirtschaft „zukunftsfähig" (Z. 25) zu machen. Dafür sei **qualitatives Wachstum** nötig, das man aber nicht durch die Unterstützung hemmungslosen Konsums erreiche, sondern z. B. durch die **Förderung von Existenzgründungen**. Innovative Unternehmer könnten so durch die Entwicklung von zukunftsträchtigen Produkten in Bereichen wie umweltverträgliche Energieversorgung, Befriedigung der Bedürfnisse einer alternden Gesellschaft und benutzerfreundliche Technologien neue Arbeitsplätze schaffen. Der Staat müsse also die nötigen Anreize schaffen, um den Unternehmen zu neuem Aufschwung zu verhelfen.

2. *In dieser Aufgabe sollen Sie die Aussagen Borchardts der angebots- bzw. der nachfrageorientierten Wirtschaftspolitik zuordnen und ihre Entscheidung nach Möglichkeit am Text belegen. Eine ausführlichere Darstellung der beiden konkurrierenden wirtschaftspolitischen Konzepte ist hier nicht verlangt. (AFB II)*

Alexandra Borchardt lässt sich als Anhängerin der Marktwirtschaft und eines intelligenten Kapitalismus eher einer **angebotsorientierten Wirtschaftspolitik** zuordnen. Hierbei handelt es sich um eine wirtschaftspolitische Strategie, die in einer Verbesserung der Ausgangsbedingungen der Unternehmen den optimalen Weg zu mehr Wachstum sieht. Den Markt oder das System des Kapitalismus für die Krise verantwortlich zu machen, hält sie für abwegig. „Das Leben danach" soll ihrer Auffassung nach nicht durch weniger, sondern durch **mehr Marktwirtschaft** gekennzeichnet sein. Borchardt fordert deshalb, z. B. durch Kredite und Subventionen die Investitionsbedingungen unternehmerischer Existenzgründer zu verbessern und einen Anreiz für Innovationen zu geben, um so qualitatives Wachstum und Arbeitsplätze zu schaffen. Die Kraft für den neuen Aufschwung, propagiert die Kommentatorin, müsse dabei von den Menschen, sprich: den Unternehmern kommen – und nicht vom Staat.
Der stark nachfrageorientierten, keynesianischen Politik, welche die Krise durch konsumfördernde **Konjunkturprogramme** zu überwinden sucht, steht Borchardt äußerst skeptisch gegenüber, weil sie ihrer Meinung nach dem Gebot einer sparsamen Haushaltsführung widerspricht.
Allerdings redet Borchardt auch nicht dem schieren **Neoliberalismus**, also einer völlig freien Marktwirtschaft ohne jeden staatlichen Eingriff, das Wort. Denn der Staat hat ihr zufolge immerhin die Aufgabe, „die Entwicklung der Märkte intelligent zu steuern" (Z. 24). Offenbar soll er diese Steuerungsaufgabe aber eher über angebots- als über nachfrageorientierte Maßnahmen wahrnehmen.

3. *In dieser Teilaufgabe sollen ohne Bezug auf konkrete Details die allgemeine Bedeutung und beabsichtigte Wirkung von Konjunkturprogrammen erklärt werden. Dazu müssen diese Programme in den Zusammenhang der keynesianischen Wirtschaftspolitik eingeordnet werden, zu der die Bundesregierung angesichts der Herausforderungen der Finanzmarktkrise 2008/2009 Zuflucht nahm. (AFB II)*

Die allgemeine Bedeutung staatlicher Konjunkturprogramme zur Überwindung von Wirtschaftskrisen ist in den 30er-Jahren des 20. Jahrhundert von dem britischen Ökonomen **John M. Keynes** entdeckt und beschrieben worden. Keynes leitete damit die „keynesianische Wende" in den Wirtschaftswissenschaften ein.
Nach Keynes bestimmt die gesamtwirtschaftliche Nachfrage das Wachstumspotenzial einer Volkswirtschaft. Um die in der Krise entstehende **Nachfragelücke** zu schließen, ist laut Keynes eine expansive **antizyklische** staatliche **Finanzpolitik** notwendig. Das heißt, der Staat müsse seine Ausgaben steigern (und unter Umständen auf Einnahmen verzichten), um die ausgefallene private Nachfrage durch staatliche Konjunkturprogramme zu ersetzen, Arbeitsplätze zu sichern sowie der Wirtschaft auf diese Weise Wachstumsimpulse zu geben und sie aus der

Depression herausführen. Es sei sogar gerechtfertigt, die staatlichen Programme durch eine zusätzliche Schuldenaufnahme („**deficit spending**“) zu finanzieren, wenn die Schulden im nächsten Aufschwung und in der Hochkonjunktur wieder abgebaut würden.

Im August 2008 kam es nach dem **Zusammenbruch von Lehman Brothers**, einer der größten amerikanischen Investmentbanken, binnen weniger Stunden zu einer weltweiten Finanzkrise. Die Insolvenz von Lehman Brothers war durch das **Platzen einer Spekulationsblase** auf dem US-amerikanischen Immobilienmarkt verursacht worden. Aufgrund der **engen Verflechtung der internationalen Finanzmärkte** brachte dieses Ereignis die Weltwirtschaft an den Rand des Zusammenbruchs und drohte diese – wie 1929 –, in einen ähnlich unaufhaltsamen Abwärtsstrudel zu treiben. Zur Abwendung dieser Gefahr dienten die finanz- und wirtschaftspolitischen Maßnahmen, die die Regierungen der führenden Industriestaaten, darunter die deutsche Bundesregierung, in einer **koordinierten Aktion** im Rahmen einer **antizyklischen Politik** beschlossen und durchführten.

4. *Der Operator „diskutieren“ verlangt von Ihnen, sich anhand selbst gewählter Beispiele der Konjunkturpolitik der Bundesregierung mit der Position Borchardts kritisch auseinanderzusetzen. Sie sollen also das Für und Wider einiger dieser Maßnahmen abwägen und abschließend zu einer eigenen möglichst gut fundierten Bewertung kommen. Bei Ihrer Beurteilung müssen Sie auch die Folgen für das Sozialstaatsgebot des Grundgesetzes berücksichtigen, an das die Bundesregierung gebunden ist. (AFB III)*

Alexandra Borchardt äußert sich in ihrem Kommentar grundsätzlich sehr kritisch zu den von den Regierungen zur Krisenbewältigung aufgelegten Konjunkturprogrammen. Sie geht dabei aber nicht auf einzelne Programme ein.
Zu dem von der Bundesregierung zwischen 2008 und 2010 eingesetzten Instrumentarium gehörten u. a. folgende Maßnahmen:

- die Bewahrung einiger „systemrelevanter“ Großbanken vor dem Zusammenbruch durch **staatliche Bürgschaften** sowie die Verstaatlichung einzelner Banken (z. B. der Hypo Real Estate)
- eine **staatliche Einlagensicherheitsgarantie** für alle privaten Spareinlagen
- die Ausweitung der **Kurzarbeit** für krisenbetroffene Unternehmen auf 24 Monate und die Übernahme der Sozialversicherungskosten der Arbeitgeber ab dem siebten Monat durch die staatliche Bundesagentur für Arbeit
- die Verabschiedung mehrerer großer **kreditfinanzierter Konjunkturprogramme** zur Verbesserung der Infrastruktur
- die Vergabe **günstiger Kredite an mittelständische Unternehmen** durch staatliche Banken wie die KfW zur Überwindung einer „Kreditklemme“
- die „**Abwrackprämie**“
- die Erhöhung des Kindergelds und kleinerer Steuererleichterungen

Ich möchte die zu erwartende Wirkung dieser Maßnahmen an den drei folgenden Beispielen diskutieren:

- der Ausweitung des Kurzarbeitergelds,
- den Programmen zur Verbesserung der Infrastruktur und
- der „Abwrackprämie“.

Die Möglichkeit zur **Verlängerung der Kurzarbeit** von ursprünglich sechs auf inzwischen 24 Monate, welche von der Regierung der Großen Koalition krisenbetroffenen Unternehmen eingeräumt wurde, hat sich meines Erachtens als die sinnvollste und erfolgreichste Maßnahme zur Krisenbewältigung erwiesen. Denn es ist vor allem auf dieses Instrument zurückzuführen, dass die Arbeitslosigkeit trotz des stärksten Konjunktureinbruchs seit Gründung der Bundesrepublik die 4-Mio.-Grenze nicht erreicht hat.

Da es sich bei der Massenarbeitslosigkeit um die für die Menschen einschneidendste und – wie die Krise von 1929 zeigte –, auch politisch gefährlichste Krisenfolge handelt, war eine nach Art. 20 Abs. 1 des Grundgesetzes auf das **Sozialstaatsprinzip** verpflichtete Regierung wie die deutsche gut beraten, vor allem hier effektiv gegenzusteuern. Denn das Sozialstaatsgebot, bei dem es sich nach Art. 79 Abs. 3 GG um ein geschütztes Strukturprinzip der Verfassung handelt („Ewigkeitsklausel“), ermächtigt die Bundesregierung zu einer aktiven Sozialpolitik, welche in dieser bedrohlichen Lage geboten war. Dass das **Defizit der Bundesagentur** dadurch weiter gestiegen ist, musste in Kauf genommen werden. Denn es wäre für die Arbeitsagentur sehr viel teurer geworden, wenn aus den Kurzarbeitern Arbeitslose geworden wären.

Wirtschaftstheoretisch handelt es sich hier um eine Maßnahme, die nachfrage- und angebotsorientierte Elemente klug miteinander vermischt („**policy-mix**“). Durch die Zahlung von Kurzarbeitergeld an mehrere Millionen Arbeitnehmer wird ein drastischer Einbruch der Konsumnachfrage vermieden, es wird also die private Nachfrage gestützt. Durch die Übernahme eines Teils der Arbeitskosten und der Sozialabgaben durch die Bundesagentur wiederum wird eine Verschlechterung der Angebotsbedingungen der Unternehmen vermieden, die sonst zu Massenentlassungen geführt hätte.

Die teuren **Programme zur Verbesserung der Infrastruktur** in den Bereichen Verkehr und Bildung (soziale Infrastruktur), die von Bund, Ländern und Gemeinden zur Krisenbewältigung aufgelegt worden sind, haben den Ausbau des Straßen- und Schienennetzes ermöglicht und vielen Schulen zur längst fälligen Grundsanierung verholfen. Diese Maßnahmen haben sicherlich ebenfalls beschäftigungsstützende Wirkungen entfaltet, dennoch muss das Gesamturteil hier differenzierter ausfallen. Denn **staatliche Investitionsprogramme** zur Konjunkturförderung unterliegen immer der Gefahr der zeitlichen Verzögerung. Sie brauchen für Planung und Genehmigung ziemlich **lange Vorlaufzeiten**, kommen in der Regel erst nach vielen Monaten in Gang, also unter Umständen zu einem Zeitpunkt, zu dem sie schon nicht mehr nötig sind. Dann binden sie Kapazitäten, die an anderer Stelle sinnvoller eingesetzt werden könnten oder tragen sogar zur Überhitzung einer schon wieder laufenden Konjunktur bei. Manche der beschlossenen

Projekte erscheinen auch überstürzt und an den Bedürfnissen vorbei geplant worden zu sein. Im schlimmsten Fall werden sie nur deshalb durchgeführt, weil man das Geld nun einmal verbrauchen muss, das zur Verfügung steht. Gerade in solchen Fällen und angesichts der Kreditfinanzierung solcher Projekte stellt sich die Frage, ob die dadurch aufgetürmte Schuldenlast gegenüber zukünftigen Generationen zu rechtfertigen ist. Hier kann man Borchardts Kritik durchaus zustimmen.
Wirtschaftstheoretisch stehen diese **Konjunkturprogramme** dem **keynesianischen Konzept** am nächsten: der Staat verursacht einen Nachfrageschub und finanziert ihn durch „**deficit spending**" in der Hoffnung, dadurch neues Wachstum anzukurbeln.

Durch die **Umweltprämie**, umgangssprachlich auch „Abwrackprämie" genannt, wurde der Neukauf eines Autos bei gleichzeitiger Verschrottung eines mindestens neun Jahre alten Wagens mit 2 500 € staatlich subventioniert. Auf diese Maßnahme der Bundesregierung scheint die von Borchardt vorgebrachte Kritik am ehesten in vollem Umfang zuzutreffen. Denn hier wurde in der Tat der **private Konsum als solcher gefördert**. Auf zwischenzeitlich diskutierte ökologische Bedingungen, also etwa die Festlegung einer bestimmte CO_2-Grenze, wurde für den Ankauf eines Neuwagens verzichtet. Gefördert wurden auf diese Weise auch große Spritschlucker und CO_2-Emittenden. Zudem wurde eine Wegwerfmentalität begünstigt, die man in anderen Zusammenhängen bekämpft.

Inwieweit diese Maßnahme den eingebrochenen Absatz der Autoindustrie wirklich nachhaltig angekurbelt hat, ist außerdem umstritten, denn vielfach wurde der Kauf eines Neuwagens wegen der Prämie nur um einige Monate vorgezogen; es wurde also ein **Mitnahmeeffekt** erzeugt, der den Absatz nach Auslaufen der Prämie Ende 2009 schlagartig wieder zusammenschrumpfen ließ.

Wirtschaftstheoretisch handelt es sich auch bei dieser Maßnahme um eine Mixtur aus **nachfrage- und angebotsorientierten Impulsen**, wobei allerdings die Nachfrageorientierung klar dominiert. Auch die Abwrackprämie, für die der Staat insgesamt rund fünf Mrd. € aufwendete, wurde über eine **Ausweitung der Staatsverschuldung** finanziert und diese Vorgehensweise erscheint hochproblematisch. Für die Konsumbedürfnisse der heutigen Generation wurde der zukünftigen Generation ein schwer abzutragender Berg von Schulden aufgebürdet und damit in eklatanter Weise gegen den Generationenvertrag verstoßen.

Auch mit dem Sozialstaatsgebot, wenn man es denn in einem nachhaltigen Sinne versteht, ist die teure Abwrackprämie kaum zu vereinbaren, denn sie beeinträchtigt durch die Belastung mit Altschulden den sozialpolitischen Handlungsspielraum zukünftiger Generationen, die es wegen der Überalterung der Gesellschaft sowieso schwerer haben werden als die gegenwärtige.

Insgesamt erscheint also die Kritik von Alexandra Borchardt an Teilen der staatlichen Konjunkturprogramme durchaus berechtigt. Nach Borchardt soll sich der Staat auf eine intelligente Steuerung der Märkte beschränken. Dass der Staat mit der Ausweitung der Kurzarbeit genau dieses auf dem Arbeitsmarkt geleistet hat, wird von ihr aber nicht anerkannt. Insofern ist ihre Kritik an den staatlichen Anstrengungen zur Krisenbewältigung etwas ungerecht.

Hessen – Politik und Wirtschaft – Leistungskurs 2010
Vorschlag A

Thema: *Multipolare Weltordnung zu Beginn des 21. Jahrhunderts: Zukunftsentwürfe und Entwicklungskonzepte*

Aufgaben

1. Geben Sie die zentralen Aussagen des Textes von Moritz Koch (Material) wieder. (20 BE)

2. Koch spricht davon, dass die autoritären Schwellenländer dadurch gekennzeichnet seien, dass sie „Ordnung vor Freiheit“ stellten, „ein gewisses Maß an Rechtssicherheit“ garantierten und „Leistung und Talent“ belohnten.
Arbeiten Sie diesbezüglich Unterschiede und Gemeinsamkeiten zwischen den gesellschaftlichen und politischen Modellen autoritärer Schwellenländer und der Bundesrepublik Deutschland heraus. (30 BE)

3. Eine „Modernisierung à la carte[1], in der es [gemeint ist: ein Land] sich jeweils aussucht, welche Elemente der Moderne – Technologie, Wirtschaft, Infrastruktur, politische Institutionen, Werte und Normen – es umsetzen will und welche nicht“, werde sich als gefährliche Illusion erweisen. „Menschenrechte und Sicherheit werden im 21. Jahrhundert unlösbar miteinander verbunden sein.“[2]

3.1 Erläutern Sie den hier verwendeten Sicherheitsbegriff. (20 BE)

3.2 Diskutieren Sie vor dem Hintergrund des vorliegenden Textes diese These des ehemaligen Außenministers Joseph Fischer. (30 BE)

Anmerkungen:
1 hier im übertragenen Sinn gemeint: aus verschiedenen Angeboten etwas auswählen
2 Joseph Fischer, Frieden oder Recht?, in: Zeit-online vom 11. 2. 2008, http://www.zeit.de/online/2008/07/Montagskolumne-Joschka-Fischer-Realpolitik-Menschenrechte

M 1: Moritz Koch: Wettbewerb der Werte

Arabische Staatsfonds, russischer Rohstoffnationalismus, chinesische Exportflut: Der Aufstieg der Schwellenländer hat viele Facetten – und in fast jeder spiegeln sich die Ängste von Europäern und Amerikanern. Die Menschen in den Industriestaaten spüren, dass die alte ökonomische Ordnung zerbricht, dass sich die traditionellen Macht- und Vermögensverhältnisse verschieben. Doch nicht nur Besitzstände stehen auf dem Spiel, sondern auch die Dominanz der westlichen Werte. Getragen von den Erfolgen Chinas, Russlands und einiger arabischer Staaten beginnt sich der autoritäre Kapitalismus als Alternative zur marktwirtschaftlichen Demokratie zu etablieren. Der im Westen gepflegte Glaube, das eigene System sei allen anderen Staatsformen überlegen, könnte sich als Täuschung erweisen.

Nach der Implosion des Kommunismus in Osteuropa schien der Weg in die Moderne festzustehen. Der Liberalismus hatte den ideologischen Wettstreit des 20. Jahrhunderts gewonnen und mit ihm die Prinzipien von freien Wahlen und offenen Märkten. Den US-Politologen Francis Fukuyama inspirierte dies zu seinem berühmten Essay vom „Ende der Geschichte“: Die ideelle und materielle Attraktivität von Freiheit und Marktwirtschaft werde über kurz oder lang jedes autokratische oder planwirtschaftliche Regime in die Knie zwingen. Die liberale Demokratie sei das stabile Element im welthistorischen Entwicklungsprozess. Fukuyamas These war stets umstritten. Doch fand sie Bestätigung in den Demokratisierungswellen der 1980er und 1990er Jahre in Lateinamerika, Osteuropa und Teilen Asiens und Afrikas. Erst mit dem Aufstieg der autoritären Schwellenländer steht das Ende der Geschichte nicht mehr nur in Seminaren, sondern auch in der Realität zur Disposition.

Erst Ordnung, dann Freiheit

Dies hat sich inzwischen bis in den Bundestag herumgesprochen. In der Asienstrategie der CDU/CSU-Fraktion heißt es: „Mit China steigt ein undemokratischer, nicht-liberaler Staat in der weltwirtschaftlichen und weltpolitischen Hierarchie auf, der sich zudem – in Konkurrenz zum Westen – zu einem eigenen ordnungspolitischen Modell für andere Staaten entwickelt.“ China, Russland und Länder wie Saudi-Arabien und die Vereinigten Arabischen Emirate kombinieren eine aristokratische Führung mit einem staatlich kontrollierten Kapitalismus. Sie stellen Ordnung vor Freiheit, garantieren jedoch ein gewisses Maß an Rechtssicherheit und belohnen Leistung und Talent, damit sich die Wirtschaft entfalten kann. Schon die Geschichte Deutschlands und Japans zeigt, dass dieses System ökonomisch nicht weniger leistungsfähig ist als liberale Marktwirtschaften. Das deutsche Kaiserreich trumpfte im Konzert der europäischen Mächte zu Beginn des 20. Jahrhunderts mit Spitzenforschung und bahnbrechenden Entwicklungen auf. Und in den 30er Jahren holte das militaristische Japan seinen Industrialisierungsrückstand im Rekordtempo auf. Die Demokratisierung wurde beiden Ländern nach dem Zweiten Weltkrieg von den Siegermächten verordnet und nicht von einem politisch erwachten Bürgertum erstritten.

Die Chance auf einen inneren Wandel ist auch im Falle der heutigen autoritär regierten Schwellenländer gering. Beispiel Russland: Präsident Putin herrscht mit eiserner Hand, schüchtert Oppositionelle ein, verstaatlicht strategische Industrien – und das Volk jubelt ihm zu. Bei einer Umfrage aus dem vergangenen Jahr bekannte die Hälfte der befragten Russen, dass sie Wohlstand politischer Freiheit vorzögen. Für sie ist die Hinwendung zum Kapitalismus die Konsequenz aus dem Scheitern des Kommunismus und die Wiederentdeckung der Autokratie die Lektion aus den chaotischen Jahren unter Gorbatschow und Jelzin. Der Glaube, das Experiment mit der Demokratie habe der Nation ihren Status als Supermacht und die Hälfte ihrer Wirtschaftskraft gekostet, ist in Russland weit verbreitet. Das ist zwar einseitig, aber nicht ganz falsch. Die politische Freiheit setzt Fliehkräfte frei, die gerade multiethnische Staaten zerreißen können.

Natürlich hat auch der autoritäre Kapitalismus Schwächen, von seinem moralischen Makel ganz zu schweigen. Weil er keine unabhängigen Kontrollinstanzen kennt, kann er leicht zu einer ineffizienten Günstlingswirtschaft verkommen. Zudem könnte sich staatliche Gängelung als Innovationshemmnis erweisen. Doch der israelische Historiker Azar Gat hat recht, wenn er warnt, dass autoritäre Regime ihre Mängel mit erhöhter sozialer Disziplin ausgleichen können. Man muss sich nur die Bilder aus chinesischen Textilfabriken ins Gedächtnis rufen, um zu verstehen, worauf Gat hinauswill: Hallen groß wie Fußballfelder, vollgestellt mit Tischen, an denen die Näherinnen oft mehr als 15 Stunden am Tag schuften, fast ohne Pausen und für wenig Lohn. Der Fleiß mag auf Repression beruhen, doch das System ist hochproduktiv und die Bereitschaft zum Protest gering.

Insofern verwundert es kaum, dass sich andere Staaten das autoritäre Entwicklungsmodell zum Vorbild nehmen, der Sudan etwa oder Vietnam. Weil sich China, Russland und die arabischen Staaten als machtvolles und wohlhabendes Gegengewicht zum Westen entwickelt haben, wird es für repressive Regime leichter, Menschenrechtsappelle zu überhören und Reformforderungen zu ignorieren. Der Westen muss erkennen, dass sich der Autoritarismus wohl kaum von selbst erledigen wird. Der Liberalismus wird um seine Zukunft kämpfen müssen.

Moritz Koch, Wettbewerb der Werte, in: Süddeutsche Zeitung, 28. 12. 2007

Lösungsvorschläge

Unterrichtsinhalte:

- 12/II: Verfassungsnorm und Verfassungsrealität: als Grundlage: Grundprinzipien der Verfassungsordnung der Bundesrepublik Deutschland; die Art. 1 und 20 GG; Partizipation und Repräsentation an ausgewählten Beispielen: Pluralismus und politischer Entscheidungsprozess
- 13/I: Die deutsche Außenpolitik nach der Wiedervereinigung: Aufgaben, Erwartungen, Probleme: die außenpolitische Rolle Deutschlands; gemeinsame europäische Außen- und Sicherheitspolitik; Bundeswehreinsätze in Konfliktregionen;
  Internationale Konfliktregionen und die Möglichkeiten kollektiver Friedenssicherung: Entstehungsgründe, Akteure, Interessen und Konfliktpunkte; Friedensbegriff und Konzeptionen der Friedenssicherung (auch im Sinne eines erweiterten Sicherheitsbegriffs);
  Entwicklungs- und Schwellenländer und ihre wirtschaftlichen und politischen Beziehungen zu den hochindustrialisierten Weltzentren: Ursachen und Folgen der ungleichzeitigen Entwicklung; Konzeptionen zur Verbesserung der wirtschaftlichen und gesellschaftlichen Entwicklung

1. *Der Operator „wiedergeben" verlangt von Ihnen, den Zeitungskommentar unter Wahrung seines Sinns und seiner inneren Logik auf das Wesentliche zu reduzieren und den Text möglichst in eigenen Worten zusammenzufassen. (AFB I und II)*

Der von Robert Koch verfasste und am 28. 12. 2007 in der Süddeutschen Zeitung erschienene Kommentar „Wettbewerb der Werte" problematisiert die Folgen, die sich aus dem **ökonomischen Aufstieg autoritärer Schwellenländer** ergeben. Die marktwirtschaftliche Demokratie stehe jetzt einem autoritären Kapitalismus gegenüber. Mit dem Zerfall des Kommunismus in Osteuropa schien der Liberalismus zunächst den „ideologischen Wettstreit des 20. Jahrhunderts" (Z. 12 f.) gewonnen zu haben. Die westlichen Werte von Freiheit und Demokratie würden nun aber durch Staaten wie China oder Russland infrage gestellt. Laut Koch verbinden diese Länder ökonomischen Erfolg mit einem autoritären politischen System („Ordnung vor Freiheit", Z. 30), einem „gewisse[n] Maß an Rechtssicherheit" (Z. 31) und dem Leistungsprinzip, wodurch die Zustimmung der Bevölkerung gesichert würde. Die Möglichkeit eines inneren Wandels in diesen Staaten beurteilt der Autor daher skeptisch und belegt dies mit dem geschichtlichen Beispiel Deutschlands, dessen Demokratie von den Siegermächten „verordnet" (Z. 38) werden musste. Die problematische Entwicklung Russlands von der Demokratisierung unter Gorbatschow bis zum autokratischen System Putins verstärke diesen Zweifel. Der **autoritäre Kapitalismus**, der sich durch das Fehlen „unabhängige[r] Kontrollinstanzen" (Z. 53) wie durch „ineffiziente[...] Günstlingswirtschaft" (Z. 54) und „staatliche Gängelung" (Z. 55) auszeichne, erschwere zwar Innovationen, gewinne aber an Macht und Wohlstand und **bedrohe damit das westliche Gesellschaftsmodell**.

2. *Ausgehend von einem Textzitat sollen Sie autoritäre Schwellenländer und die Bundesrepublik Deutschland vergleichen. Eingegrenzt wird der Vergleich durch die Schlüsselbegriffe „Ordnung", „Freiheit", „Rechtssicherheit" sowie „Leistung und Talent". An ihnen sollen Sie Unterschiede und Gemeinsamkeiten der gesellschaftlichen und politischen Modelle herausarbeiten. (AFB I und II)*

Der Titel „Wettbewerb der Werte" legt nahe, die konkurrierenden Systeme bzw. wirtschaftlichen und politischen Modelle gegenüberzustellen und zu vergleichen. Der Text rückt für die autoritären Schwellenländer die Merkmale „Ordnung vor Freiheit" (Z. 30), eine gewisse Rechtssicherheit und Belohnung von Leistung in den Mittelpunkt. Wirtschaftlich zeigten diese Länder einen „leistungsfähig[en]" (Z. 33), „staatlich kontrollierten Kapitalismus" (Z. 30), dessen politische Ordnung mit den Attributen „undemokratisch[...]" (Z. 25), „autoritär" (u. a. Z. 40) und „repressiv[...]" (Z. 66) bzw. „aristokratisch[...]" (Z. 29) und „autokratisch[...]" (Z. 16) beschrieben wird.

Hinsichtlich der **politischen Ordnung** ergeben sich die größten Unterschiede zu den Demokratien. Das politische System der Bundesrepublik Deutschland schützt nicht nur die Freiheit des Einzelnen durch eine Vorrangstellung von **Menschenrechten**, es sichert auch einen **pluralistischen Willensbildungsprozess**.

Die Rechte zur freien Entfaltung reichen von der Berufswahl (Art. 12 GG) über die Gleichberechtigung von Frauen und Männern (Art. 3 Abs. 2 GG) bis zum Schutz der Privatsphäre (Art. 2, 10, 13 GG). Nicht nur solche **Abwehrrechte** des Bürgers gegen den Staat verhindern eine autoritäre staatliche Ordnung, wie sie

für Russland und China beschrieben wird. Eine ganze Reihe von **Bürgerrechten** wie Versammlungsfreiheit (Art. 8 GG), Vereinigungsfreiheit (Art. 9 GG) oder Meinungs- und Pressefreiheit (Art. 5 GG) ermöglichen darüber hinaus die aktive Partizipation der Bürger an demokratischen Willensbildungsprozessen.
In der dominanten Stellung der Grundrechte kommt das **rechtsstaatliche Prinzip** zur Geltung, das die staatliche Gewalt an Recht und Gesetz bindet. Von zentraler Bedeutung sind dabei Art. 1 Abs. 3 sowie Art. 20 Abs. 3 des Grundgesetzes. Sie formulieren den **Primat des Rechts vor der Politik** sowie den Grundsatz der **Gewaltenteilung**, also die Verteilung staatlicher Macht auf die Organe der Gesetzgebung, der Regierung und der Rechtsprechung. Zudem gelten die Grundrechte als unmittelbar anzuwendendes und gegebenenfalls einklagbares Recht.
Die **Demokratie** der Bundesrepublik beruht außerdem auf Parteienvielfalt, freien Wahlen und machtkontrollierender Gewaltenteilung. Durch eine kritische Öffentlichkeit, die parlamentarische Opposition und auch das Mitgestaltungsrecht der Bundesländer im Bundesrat wird die Partizipation der Bürger in einem grundsätzlich **repräsentativen System** ermöglicht. Die Exekutive ist zu permanenter **Legitimation** und zur Transparenz ihrer Entscheidungen gezwungen – eine „Günstlingswirtschaft" (Z. 54) wird dadurch erschwert. Ebenso wie die rechtsstaatlichen Garantien sind auch die demokratischen Grundsätze von der Verfassung in besonderer Weise geschützt („**Ewigkeitsgarantie**": Art. 79 Abs. 3 GG).
Während laut Koch in einigen großen Schwellenländern der Grundsatz „Ordnung vor Freiheit" die wirtschaftliche Entwicklung begünstigt (vgl. Z. 30 ff.), gilt diese Unterordnung von Freiheit und Partizipation zugunsten eines autoritären politischen Systems nicht für die Entwicklung der deutschen Demokratie seit 1949.
Für **Schwellenländer**, also solche Staaten, die auf dem Weg von der Agrarwirtschaft zur Industrialisierung weit vorangekommen sind, ist es dagegen nicht ungewöhnlich, dass ihre sozialen und politischen Strukturen der wirtschaftlichen Entwicklung hinterherhinken. In **Putins System** einer „**gelenkten Demokratie**" haben unabhängige Medien einen schweren Stand, die Wahlen werden wegen der Benachteiligung oppositioneller Parteien kritisiert. In **China** kann noch weniger von einer demokratischen Legitimation gesprochen werden, denn hier besitzt die Kommunistische Partei und ihre Führung das alleinige Entscheidungsrecht in allen wichtigen Fragen. Die oft berichtete Unterdrückung von Dissidenten lässt auf das Fehlen wichtiger Grundrechte schließen.

Nach dem Blick auf politische Strukturen komme ich zum Vergleich zwischen dem deutschen **Gesellschaftsmodell** und dem autoritärer Schwellenländer. Hier spricht Koch davon, dass Letztere „Leistung und Talent" (Z. 31) belohnen, Gerechtigkeit also auf **Leistungsgerechtigkeit** stützen. Unterschiede zwischen den Menschen – insbesondere beim Einkommen – werden dann als gerecht betrachtet, wenn sie auf Unterschieden in der Leistung beruhen. Dadurch wird der Einzelne zu höherer wirtschaftlicher Leistung motiviert, das Sozialprodukt erhöht sich, und damit entstehen Vorteile für alle Gesellschaftsmitglieder. Beruht nicht auch die deutsche Wirtschafts- und Sozialordnung zu einem erheblichen Teil auf diesem Prinzip?

So bedeutsam das Leistungsprinzip auch für die deutsche Sozialordnung ist: Sie lässt sich nicht als **reine Marktwirtschaft** verstehen, die dem Grundsatz der vollen Selbstverantwortung und wirtschaftlichen Handlungsfreiheit aller beteiligten Individuen im Rahmen des freien Spiels der Marktkräfte folgt, sondern als eine **soziale Marktwirtschaft**. Indem sie das **Bedarfsprinzip** einbezieht, korrigiert sie die Leistungsbewertung allein durch den Markt. Krasse Ungleichheiten, die durch die primäre Einkommensverteilung entstehen, sollen durch Maßnahmen der staatlichen Umverteilung, also durch die sekundäre Einkommensverteilung verringert werden. Dass eine marktbezogene Leistungsgerechtigkeit nicht ausreicht, zeigen z. B. Erziehungsleistungen in der Familie, Pflegeleistungen oder auch die Situation von Menschen, die der Arbeitsmarkt nicht akzeptiert (z. B. ältere Arbeitnehmer, Asylbewerber).
Den verfassungsrechtlichen Hintergrund für die soziale Marktwirtschaft liefert das Grundgesetz. Auch wenn es keine Wirtschaftsordnung vorgibt, definiert es die Bundesrepublik als **Sozialstaat** (Art. 20 und 28, jeweils Abs. 1 GG) und stützt dies durch weitere Verfassungsnormen wie Koalitionsfreiheit (Art. 9 GG) oder Eigentumsverpflichtung (Art. 14 Abs. 2 GG). Mit seiner Wirtschafts- und Sozialpolitik, insbesondere auch durch das Steuersystem, setzt der Staat das **Sozialstaatsprinzip** seit Jahrzehnten praktisch um. Das Ergebnis ist ein hohes Leistungs- und Versorgungsniveau, das im internationalen Vergleich beinahe einzigartig ist. Die **Sozialleistungsquote**, also der prozentuale Anteil staatlicher Sozialausgaben am gesamten Bruttoinlandsprodukt, liegt bei 30 Prozent.
Damit wird ein Freiheits- und Gerechtigkeitsverständnis erkennbar, das die „formalen" Freiheiten durch ihre soziale Untermauerung ausgestaltet. Zum Beispiel wird zur Sicherung der Berufsfreiheit Jugendlichen aus „bildungsfernen" Schichten durch die staatliche Ausbildungsförderung ein Studium erleichtert.

3.1 *Ausgehend von einem Zitat des ehemaligen Außenministers Joschka Fischer sollen Sie erklären, welchen Sicherheitsbegriff er verwendet. Zusätzliche Informationen, etwa Beispiele, sollen diese Erklärung verdeutlichen. Ein Bezug zum Kommentar Kochs ist für diesen Aufgabenteil nicht verlangt. (AFB II und III)*

„Sicherheit" sieht Fischer an die Verwirklichung von Menschenrechten geknüpft. Innenpolitische und internationale Sicherheit könnten immer weniger voneinander getrennt werden. Beide Aspekte erläutere ich im Folgenden.
Häufig wird für die innere Sicherheit der Begriff der „**menschlichen Sicherheit**" verwendet. Er wurde von der UNO entwickelt und zielt auf die ökonomischen, sozialen und politischen Verhältnisse innerhalb eines Staates, auf die „**Freiheit von Furcht**" und die „**Freiheit von Mangel**". Damit können Hunger oder die Repression in einem Entwicklungsland ebenso unter diesen Begriff fallen wie Arbeitslosigkeit oder Rassismus in einem Industrieland. Diese auf verschiedenen Freiheiten beruhende Sicherheit lässt sich nicht allein durch militärische Mittel sichern.

Seit dem Ende des Kalten Kriegs verwendet auch die NATO für die internationale Sicherheit einen **erweiterten Sicherheitsbegriff**, der über militärische Konflikte hinaus auch auf **Gefährdungspotenziale nicht-militärischer Art** bezogen ist. Der Nord-Süd-Konflikt gilt als globales Sicherheitsproblem, ebenso Umweltkatastrophen, organisierte Kriminalität, zerfallende Staaten und Terrorismus. Für Europa ist die humanitäre Katastrophe von Srebrenica eines der schlimmsten Beispiele aus der jüngsten Vergangenheit. Mehrere Tausend bosnische Kriegsflüchtlinge wurden hier während des Balkankriegs 1995 von Serben ermordet. Sicherheit umfasst aber auch nationale Interessen, die der Sicherung des Wohlstandes dienen; also werden Rohstoffe wie Öl und Wasser sowie die Sicherheit der Seewege zu **sicherheitsrelevanten Gütern**. Die Piraterie vor der Küste Somalias bedroht zum Beispiel wichtige internationale Schifffahrtsrouten sowie die Lieferung von Nahrungsmittelhilfe für Millionen Somalier.

3.2 *Diese Aufgabe zielt darauf, dass Sie Fischers These „vor dem Hintergrund" des Artikels „Wettbewerb der Werte" argumentativ erörtern und begründet beurteilen. Sie sollen also Kochs Analyse und seine Schlussfolgerungen in Ihre Argumentation einbeziehen. Am besten gehen Sie so vor: Zunächst arbeiten Sie das von Fischer benannte Problem einer „Modernisierung à la carte" heraus und überprüfen es anhand von Kochs Aussagen. Sie gehen damit der Frage nach, inwieweit Fischers These zutreffend ist. Da Koch und Fischer mit Wertungen arbeiten, können Sie zudem eigene Überlegungen zu deren Stimmigkeit anstellen. Zum Beispiel können Sie normativ argumentieren, indem Sie untersuchen, ob sich marktwirtschaftliche Strukturen mit autoritärer politischer Herrschaft verbinden lassen. Sie können aber auch aktuelle Entwicklungen in Schwellenländern anführen, die Fischers Ausblick stützen (empirische Argumentation). So gelangen Sie letztlich zu einer eigenen Beurteilung dieser Entwicklung. Aufgrund der Vielzahl möglicher Ansatzpunkte zur Argumentation geben die folgenden Lösungsvorschläge nur einige Hinweise. (AFB II und III)*

Wie Fischer in seinem Zitat geht Koch in seiner Globalanalyse davon aus, dass es heute Länder gibt, die im Unterschied und in Konkurrenz zu den traditionellen Industrieländern des Westens mit Erfolg eine **wirtschaftliche Modernisierung** realisierten, **ohne Menschenrechte und Demokratie** zu beachten (vgl. Z. 40 f., 52 ff.). Dies seien autoritäre Schwellenländer wie Russland oder China, aber auch arabische Staaten (vgl. Z. 28 ff.).
Allerdings **beurteilen Koch und Fischer die Perspektive**, nämlich ob eine wirtschaftliche Entwicklung, die auf marktwirtschaftlichen Strukturen basiert, ohne Demokratisierung möglich ist, **kontrovers**. Koch blickt auf die westlichen Industrieländer und erkennt Gefahren für ihren Reichtum (vgl. Z. 5 f.), die „Dominanz der westlichen Werte" (Z. 6) und sogar die Zukunft des Liberalismus selbst (vgl. Z. 68 f.). Er bezweifelt, dass in Zukunft „die liberale Demokratie [...] das stabile Element im welthistorischen Entwicklungsprozess" (Z. 17 f.) sei. Modernisierung benötige nicht zwingend Demokratisierungsprozesse. Ein „innere[r] Wandel"

der Schwellenländer in Richtung einer demokratischen Ordnung sei auch nicht zu erwarten (vgl. Z. 40 f.). Hierzu führt Koch als Begründung an, dass insbesondere multiethnische Staaten wie Russland einen Zuwachs an Freiheit ablehnten, um ihren nationalen Zusammenhalt zu erhalten (vgl. Z. 50 f.).
Fischer dagegen gibt dem Entwicklungsmodell der Schwellenländer, das eine Modernisierung ohne Menschenrechte anstrebt, eine negative Prognose. Eine wirtschaftliche Entwicklung sei nur dann erfolgreich, wenn sie von der Einhaltung der Menschenrechte begleitet werde. Gelinge dies nicht, werde sie sich – auch für die Sicherheit – als „gefährliche Illusion" erweisen. Mit anderen Worten: Fischer erkennt ein doppeltes Risiko. Partielle oder **selektive Modernisierung** werde letztlich scheitern, und sie erzeuge darüber hinaus eine **Gefahr für die Sicherheit**.

Im Folgenden frage ich danach, ob Fischers These und sein Urteil stimmig sind. Fischers These, dass marktwirtschaftliche Modernisierung und Demokratie Hand in Hand gehen müssen, kann sich auf starke Argumente stützen. Ich werde grundsätzlich und an Beispielen zu zeigen versuchen, dass mit zunehmender wirtschaftlicher Modernisierung traditionaler Gesellschaften und steigendem Lebensstandard in den autoritären Schwellenländern der Weg zu politischen Entwicklungen im Sinne von Demokratie und Menschenrechten geöffnet werden dürfte.
Marktwirtschaft als Weg zum Wohlstand beruhte immer schon auf „Leistung und Talent" (Z. 31), gleichzeitig aber auch auf den dezentralen, ungelenkten Entscheidungen von vielen Millionen Wirtschaftssubjekten auf dem Markt. Diese Struktur steht prinzipiell im Gegensatz zu zentralistischen oder autokratischen Lenkungssystemen.
Ein gutes Beispiel für den durch wirtschaftlichen Fortschritt angestoßenen, langsamen Lernprozess eines diktatorischen Systems ist die **Entwicklung in China**. Seit den 90er Jahren hat die Regierung eine **Ausdehnung der Privatwirtschaft** erlaubt, und privatwirtschaftliche Tätigkeit wurde sogar in der Verfassung verankert. Privatunternehmer können in der regierenden Kommunistischen Partei aktiv sein. Die chinesischen Kapitalisten, einst als Klassenfeinde bekämpft, wurden damit offiziell rehabilitiert. Die Freiheit zu wirtschaftlichen Entscheidungen in dieser „**sozialistischen Marktwirtschaft**" ruft vermehrt die Forderung nach politischen Freiheiten hervor. So wächst die Zahl der Bürger, die am öffentlichen Leben partizipieren. Zudem erleichtern moderne Kommunikationstechnologien wirtschaftliche Fortschritte und sozialen Wandel. Das Internet scheint hier eine wichtige Rolle zu spielen. Dass über Menschenrechtsverletzungen in China gesprochen werden kann, ist nicht zuletzt dem Internet zu verdanken, das ein „Zusammenrücken" der Welt befördert. Man hört auch von „Untergrund-NGOs" oder informellen Netzwerken, da es nur sehr begrenzt Grundrechtsgarantien gibt. **Demokratische Transformationsprozesse** kommen also dadurch in Gang, dass Unternehmer eine zunehmend wichtige politische Rolle in einer Partnerschaft mit der herrschenden Partei-Elite spielen und auf mehr Rechtsstaatlichkeit, demokratische Übergabe von Macht und transparente Kontrolle drängen. Wirtschaftlicher Wohlstand dürfte, das zeichnet sich hier ab, ohne Rechtsstaat und Demokratie nicht von Dauer sein.

Heute schon liefern Entwicklungen in Ländern wie **Indien** oder **Südkorea positive Belege** für einen „**Weg in die Moderne**" (Z. 11 f.), der wirtschaftlichen Erfolg mit Menschenrechten und Demokratie verbindet. Zahlreiche internationale Nichtregierungsorganisationen unterstützen diesen Prozess. Diese Beispiele, die nicht zu seiner „Unvereinbarkeitsthese" passen, erwähnt Koch nicht.
Auch **Negativbeispiele aus Geschichte und Gegenwart** können Fischers Gedanken stützen: So scheiterten die **Sowjetunion** und die **DDR** letztlich an einer „Modernisierung à la carte", also einer autoritär gesteuerten Wirtschaftsentwicklung. Die Herrschaft privilegierter Funktionärscliquen und eine zentralistische Planwirtschaft standen in krassem Widerspruch zur angestrebten wirtschaftlichen Modernisierung.
Auch in China, wo heute durchaus Fortschritte sichtbar sind, löst sich das Land nur langsam und noch verbunden mit negativen sozialen und politischen Folgen von der Planwirtschaft. Trotz **starker Wachstumsraten**, die es vor allem seiner Integration in den Weltmarkt und der Öffnung gegenüber Einflüssen aus westlichen Industrieländern verdankt, zeigen sich **hohe Arbeitslosigkeit**, eine wachsende **Schere zwischen Arm und Reich** und daraus resultierende Konflikte. Da rechtsstaatliche und demokratische Strukturen fehlen, erwachsen aus diesen äußerst widersprüchlichen Prozessen möglicherweise bedrohliche **Sicherheitsrisiken**, wie sie Fischers These andeutet: „Menschenrechte und Sicherheit werden im 21. Jahrhundert unlösbar miteinander verbunden sein." Auch **technologischer Rückstand** und **niedrige Gesundheits- und Umweltstandards** beeinträchtigen die wirtschaftliche und soziale Entwicklung. Erst vor wenigen Jahren wurden einige Exporte aus China wegen **mangelhafter Produktsicherheit** beeinträchtigt. Die Ursache für solche Mängel ist häufig **Korruption**, die ohne eine freie Presse und eine unabhängige Justiz nicht aufgedeckt und bekämpft werden kann.
Eine komplizierte Problemlage zeigt sich in den reichen **arabischen Ölstaaten**, die monarchisch oder auf andere Weise autokratisch regiert werden und sich fast nur durch den Erdölexport finanzieren. In Saudi-Arabien werden **Menschenrechte** lediglich **als Rechte der Muslime** definiert, insbesondere besteht die Diskriminierung von Frauen und Andersgläubigen fort. Versammlungsfreiheit, Vereinsfreiheit, Rede- oder Pressefreiheit sind ebenfalls nicht gewährleistet. Die Legitimation dieser politischen Ordnung in der Bevölkerung wird durch Patronage, Korruption und Wohlstand erkauft, sie wird aber auch durch die anhaltenden Spannungen mit Israel begünstigt. Der Islamismus findet darin seinen Nährboden. Hier zeigt sich, dass die Sicherheitslage im arabischen Raum die Entwicklung zur Demokratie behindert.
Ein Automatismus, nach dem marktwirtschaftliche Strukturen zu Demokratie führen, ist global nicht feststellbar, jedenfalls nicht in engem zeitlichem Zusammenhang. Dies belegt der Kommentar von Koch überzeugend. Insgesamt jedoch erscheint mir Fischers Position plausibel, die auf einen langfristig erfolgreichen sozialen Wandel durch innere Reformen in den autoritären Schwellenländern setzt, also auf eine durch Menschenrechte und Demokratie gestützte Sicherheit.

Hessen – Politik und Wirtschaft – Leistungskurs 2010
Vorschlag B

Thema: *Problematik der Einführung eines Feindstrafrechts*

Aufgaben

1. Arbeiten Sie heraus, auf welche Überlegungen von Günther Jakobs der Journalist Heribert Prantl Bezug nimmt, und fassen Sie zusammen, wie er diese Thesen kommentiert. (30 BE)

2. Erläutern Sie rechtsstaatliche Prinzipien und deren Bedeutung im politischen System der Bundesrepublik Deutschland, und untersuchen Sie, welche Folgen die Einführung eines „Feindstrafrechts" für diese Prinzipien hätte. (35 BE)

3. Stellen Sie Merkmale des internationalen Terrorismus dar und erörtern Sie, inwieweit ein Feindstrafrecht ein rechtsstaatliches Mittel im Kampf gegen diesen Terrorismus sein könnte. (35 BE)

M 1: Heribert Prantl: Diabolische Potenz

In einem Diskussionsbeitrag bei einer Veranstaltung über die „Deutsche Strafrechtswissenschaft vor der Jahrtausendwende" in Berlin vertrat der Bonner Strafrechtsprofessor Günther Jakobs erstmals die Ansicht, man brauche nicht nur das normale Strafrecht, sondern noch ein zweites, davon losgelöstes, radikales Strafrecht – das Feindstrafrecht.

Das normale Strafrecht mit seinen rechtsstaatlichen Garantien sei nur für den normalen Bürger da. Das andere, das radikale Strafrecht, für alle Feinde des Staates; Jakobs nennt sie „Unpersonen" und er meint damit Terroristen, organisierte Kriminelle, Sexualstraftäter – kurz alle, „die sich dauerhaft vom Recht abgewandt haben". Die sollen von den Rechtsgarantien des normalen Strafrechts nicht mehr profitieren. Die Feinde müssen, formuliert Jakobs, außerhalb des Rechtsstaates „kaltgestellt" werden.

Auf die Thesen von Jakobs hat die Wissenschaft zunächst gar nicht reagiert, als könne sie nicht glauben, dass da einer tatsächlich die partielle Rückentwicklung des Rechtsstaats, dass da einer den Kulturbruch postuliert – und dies mit einem Vokabular, wie man es in Deutschland seit sechs Jahrzehnten nicht mehr gehört hat. Aber das Reden über ein Feindstrafrecht hat Eingang gefunden in viele Diskussionen und rechtspolitische Überlegungen. Denn es erlaubt, was ansonsten verboten ist; es schafft ein System, in dem sogar Folter und sonstige bisher verbotene Vernehmungsmethoden systemkonform wären und in dem bei Gefahr, ohne lange zu fackeln, verhaftet und eingesperrt werden kann – weil es in diesem Feindstrafrecht nicht um „Normgeltung" geht, sondern darum, dass man „Gefahren bekämpft"

Dieses Feindstrafrechts-Modell besitzt eine diabolische Potenz, weil es all die Maßnahmen, mit denen sich ein Rechtsstaat schwer tut, ohne Weiteres ermöglicht. [...] Die heutige Justiz spricht im Zweifel auch dann frei, wenn der Prozess nicht nach rechtsstaatlichen Beweisregeln geführt werden kann. Unter der Geltung des Feindstrafrechts hätte man solche Skrupel nicht.

Das Feindstrafrecht verlockt mit Einstiegsangeboten: Etwa das vorbeugende und dauerhafte Einsperren von Kindsmissbrauchern. [...] Der Kindsmissbraucher bietet nämlich, so die Lehre Jakobs', „keine hinreichende kognitive Sicherheit personalen Verhaltens“[1], er sei also ein Feind, er könne deshalb „nicht nur nicht erwarten, noch als Person behandelt zu werden, sondern der Staat darf ihn nicht als Person behandeln, weil er ansonsten das Recht auf Sicherheit der anderen Personen verletzen würde“. [...] Der Feind darf nicht erwarten, dass er behandelt wird wie ein Bürger, der gefehlt hat: Nur für den Bürger gilt der Grundsatz des fairen Verfahrens – nur für ihn gelten also die Rechtsgarantien, die den Rechtsstaat ausmachen. [...]

Es geht um die Ausbürgerung von Menschen aus dem normalen Recht. Der Neffe, der seinen Erbonkel erschlägt, soll noch nach den Regeln des normalen, des Bürgerstrafrechts, behandelt werden – weil der böse Neffe ja nicht den Staat gefährdet, sondern im Gegenteil auf diesen Staat vertraut und von ihm den Schutz des ererbten Vermögens erwartet. Für die anderen Verbrecher, die sich aus dem Gemeinwesen verabschieden, gibt es Krieg. Wie der genau aussieht, führt die Lehre vom Feindstrafrecht noch nicht aus; man kann es sich ausmalen. Rechtsbrüche wie in Guantanamo oder im Irak erhalten so die höheren Weihen.

In einem hat Jakobs freilich recht: Die Differenzierung zwischen Feindstrafrecht und Bürgerstrafrecht ist sauber und klar. Die Begriffe Krieg, Kampf und Strafverfahren geraten dann nicht mehr durcheinander.

Dafür ginge etwas anderes zu Ende: Bisher stehen die Menschenrechte jedem zu, allein aufgrund der Tatsache Mensch zu sein. Der Status der Rechtsperson ist nicht, wie bei Jakobs, an „kognitive Voraussetzungen“ geknüpft, nicht daran also, dass man den Staat, das Recht, sich selbst oder sonst etwas achtet. Man muss nicht anständig und nicht einmal ein wenig gut sein, um vom Recht als Person behandelt zu werden. Das ist der Kern des Rechtsstaates. Wenn der Staat Menschen, die sich vom Recht abgewandt haben, nicht mehr nach dem Recht behandelt, ist er kein Rechtsstaat mehr. Dann stirbt er an seiner vermeintlichen Verteidigung.

Heribert Prantl, Diabolische Potenz. In: Süddeutsche Zeitung vom 5. 3. 2005, S. 4

Anmerkung:
1 gemeint ist hier: im Sinne eines berechenbaren Verhaltens

M 2: Günther Jakobs: Bürgerstrafrecht und Feindstrafrecht

Der Staat kann mit Delinquenten[2] also in zweierlei Art und Weise verfahren: Er kann in ihnen delinquierende Bürger sehen, Personen, die einen Fehler gemacht haben, oder aber Individuen, die durch Zwang davon abgehalten werden müssen, die Rechtsordnung zu zerstören.

[...]

Wer keine hinreichende kognitive[3] Sicherheit personalen Verhaltens leistet, kann nicht nur nicht erwarten, noch als Person behandelt zu werden, sondern der Staat *darf* ihn auch nicht mehr als Person behandeln, weil er ansonsten das Recht auf Sicherheit der anderen Personen verletzen würde. Es wäre also völlig falsch, das, was hier als Feindstrafrecht bezeichnet wurde, zu verteufeln; damit läßt sich das Problem, wie man mit den Individuen umgehen soll, die sich nicht unter eine bürgerliche Verfassung zwingen lassen, nicht lösen.

[…]

Der prinzipiell Abweichende bietet keine Garantie personalen Verhaltens; deshalb kann er nicht als Bürger behandelt, sondern muß als Feind bekriegt werden. Dieser Krieg erfolgt mit einem legitimen Recht der Bürger und zwar mit ihrem Recht auf Sicherheit; er ist aber, anders als Strafe, nicht auch Recht am Bestraften, vielmehr ist der Feind exkludiert[4].

[…]

Die internationale oder nationale Bestrafung von Menschenrechtsverletzungen nach einem politischen Umbruch trägt feindstrafrechtliche Züge, ohne allein deswegen illegitim zu sein.

Günther Jakobs: Bürgerstrafrecht und Feindstrafrecht. In: HRR-Strafrecht. Onlinezeitschrift für Höchstrichterliche Rechtsprechung im Strafrecht, Ausgabe 3/2004, S. 93–95 (Auszüge). Hervorhebungen im Original.

Anmerkungen:

2 Delinquent (aus dem lateinischen *delinquere* – sich vergehen, einen Fehltritt begehen) ist eine insbesondere in der Kriminologie verwendete Bezeichnung für einen Straftäter.

3 kognitiv – Begriff aus der Psychologie, bezeichnet solche Funktionen des Menschen, die mit Wahrnehmung, Lernen, Erinnern und Denken, also der menschlichen Erkenntnis- und Informationsverarbeitung in Zusammenhang stehen.

4 exkludieren – ausschließen

Lösungsvorschläge

Unterrichtsinhalte:

- 12/II: Verfassungsnorm und Verfassungsrealität: Grundrechte und Grundrechtsabwägung
- 13 / I: Internationale Konfliktregionen und die Möglichkeiten kollektiver Friedenssicherung: Entstehungsgründe, Akteure, Interessen und Konfliktpunkte; Friedensbegriff und Konzeptionen der Friedenssicherung (auch im Sinne eines erweiterten Sicherheitsbegriffs)

1. *Sie sollen die im Kommentar (M 1) zusammengefassten Thesen des Juristen Jakobs und die an ihnen geäußerte Kritik des Journalisten Prantl darlegen. Sinnvoll ist ein Vorgehen, das zunächst möglichst sachlich die provokativen Thesen Jakobs' referiert. Beachten Sie: Prantls Darstellung dieser Thesen enthält bereits starke Wertungen. M 2, in dem der kritisierte Jakobs selbst zu Wort kommt, können Sie als Hilfe für diesen ersten Teil der Aufgabe hinzuziehen. (AFB I und II)*

Heribert Prantl reagiert mit seinem am 5. März 2005 in der Süddeutschen Zeitung veröffentlichten Kommentar „Diabolische Potenz" auf den Vorschlag des Juristen Günther Jakobs, in Deutschland ein „**Feindstrafrecht**" einzuführen.

Jakobs' Vorschlag zielt darauf, zwei Gruppen von Straftätern zu unterscheiden und unterschiedlich zu behandeln. Diejenigen Bürger, deren Straftaten sich nicht gegen den Staat selbst richten, würden wie bisher bestraft. Rechtsstaatliche Garantien, d. h. den Staat einschränkende Normen, sollen aber nicht für Verbrecher gelten, die sich „dauerhaft vom Recht abgewandt" (M 1, Z. 9) hätten. **Feinde der Rechtsordnung** seien diejenigen, die die **Rechtsordnung selbst zerstören wollten** (vgl. M 2, Z. 3 f.), z. B. Terroristen oder Triebtäter. Mit den Instrumenten eines Feindstrafrechts müsse behandelt werden, wer keine „hinreichende kognitive Sicherheit personalen Verhaltens" (M 1, Z. 29 f.) biete. Gerechtfertigt wird die Abschaffung von rechtsstaatlichen Garantien mit dem **Schutz der Sicherheit aller anderen Bürger** (vgl. M 2, Z. 16 f.). Dies würde es dem Staat z. B. erlauben, Vorbeugehaft zu verhängen oder Folter als Vernehmungsmethode anzuwenden, d. h. den Grundsatz des fairen Verfahrens aufzugeben. Hierzu nennt der Autor als Beispiel Guantanamo (vgl. M 1, Z. 42).

Schon im Titel des Kommentars wird deutlich, dass Prantl in diesem Vorschlag die Gefahr sieht, dass der Staat „teuflische" Möglichkeiten bzw. unbegrenzte Macht erhält. Er kritisiert diesen Vorschlag eines Feindstrafrechts als „Kulturbruch" (M 1, Z. 14): Rechtsstaatliche Vorbehalte würden aufgegeben, Rechtsbrüche legitimiert. Damit werde der **entscheidende „Kern des Rechtsstaats"** (M 1, Z. 52) **zerstört:** die **Gültigkeit der Menschenrechte für jeden**. Dieses Prinzip dürfe ein Rechtsstaat auch zu seiner eigenen Verteidigung nicht aufgeben. Verstöße gegen das Recht müssten mit rechtlichen Mitteln geahndet werden.

2. *Diese Aufgabe ist zweigeteilt. Sie verlangt zunächst, die Merkmale des Rechtsstaats, wie sie im Grundgesetz verankert sind, zu benennen und zu erläutern. Dann sollen Sie untersuchen, welche Konsequenzen die Einführung eines Feindstrafrechts für rechtsstaatliche Prinzipien hätte. Hier können Sie an Prantls Kritik ansetzen, um diese an Bestimmungen des Grundgesetzes zu belegen und ggf. zu erweitern und zu vertiefen. Eine von Anfang an beide Teile der Aufgabe verbindende Lösung ist zwar möglich, erfordert aber großes Geschick, um die Gedankenführung transparent zu gestalten. (AFB I, II und III mit Schwerpunkt auf AFB II)*

Das **Rechtsstaatsprinzip** wurde in der Bundesrepublik als Antwort auf das Unrechtsregime des Nationalsozialismus stark ausgebaut. Eine exakte Definition gibt es in unserer Verfassung zwar nicht, die wesentlichen Merkmale ergeben sich jedoch aus den Artikeln 1 Abs. 3 sowie 20 Abs. 2 und 3 des Grundgesetzes.
Nach Art. 20 Abs. 3 GG sind im Rahmen der **Gewaltenteilung** alle **Staatsorgane**, auch der Gesetzgeber, **der verfassungsmäßigen Ordnung unterworfen**, also „diszipliniert". Verwaltung und Gerichte sind an Gesetz und Recht gebunden. Art. 1 GG hebt den obersten Verfassungsgrundsatz in besonderer Weise hervor: Alle Staatsgewalt muss die **Achtung und den Schutz der Menschenwürde** zur obersten Leitlinie ihres Handelns machen. Die Menschenwürde gilt allgemein und ausnahmslos. Sie ist außer dem allgemeinen Gemeinschaftsvorbehalt (Grundrechte des Einzelnen werden durch Grundrechte der anderen begrenzt) nicht eingeschränkt. Bei anderen Grundrechten enthält die Verfassung einen Gesetzesvorbehalt (z. B. Art. 5 Abs. 2 GG) oder knüpft die Grundrechte an die deutsche Staatsbürgerschaft (vgl. Art. 8, 9, 11 GG). Art. 1 Abs. 3 GG hält fest, dass die **Grundrechte** die drei Gewalten als „**unmittelbar geltendes Recht**" binden.
Dem Einzelnen werden in den auf Art. 1 GG folgenden Verfassungsbestimmungen Freiheiten garantiert, auf die er sich gegenüber dem Staat berufen kann (z. B. Meinungsfreiheit, Versammlungsfreiheit). Sie dienen also der **Abwehr gegen unzulässige staatliche Eingriffe**. Wenn ein Bürger meint, durch staatliches Handeln in einem seiner Grundrechte verletzt zu sein, kann er dieses einklagen. Ihm steht als Mittel die **Verfassungsbeschwerde** zur Verfügung, mit der er eine für alle Staatsorgane verbindliche Entscheidung des Bundesverfassungsgerichts herbeiführen kann (Art. 93 Abs. 1 Nr. 4 a GG). Gegen jeden Akt staatlicher Gewalt ist darüber hinaus der Rechtsschutz garantiert (Art. 19 Abs. 4 GG).
Die **Rechtsgleichheit aller Menschen**, nicht nur der Deutschen („Gleichheit vor dem Gesetz", Art. 3 GG), und die **Rechtssicherheit**, die den Bürger vor staatlicher Willkür schützt, sind weitere wichtige Merkmale des Rechtsstaates. Das besondere Gewicht, das die Verfassungsväter auf den Grundsatz des Rechtsstaates wie auf Menschenrechte und Demokratie gelegt haben, erkennt man auch an der „**Ewigkeitsgarantie**" des Art. 79 Abs. 3 GG.

Welche Folgen hätte nun die Einführung eines **Feindstrafrechts** für unseren Rechtsstaat? Prantl weist bereits darauf hin, dass der **Grundsatz der Rechtsgleichheit verletzt** werde (vgl. M 1, Z. 47 f.). Menschenrechte dürfen nicht selektiv angewandt werden, sie gelten ganz grundsätzlich und für alle. Dieser Gedanke lässt sich auch philosophisch untermauern: Der Mensch besitzt die Freiheit, sich

selbst zu bestimmen – daher verfügt er auch über Würde. Immanuel Kant hat in diesem Sinn den im Grundgesetz verwendeten Begriff der Menschenwürde definiert. Nach Kant sind die Menschen niemals bloß als Mittel oder Objekt, sondern jederzeit als Zweck an sich zu betrachten. Diese Würde und die sich aus ihr ergebenden Rechte aber werden von Jakobs den „Feinden" abgesprochen.
Wer legt eigentlich fest, welchen Personen die Rechtsgarantien zukommen, „die den Rechtsstaat ausmachen" (M 1, Z. 35), und welchen nicht, weil sie die „Feinde" darstellen? Besteht die Gefahr, dass die Sicherheitsbehörden, also die Exekutive, über das Ziel hinausschießt, gefährliche Terroristen auszuschalten? Zu dieser Frage finden sich in den Materialien keine Antworten.
Der von Prantl diagnostizierte „Kulturbruch" hat weitere Dimensionen. Folter, laut Prantl Teil eines Feindstrafrechts (vgl. M 1, Z. 18 f.), verbietet das Grundgesetz explizit: „Festgehaltene Personen dürfen weder seelisch noch körperlich mißhandelt werden" (Art. 104 Abs. 1). Diese Selbstverständlichkeit scheint heute nicht mehr zu gelten. In den USA gerieten von der Regierung offensichtlich gebilligte Verhörmethoden in die Kritik, die im Rahmen des „Kriegs gegen den Terror" auch Schläge auf den Kopf, Schlafentzug oder „Water Boarding" (simuliertes Ertränken) vorsehen.
In die Nähe dieser Methoden des amerikanischen Geheimdienstes CIA gerät Jakobs' Forderung, dass der Staat seine Feinde „nicht mehr als Person behandeln [darf]", wenn er das Rechtsgut „Sicherheit" bewahren möchte (vgl. M 2, Z. 6 ff.). Hier wird offenbar eine **Abwägung zwischen Menschenrechten und Sicherheitsaspekten** vorgenommen, deren Ergebnis grundlegende individuelle Freiheiten bedrohen kann.
Seit dem 11. September 2001 wurden auch in Deutschland mehrere **Sicherheitsgesetze** ohne konkrete Maßnahmen zur Datensicherheit vorgeschlagen, z. B. ein Gesetz zur Speicherung umfangreicher Daten sämtlicher Nutzer elektronischer Kommunikationsdienste („**Vorratsdatenspeicherung**"). Das Bundesverfassungsgericht hat mit seinem Urteil gegen dieses Gesetz im März 2010 festgestellt, dass diese Maßnahme in ihrer bisherigen Umsetzung verfassungswidrig ist. Unter schärferen Sicherheits- und Transparenzvorkehrungen sei die Vorratsdatenspeicherung jedoch grundsätzlich zulässig.

Zusammenfassend lässt sich feststellen, dass eine Überprüfung der Forderung nach einem „Feindstrafrecht" die Unvereinbarkeit mit dem Rechtsstaatsprinzip des Grundgesetzes ergibt. Jedoch hilft der von Jakobs in die Diskussion gebrachte Begriff, eine bedenkliche Entwicklung des „Bürgerstrafrechts" in diese Richtung aufzudecken.

3. *Auch diese Aufgabe besteht aus zwei Teilen. Sie sollen erstens Merkmale des internationalen Terrorismus beschreiben und erklären. Dabei liegt es nahe, sich auf die aktuell wichtigste Form von Terrorismus, nämlich den islamistischen Terrorismus, zu beziehen. Zweitens sollen Sie aufgrund einer Pro- und Kontra-Argumentation beurteilen, ob das Feindstrafrecht ein Mittel im Kampf gegen den Terrorismus darstellen könnte.*

Nachrichten über den internationalen Terrorismus verbreiten die Medien heute beinahe täglich. Die meisten terroristischen Akte stehen im Zusammenhang mit islamischem Fundamentalismus und weisen eine Reihe gemeinsamer Merkmale auf. Anschläge in Afghanistan, Indien, Pakistan oder im Irak, aber auch in afrikanischen Ländern, in den USA und Europa zeigen, dass es sich um ein **globales Problem** handelt. Terroristen greifen mit **militärischen Mitteln** häufig Gebäude bzw. **Orte mit symbolischer Bedeutung** an, oder solche, durch deren Zerstörung eine **hohe Zahl ziviler Opfer** zu erreichen ist. Terroristen, die Anschläge dieser Art verüben, rechnen mit einer **Medienwirkung**, die die Bevölkerung in Angst und Schrecken versetzt und damit eine Verhaltensänderung bewirkt. Weil dabei mit geringen Ressourcen gegen eine deutlich überlegene Macht vorgegangen wird, spricht man von einem **asymmetrischen Konflikt** oder einer asymmetrischen Kriegführung. Beim gegenwärtig vorherrschenden islamistischen Terrorismus wird zudem eine **politisch-weltanschauliche** oder **religiöse Zielsetzung** deutlich. Mit dieser Form des internationalen Terrorismus und den Möglichkeiten seiner Bekämpfung setze ich mich im Folgenden auseinander.

Die Legitimität seines Handelns leitet der islamistisch geprägte Terrorismus aus einer „**absoluten Wahrheit**" ab, die gegen ungläubige Feinde durchgesetzt werden soll. Der in den 1920er-Jahren in Ägypten entstandene „Dschihadismus" wollte eine Anstrengung zur Verteidigung des islamischen Glaubens (so die Bedeutung des Wortes „Dschihad") gegen die westliche Modernisierung sein. Er hat seine Fortsetzung im transnationalen **Terrornetzwerk „Al Kaida**" gefunden. Dessen nur lose verbundene Gruppen predigen eine von vielen Muslimen abgelehnte, rückwärtsgewandte Interpretation des Islam; sie streben ein **islamisches Regime** an, das dem der Taliban in Afghanistan entspricht.

Für diese oft auch **Islamismus** genannte Bewegung gelten die Merkmale eines religiösen **Fundamentalismus**, d. h., die Mitglieder einer Religionsgemeinschaft politisieren ursprünglich religiöse Werte, machen sie also zu einer politischen Ordnungsvorstellung. Der von ihnen angestrebte „**Gottesstaat**", die Einheit von Religion und Staat, soll in „verwestlichten" muslimischen Ländern errichtet werden. Insofern kann der islamistische Terror auch als unbeabsichtigtes Nebenprodukt von **Globalisierung** verstanden werden. Indes bedient sich nur ein Teil der islamischen Fundamentalisten Gewalt und Terror zur Erreichung ihrer Ziele.

Für meine anschließende Erörterung halte ich eine begriffliche Klärung für wichtig, die sich auf den von der amerikanischen Regierung nach dem 11. September ausgerufenen „**Krieg gegen den Terror**" bezieht. Es handelt sich dabei um ein politisches Schlagwort, das eine Bandbreite politischer, militärischer und juristischer Schritte gegen den internationalen Terrorismus zusammenfasst. Eine Kriegserklärung wurde abgegeben, ohne einem Staat den Krieg zu erklären. Auch dies ist ein Kennzeichen der Gegenwart, das von Beobachtern sehr kritisch gesehen wird: Der „Krieg gegen den Terrorismus" erzeuge einen **permanenten Ausnahmezustand** und schaffe einen rechtsfreien Raum. So kam es 2001 in den USA zum „Patriot Act", einem Gesetz zur Einschränkung der Bürgerrechte. Darin sehe ich auch eine für die deutsche Diskussion zwischen Jacobs und Prantl wichtige Vorlage.

Ein deutsches Feindstrafrecht würde ohne Zweifel zum „Krieg gegen den Terror“ passen. Könnte es bei der Abwehr des Terrorismus helfen? **Dafür** lassen sich folgende **Argumente** anführen: Der Zweck Leben zu retten, heiligt die Mittel. Wer selbst außerhalb der Wertordnung steht, die Menschenrechte ablehnt und unschuldige Zivilisten tötet, muss mit besonderer Härte bekämpft werden. Die **Strafen müssen der Schwere der begangenen Verbrechen entsprechen**. Vielleicht lassen sich z. B. durch Vorbeugehaft oder besondere Verhörtechniken Anschläge verhindern und Unschuldige retten. Damit würde das **Feindstrafrecht** das **Rechtsgut der Sicherheit schützen**, wie es auch Jakobs hervorhebt (vgl. M 2, Z. 8 f.).
Im Rahmen ihres Kriegs gegen den Terror haben die USA mehrere Hundert Gefangene im **Guantanamo-Lager** festgehalten. Weltweit wurden terrorverdächtige Personen in Geheimgefängnisse gebracht. Die Gefangenen hatten kaum Rechte, beispielsweise auf einen Rechtsbeistand oder auf einen Prozess. Dieses Vorgehen wurde damit begründet, dass eine eindeutige und rechtsstaatlich abgesicherte Beweisführung zur Identifikation und Bestrafung von Terroristen schwierig sei. Erst 2009 ordnete der neue Präsident Obama die Schließung aller Geheimgefängnisse an und verbot die Anwendung von Folter durch die CIA.
In Deutschland wird wegen des militärischen Engagements in Afghanistan weiter mit terroristischen Anschlägen gerechnet. Es ist daher nicht völlig abwegig, durch ein verschärftes Strafrecht eine abschreckende Wirkung auf potenzielle Terroristen anzustreben.
Dagegen sprechen vor allem diese Gründe: Die Einführung eines **Feindstrafrechts** würde den **Rechtsstaat empfindlich treffen**. Die Ausweitung polizeilicher Kompetenzen gefährdet die Rechtssicherheit der Bürger und ihre Grundrechte. Sie beschränkt die unabhängige Rolle der Justiz, also die Gewaltenteilung. Der **Überwachungsstaat** zeichnet sich durch die Einschränkung des Datenschutzes, der Privatsphäre und der informationellen Selbstbestimmung aus. Auch die Errichtung eines Präventionsstaates, der die Informationen aus Überwachungsmaßnahmen des Staates nutzt, um Gesetzesverstöße bereits im Vorfeld zu verhindern, macht alle Bürger zu potenziellen Verdächtigen. Dieses Vorgehen würde dazu führen, dass sich die Verteidiger des Rechtsstaats mit den Terroristen auf eine Stufe stellen: Auch sie betrachten die westlichen Werte und ihre Vertreter unterschiedslos als „Feinde“.
Die **westlichen Demokratien verlieren** bei einer Einführung des Feindstrafrechts an **Glaubwürdigkeit** in islamischen Ländern, also bei denen, deren Vertrauen sie eigentlich gewinnen wollen. Durch menschenunwürdige Verhörmethoden in irakischen Gefängnissen (Abu Ghreib) oder im Gefangenenlager Guantanomo hat das Ansehen der USA bereits erheblich gelitten. Gerade die deutsche Geschichte liefert außerdem wichtige Gründe, niemandem die Menschenrechte zu verweigern.
Zudem zeigen bisherige polizeiliche Erfolge im Antiterrorkampf, dass auch mit den bestehenden rechtlichen Mitteln positive Ergebnisse erzielt werden können. Letztes Beispiel war die Aufdeckung der „Sauerland-Gruppe“, einer Terrorzelle, die 2007 einen Anschlag in Deutschland geplant hatte.
Eine abschreckende Wirkung ist von einem Feindstrafrecht nicht zu erwarten, da die Anhänger islamistischer Gruppen eine Art **Todeskult** betreiben und ihr eige-

nes Leben gering schätzen. Sie hoffen, als „Märtyrer“ ins Paradies gelangen zu können. Ein besonderes Feindstrafrecht könnte den Terrorgruppen sogar **neue Anhänger** zuführen, indem es die Bereitschaft zum Kampf gegen die „Ungläubigen“ erhöht.
Aufgrund der heute zu beobachtenden **globalen Vernetzung der Terroristen** ist ihre Verfolgung schwierig. So ist es bislang nicht gelungen, den Drahtzieher der Anschläge vom 11. September, Osama Bin Laden, aufzuspüren, obwohl die USA auch andere als rechtsstaatliche Methoden zu verwenden scheinen.

Daraus lässt sich schlussfolgern, dass der islamistische Terror nur dadurch „auszutrocknen“ ist, dass seine **Ursachen** beseitigt werden. Einige Hintergründe und **Quellen für das terroristische Gewaltpotenzial** seien genannt: Die Gesellschaften, aus denen ein erheblicher Teil der Terroristen kommt, sind durch die **Spaltung in Arm und Reich** gekennzeichnet, vor allem auch durch eine massive Jugendarbeitslosigkeit. Die reiche Gesellschaftsschicht orientiert sich meist an westlichen Konsumgewohnheiten. In der Regel **fehlt es an Freiheit**, **Demokratie und Bildungsmöglichkeiten**. Frauen sind am wirtschaftlichen und öffentlichen Leben kaum beteiligt. Auch der seit Jahrzehnten ungelöste Nahostkonflikt verstärkt die in diesen Ländern verbreitete Hoffnungs- und Perspektivlosigkeit und so das Gewaltpotenzial.
Eine an den Ursachen ansetzende Bekämpfung von Terrorismus müsste konsequenterweise anstreben, durch die Zusammenarbeit mit islamischen Ländern wirtschaftlich-soziale Entwicklungen in Gang zu setzen und die Bildungssysteme dieser Länder zu entwickeln, um positive Lebensperspektiven zu unterstützen. Die Anwendung eines Feindstrafrechts ist im Kampf gegen den Terrorismus dagegen nicht zielführend. Wer nur auf die Verhinderung von Anschlägen achtet, kuriert lediglich Symptome.

Hessen – Politik und Wirtschaft – Leistungskurs 2010
Vorschlag C

Thema: *Wirtschaftliche und finanzielle Integration in Europa*

Aufgaben

1. Geben Sie die Aussagen Jean-Claude Trichets wieder. (20 BE)
2. Erläutern Sie, welche Konsequenzen die Überlegungen Trichets – im Falle ihrer Umsetzung – für die wirtschaftliche Situation, z. B. in Deutschland, haben bzw. haben könnten. (55 BE)
3. Diskutieren Sie, mit welchem politischen Zukunftsmodell der EU Trichets Vorstellungen am ehesten umsetzbar sind. (25 BE)

M 1: Der Prozess der wirtschaftlichen und finanziellen Integration in Europa

Rede von Jean-Claude Trichet, Präsident der Europäischen Zentralbank, beim Journalisten-Symposium „Konvent für Deutschland", Berlin, 5. Dezember 2007

[...]

Eine gut ausgestaltete Strukturpolitik, die die Flexibilität an den Güter- und Arbeitsmärkten steigert, ist wesentlich, um Schocks effektiver abzufedern. Es versteht sich von selbst, dass die Verantwortung für die Umsetzung dieser Politik bei den nationalen Regierungen, den Parlamenten und den Sozialpartnern liegt.

In diesem Zusammenhang ist die Lissabon-Strategie[1] ein grundlegendes und ehrgeiziges Programm, das die Aufmerksamkeit Europas auf die Dringlichkeit von Strukturreformen lenken soll. Diese Reformen verbessern die langfristigen Wachstumsaussichten im Eurogebiet, indem sie sich einerseits positiv auf die Erwerbsbeteiligung auswirken und andererseits das Arbeitsproduktivitätswachstum durch die Förderung von Innovation und technischem Fortschritt stärken. Wir wissen sehr wohl, dass Strukturreformen häufig auf Widerstand bei Wirtschaftsakteuren stoßen und die öffentliche Meinung in diesem Punkt empfindlich reagiert. Deshalb ist es wichtig, zu verstehen und zu kommunizieren, dass die mittel- bis langfristigen Vorteile struktureller Reformen die kurzfristigen Kosten deutlich aufwiegen werden. Die EZB unterstützt die Regierungen daher ausdrücklich bei der Umsetzung von Strukturreformen. So haben beispielsweise die Arbeitsmarktreformen, die vor einigen Jahren in Deutschland umgesetzt wurden, erheblich zur Schaffung von Arbeitsplätzen, zu geringerer Arbeitslosigkeit und zum jüngsten Konjunkturaufschwung beigetragen. Es ist entscheidend, dass diese Ergebnisse nicht durch eine Unterbrechung oder gar eine Umkehrung des Reformprozesses aufs Spiel gesetzt werden. Die Arbeitslosigkeit in Deutschland ist nach wie vor hoch, und weitere Reformen sind erforderlich, um das Arbeitspotenzial hier in diesem Land besser einzusetzen.

Insbesondere am Arbeitsmarkt kann die wirtschaftliche Flexibilität durch den Abbau von institutionellen Hemmnissen für flexible Lohn- und Preissetzungssysteme gefördert werden. Ich möchte betonen, dass Regierungen und Sozialpartner gemeinsam dafür verantwortlich sind, sicherzustellen, dass bei der Lohnbildung die Arbeitsmarktlage auf Branchen-, auf sektoraler und auf regionaler Ebene angemessen berücksichtigt wird und die Wettbewerbsfähigkeit sowie die Beschäftigung nicht gefährdet werden. Den Regierungen sollte bewusst sein, dass die Lohnbildung im öffentlichen Sektor sehr häufig eine Vorbildfunktion für den privaten Sektor hat. Darüber hinaus ist eine ausreichende Lohndifferenzierung erforderlich, um die Beschäftigungsmöglichkeiten für geringer qualifizierte Arbeitnehmer sowie in Regionen oder Sektoren mit hoher Arbeitslosigkeit zu verbessern. In dieser Hinsicht untergräbt eine übermäßige Regulierung der Löhne die Schaffung von Arbeitsplätzen, insbesondere für junge und weniger qualifizierte Arbeitnehmer sowie für diejenigen, die Schwierigkeiten bei der Stellensuche haben. So schmälert vor allem die Festsetzung von Mindestlöhnen auf einem Niveau, das nicht der Produktivität entspricht, die Beschäftigungschancen von weniger qualifizierten Arbeitnehmern und Arbeitslosen.

[…]

Es ist auch wichtig, die weitere Finanzmarktintegration und die Entwicklung von jederzeit verfügbaren Möglichkeiten zur Portfoliodiversifizierung[2] zu fördern. Dies würde, wie bereits erwähnt, zur Abschwächung der Auswirkungen länderspezifischer Schocks führen.

Durch eine gut konzipierte Finanzpolitik können die nationalen Entscheidungsträger einen erheblichen Beitrag zum ordnungsgemäßen Funktionieren der Anpassungsmechanismen innerhalb des Eurogebiets leisten. Schon häufig habe ich darauf hingewiesen, dass eine tragfähige und mittelfristig ausgerichtete Finanzpolitik, die vollständig im Einklang mit den Vorgaben des Stabilitäts- und Wachstumspakts steht, am besten zum reibungslosen Funktionieren des Euroraums beitragen kann. Darüber hinaus kann und sollte sich die Finanzpolitik auch darauf konzentrieren, die Effektivität und Effizienz des öffentlichen Sektors selbst durch eine qualitativ hochwertige Ausgaben- und Steuerpolitik zu steigern. Große und ineffiziente öffentliche Sektoren bremsen das Wachstum, indem sie die Wirtschaft durch hohe Steuern belasten und Ressourcen unproduktiven Verwendungen zuführen.

[…]

In: Rede von Jean-Claude Trichet, Präsident der Europäischen Zentralbank, Journalisten-Symposium Konvent für Deutschland, Berlin, 5. 12. 2007. In: www.ecb.europa.eu

Anmerkungen:

1 Die **Lissabon-Strategie** ist ein im März 2000 in Lissabon verabschiedetes Programm, das zum Ziel hat, die EU innerhalb von zehn Jahren, also bis 2010, zum wettbewerbsfähigsten und dynamischsten wissensgestützten Wirtschaftsraum der Welt zu machen. Die Lissabon-Strategie versucht, die Produktivität und die Innovationsgeschwindigkeit der EU durch verschiedene politische Maßnahmen zu erhöhen.

2 Portfoliodiversifizierung: üblicherweise Streuung der Geldanlage zur Wertsicherung des Vermögens.

Lösungsvorschläge

Unterrichtsinhalte:

- 12/I: Konzentration und Wettbewerb: Funktionen und Folgen des Wettbewerbs; Ziele und Zielkonflikte wirtschaftlichen und wirtschaftspolitischen Handelns am Beispiel;
  Wirtschaftliche Integration Europas
- 12/II: Bundesrepublik Deutschland und europäische Integration

1. *Der Operator „wiedergeben“ verlangt von Ihnen, die entscheidenden Aussagen Trichets möglichst mit eigenen Worten zusammenzufassen. Bitte vergessen Sie nicht, im Einleitungssatz Autor, Adressaten sowie Zeit und Ort der Rede zu nennen. Bei der Paraphrase des Textes müssen Sie auf den korrekten Einsatz des Konjunktivs achten. Zitate sind durch Zeilenangaben zu kennzeichnen. (AFB I)*

   Bei dem Text handelt es sich um Auszüge aus einer Ansprache, die der gegenwärtige **Präsident der Europäischen Zentralbank** (EZB), **Jean-Claude Trichet**, am 5. Dezember 2007, also noch vor dem Ausbruch der Finanzkrise, vor dem Journalisten-Symposium „Konvent für Deutschland“ in Berlin gehalten hat.
   In dieser Rede beschäftigt sich Trichet mit **wirtschaftlichen Strukturreformen**, die durch die nationalen Regierungen, Parlamente und Sozialpartner umgesetzt werden sollten. Diese Reformen seien seiner Auffassung nach notwendig, um die langfristigen Wachstumsaussichten im Euroraum zu verbessern. Trichet identifiziert sich in diesem Zusammenhang ausdrücklich mit der „**Lissabon-Strategie**“ (Z. 6), einem Plan, der bereits im März 2000 von den europäischen Regierungschefs verabschiedet wurde. Dieser verfolgt das Ziel, Europa durch eine Beschleunigung des Wachstums sowie eine Steigerung der Erwerbsbeteiligung und der Arbeitsproduktivität bis zum Jahre 2010 zum **wettbewerbsfähigsten Wirtschaftsraum der Welt** zu machen.
   Herausragende Bedeutung haben in diesem Zusammenhang nach Trichet solche Strukturreformen, welche die **Flexibilität der Güter- und Arbeitsmärkte** und damit die Arbeitsproduktivität erhöhen. Trichet verweist ausdrücklich auf die deutschen Arbeitsmarktreformen der letzten Jahre. Diese hätten wesentlich zur Reduzierung der Arbeitslosigkeit und zu einem konjunkturellen Aufschwung beigetragen und würden deshalb von der EZB unterstützt. Für einen dauerhaften Erfolg müssten die Reformen aber auch weiterhin in Kraft bleiben.
   Dagegen müssten **institutionelle Hemmnisse** für „flexible Lohn- und Preissetzungssysteme“ (Z. 25) **weiter abgebaut** werden. Denn sie gefährdeten genauso wie eine **übermäßige Regulierung des Arbeitsmarkts** die Wettbewerbsfähigkeit und Beschäftigung. So würde z. B. die Einführung von Mindestlöhnen eine notwendige Lohndifferenzierung verhindern. Doch gerade diese bietet auch weniger qualifizierten Arbeitnehmern eine Chance auf einen Arbeitsplatz.
   Die Finanzpolitik sollte sich die weitere **Integration der Finanzmärkte** sowie die Steigerung der **Effektivität und Effizienz des öffentlichen Sektors** zum Ziel setzen. Dabei müsse die Finanzpolitik mit den Vorgaben des europäischen **Stabi-**

litäts- und Wachstumspakts im Einklang stehen. Zudem müssten sich die Regierungen vor Augen halten, dass die Lohnbildung im öffentlichen Sektor eine nicht unerhebliche Vorbildfunktion für den privaten Sektor habe.

2. *Bei Ihrer Erläuterung (AFB II) der Konsequenzen einer evtl. Umsetzung von Trichets Programm auf die deutsche Volkswirtschaft sind Sie in der glücklichen Lage, nicht spekulativ verfahren zu müssen. Vielmehr liegt es nahe, sich bei den von Trichet geforderten Arbeitsmarktreformen auf die Hartz-IV-Reformen zu beziehen, die Trichet sogar ausdrücklich erwähnt.*
Ein eher kritischer Zugang zu einigen Positionen Trichets (Finanzmarktintegration, Portfoliodiversifizierung) eröffnet sich, wenn man die Forderungen, was sich geradezu aufdrängt, vor dem Hintergrund der nach dem Dezember 2007 eingetretenen wirtschaftlichen Entwicklung betrachtet. Diese Teilaufgabe ist mit 55 % gewichtet. Sie sollten ihr deshalb einen entsprechenden Stellenwert einräumen.

Trichet vertritt in seiner Ansprache dezidiert **wirtschaftsliberale Positionen**. Sein oberstes Ziel ist die **Wettbewerbsfähigkeit** der Unternehmen. Andere wünschenswerte Ziele, wie z. B. ein hohes Beschäftigungsniveau oder die Widerstandsfähigkeit der europäischen Volkswirtschaften gegenüber „Schocks" (Z. 2), also etwa Wirtschaftskrisen, sind seiner Auffassung nach nur erreichbar, wenn an der Priorität des Ziels der Wettbewerbsfähigkeit nicht gerüttelt wird.
Die Frage nach den Konsequenzen der Überlegungen Trichets für die deutsche Wirtschaft und Gesellschaft soll hier auf der Basis der Erfahrungen, die Deutschland mit den Arbeitsmarktreformen der Regierung Schröder (**Hartz IV**) gemacht hat, erläutert werden. Trichet selbst bezieht sich in seiner Rede ausdrücklich auf diese Reformen als ein Modell für die ihm vorschwebenden wirtschaftlichen Strukturreformen.
Diese Reformen der **Agenda 2010** waren von Anfang an höchst umstritten. Sie wurden von den Gewerkschaften heftig bekämpft und haben zweifellos dazu beigetragen, dass die **Regierung Schröder** und die SPD das Vertrauen vieler Wähler verloren und vorzeitige Neuwahlen eine unionsgeführte Regierung ins Amt brachten. Die Hartz-Reformen dürften ferner mitverantwortlich dafür sein, dass sich die Linkspartei auch im Westen Deutschlands und damit im deutschen Parteiensystem fest etablieren konnte.

Diese umstrittenen Hartz-IV-Reformen hatten folgende wesentliche Bestandteile:
- **Beschränkung des Arbeitslosengeldes** I auf maximal zwölf Monate
- **Abschaffung der Arbeitslosenhilfe** und Verschmelzung mit der Sozialhilfe (für Erwerbstätige) zum Arbeitslosengeld II
- **Verschärfung der Zumutbarkeitsregeln** bei Arbeitsangeboten
- **Ausweitung von Teilzeit- und Leiharbeit**
- Bindung der Zahlung von ALG II an die Bedürftigkeit
- **Förderungsmaßnahmen für Langzeitarbeitslose** durch die Bundesagentur für Arbeit

Da die Hartz-IV-Reformen im Jahr 2005 in Kraft traten, lassen sich deren positive und negative Wirkungen heute bereits recht gut erkennen. Zunächst sollen die **positiven Folgen** aufgelistet werden:

- Die Reform wirkten sich vorteilhaft auf die Beschäftigung aus: Die **Sockelarbeitslosigkeit** und die Langzeitarbeitslosigkeit gingen deutlich zurück; gerade bisherige Problemgruppen, etwa junge und alte Arbeitslose, profitierten.
- Die Reformen hatten **eine positive Wirkung auf die Wirtschaftsleistung**. Ohne sie wäre der Aufschwung weniger deutlich ausgefallen.
- Durch einen **geringeren Anstieg des Lohnniveaus** und eine überdurchschnittliche **Steigerung der Arbeitsproduktivität** verbesserte sich die Wettbewerbsfähigkeit der deutschen Volkswirtschaft gegenüber einigen Nachbarländern, in denen es keine Arbeitsmarktreformen gab. Zudem führte diese Entwicklung zu einem Rückgang der Abwanderung von Unternehmen in „Niedriglohnländer".

Als negative Folgen werden von vielen, vor allem von den Betroffenen, folgende Aspekte angeführt:

- Die Entstehung eines recht **großen Niedriglohnsektors:** Viele dieser niedrig entlohnten Beschäftigten müssen zusätzlich ALG II beantragen, um zu überleben (sog. „**Aufstocker**").
- Eine gewisse **Konsumzurückhaltung** selbst bei den beschäftigten Arbeitnehmern aus Angst vor einem Absturz in Hartz IV.
- Eine zunehmende **Gefahr der sozialen Deklassierung** durch den Zwang, auch Arbeitsangebote mit geringerer Qualifikation anzunehmen.
- Das **Anwachsen von Teilzeit- und Leiharbeit** sowie die vermehrte Umwandlung von regulären Arbeitsverhältnissen in Leiharbeit oder Niedriglohnbeschäftigung.

Ob die Auswirkungen der Hartz-IV-Reformen im Ganzen eher positiv oder eher negativ beurteilt werden, hängt nach wie vor vom politischen Standpunkt ab. Die Linkspartei hat die Parole „Weg mit Hartz IV!" zum erfolgreichen Wahlkampfslogan gemacht, die SPD und Grüne plädieren inzwischen für deutliche Nachbesserungen, CDU und FDP wollen sich mit kleineren Korrekturen zufrieden geben und halten die Reform insgesamt für erfolgreich.

Trichet setzt sich in seiner Ansprache jedoch nicht nur für die Flexibilisierung des Arbeitsmarktes ein. Vielmehr liegen ihm auch „die weitere **Finanzmarktintegration**" (Z. 41) und verbesserte Möglichkeiten zur „**Portfoliodiversifizierung**" (Z. 42) am Herzen, die eine Abmilderung der Auswirkungen externer Schocks versprechen.

Auch in dieser Hinsicht haben sich Trichets Forderungen in den letzten Jahren weitgehend erfüllt. Mit der Durchsetzung des **europäischen Binnenmarktes** in den 90er-Jahren war die **Freiheit des Kapitalverkehrs** im europäischen Wirtschaftsraum bereits Realität geworden. Durch den Abbau von Transaktionshemmnissen seitens der WTO und das Hinzutreten neuer Finanzmarktpartner in Gestalt aufstrebender **Schwellenländer** wie China, Indien oder Brasilien wurde die **Globalisierung der Finanzmärkte** weiter vorangetrieben. Billionen Dollar

und Euro an Anlagekapital zirkulieren auf der Suche nach neuen Möglichkeiten der „Portfoliodiversifizierung“ täglich weitgehend unreguliert um den Globus.
Allerdings hat die Welt im August 2008 erlebt, dass dies nicht die von Trichet erwähnten positiven Auswirkungen gezeitigt hat, sondern sich die erhofften Wirkungen schlagartig ins Gegenteil verkehrten. Die enge Verflechtung der internationalen Finanzmärkte, das **Versagen der Aufsichts- und Kontrollorgane** sowie die **Gier vieler Bankmanager** nach immer höheren Boni und Renditen haben dazu geführt, dass aus dem Platzen einer Blase auf dem US-amerikanischen Hypothekenmarkt und der daraus folgenden Pleite von Lehman Brothers in wenigen Stunden eine **globale Finanzkrise** wurde. Diese brachte viele Anleger um ihr Vermögen und Millionen von Arbeitnehmern um ihren Arbeitsplatz. Die Weltwirtschaft stand am Rande des Zusammenbruchs. Nur durch das beherzte Eingreifen der Regierungen der bedeutendsten Industriestaaten, die Übernahme von **Staatsbürgschaften** für die wichtigsten Großbanken und das Auflegen von milliardenschweren **Rettungs- und Konjunkturprogrammen** konnte der Absturz der Weltwirtschaft in eine tiefe Depression abgewendet werden. Dennoch wurde die Realwirtschaft weltweit massiv in den Abwärtsstrudel hineingezogen. In Deutschland z. B. sank das Bruttoinlandsprodukt im Jahre 2009 um etwa 5 %.
Da zur Finanzierung der staatlichen Rettungs- und Konjunkturprogramme weltweit neue **Staatsschulden** aufgehäuft wurden, die in den nächsten Jahrzehnten abgetragen werden müssen, ist ein **Anwachsen der Steuer- und Abgabenlasten** absehbar. Dadurch wiederum werden die Wachstumschancen auf Jahre hinaus schwer beeinträchtigt.
Einige Staaten, wie z. B. **Griechenland**, die schon vor Ausbruch der Krise mit hohen Staatsschulden belastet waren, konnten die neu hinzugekommenen Lasten nicht mehr alleine stemmen und mussten die Euro-Partner um Hilfe bitten. Deshalb und weil die Staaten der Euro-Zone sich nicht an die Maxime des „no bail out“ (Verbot der Haftungsübernahme der Schulden eines Euro-Mitgliedsstaates) hielten, droht nun selbst dem Euro Gefahr.
Trichets Hoffnung, die internationale Finanzmarktintegration als solche werde die nationalen Volkswirtschaften widerstandsfähiger gegenüber „länderspezifische[n] Schocks“ (Z. 43 f.) machen, wurde zunichte gemacht durch die katastrophalen Wirkungen eines durch die Finanzmarktintegration erst ermöglichten externen Schocks, der die europäischen Volkswirtschaften an den Rand des Abgrunds führte. Deutlich wurden dabei die **Bedeutung starker**, **handlungsfähiger Staaten** sowie die Notwendigkeit einer internationalen **Kontrolle und Regulierung der Finanzmärkte**. Davon ist in der Ansprache Trichets allerdings nicht die Rede.
Trichet wendet sich in seiner Ansprache u. a. auch gegen „**institutionelle[…] Hemmnisse[…]**“ (Z. 25) auf dem Arbeitsmarkt und eine „**übermäßige Regulierung der Löhne**“ (Z. 34 f.). Bei der Bewältigung der Krisenfolgen, insbesondere auf dem Arbeitsmarkt, hat sich die deutsche Bundesregierung der Großen Koalition im Gegensatz dazu einer institutionellen Regelung bedient, die sich als außerordentlich erfolgreich erwies: Sie hat nämlich für die von der Krise gebeutelten Unternehmen die Möglichkeit zur **Ausweitung der Kurzarbeit** von sechs

auf 24 Monate geschaffen; ein Teil der Lohnkosten sowie der Unternehmensanteil an den Sozialabgaben wurde weitgehend von der Bundesagentur für Arbeit übernommen. Durch diesen **massiven staatlichen Eingriff in den Arbeitsmarkt** konnte die Ausweitung der Massenarbeitslosigkeit in Deutschland in engen Grenzen gehalten und ein Einbruch der Konsumnachfrage vermieden werden. Europa beneidete die Bundesrepublik um **„das deutsche Jobwunder"**, das nur durch eine staatliche Intervention zur Stützung von Beschäftigung und Massenkaufkraft möglich geworden war – eine Intervention, die freilich im Gegensatz stand zu den von Trichet proklamierten Prinzipien.

Trichet hat seine Ansprache im Dezember 2007 gehalten, also etwa acht Monate vor dem Ausbruch der Krise, von der die EZB genauso überrascht wurde wie die US-amerikanische Zentralbank (FED) und die nationalen Zentralbanken Europas. In den folgenden Wochen und Monaten musste die EZB das **Zinsniveau auf das Rekordtief von einem Prozent** herunterfahren und alle **Geldschleusen öffnen**, um die Geldversorgung der Volkswirtschaften, die von den Banken nicht mehr gewährleistet wurde, sicherzustellen. Sie musste sich dabei über alle bisherigen Regeln und Verfahrensweisen hinwegsetzen und **Inflationsrisiken eingehen**, die sie bis dahin für unverantwortbar erklärt hatte.
Auch in der EZB wird deshalb heute über die Gefahren der Finanzmarktintegration und die Frage der Regulierung der Finanzmärkte anders gedacht als vor der Krise. In den Reden des Jahres 2010 setzt Jean-Claude Trichet andere Akzente.

3. *In diesem Teil der Aufgabe wird von konkurrierenden „politischen Zukunftsmodellen der EU" ausgegangen. Dies könnte vielleicht einige von Ihnen verwirren, nachdem mit dem Vertrag von Lissabon die Entscheidung für eines dieser Modelle, nämlich die EU als „europäischen Staatenverbund", gefallen ist.*
Dennoch spielen in der europapolitischen Debatte zwei vom Modell des Staatenverbunds abweichende Vorstellungen weiterhin eine Rolle, nämlich das Modell eines „Kerneuropas" und ein „Europa à la carte". Auf diese Modelle kann bei der Diskussion (AFB III) der Chancen zur Umsetzung der Vorstellungen Trichets Bezug genommen werden.

Nachdem in den Anfangsjahren der europäischen Integration, also in den 60er und 70er Jahren, unter den Schlagworten **„Vereinigte Staaten von Europa"** oder **„Europa der Vaterländer"** über die Frage diskutiert worden war, ob die Europäische Union ein **Bundesstaat** nach dem Modell der USA oder ein **lockerer Staatenbund** (Modell Deutscher Bund von 1815) werden sollte, wurde diese Frage mit den **Verträgen von Maastricht** (1992) und **Lissabon** (2009) zunächst einmal durch einen Kompromiss entschieden: Die Europäische Union wurde zum **„Staatenverbund"**, also einem Mittelding zwischen Bundesstaat und Staatenbund. In diesem behalten die Nationalstaaten ihre **Souveränität** und dürfen weiterhin über alle Fragen in eigener Souveränität bestimmen, die nach dem **Subsidiaritätsprinzip** auf nationaler Ebene sinnvoll entschieden werden können (z. B. Steuer-, Sozial- und Wirtschaftspolitik). In anderen Politikbereichen (z. B.

Außen- und Sicherheitspolitik) verpflichten sich die Mitgliedsstaaten zur Kooperation und **Koordinierung ihrer Politik**. Ein dritter Politikbereich (Währungspolitik, Außenhandels- und Zollpolitik) unterliegt schließlich einem **komplizierten europäischen Entscheidungsprozess**, an dem alle europäischen Institutionen beteiligt sind. Im Ergebnis können bei solchen Entscheidungen einzelne Nationalstaaten unter bestimmten Voraussetzungen auch überstimmt werden.
Obwohl nach der Ratifizierung des Vertrags von Lissabon die Frage der Kompetenzverteilung zwischen EU und den Nationalstaaten auf Jahre hinaus entschieden ist, werden auch weiterhin Forderungen nach einer **Vertiefung der EU** erhoben, also nach einer Ausweitung ihrer Kompetenzen, insbesondere in den Bereichen Wirtschafts- und Finanzpolitik. Da aber die meisten europäischen Nationalstaaten solchen Forderungen skeptisch gegenüberstehen, wird dann nicht selten das Konzept eines „**Europas der zwei Geschwindigkeiten**", kurz auch „**Kerneuropa**" genannt, entwickelt. Gemeint ist damit, dass sich einige EU-Staaten zusammenschließen und mehr Politikbereiche als die übrigen Mitgliedsstaaten einem gemeinsamen Entscheidungsprozess unterwerfen, z. B. ihre Wirtschafts-, Sozial- und Finanzpolitik. Dabei wird nicht nur eine **verstärkte Integration**, sondern auch eine **erhöhte Integrationsgeschwindigkeit** angestrebt.
Trichet erhebt in seiner Ansprache eine Vielzahl von wirtschafts- und finanzpolitischen Forderungen und empfiehlt sie mit Verweis auf den Lissabon-Vertrag über die Verbesserung der europäischen Wettbewerbsfähigkeit allen EU-Staaten zur besseren Koordination. Seine Empfehlungen reichen von der Steuer- über die Arbeitsmarkt- bis hin zur Lohnpolitik. Die Anhänger des Modells eines „Kerneuropas" befürworten die strikt koordinierte Umsetzung dieser Forderungen in den beteiligten Staaten.
Die **Europäische Kommission** hat Trichets Forderungen im Kontext der **griechischen Schuldenkrise** im Mai 2010 für die Staaten der Euro-Gruppe, die man durchaus als eine Art „Kerneuropa" betrachten kann, konkretisiert. Demnach sollen die Euro-Staaten

- ihre **Staatshaushalte** noch vor der Einbringung in die nationalen Parlamente der **Europäischen Kommission zur Überprüfung vorlegen**,
- der Europäischen Kommission das Recht einräumen, die nationalen **Lohn- und Arbeitsmarktpolitiken** daraufhin zu **überprüfen**, ob sie den **Erfordernissen der Wettbewerbsfähigkeit entsprechen**,
- und sich bei Verstößen gegen die Verschuldungskriterien des europäischen Stabilitätspakts **automatischen Sanktionen** unterwerfen.

Auf den ersten Blick sieht es in der Tat so aus, als ob derartige Forderungen in einem „Kerneuropa" größere Realisierungschancen hätten als im Europa der 27. Das wäre aber nur dann der Fall, wenn die Staaten „Kerneuropas" in den entscheidenden Fragen der Sozial-, Wirtschafts-, und Finanzpolitik wirklich von einer **einheitlichen Interessengrundlage** ausgehen könnten. Diese scheint jedoch angesichts **gravierender struktureller Unterschiede** sowie differenzierter nationaler Regelungen und Entwicklungen auch zwischen den größten EU-Staaten nicht gegeben zu sein. Im Vergleich zu Deutschland, das als Trichets Musterschüler gelten kann, hat z. B. die Wettbewerbsfähigkeit Frankreichs und Italiens seit der Einführung des Euro stark abgenommen. Denn ein überdurchschnittliches **Wachstum der Arbeitsproduktivität** und ein vergleichsweise **niedriges Lohnniveau** ermöglichen deutsche Exportüberschüsse. Deshalb fordern Italien und Frankreich schon jetzt von der Bundesregierung Maßnahmen zur Steigerung der Massenkaufkraft in Deutschland – etwa durch **Steuersenkungen** und/oder **Lohnsteigerungen** – und eine Abkehr von der starken Exportorientierung.

Dem Modell eines „Kerneuropas" steht die Vorstellung eines „**Europas à la carte**" gegenüber, nach der sich die EU-Mitgliedsstaaten nur auf ein **Minimum an gemeinsamen Zielen** (z. B. den Binnenmarkt) einigen. Damit bleibt den EU-Staaten das Recht vorbehalten, sich zwar in Angelegenheiten besonderen Interesses enger zusammenzuschließen, in allen anderen Politikbereichen können sie aber weiterhin nationalstaatlich agieren.
Wäre dieses Modell demnach besser zur Durchsetzung einer an Wettbewerbsfähigkeit orientierten europäischen Wirtschaftspolitik – wie sie Trichet fordert – geeignet? Die Befürworter dieses Modells, zu denen z. B. der neue britische Premierminister Cameron zu rechnen ist, verweisen nicht nur auf das in tiefen **nationalen Traditionen** oder in verfassungsrechtlichen Vorgaben verwurzelte Gebot einer möglichst **uneingeschränkten nationalen Souveränität**, sondern auch darauf, dass die **Konkurrenz der Nationalstaaten um die erfolgreichere Stabilitäts- und Wettbewerbspolitik** erfahrungsgemäß bessere Resultate zeitigen würde als der wirtschafts- und finanzpolitische Zentralismus einer **Brüsseler Superbehörde**. Ein „Europa à la carte" könne nationalen Besonderheiten und Traditionen besser Rechnung tragen, den demokratisch ermittelten **Volkswillen der europäischen Völker besser erfüllen**, den spezifischen Fähigkeiten und Bedürfnissen der europäischen Völker mehr Entfaltungsspielraum gewähren und dadurch letztlich mehr zum Wohlergehen Europas beitragen.
Die aktuelle Euro-Krise vom Mai 2010 hat den Anhängern einer strikteren Koordination, also der Vereinheitlichung der europäischen Wirtschafts- und Finanzpolitik, wie oben bereits ausgeführt, starken Auftrieb gegeben. Die Stabilität der gemeinsamen Währung scheint in der Tat eine Art „**europäische Wirtschaftsregierung**" (Präsident Sarkozy) zu erzwingen. Auf der anderen Seite kann man sich – ganz abgesehen von **verfassungsrechtlichen Risiken** – schwer vorstellen, dass die Parlamente der europäischen Nationalstaaten ihr Budgetrecht freiwillig an die Europäische Kommission abtreten werden.
Obgleich also die Anhänger des Modells eines „Kerneuropas" angesichts der europäischen Schuldenkrise Oberwasser haben, ist der Ausgang des Kampfes zwischen beiden Lagern noch nicht absehbar. Jedenfalls scheint die Kompromissformel vom „europäischen Staatenverbund" nicht das letzte Wort der europäischen Einigungsgeschichte zu sein.

Hessen – Politik und Wirtschaft – Grundkurs 2011
Vorschlag A

Thema: *Staatsverschuldung und europäische Integration*

Aufgaben

1. Geben Sie den Inhalt des Zeitungsartikels wieder (Material 1). Beschreiben Sie die in Material 2 dargestellten Reaktionen auf die Griechenland- und die Eurokrise. (20 BE)

2.1 Arbeiten Sie anhand des Materials 3 das Ausmaß der Staatsverschuldung in der Eurozone heraus. (15 BE)

2.2 Erläutern Sie ökonomische, gesellschaftliche und politische Auswirkungen der Staatsverschuldung. (30 BE)

3. Diskutieren Sie, wie politische Entscheidungsträger mit der Problematik der Staatsverschuldung auf nationalstaatlicher und europäischer Ebene umgehen könnten. (35 BE)

M 1: Gerd Höhler: Athen ist auf Stütze angewiesen

Die griechische Schuldenkrise schlägt Wellen rund um den Globus. Dass die unsolide Haushaltspolitik des kleinen Landes, das nicht einmal für drei Prozent der Wirtschaftsleistung der EU steht, die Finanzmärkte derart belasten könnte, hat niemand erwartet. Griechenlands Krise war indes seit langem absehbar, und die EU-Partner tragen Mitverantwortung für die Malaise[1].

Schon in den 90er Jahren warnten Fachleute, es sei riskant, ein Land mit derartigen Wettbewerbsschwächen und so hoher Staatsverschuldung in die Währungsunion aufzunehmen. Zudem erschlich sich die Athener Regierung den Zugang zur Eurozone mit geschönten Statistiken. Das war zwar ein offenes Geheimnis, doch die EU sah darüber hinweg; die Währungsunion war schließlich politisch gewollt. Die Annahme, in der Eurozone würden sich die unterschiedlichen Niveaus und Strukturen im Laufe der Zeit von selbst angleichen, war eine Illusion. Stattdessen hat der Euro die Ungleichgewichte noch verschärft. Befreit vom Wechselkursrisiko, verführt von niedrigen Zinsen und ermutigt durch ständige Milliardenüberweisungen aus Brüssel, genehmigten sich die Griechen einen Wohlstand auf Pump, den sie sich mit der Drachme niemals hätten leisten können. Es gab seit Jahren Alarmsignale: hohe Inflationsraten und ein explodierendes Leistungsbilanzdefizit. Auch darüber sah die EU lange hinweg. Portugal, Italien und Spanien haben ähnliche Probleme. Die Kurse ihrer Staatsanleihen sind ebenfalls auf Talfahrt. „Pigs“[2] lautet der aus den Anfangsbuchstaben der Pleite-Kandidaten abgeleitete Spitzname dieser Ländergruppe an den Finanzmärkten. Die „Pigs“ bilden eine Schicksalsgemeinschaft; die griechische Krise könnte in ihr einen Dominoeffekt auslösen. […]

Über die bisher gefassten Sparbeschlüsse kann die Athener Regierung aber nicht wesentlich hinausgehen, wenn sie nicht soziale Unruhen und einen Absturz der schwachen Konjunktur riskieren will. […]

Gerd Höhler: Athen ist auf Stütze angewiesen. In: Frankfurter Rundschau vom 8. 2. 2010

Anmerkungen:
1 Malaise – Misere, Missstimmung
2 PIGS – Portugal, Italien, Griechenland, Spanien

Zum Autor: Gerd Höhler ist Journalist und lebt in Athen.

M 2:

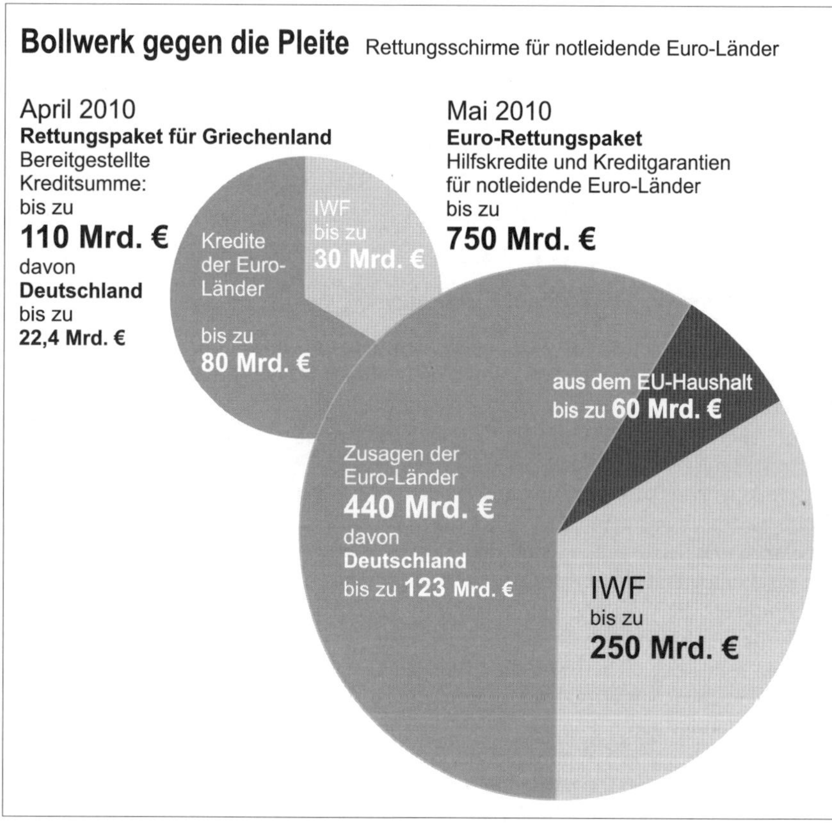

In: Der Spiegel 28/2010 vom 12. 7. 2010, S. 71

M 3: Staatsverschuldung und Wirtschaftsleistung der Euro-Staaten im Vergleich
(Angaben jeweils in % des BIPs)

Staat	Defizite des Staatshaushaltes in % des BIPs (Stand 10/2009)	Staatsverschuldung in Europa in % des BIPs (Stand 10/2009)	Wirtschaftsleistung in 2009 in % im Vergleich zum Vorjahr
Belgien	–5,9	97,2	–3,1
Deutschland	–3,4	73,1	–5,0
Finnland	–2,8	41,3	–7,8
Frankreich	–8,3	76,1	–2,2
Griechenland	–12,7	112,6	–1,1
Irland	–12,5	65,8	–7,5
Italien	–5,3	114,6	–5,0
Luxemburg	–2,2	15,0	–3,4
Malta	–4,5	68,5	–1,9
Niederlande	–4,7	59,8	–4,0
Österreich	–4,3	69,1	–3,6
Portugal	–8,0	77,4	–2,7
Slowakei	–6,3	34,6	–4,7
Slowenien	–6,3	35,1	–7,8
Spanien	–11,2	54,3	–3,6
Zypern	–3,5	53,2	–1,7
Euroraum	–6,4	78,2	–4,1

Prof. Dr. Paul G. Schmidt: Frankfurt School of Finance & Management, nach Zahlen von European Commission 2009, Wikipedia am 8. 4. 2010

Lösungsvorschläge

Unterrichtsinhalte:

- 12/I: Ziele und Zielkonflikte wirtschaftlichen und wirtschaftspolitischen Handelns am Beispiel: Probleme der Staatsverschuldung;
  Konjunktur und Konjunkturpolitik;
  Wirtschaftliche Integration Europas
- 12/II: Bundesrepublik Deutschland und europäische Integration

1. *Nach der Identifizierung von Quelle und Autor geben Sie zunächst den Inhalt des Textes in eigenen Worten und unter Verwendung der Fachsprache wieder. Anschließend sollen Sie die in den Kreisdiagrammen dargestellten Informationen zum Inhalt der beiden Rettungspakete strukturiert zusammentragen und dabei die Geldgeber und Empfänger benennen. (AFB I)*

   In dem vorliegenden Zeitungsartikel des Athener Korrespondenten der Frankfurter Rundschau vom 8. Februar 2010 (M 1) beschäftigt sich der Autor unter der Schlagzeile „Athen ist auf Stütze angewiesen“ mit der **griechischen Schuldenkrise**, die im Frühjahr 2010 die Finanzmärkte erschütterte.
   Obwohl zunächst niemand mit derart heftigen Auswirkungen der unsoliden griechischen Finanzpolitik auf die Finanzmärkte gerechnet habe, sei die **Krise eigentlich absehbar gewesen**; die EU gehöre sogar zu ihren Mitverursachern.
   Schon in den 90er-Jahren hätten Ökonomen vor der Aufnahme dieses hochverschuldeten und international wenig konkurrenzfähigen Landes in die Europäische Währungsunion gewarnt. Die EU habe aber diese Warnungen aus politischen Motiven ignoriert und darauf gehofft, dass sich die finanzpolitischen Ungleichgewichte zwischen den Euro-Staaten mit der Zeit von selbst ausgleichen würden. Stattdessen hätten sich diese Differenzen jedoch noch ausgeweitet, weil Griechenland, befreit von jedem Wechselkursrisiko, die niedrigen Zinsen und die Transferzahlungen der EU für eine hemmungslose Schuldenpolitik genutzt habe.
   Auch erste **Warnsignale** wie die **hohe Inflationsrate** oder das **wachsende Leistungsbilanzdefizit habe man in der EU übersehen** und damit Länder wie Portugal, Spanien und Italien zu einer ähnlichen Politik ermuntert. So könnte die griechische Schuldenkrise bei diesen PIGS-Staaten einen Dominoeffekt auslösen.
   Die EU müsse nun handeln und Griechenland stützen, weil eine Verschärfung der griechischen Sparpolitik soziale Unruhen heraufbeschwören könnte.

   In M 2 wird in zwei **Kreisdiagrammen** grafisch dargestellt, **welche Summen von den Euro-Staaten und dem IWF als Kredite und Kreditgarantien im April und Mai 2010 bereitgestellt wurden**, um den griechischen Staatsbankrott abzuwenden sowie andere notleidende Euro-Staaten und den Wechselkurs des Euro zu stützen. Für Griechenland wurde eine Kreditsumme von insgesamt 110 Mrd. Euro mobilisiert („**Rettungspaket für Griechenland**“), davon bringen die Euro-Staaten 80 Mrd. auf, die restlichen 30 Mrd. der IWF. Deutschland beteiligt sich mit einer Summe von bis zu 22,4 Mrd. Euro.

Im Mai 2010, als sich abzeichnete, dass die Krise auf die anderen PIGS-Staaten übergreifen und der Kurs des Euro weiter fallen könnte, wurde ein noch größeres „**Euro-Rettungspaket**“ geschnürt, das 750 Mrd. Euro umfasst. 440 Mrd. Euro müssen von den Euro-Ländern und 250 Mrd. Euro vom IWF beigesteuert werden, die restlichen 60 Mrd. Euro werden dem Haushalt der EU entnommen. Deutschland allein trägt zum Euro-Rettungspaket bis zu 124 Mrd. Euro bei. Dies ergibt für beide Rettungspakete eine Summe von 145,4 Mrd. Euro.

2.1 *Der Operator „herausarbeiten“ verlangt von Ihnen, mithilfe der Tabelle M 3 das Ausmaß der Staatsverschuldung in der Eurozone möglichst aussagekräftig darzustellen. Dazu bietet es sich an, die zunächst unstrukturierten Daten neu zu ordnen und z. B. in eine Rangskala zu bringen, um daraus Schlussfolgerungen zu ziehen. Zur Bewertung der Daten sollten Sie die Kriterien des Europäischen Stabilitätspaktes ansetzen. Bitte beachten Sie, dass es sich insbesondere bei den Daten der dritten Spalte um eine Momentaufnahme handelt, die keine zuverlässigen Schlussfolgerungen über die Wirtschaftskraft der Staaten zulässt. (AFB I)*

Die Tabelle M 3 „Staatsverschuldung und Wirtschaftsleistung der Euro-Staaten im Vergleich“, die von Paul G. Schmidt auf der Basis von Zahlenangaben der Europäischen Kommission zusammengestellt wurde, erfasst in der ersten Spalte die **Staatsdefizite von 16 Euro-Staaten sowie des Euroraums** im Jahre 2009 in Prozent des BIP (Stand: Oktober). Die zweite Spalte zeigt die bis 2009 aufgelaufene **Gesamtverschuldung** dieser Staaten ebenfalls in Prozent des BIP, während in der dritten Spalte die **Wirtschaftsleistung** der Staaten des Euroraumes im Jahre 2009 gegenüber 2008 dargestellt ist.
Aussagekraft für die Bewertung der Verschuldung der Euro-Staaten haben nur die Daten der beiden ersten Spalten der Tabelle. Bringt man die Prozentzahlen der ersten Spalte in eine Rangordnung, so steht **Griechenland** mit 12,7 % **an der Spitze der Schuldenmacher des Jahres 2009**, gefolgt von Irland mit 12,5 %, Spanien mit 11,2 % und Frankreich mit einem Haushaltsdefizit von 8,3 % des BIP. Als solideste Staaten stehen Deutschland mit 3,4 %, Finnland mit 2,8 % und Luxemburg mit 2,2 % am Ende der Rangskala. Außer Finnland und Luxemburg überschreiten damit alle Länder der Währungsunion die **Defizit-Obergrenze des europäischen Stabilitätspakts**, die bekanntlich bei **3 % des BIP** liegt. Im Schnitt beträgt das **Haushaltsdefizit der Euro-Staaten im Jahre 2009** 6,4 % des BIP, die Defizit-Grenze wird also **um mehr als das Doppelte überschritten**.
Bei der Betrachtung der Hierarchie der staatlichen Gesamtverschuldung der Euro-Länder im Jahre 2009 ergibt sich eine deutliche Verschiebung der Relationen. Hier führt Italien mit Staatsschulden in Höhe von 114,6 % des BIP die Skala an, Griechenland, das im Zentrum der Finanzkrise des Jahres 2010 stand, folgt mit 112,6 % erst an zweiter Stelle, den dritten Rang nimmt mit 97,2 % Belgien ein, das nicht zur Gruppe der PIGS-Staaten gehört und das man deshalb hier nicht erwartet hätte. Deutschland nimmt mit 73,1 % den sechsten und Frankreich mit 76,1 % den fünften Platz ein; am niedrigsten sind die Schuldenberge in Luxemburg (15,0 %), in der Slowakei (34,6 %) und in Slowenien (35,1 %).

Neun von 16 Staaten überschreiten im Jahre 2009 mit ihren Haushaltsdefiziten mehr oder weniger deutlich die **im europäischen Stabilitätspakt gesetzte Obergrenze der Gesamtverschuldung in Höhe von 60 % des BIP**, dazu gehören auch Deutschland und Frankreich.
Die dritte Spalte zeigt dagegen nur, wie stark die einzelnen Euro-Staaten durch die Weltwirtschaftskrise des Jahres 2008 in Mitleidenschaft gezogen wurden. Das ist jedoch eine Momentaufnahme, die über die wirtschaftliche Leistungsfähigkeit der Euro-Staaten und damit über ihre Fähigkeit zum langfristigen Schuldenabbau nur wenig aussagt. Besonders im Falle Griechenlands, dessen Zahlen in der dritten Spalte dieser Tabelle sogar am günstigsten aussehen, ergibt sich ein schiefes, ein geschöntes Bild. Es waren doch gerade die schlechten Zukunftsperspektiven dieser Volkswirtschaft, welche das Vertrauen der Finanzmärkte in die griechische Finanzpolitik zerstörten und die Schuldenkrise herbeiführten. Dagegen konnte **Deutschland**, dessen Wirtschaftsleistung im Jahre 2009 um 5 % abnahm, ein Jahr später auf ein **hohes Wirtschaftswachstum von 3,6 %** verweisen und damit seine internationale Wettbewerbsfähigkeit und wirtschaftliche Leistungsfähigkeit unter Beweis stellen. Beides aber wird durch die Zahlenwerte der dritten Spalte dieser Tabelle verschleiert.

2.2 *Der Operator „erläutern" verlangt von Ihnen, auf der Basis eigener Kenntnisse an Beispielen die Auswirkungen staatlicher Schuldenpolitik auf die Bereiche Wirtschaft, Politik und Gesellschaft im Zusammenhang zu verdeutlichen. (AFB II)*

Die in M 3 ausgewiesenen überhöhten Staatsverschuldungsquoten der Euro-Staaten sind zum Teil durch schuldenfinanzierte Programme zur Rettung von Banken und zur Stützung der Konjunktur verursacht, zu denen sich viele Euro-Staaten nach der Weltwirtschaftskrise des Jahres 2008 gezwungen sahen. Diese Programme haben sich inzwischen im Grundsatz als unabweisbar und vernünftig erwiesen. Eine **kurzfristige Staatsverschuldung zur Krisenbewältigung und zur Konjunkturstützung** kann also durchaus notwendig sein. Bei den überhöhten Schuldenquoten der meisten Euro-Staaten handelt es sich jedoch zum weitaus größeren Teil um **strukturelle und langfristige Staatsschulden** und nur diese sind im Folgenden gemeint.
Wenn ein **Staat** dauerhaft mehr Geld ausgibt als er einnimmt, muss er seinen Haushalt durch die **Aufnahme von Krediten auf dem Kapitalmarkt** ausgleichen. Für die aufgenommenen Geldsummen sind in den Folgejahren Zinsen zu bezahlen; ein **Teil der Steuereinnahmen der nächsten Jahre** muss also für den **Schuldendienst** verwendet werden und **schmälert** damit den **haushaltspolitischen Handlungsspielraum** des Staates. Im Jahre 2011 ist z. B. der Schuldendienst der zweitgrößte Posten im Bundeshaushalt gleich nach dem Sozialetat. Man kann sich ausrechnen, wie viele neue Straßen nicht gebaut oder erneuert, wie viele neue Lehrer- oder Professorenstellen nicht geschaffen werden können, weil die Steuern von **Zins- und Zinseszinszahlungen** für die fast zwei Billionen Euro Staatsschulden Deutschlands aufgefressen werden.

Die starke staatliche Nachfrage nach Krediten auf den Kapitalmärkten treibt langfristig den Preis des Geldes, d. h. den Zinssatz, in die Höhe. Der **Staat verteuert** somit **durch seine Schuldenpolitik auch die Finanzierung von privaten Investitionen**. Wenn aber Investitionen unterbleiben und industrielle Kapazitäten nicht erweitert werden können, ist das wirtschaftliche Wachstum gefährdet und negative Auswirkungen auf Arbeitsmärkte und Steueraufkommen sind programmiert.

Auf gesellschaftlicher Ebene gefährdet der Schuldenstaat den Generationenvertrag, denn die Kosten und die Zahlungen für den überhöhten Konsum der gegenwärtigen Generation werden wegen der jahrzehntelangen Abzahlungsfristen zum großen Teil auf zukünftige Generationen übertragen. Deren **Bereitschaft zur Tilgung der Altschulden** der Elterngeneration in Gestalt von hohen Steuern und Sozialbeiträgen könnte aber unter diesen Umständen **schwinden** und zu einer **zunehmenden Politikverdrossenheit** führen. Denn der jungen Generation ist nicht plausibel zu machen, warum sie die Schulden der Eltern abzahlen sollte, insbesondere wenn diese Schulden zur Finanzierung eines Lebensstandards aufgenommen wurden, den die Jungen längst nicht mehr genießen können. Gerade für hochqualifizierte junge Menschen bietet sich die **Emigration als Ausweg** an, und dieser Weg wird von vielen bereits beschritten. Zudem könnte sich die Unzufriedenheit in einem **geänderten Wahlverhalten** äußern, indem vermehrt populistische und extreme Parteien auf der linken und rechten Seite gewählt werden.

Übersteigt die Schuldenquote die wirtschaftliche Leistungsfähigkeit eines Staates, also seine Möglichkeiten zur Bedienung seiner Schulden, dann passiert, was sich 2010 mit Griechenland abgespielt hätte, wenn die Euro-Staaten nicht als Retter eingesprungen wären. Die Finanzmärkte entziehen diesem Staat, manchmal auch aus spekulativen Motiven, das Vertrauen und stellen zusätzliches Geld nur noch zu sehr hohen Zinssätzen oder gar nicht zur Verfügung. Damit steht ein solches Land vor der **Zahlungsunfähigkeit**, es muss **Staatsbankrott** anmelden und um **Stundung oder Erlass seiner Schulden** bitten. Die Gläubiger, häufig global agierende Großbanken, welche bis dahin von hohen Zinszahlungen profitiert hatten, aber auch kleine inländische Sparkassen, verlieren viel Geld, weil sie einen Teil der geliehenen Kredite abschreiben müssen. Dadurch können sie mit in den Abgrund gerissen werden und durch die nachfolgende **Bankenkrise** kann eine schwere **Wirtschaftskrise** ausgelöst werden.

Mit einer **radikal abgewerteten Währung** und einer **rigiden Sparpolitik**, die **häufig soziale Unruhen** nach sich zieht, muss ein solches Land, weitgehend ohne Hilfen und Kredite der internationalen Kapitalmärkte, einen Neuanfang versuchen. Eine solche Rosskur hat Anfang des neuen Jahrtausends zum Beispiel Argentinien hinter sich gebracht.

3. *In dieser Aufgabe sollen Sie kontroverse Positionen zum Umgang mit der Schuldenproblematik sowohl auf nationaler als auch auf europäischer Ebene argumentierend darlegen und anschließend eine eigene Bewertung zu diesen Positionen abgeben. (AFB III)*

Die in den letzten Jahrzehnten fast ständig gestiegene Staatsverschuldung wird in Deutschland aus den oben dargelegten Gründen von der Bevölkerung, aber auch von der Mehrzahl der Parteien, für äußerst problematisch gehalten. Fast alle Parteien haben deshalb die **Haushaltskonsolidierung** und den **Schuldenabbau** in ihr Programm aufgenommen. Dieser Konsens hat es ermöglicht, dass im Jahre 2009 eine sog. Schuldenbremse in das Grundgesetz, aber auch in einige Länderverfassungen eingefügt wurde, welche besagt, dass die Nettoneuverschuldung des Bundes und der Länder schrittweise zurückgefahren werden muss und ab dem Jahre 2020, außer in wenigen Ausnahmefällen, keine neuen Kredite zur Finanzierung der laufenden Ausgaben des Staates mehr aufgenommen werden dürfen. Die hessischen Wähler haben einer entsprechenden Änderung der Hessischen Verfassung im März 2011 mit einer großen Mehrheit von 70 Prozent zugestimmt.
Dennoch ist die **Schuldenbremse nicht unumstritten**. Die Linkspartei und einige Gewerkschaften befürchten infolge der Schuldenbremse eine **rigide Sparpolitik** des Staates, den **Abbau von Sozialleistungen** und die **permanente Unterfinanzierung des Bildungswesens**.
Auf **europäischer Ebene** hat die Schuldenproblematik durch die **Überschuldung und die drohende Insolvenz der PIGS-Staaten** (bisher Griechenland, Irland und Portugal) unerwartet an Aktualität gewonnen. Wie in Aufgabe 1 bereits dargelegt, konnte der Staatsbankrott Griechenlands und inzwischen auch der Irlands und Portugals nur durch das Schnüren von „**Euro-Rettungspaketen**", also die Gewährung von Krediten und Kreditgarantien durch die anderen Euro-Staaten und den IWF abgewendet werden. Die Gemeinschaft der Euro-Staaten hat sich unter dem Druck der Finanzmärkte zu diesem Schritt entschlossen, um den Kurs des Euro, der im Frühjahr 2010 bereits ins Trudeln geraten war, zu verteidigen und den Banken Kreditausfälle in Milliardenhöhe zu ersparen.
In der Bevölkerung, aber auch in den Medien wird dieser **Kurs**, zu dem sich die Bundeskanzlerin erst nach einigem Zögern durchgerungen hat, **heftig kritisiert**. Aus der Europäischen Währungsunion sei auf diese Weise eine **Transferunion** geworden und der **Europäische Stabilitätspakt**, der die Haftung der Mitgliedsstaaten für die Schulden anderer ausdrücklich ausschloss, sei **gebrochen** worden. Die **PIGS-Staaten** würden auf diese Weise für ihre **unsolide Finanzpolitik** belohnt und die **Gläubigerbanken**, die jahrelang von hohen Zinsen für die Staatsanleihen der PIGS-Staaten profitiert hätten, trügen keinerlei Haftungsrisiko. Sie hätten ihre Gewinne in Form von überhöhten Boni und Gehältern privatisiert, das **Verlustrisiko** aber werde nun **sozialisiert**. Eine **Umschuldung der PIGS-Staaten unter Beteiligung der Banken wäre der bessere Weg gewesen** und man werde daran über kurz oder lang sowieso nicht herumkommen.
Dem halten die **Regierungsparteien** entgegen, die eingeschlagene **Politik** sei „**alternativlos**" und ein Gebot der europäischen Solidarität. Nur so habe die

Gemeinschaftswährung, von der vor allem Deutschland als Exportnation profitiere, gerettet und eine weitere Bankenkrise mit unabsehbaren Folgen für Europa abgewendet werden können. Zudem würden **Kredite und Kreditgarantien** den betroffenen Staaten nur **unter strengen Spar- und Konsolidierungsauflagen sowie gegen Zinsen** gewährt und ein „**Pakt für den Euro**" verpflichte sie zur Verbesserung ihrer Wettbewerbsfähigkeit. Die Chance zur Beseitigung der Ungleichgewichte zwischen den Euro-Staaten sei so größer geworden.

Angesichts der ernüchternden Erfahrungen mit dem europäischen Stabilitätspakt neige ich zu großer Skepsis in Bezug auf die längerfristige Durchsetzbarkeit einer strengen Spar- und Konsolidierungspolitik in den PIGS-Staaten, weil sie auf zu heftige Opposition bei der betroffenen Bevölkerung stößt. Eine **Umschuldung** mit einem **teilweisen Verzicht auf Forderungen** („haircut") und/oder eine **Verlängerung der Kreditlaufzeiten**, unter Umständen auch eine befristete Rückkehr der Staaten zu einer nationalen Währung mit der Möglichkeit zur Verbesserung der Konkurrenzfähigkeit durch Abwertung böte den betroffenen Ländern meiner Ansicht nach bessere Chancen zur Überwindung ihrer Malaise. Dass die Gläubigerbanken dadurch in Mitleidenschaft gezogen würden, müsste in Kauf genommen werden, denn die Banken sollten für die von ihnen eingegangenen hohen Risiken haften.

Die These der Kanzlerin, der eingeschlagene Kurs sei „alternativlos", wird die **Bundesbürger**, **die die Euro-Krise sehr stark verunsichert** hat, jedenfalls kaum beruhigen. Die europäische Währung ist den Deutschen Anfang des neuen Jahrtausends mit dem Argument verkauft worden, der Euro sei genauso solide wie die DM und die EZB nicht weniger stabilitätsorientiert als die Bundesbank. Nun müssen die Deutschen mit ansehen, wie der **Kurs der europäischen Währung** trotz der vergleichsweise soliden Finanzpolitik des eigenen Landes **wegen der Schuldenpolitik Griechenlands verfällt** und die EZB mit Milliardensummen griechische, irische und portugiesische Staatsanleihen aufkauft – Papiere, die von der Börse als „Ramsch" eingestuft werden. Solide Stabilitätspolitik sieht anders aus!

Hessen – Politik und Wirtschaft – Grundkurs 2011
Vorschlag B

Thema: *Wahlen, Parteien und Medien*

Aufgaben

1. Geben Sie die wesentlichen Überlegungen Emanuel Richters in eigenen Worten wieder (Material). (25 BE)
2. Erläutern Sie die Bedeutung von Wahlen, Parteien und Medien in der Bundesrepublik Deutschland und überprüfen Sie die Thesen Richters auf ihre Stichhaltigkeit. (40 BE)
3. Wahlen sind die Legitimationsgrundlage demokratischer Ordnungen.
„[…] im Fall kriegszerrütteter Gesellschaften [geht] es nicht allein um die Rekonstruktion von Staaten, sondern ***auch*** um deren Demokratisierung. […] [Die] Strategie der Demokratisierung [ist] ohne Alternative, wenn es stimmt, dass nur […] durch demokratische Verfahren zustande gekommene Legitimation wirklich trägt."

   Bruno Schoch: Externe Staatsbildung nach Bürgerkriegen – ein mühsames Geschäft. In: Hans J. Gießmann/Götz Neuneck (Hg.): Streitkräfte zähmen, Sicherheit schaffen, Frieden gewinnen. Baden-Baden 2008, S. 236 ff., zitiert nach: Wochenschau Sek. II, Heft 3/4 2009, S. 148

   Nehmen Sie anhand eines aktuellen Beispiels internationaler Politik zu der im Zitat vertretenen These Stellung. (35 BE)

M: Emanuel Richter: Warum wir Wähler uns nicht zum Stimmvieh machen lassen sollten

[…] Wir haben uns bereits an die Personalisierung des Wahlkampfs gewöhnt und werden gar nicht mehr gewahr, dass sie in ihrer Einseitigkeit ein ernstes politisches und demokratisches Problem darstellt. Sie ist zulässig, wo es ausdrücklich um die Personenwahl geht: bei Wahlen zum Amt des Bürgermeisters in Deutschland, in präsidialen Regierungssystemen in aller Welt bei der Wahl unter den Kandidatinnen und Kandidaten für die mit vielen Exekutivfunktionen ausgestattete Präsidentschaft. Die Personalisierung wird aber geradezu systemwidrig, wenn sich etwa die Wahlen zum Deutschen Bundestag, die in der Wahrnehmung der meisten deutschen Wählerinnen und Wähler zu Recht noch immer als die wichtigste politische Wahl gelten, auf die Entscheidung zwischen zwei Kanzlerkandidaten reduzieren, während sich der programmatische Wahlkampf der Parteien fast nur in strittigen Koalitionsaussagen erschöpft.

Der Wahlauftrag im parlamentarischen Regierungssystem lautet klar: Das Volk wählt ein Parlament, das Parlament wählt die Regierung. Die Spitze der Exekutive wird strikt der Einflussnahme des Souveräns, nämlich des Volkes unterstellt, das wiederum durch den Filter der repräsentativen Mandatsträger seinen Willen ins Parlament einbringt, wo er dem Test auf tragfähige Mehrheitsverhältnisse ausgesetzt wird. Im Kern geht es bei der Bundestagswahl also um den Einfluss von Parlamentariern mit bestimmten politischen Optionen, hinter denen Pakete von Wählerstimmen stehen, auf die Regierungsbildung und auf die Regierungsarbeit. Dahinter steht der Grundsatz einer ausgewogenen Gewaltenteilung zwischen Legislative (Parlament) und Exekutive (Regierung), die vor allem die Parlamentshoheit über die Bestellung der Exekutive einschließt und damit eine gehörige Portion demokratischer Kultur festigt.

Die Fixierung des Bundestags-Wahlkampfes auf Kanzlerkandidaten suggeriert jedoch fälschlich, es gehe bei der Wahl vor allem darum, die Führungsqualifikation der jeweiligen Person zu beurteilen. Unser Grundgesetz sieht zwar eine „Richtlinienkompetenz" des Kanzlers vor, die aber ist vor allem als Bedeutungszuweisung im Rahmen des Kabinetts gedacht und nicht als Ersatz für den Kampf um die Wählerstimmen auf der Basis von programmatischen Alternativen, für die wiederum politische Parteien stehen. Die auf Kanzlerkandidaten fixierte Personalisierung des Wahlkampfs zum Bundestag stellt sich also als provokanter öffentlicher Verzicht auf die Auseinandersetzung mit Parteiprogrammen und mit sachlichen Optionen für die politische Gestaltung der kommenden Legislaturperiode dar.

Darüber hinaus bringt sie unterschwellig die Schieflage eines schwindenden Einflusses unseres Parlaments zum Ausdruck, dessen Abgeordnete schon beim Wahlakt in die Stellvertretung für die Führungsriege abgleiten und dessen institutionelle Bedeutung, verglichen mit anderen Parlamenten in der Welt, relativ gering ist – so gering, dass nicht einmal mehr die Parlamentshoheit über die Wahl des Regierungschefs irgendeine reale oder symbolische Bedeutung erlangt. Die Wählerinnen und Wähler verlieren das Gespür dafür, welche Legitimationskette sie durch ihren Wahlakt eigentlich auslösen.

Die Gründe für diese funktionell unangemessene Personalisierung sind vielfältig, aber lassen sich doch auf zwei gewichtige Ursachen zurückführen. Einerseits ist, übrigens in vielen westlichen Regierungssystemen, das Verblassen profilierter und konträrer Parteiprogramme zu verzeichnen. Alle größeren Parteien zielen auf eine Wählerklientel, die sie in der politischen „Mitte" auszumachen versuchen.

Politische Programmatik wird dabei auf nichtssagende Parolen rund um Themen wie Freiheit, Ordnung, Sicherheit oder Fürsorge reduziert. Ein solcher programmatischer Minimalismus provoziert geradezu ein Wahlvolk ohne profilierte Bedürfnisse und Interessen. Das Wahlvolk wird zum „Stimmvieh" herabgestuft, das nicht mehr über Sachpolitik, sondern nur noch über die Sympathiewerte des Führungspersonals urteilen soll. Am Ende ist die Politikverdrossenheit, die landauf und landab gerade von Politikern beklagt wird, das Produkt ihres eigenen, fehlgeleiteten Selbstverständnisses. [...]

Andererseits leistet vor allem das Medium Fernsehen der Personalisierung Vorschub. Das Bildmedium ist auf die optische Darstellbarkeit fixiert – obwohl es dieser selbst immer weniger zu genügen vermag, wie die langweiligen Politik-Talkrunden demonstrieren, die dem Bildlichen keine Kraft verleihen, weil doch nur geredet wird. Dennoch lassen sich Köpfe und Gesten, ein Schlagabtausch zwischen zwei Kontrahenten oder eine symbolische politische Handlung viel besser telegen aufbereiten und transportieren als Sachprobleme oder der Wettbewerb zwischen politischen Programmen und Weltbildern. Im Strudel des Mediums Fernsehen werden sachliche Handlungsalternativen immer häufiger mit personeller Entscheidungskompetenz gleichgesetzt.

Die Enttäuschung beim Wahlvolk setzt zwangsläufig dann ein, wenn sich herausstellt, dass diese Gleichung nicht aufgeht. […] Welche Lehren sind daraus zu ziehen? Die Lehre einer Art „Selbstaufklärung“, die sich mit demokratischer Skepsis beharrlich den politischen Täuschungsmanövern entzieht. Wir als Wählerinnen und Wähler müssen gegen den Trend der Wahlkampflogik versuchen, hinter dem monströsen Konterfei der Person die nüchterne politische Sache ausfindig zu machen. […]

Emanuel Richter: Warum wir Wähler uns nicht zum Stimmvieh machen lassen sollten. In: Frankfurter Rundschau vom 24. 9. 2009

Zum Autor: Emanuel Richter ist Professor für Politikwissenschaft

---

Lösungsvorschläge

Unterrichtsinhalte:

- 12/II: Politische Strukturen und Prozesse: Partizipation und Repräsentation an ausgewählten Beispielen: Rolle der Parteien; Wahlen; Medien: Einfluss der Medien auf die politische Willensbildung und auf politische Entscheidungen
- 13/I: Internationale Beziehungen: Aktuelle internationale Konfliktregionen und die Möglichkeiten kollektiver Friedenssicherung: Entstehungsgründe, Akteure, Interessen und Konfliktpunkte; Friedensbegriff und Konzeptionen der Friedenssicherung

1. *Sie sollen die in einem Zeitungsartikel vorgetragene Kritik an den Entwicklungstendenzen des politischen Prozesses in Deutschland in ihren wesentlichen Zügen darlegen, ohne diese zu erläutern oder zu kommentieren. (AFB I und II mit Schwerpunkt auf AFB I)*

Der Politikwissenschaftler Emanuel Richter fordert in seinem Artikel „Warum wir Wähler uns nicht zum Stimmvieh machen lassen sollten“, der am 24. 9. 2009 in der Frankfurter Rundschau erschienen ist, zum kritischen Nachdenken über die **Funktion des Wählens in der parlamentarischen Demokratie** auf.
Die Notwendigkeit dazu ergibt sich für ihn erstens aus einer **überzogenen Personalisierung des Wahlkampfes**, v. a. vor Bundestagswahlen. Die von den Parteien in den Mittelpunkt gestellte Konkurrenz der Kanzlerkandidaten und zweitens der **Verzicht auf echte programmatische Kontroversen** seien „systemwidrig“ (Z. 7) und täuschten den Wähler über seine eigentliche Aufgabe, Abgeordnete des Parlaments zu wählen, deren politisches Programm dann durch Mitwirkung an der Regierungsbildung realisiert werde, hinweg. Drittens **verliere** die **Gewaltenteilung zwischen Legislative und Exekutive an Gewicht**, eines der Fundamente demokratischer Legitimation. Wenn nämlich bereits die Parlamentswahl die Wahl des Regierungschefs vorwegnehme, schwinde das Gewicht des Parlaments.

Diese Verzerrung des demokratischen Prozesses führt Richter auf zwei Ursachen zurück. Die programmatische Profilierung der Parteien werde zum einen durch „**nichtssagende Parolen** rund um Themen wie Freiheit, Ordnung, Sicherheit oder Fürsorge" (Z. 46 f.) sowie durch einen **Sympathiewettbewerb der Spitzenkandidaten**, der sich um die für alle Parteien wichtigen Wählergruppe der „Mitte" bemüht, ersetzt. Diese Entwicklung degradiere das Wahlvolk zu „Stimmvieh" (Z. 49) und begünstige somit **Politikverdrossenheit**. Zum anderen **fördere das Massenmedium Fernsehen die Personalisierung**, da sich „Köpfe und Gesten, ein Schlagabtausch zwischen zwei Kontrahenten oder eine symbolische politische Handlung" (Z. 58 f.) leichter medial umsetzen lassen als Sachprobleme oder Programme. Gegen diese Wahlkampftrends helfe nur „Selbstaufklärung" (Z. 66), d. h. das Streben der Wähler nach Klärung der politischen Sachprogramme hinter den Personen.

2. *Diese Aufgabe zur Überprüfung von Richters Thesen sollten Sie in zwei Schritten lösen. Zunächst erklären Sie die Funktion von Wahlen, Parteien und Medien in unserer Demokratie und verdeutlichen Ihre Kenntnisse durch zusätzliche Informationen. Sie weisen auf wichtige Bestimmungen des Grundgesetzes hin und können auch auf aktuelle Beispiele zurückgreifen. So erhalten Sie Anregungen und schaffen zugleich den Hintergrund für den zweiten Lösungsschritt, in dem Sie Richters Thesen auf ihre Angemessenheit hin untersuchen. Der folgende Vorschlag versucht eine von Anfang an beide Teile der Aufgabe verbindende Lösung. (AFB I und II mit Schwerpunkt auf AFB II)*

Richter bezeichnet die bei Bundestagswahlen auf Unterschiede der Spitzenkandidaten fokussierte Wahlkampfstrategie der Parteien und der medialen Berichterstattung als „systemwidrig" (Z. 7), da sie der eigentlichen Funktion dieser Wahlen widerspreche: Das Volk entscheide in einem parlamentarischen Regierungssystem nicht selbst über die Regierung, sondern könne nur durch den „**Filter der repräsentativen Mandatsträger**" (Z. 15) auf die Wahl des Bundeskanzlers Einfluss nehmen. Der Trend zur Personalisierung werde durch den Verzicht der Parteien auf eine programmatische Profilierung verstärkt.
Blickt man auf die Normen des Grundgesetzes, so lassen sich starke Argumente dafür finden, dass die von Richter beklagte Personalisierung in der Tat den vom Grundgesetz festgelegten Prinzipien widerspricht. In Art. 20 Abs. 2 sind die Grundlagen **repräsentativer (parlamentarischer) Demokratie** fixiert. Diese werden ergänzt durch eine starke **Stellung der Abgeordneten** sowie Bestimmungen zum **Wahlrecht** (Art. 38 Abs. 2) und zur **Kanzlerwahl bzw. -abwahl** durch den Bundestag (Art. 63 und 68 GG). Durch ein **konstruktives Misstrauensvotum** kann eine Parlamentsmehrheit die Regierung nur dann abberufen, wenn sie einen Nachfolger wählt. Die entscheidenden Akteure sind dabei die gewählten Vertreter des Volkes.
Das parlamentarische Regierungssystem basiert daher auf **Wahlen**, der wichtigsten **Partizipationsmöglichkeit der Bürger**. Wegen ihrer zahlreichen Funktionen kommt ihnen eine Schlüsselstellung in der parlamentarischen Demokratie zu.

Zunächst sollen sie den Konkurrenzkampf von Parteien um politische Macht auf der Grundlage alternativer Sachprogramme herbeiführen, dessen Abschluss am Wahltag demokratische Herrschaft auf Zeit legitimiert (**Legitimationsfunktion**). Vielfältige gesellschaftliche Interessen werden durch Parteien in Programme und politische Ziele übersetzt (**Integrationsfunktion**), für die im Wahlkampf eine möglichst große Wählerzahl mobilisiert werden soll (**Repräsentationsfunktion**). Die Wähler entscheiden keine Sachfragen, sondern wählen Personen, allerdings auf der Grundlage politisch bedeutsamer Alternativen (**Artikulationsfunktion**). Da sie mit dieser Auswahl zugleich die Wieder- oder Abwahl von Abgeordneten herbeiführen, ermöglichen sie die Kontrolle der Regierenden (**Kontrollfunktion, Machtverteilungsfunktion**).

Das **personalisierte Verhältniswahlrecht mit Sperrklausel** unterstützt diese Aufgaben von Wahlen, indem es politische Minderheiten respektiert, aber eine Zersplitterung des Parteiensystems verhindert. Die Verhältniswahl bestimmt die Mandatsanteile der Parteien, aber ein Teil der Abgeordneten wird nach relativer Mehrheitswahl direkt gewählt. Da durch dieses Wahlsystem in der Regel Koalitionen erzwungen werden, treten scharfe Abgrenzungen der Parteien zurück.

Die **Abgeordneten des Bundestages sind „Vertreter des ganzen Volkes**, an Aufträge und Weisungen nicht gebunden und nur ihrem Gewissen unterworfen", so definiert das Grundgesetz in Art. 38 Abs. 1 die Stellung der Gewählten. Zugleich erhebt das Grundgesetz in Art. 21 die **Parteien in den Rang von Verfassungsinstitutionen**, die nicht nur als den Bürger aktivierende Kraft im gesellschaftlichen Raum, sondern auch im Parlament bei der politischen Willensbildung mitwirken. Hauptakteure des parlamentarischen Regierungssystems sind daher weniger die einzelnen Abgeordneten als vielmehr die **Parlamentsfraktionen**, die die Regierung wählen und stützen („Kanzlermehrheit") und die parlamentarische Opposition bilden. Parteien besorgen die Rekrutierung von Kandidaten, stellen das Führungspersonal bei jeder Regierungsbildung und beeinflussen maßgeblich die Parlaments- und die Regierungsarbeit. Die Unabhängigkeit des Abgeordneten wird auf diese Weise relativiert.

Der bisher beschriebene demokratische Prozess mit seinen verschiedenen Akteuren wäre ohne den Beitrag der **Medien** nicht denkbar. Deshalb schützt Art. 5 GG neben der Informations- und Meinungsfreiheit des Bürgers die **Freiheit der Presse und des Fernsehens**. Die Massenmedien sorgen durch ihre Berichterstattung dafür, dass soziale und politische Probleme aufgedeckt, über die Aktivitäten aller wichtigen Akteure berichtet und die Interessen gesellschaftlicher Gruppen zur Sprache gebracht werden.

Den Trend zur Personalisierung, insbesondere die Orientierung am Image des Spitzenkandidaten, erzeugen weniger die anspruchsvollen Tages- und Wochenzeitungen als vielmehr das **Leitmedium Fernsehen**, das die Vereinfachung komplexer Sachverhalte erzwingt. Dass sich die Wähler ihre Meinung über die zur Wahl stehenden Parteien hauptsächlich durch die Aussagen und Auftritte der aktuellen Spitzenkandidaten bilden, deckt sich mit Richters Hauptthese, liefert aber keine hinreichende Erklärung für den Erfolg oder Misserfolg bei Wahlen.

Die tatsächliche Entwicklung der letzten Jahre belegt dies deutlich. Bei der **Bundestagswahl 2009**, also kurz nach Erscheinen des Artikels, entschieden sich die Wähler keineswegs nur nach den Spitzenkandidaten: Während die Oppositionsparteien FDP, Die Linke und Bündnis 90/Die Grünen deutlich Stimmen hinzugewannen und die besten Ergebnisse ihrer jeweiligen Parteigeschichte erzielten, fielen die Parteien der seit 2005 regierenden großen Koalition in der Wählergunst auf ein historisches Tief.
Die FDP rückte radikale Steuersenkungen und die Partei der Grünen den Ausstieg aus der Atomenergie in den Mittelpunkt, während Die Linke die Folgen der Weltwirtschaftskrise und die Schwäche der SPD aufgrund ihrer Zusammenarbeit mit der CDU für die Forderung nach sozialer Gerechtigkeit nutzte. Dass die stärker profilierten kleinen Parteien erhebliche Gewinne verzeichneten, deutet darauf hin, dass die **Wähler neben dem Führungspersonal immer auch die Problemlösungskompetenz der Parteien beachten**. Auf jeden Fall lässt sich nicht generell behaupten, dass sich die programmatischen Angebote der Parteien „auf nichtssagende Parolen" (Z. 46) beschränken.
Zusammenfassend lässt sich festhalten: Bei genauerem Hinsehen ergibt sich ein **komplexeres Bild unserer Demokratie**, als es der Kommentar Richters zeigt. Bundestagswahlen sind nicht nur als Abstimmung über zwei Kanzlerkandidaten aufzufassen und die Rolle der Parteien beschränkt sich nicht auf bloßes Image-Marketing, das den Wählern keine sachpolitischen Urteile abverlangt. Zudem stützt das Grundgesetz ein Demokratieverständnis, das auf informierten, mündigen Bürgerentscheidungen bei Wahlen sowie auf der aktiven und engagierten Teilhabe des Staatsbürgers über die Wahlen hinaus (z. B. in Parteien) beruht.

3. *Diese Aufgabe verlangt von Ihnen, dass Sie eine vorgegebene These diskutieren und beurteilen. Dabei sollen Sie ein aktuelles Beispiel internationaler Politik heranziehen, das die Bedeutung von Wahlen beim Wiederaufbau „kriegszerrütteter Gesellschaften" beleuchtet. Es liegt nahe, sich auf Afghanistan zu beziehen, denkbar sind aber auch die Fallbeispiele Kosovo oder Irak. Ihr Urteil sollte schlüssig begründet sein. (AFB II und III mit Schwerpunkt auf AFB III)*

Die These von Bruno Schoch betont die Bedeutung einer Demokratisierung durch **Wahlen als Legitimationsgrundlage für den staatlichen Wiederaufbau** nach einem Krieg. Um diese Behauptung zu überprüfen, werde ich das Beispiel **Afghanistan** betrachten, wo Deutschland sich in großem Umfang an einer multinationalen Friedensmission der UNO beteiligt, und zwar im militärischen (ISAF) und zivil-militärischen Bereich (PRTs: regionale Wiederaufbauteams) sowie beim Aufbau der Polizei.
Langfristig sollen in Afghanistan staatliche Strukturen sowie rechtsstaatliche und demokratische Verhältnisse entstehen. Afghanistan ist – neben dem Irak – das derzeit wichtigste Land, in dem international unterstütztes „**State-Building**", d. h. der Aufbau eines funktionsfähigen demokratischen Staates, stattfindet. Dabei stellt die Gefährdung der inneren Sicherheit durch bürgerkriegsähnliche Zustände und den Einfluss von Nachbarstaaten wie Pakistan große Herausforderungen dar.

Die Resultate zeigen, dass dieses Vorhaben **nur teilweise erfolgreich** ist. Zehn Jahre nach der von den Vereinten Nationen legitimierten US-Intervention wegen der Terroranschläge am 11. September 2001 ist das Land eine **islamische Republik** mit einem präsidialen Regierungssystem. Die Verfassung gilt zwar als eine der demokratischsten der islamischen Welt und sieht die Gleichberechtigung der Angehörigen aller Religionen und ethnischen Gruppen sowie der Geschlechter vor. Mehrfach fanden Parlaments- und Präsidentschaftswahlen statt.

In der Realität erschweren jedoch die jahrzehntelangen **kriegerischen Auseinandersetzungen** sowie die **Armut** des agrarisch strukturierten Landes die Entwicklung zu einer Demokratie bis heute massiv. Lokale Kriegsherren, nominelle Regierung und internationale Präsenz **zersplittern die Regierungsgewalt**. Bei **Wahlen** kommt es regelmäßig zu **Manipulationen**; teilweise werden Wähler durch Todesdrohungen der Taliban abgeschreckt; **Korruption** ist schwer einzudämmen. **Ethnische Konflikte** zwischen Paschtunen und Tadschiken erschweren die demokratischen Aushandlungsprozesse ebenso wie eine extrem konservative Auslegung des Islam und eine **Analphabetenrate** von etwa 70 Prozent. Der **Anbau von Opium** trägt einen erheblichen Anteil am Bruttoinlandsprodukt. Anschläge der **Taliban** richten sich gegen die Zivilbevölkerung wie gegen die ausländischen Truppen.

Die **PRTs**, in denen Zivilisten und Militärs gleichrangig integriert sind, werden bei der Stabilisierung und dem Wiederaufbau in Afghanistan eingesetzt und sollen als **State-Building-Instrumente** dienen. Auch die Bundeswehr wirkt an der Schaffung und Erhaltung eines „sicheren Umfeldes“ für den politisch-institutionellen Wiederaufbau mit. Sie soll dabei aber keine an militärische Besatzung erinnernde Präsenz zeigen, also nicht an Kampfhandlungen beteiligt werden. Genau dies scheint immer weniger möglich zu sein.

Deshalb zielt auch die deutsche Außenpolitik inzwischen auf einen Rückzug aus Afghanistan. Ein 2010 von UNO, ISAF-Teilnehmerstaaten und der afghanischen Regierung beschlossener **Fahrplan für die Zukunft des Landes** umfasst die Schaffung leistungsfähigerer afghanischer Institutionen und die weitere Hilfe durch die internationale Gemeinschaft. Die afghanische Polizei soll bis Ende 2014 die Sicherheit selbstständig schützen können.

Damit zeigt sich das **Dilemma von „Demokratie-Export“ bzw. State-Building**. Wenn solche Vorhaben von Industriestaaten – aus sicherheitspolitischen Motiven heraus – wie eine Blaupause einer Gesellschaft der Dritten Welt übergestülpt werden, bleibt der Erfolg fraglich. Sich auf die technische Durchführung von Wahlen zu beschränken, ist völlig unzureichend. Auch der Bau von Schulen ist als Unterstützung zwar wichtig, stößt aber bei konservativen Islamanhängern auf Widerstand, wenn es um die Beschulung von Mädchen geht.

Eine demokratische Entwicklung muss sich deshalb auf innergesellschaftliche Kräfte stützen können. Hilfen von außen können zwar die Staatsbildung fördern, etwa den Aufbau der Polizei, der langfristige Prozess eines **Nation-Building**, also das Zusammenwachsen von Staat und Bevölkerung, sind aber den regionalen Akteuren zu überlassen. Vorerst scheinen Clan- und Stammesstrukturen diesem Prozess, der auch in Europa mehrere Jahrhunderte dauerte, entgegenzustehen.

Hessen – Politik und Wirtschaft – Grundkurs 2011
Vorschlag C

Thema: *Die Menschenrechte in der internationalen Politik*

Aufgaben

1. Geben Sie den Inhalt des vorliegenden Kommentars in eigenen Worten wieder (Material). (25 BE)

2.1 Stellen Sie die Bedeutung der Menschenrechte auf internationaler Ebene sowie als Teil der Grundrechte in der Verfassungsordnung der Bundesrepublik Deutschland dar. (25 BE)

2.2 Untersuchen Sie, inwiefern der universelle Geltungsanspruch der Menschenrechte für die bundesdeutsche Außenpolitik ein kontroverses Thema darstellt. (20 BE)

3. „Chinas Wirtschaft brummt – und das Militär brummt mit. Ist das ein Grund zur Sorge?“ Erörtern Sie ausgehend von dieser Fragestellung, ob Chinas Aufstieg eine Gefahr oder eine Chance für die internationalen Beziehungen darstellt. (30 BE)

M: Klaus-Dieter Frankenberger: Partner, Rivale

Chinas Wirtschaft brummt – und das Militär brummt mit. Ist das ein Grund zur Sorge?

China wächst und wächst – die globale Wirtschaftskrise hat dem Land offenbar wenig anhaben können. Es schreitet mit solcher Kraft voran, dass es schon als dampfende Lokomotive der Weltwirtschaft beschworen, wenn nicht angehimmelt wird. Und jetzt hat es Japan überholt: China, Schwellenland und Großmacht zugleich, ist der neue Verfolger der Vereinigten Staaten, was die Wirtschaftsleistung anbelangt. Nur was die Wirtschaftsleistung anbelangt?

Zufall oder nicht: Kurz nach Bekanntgabe des chinesisch-japanischen Positionstauschs in der Disziplin Bruttoinlandsprodukt machte das amerikanische Verteidigungsministerium seine Sorgen angesichts der Aufrüstung der chinesischen Streitkräfte öffentlich: Pekings Verteidigungsausgaben wachsen in hohem Tempo; seine maritimen Fähigkeiten lassen immer raumgreifendere Operationen zu; die Raketenstreitkräfte werden unablässig modernisiert. Kurzum: Chinas Programm der militärischen Modernisierung entspricht dem Ehrgeiz einer aufstrebenden globalen Macht, was immer Peking an Beschwichtigungen dazu verlauten lässt.

Das beeindruckende wirtschaftliche Leistungsvermögen, das viele Millionen Chinesen aus der Armut geführt hat und das auch die Hoffnungen der hiesigen Exportindustrie beflügelt, findet seine quasi natürliche Entsprechung in militärischer Stärke. Und die gibt den Machthabern immer mehr Optionen an die Hand, zum Beispiel gegenüber Taiwan, in der Regelung regionaler Territorialkonflikte zu eigenen Gunsten und mit Blick auf die Projektion militärischer Macht generell. Das hat Auswirkungen auf das regionale Gleichgewicht, auf das Verhältnis zu den asiatischen Nachbarn und auf die vielschichtigen Beziehungen zu den Vereinigten Staaten, mit denen China durch seine Handels- und Kapitalströme fast symbiotisch verbunden ist.

Der wirtschaftliche Aufstieg Chinas überwindet alle ökologischen, sozialen und energiepolitischen Hürden und vollzieht sich scheinbar unaufhaltsam; so wird er jedenfalls wahrgenommen. Gemeinhin wird er auch begrüßt. Es sind nicht zuletzt die westlichen Länder und ihre Firmen, die in diesen Aufstieg investieren und sich da einen formidablen Wettbewerber heranziehen – schöne Grüße nach Japan! China ist schon heute ein ganz dicker Knoten im globalen Wirtschafts- und Finanzgeflecht, in Zukunft wird dieser Knoten noch dicker.

Dennoch ist das Frohlocken darüber nicht ungetrübt. Gerade in Ost- und Südostasien ist vielen schon mulmig angesichts einer chinesischen Präsenz, die immer sichtbarer und spürbarer wird. Zwar kann von Gegenmachtbildung nicht die Rede sein, dafür sind die Länder der Region viel zu sehr miteinander verflochten. Aber es fällt schon auf, dass sich nicht alle Staaten fröhlich um den chinesischen Pol gruppieren, sondern sich auch um ein gutes Verhältnis zu Indien, dem anderen asiatischen Star der Zukunft, bemühen. [...]

Die Zweideutigkeiten und Unsicherheiten, welche die Außensicht auf China prägen – stellt sein Aufstieg eine Gefahr dar oder eine Chance? –, charakterisieren auch das amerikanisch-chinesische Verhältnis. Auf der einen Seite preisen amerikanische Politiker und Wirtschaftsleute möglichst enge Wirtschaftsbeziehungen. Bei Präsident Obama ging das so weit, dass er zunächst bei seinem Werben für einen „vorurteilsfreien Dialog“ kontroverse Themen wie Menschenrechte, auf welche die chinesische Führung notorisch gereizt reagiert, gänzlich ausklammerte. Erst in jüngerer Zeit hat seine weniger zur Beschwichtigung neigende Außenministerin deutlichere Worte gefunden. Aber auch Frau Clinton hat an Peking appelliert, weiter amerikanische Schatzbriefe zu kaufen.

Auf der anderen Seite sieht natürlich auch die amerikanische Politik, dass der Weltmacht Amerika in China ein formidabler Konkurrent heranwächst, der seinen Aktionsradius ständig ausweitet. Beispiele hierfür sind die chinesische Rohstoffpolitik und eben die Modernisierung seiner Streitkräfte. Washington betreibt keine offene Eindämmungspolitik[1], aber doch eine Bündnispolitik der Rückversicherung für den Fall, dass Chinas Aufstieg eines Tages eine weitaus ruppigere Seite zeigen könnte.

Im Moment überwiegt freilich die Faszination: China, der Wachstumsmotor, der durch die Weltwirtschaftskrise noch an Bedeutung gewonnen hat. Und in Zukunft? Im Jahr 2020 werden die vier größten Volkswirtschaften aus dem asiatisch-pazifischen Raum stammen: Amerika, China, Japan, Indien. Verloren ist der Westen also nicht, nur die Europäer rutschen ins Mittelfeld ab.

Klaus-Dieter Frankenberger: Partner, Rivale. In: Frankfurter Allgemeine Zeitung vom 23. 8. 2010, S. 1

Anmerkung:

1 Der Versuch, durch eine gezielte, systematische Einflussnahme eine weitere Ausweitung der wirtschaftlichen, militärischen und politischen Bedeutung Chinas entgegenzuwirken bzw. diese zu verhindern.

Lösungsvorschläge

Unterrichtsinhalte:

- 13/I: Internationale Konfliktregionen und die Möglichkeiten kollektiver Friedenssicherung: Entstehungsgründe, Akteure, Interessen und Konfliktpunkte; Einflussmöglichkeiten und Entscheidungsprozesse in internationalen Organisationen (UNO); Die deutsche Außenpolitik nach der Wiedervereinigung: Aufgaben, Erwartungen, Probleme: Die außenpolitische Rolle Deutschlands
- 12/II: Politische Strukturen und Prozesse: Verfassungsnorm und Verfassungsrealität: Grundprinzipien der Verfassungsordnung der Bundesrepublik Deutschland; Grundrechte und Grundrechtsabwägung

1. *Die Aufgabenstellung verlangt von Ihnen, die Argumentation des Autors wiederzugeben. Formulieren Sie zunächst einen kurzen einleitenden Satz zu Autor und Textart. Beachten Sie dabei den Titel („Partner, Rivale"), der die Aussagen des Autors bereits pointiert darstellt. Achten Sie zudem auf eine kritische Distanz zum Autor, indem Sie die indirekte Rede verwenden sowie Zitate aus dem Text in Anführungszeichen setzen und mit Zeilenangaben versehen. (AFB I)*

   In seinem Kommentar „Partner, Rivale" in der Frankfurter Allgemeinen Zeitung vom 23. August 2010 geht Klaus-Dieter Frankenberger auf das ambivalente Verhältnis der westlichen Industrieländer zur **aufstrebenden Wirtschaftsmacht China** sowie auf dessen künftige Rolle in der internationalen Politik ein. Diese liegt entsprechend dem Titel des Kommentars zwischen **„Partner" und „Rivale"**. Frankenberger erläutert, dass in China trotz der globalen Wirtschaftskrise ein enormes Wirtschaftswachstum zu verzeichnen sei, wodurch China **Japan überholt** habe (vgl. Z. 4 f.) und nun **„Verfolger der Vereinigten Staaten"** (Z. 6) sei. Dieser wirtschaftliche Aufstieg Chinas überwinde „alle ökologischen, sozialen und energiepolitischen Hürden" (Z. 25 f.) und erscheine geradezu „unaufhaltsam" (Z. 26), was von den westlichen Industriestaaten, die in China investiert hätten, begrüßt werde.

   Gleichzeitig zeige **China** aber auch den Ehrgeiz einer **„aufstrebenden globalen Macht"** (Z. 14), deren **Verteidigungsausgaben schnell wüchsen**. Die Modernisierung der Raketenstreitkräfte und die „immer raumgreifendere[n] Operationen" (Z. 12) bereiten sowohl den Nachbarstaaten als auch den USA große Sorgen. Denn durch die militärische Aufrüstung werde China in die Lage versetzt, seine Macht immer weiter zu vergrößern und territoriale Konflikte (wie z. B. mit Taiwan) in seinem Sinne zu lösen. Diese Entwicklung sei auch von **anderen asiatischen Staaten** nicht unbemerkt geblieben, die sich daher **um ein gutes Verhältnis zu** Chinas regionalem Konkurrenten **Indien bemühen** würden (vgl. Z. 37 f.).

   Mit dem **ambivalenten amerikanisch-chinesischen Verhältnis** befasst sich Frankenberger besonders ausführlich. Einerseits würden amerikanische Politiker, darunter auch US-Präsident Obama und US-Außenministerin Clinton, die **engen Wirtschaftsbeziehungen zu China** loben und seien – fasziniert vom chinesischen Wachstum (vgl. Z. 55 f.) und eingedenk der „fast symbiotisch" (Z. 24) verbunde-

nen Handels- und Kapitalströme – offenbar sogar bereit, das für China unangenehme **Thema Menschenrechte auszuklammern**. Andererseits würden die USA durchaus bemerken, dass mit **China ein „formidabler Konkurrent**" (Z. 50) heranwachse, auf den die **USA** zwar nicht mit einer „Eindämmungspolitik" (Z. 52 f.) reagieren würden, aber doch mit einer „**Bündnispolitik der Rückversicherung**" (Z. 53) für den Fall, dass Chinas Politik zukünftig aggressiver werde.
Abschließend prognostiziert Frankenberger, dass im Jahr **2020 die vier größten Volkswirtschaften im asiatisch-pazifischen Raum** liegen würden. Europa sei damit zwar nicht verloren, rutsche aber ins Mittelfeld ab.

2.1 *In dieser Aufgabe müssen Sie auf Ihre Kenntnisse der Verfassungsordnung der Bundesrepublik zurückgreifen, die Sie in der Jgst. 12 erworben haben. Denken Sie daran, dass Ihnen für die Beantwortung der Frage eine Ausgabe des Grundgesetzes und eine Ausgabe der Charta der Vereinten Nationen zur Verfügung stehen. Diese sollten Sie auch benutzen, um einige Beispiele anzuführen.*
Beachten Sie zudem, dass die Aufgabe zweigeteilt ist: Zum einen soll die Bedeutung der Menschenrechte auf internationaler Ebene dargestellt werden, zum anderen deren Bedeutung in der Verfassungsordnung der Bundesrepublik. (AFB II)

Das **Grundgesetz** der Bundesrepublik Deutschland misst den **Grund- und Menschenrechten** höchste Bedeutung bei. Dies erkennt man schon daran, dass die Grundrechte gleich zu Beginn der Verfassung (Art. 1–19) genannt werden und – im Unterschied zu früheren Verfassungen in Deutschland – als „**unmittelbar geltendes Recht**" (Art. 1 Abs. 3) nicht nur Exekutive und Judikative, sondern auch die Legislative binden. Diese Bindung geht sogar so weit, dass Artikel 1 GG eine „**Ewigkeitsklausel**" (Art. 79 Abs. 3) enthält, d. h. auch mit einer verfassungsändernden Zweidrittelmehrheit nicht geändert werden darf. Da die übrigen **Grundrechte** nach allgemeiner Rechtsauffassung als „**Funktionen**" **der Menschenwürde** (die wie erwähnt besonders geschützt ist) betrachtet werden, ergibt sich daraus auch ein besonderer Schutz für die übrigen Grundrechte.
Bei der Formulierung der Grundrechte im Grundgesetz wird nicht nur die Bezeichnung „Deutsche" verwendet (wie z. B. in Art. 8, 9, 11 usw.), sondern auch die Formulierung „jeder" (z. B. in Art. 2, 5, 17). Dadurch wird der **universelle Anspruch der Grund- und Menschenrechte** unterstrichen.
Im Grundgesetz sind aber nicht nur die „**klassischen**" **Abwehrrechte** zu finden, die die Bürger vor staatlicher Willkür schützen sollen, etwa die Unverletzlichkeit der Wohnung (Art. 13) oder die Freiheit der Person (Art. 2), sondern auch **Mitwirkungsrechte**, die den Bürgern die Teilhabe am politischen Prozess ermöglichen sollen – u. a. Versammlungs- (Art. 8), Rede- (Art. 5) oder Vereinigungsfreiheit (Art. 9).
Neben dem Grundgesetz ist auch die „**Allgemeine Erklärung der Menschenrechte**" aus dem Jahr 1948, die auch die Bundesrepublik Deutschland ratifiziert hat, zu nennen. Diese Erklärung der Menschenrechte wurde von der Generalversammlung der Vereinten Nationen abgegeben und ist somit eigentlich **für alle Mitgliedstaaten der UNO** (die nahezu alle Staaten der Erde umfasst) **bindend**,

zumal die Menschenrechte auch in der **UN-Charta** aus dem Jahr 1945 einen hohen Stellenwert haben. Schon in der Präambel der Charta wird der „Glaube[n] an die Grundrechte des Menschen, an Würde und Wert der menschlichen Persönlichkeit" bekräftigt. In Artikel 1 der Charta wird darüber hinaus die Förderung der „Achtung vor den Menschenrechten" als Ziel angegeben.
Daneben gibt es mittlerweile einen **UN-Menschenrechtsrat**, der die Durchsetzung der Menschenrechte fördert, Verstöße gegen Menschenrechte untersucht und den Schutz von Opfern von Menschenrechtsverletzungen zum Ziel hat.
Auch der **Internationale Strafgerichtshof** ist hier zu nennen, der Völkermord, Verbrechen gegen die Menschlichkeit und Kriegsverbrechen – also besonders schwere Verstöße gegen Menschenrechte – verfolgt, wenn die jeweiligen Nationalstaaten dazu nicht bereit oder in der Lage sind.
Diese Regelungen und Institutionen können aber nicht darüber hinwegtäuschen, dass im Jahr 2011 die Einhaltung elementarer Menschenrechte in vielen Staaten eine Wunschvorstellung bleibt: seien es **Russland oder China**, die immer wieder durch **Verstöße gegen die Meinungsfreiheit** auffallen (z. T. sogar mit gewaltsamem Vorgehen gegen Regimekritiker), sei es in **Krisengebieten in Asien oder Afrika**, in denen **Kindersoldaten** eingesetzt und Menschen wegen ihrer Religion, ihres Geschlechts oder ihrer Hautfarbe diskriminiert oder sogar getötet werden. Aber auch in der **westlichen Welt** ist die **Menschenrechtslage häufig verbesserungswürdig:** sei es der Umgang der EU mit **Flüchtlingen aus Nordafrika** oder das **Gefangenenlager in Guantanamo Bay**, in dem die USA seit fast zehn Jahren Menschen ohne konkrete Anklage gefangen halten.
Auf internationaler Ebene sind die Menschenrechte somit seit 1945 juristisch klar verankert und in den letzten Jahren nahmen die Versuche zu, die Menschenrechtsfrage stärker zu regeln. Die internationale Um- und Durchsetzung von universellen Menschenrechten ist aber auch heute noch mehr Utopie als Wirklichkeit.

2.2 *Der Operator „untersuchen" verlangt von Ihnen, dass Sie „Sachverhalte kriterienorientiert bzw. aspektgeleitet erschließen". Das bedeutet, dass Sie sich zunächst selbst darüber im Klaren sein müssen, welche Bedeutung die universelle Geltung der Menschenrechte für die deutsche Außenpolitik darstellt. Anschließend gilt es, eine Kontroverse zu finden. Hier bietet sich der Widerspruch zwischen den hohen Idealen der Außenpolitik der Bundesrepublik (basierend auf der Werteordnung des Grundgesetzes) im Kontrast zur Realität der wirtschaftlichen Interessen Deutschlands an. Da Sie „untersuchen" sollen, inwiefern eine Kontroverse besteht, bedeutet das hier, dass Sie die Kontroverse natürlich auch darstellen müssen, was fast dem Operator „erörtern" entspricht, nur dass Sie hier nicht selbst Stellung beziehen müssen. (AFB II)*

Wie bereits erwähnt, wird in Artikel 1 des Grundgesetzes von der „Würde des Menschen" und nicht „des Deutschen" gesprochen, was den universellen Charakter der Menschenwürde verdeutlicht. Die **Würde des Menschen** wird damit nicht nur zur **Richtschnur allen innenpolitischen Handelns** (sei es in der Sozialgesetzgebung, der Bildungspolitik oder in der Strafverfolgung), sondern auch allen

außenpolitischen Handelns. Im Zwei-plus-Vier-Vertrag von 1990 wird dies noch einmal bekräftigt, wenn es heißt, dass von deutschem Boden nur Frieden ausgehen soll (wenn man Frieden nicht auf den negativen Frieden im Sinne von Abwesenheit personeller Gewalt verengt, sondern auch – im Sinne eines positiven Friedensbegriffs – die Vermeidung von struktureller Gewalt mit einschließt). Auch die deutsche Vergangenheit gebietet eine **wertgebundene deutsche Außenpolitik, die sich für den Schutz und die Achtung der Menschenrechte einsetzt**. Die Bundesrepublik Deutschland hat sich seit ihrer Gründung durchaus bemüht, diesem hohen Anspruch gerecht zu werden und hat sich so international eine **hohe Reputation in Menschenrechtsfragen** erworben, erkennbar daran, dass Deutschland als Mitglied in den UN-Menschenrechtsrat gewählt wurde und in zahlreichen Konflikten als Vermittler gefragt ist.
Trotz aller Kontinuität der deutschen Außenpolitik nach 1949 ist die Frage, wie konkret der universelle Geltungsanspruch der Menschenrechte durch die deutsche Außenpolitik gefördert werden kann, durchaus Gegenstand von Kontroversen. Auf der einen Seite könnte man argumentieren, dass Deutschland sich außenpolitisch konsequent(er) verhalten müsste und mit autoritären Systemen nicht kooperieren dürfte. Sowohl die guten **deutsch-russischen Beziehungen** als auch die sich verbessernden **deutsch-chinesischen Beziehungen widersprechen der Menschenrechtslage** in den jeweiligen Ländern. Müsste Deutschland nicht die Beziehungen zu diesen Staaten abbrechen oder zumindest Bedingungen an den Abschluss von Verträgen (z. B. Handelsverträgen) knüpfen? Müsste Deutschland nicht autokratisch regierende Gewaltherrscher wie Gaddafi von vornherein „links liegen lassen" anstatt mit ihnen zu verhandeln?
Nicht zuletzt: **Deutschland gehört zu den fünf größten Exporteuren von Waffen und Waffentechnologie**. Tragen diese Waffen dazu bei, die universelle Geltung der Menschenrechte durchzusetzen? Verträgt sich diese Rolle mit einer Stärkung der Menschenrechte? Wohl kaum.
Die Argumentation der Gegenseite kann mit einem historischen Argument begonnen werden: Die neue Ostpolitik der 1970er-Jahre stand unter dem Motto „Wandel durch Annäherung". Ist eine deutsche Außenpolitik, die China konfrontativ „in die Knie" zwingen will und so Menschenrechte gleichsam „mit der Brechstange" durchzusetzen sucht, sinnvoll – und vor allem potenziell erfolgreich? Mit einem deutsch-chinesischen Forum zu rechtsstaatlichen Fragen ist vielleicht mehr erreicht, als durch eine Dialogverweigerung der deutschen Regierung mit der zweitgrößten Volkswirtschaft der Welt (eben: „Wandel durch Annäherung").
Auch sollten meines Erachtens **Werte**, die trotz ihres universellen Charakters ihren historischen Ursprung in der westlichen Welt haben, nicht mit Zwang und Druck eingefordert werden. **Menschenrechte müssen auch von der Bevölkerung der Staaten akzeptiert und verinnerlicht** werden, wenn sie keine reinen Lippenbekenntnisse bleiben sollen. Gerade in der arabischen Welt ist – z. B. bezogen auf die Rolle der Frau – noch viel Überzeugungsarbeit zu leisten. Diese lässt sich nicht erzwingen, wenn man den Eindruck eines **Kulturimperialismus** vermeiden will, durch den die Botschaft (Menschenrechte) aufgrund der Art der Übermittlung (Druck, Zwang) diskreditiert wird.

Nicht zu vergessen ist, dass **Deutschland** als eine der größten Volkswirtschaften der Welt und als **Exportnation** auch eigene, oft **wirtschaftliche Interessen** hat. Deutschland benötigt Rohstoffe, um seinen Status als Industriestaat aufrecht zu erhalten – es stellt sich die Frage, von welchen Staaten, die keine Menschenrechte verletzen, Deutschland z. B. Erdöl und Erdgas beziehen soll.
Auch in politischer Hinsicht **ist Deutschland auf die Kooperation mit Staaten wie China und Russland angewiesen**. Beide Länder sind ständige Mitglieder im UN-Sicherheitsrat. Wenn sich die deutsche Außenpolitik nicht völlig isolieren will, wird sie nicht umhinkommen, das Verhältnis zu China und Russland stetig zu verbessern – auch mit der langfristigen Perspektive auf einen ständigen Sitz im UN-Sicherheitsrat, der durch ein chinesisches oder russisches Veto verhindert werden könnte.
Dies mag sehr hart klingen, doch muss man auch hier fragen, ob Deutschland für die internationale Geltung der Menschenrechte nicht mehr erreichen kann, wenn es weiterhin einer der wohlhabendsten und einflussreichsten Staaten der Welt bleibt, der international mit vielen Staaten gut vernetzt ist und diesen Einfluss – im entscheidenden Moment – geltend machen kann. Das heißt jedoch nicht, dass man anderen Staaten jede Menschenrechtsverletzung gleichgültig durchgehen lassen sollte, wenn deutsche Wirtschaftsinteressen berührt werden könnten. Aber eine **Politik mit Augenmaß für das Mögliche und dem Blick auf das Machbare** mag manchmal besser sein, als eine an hohen Idealen orientierte Politik, die zu keinem greifbaren Ergebnis führt.
So bleibt also festzuhalten, dass der universelle Geltungsanspruch der Menschenrechte in der deutschen Außenpolitik grundsätzlich kein kontroverses Thema darstellt, die Umwandlung dieses Anspruchs in konkretes außenpolitisches Handeln jedoch durchaus kontrovers diskutiert wird und wurde.

3. *Der Operator „erörtern“ verlangt zu einer Fragestellung sowohl Pro- als auch Kontra-Argumente anzuführen und zu einer eigenen Stellungnahme zu gelangen. Der Kommentar von Frankenberger liefert Ihnen bereits einige Argumente, nun müssen Sie weitere Argumente sammeln, sortieren und gewichten. Sinnvoll ist es, mit der Position zu beginnen, die sie nicht vertreten (z. B. Chinas Aufstieg stellt eine Gefahr dar), und dann zu der Position, die Sie selbst vertreten, überzuleiten. Vergessen Sie am Ende nicht die persönliche Stellungnahme, eine Erörterung ist nicht nur ein Aufzählen von Pro- und Kontra-Argumenten! (AFB III)*

Chinas Aufstieg zur zweitgrößten Volkswirtschaft – verknüpft mit dem damit verbundenen politischen Machtzuwachs – kann durchaus als Gefahr für die internationalen Beziehungen gesehen werden.
Seit dem chinesischen Bürgerkrieg schwelt der **Konflikt um Taiwan**, das China bis heute als Teil des chinesischen Staatsgebietes sieht (weswegen Taiwan auch nicht Mitglied der UNO ist). Ein selbstbewussteres China könnte versuchen, diesen **Konflikt gewaltsam zu lösen** oder zumindest den Druck auf Taiwan zu erhöhen, um eine **Lösung im chinesischen Sinne** herbeizuführen. Eine ähnliche

Situation findet man in **Tibet**, das China gegen den Willen der Bevölkerung annektiert hat. Es ist sehr zweifelhaft, ob ein mächtigeres China tibetischen Autonomiewünschen nachgeben wird.
Außerdem sei darauf verwiesen, dass **China keine Demokratie** ist: Nicht nur, dass das politische System den Bürgern kaum Möglichkeiten der Partizipation einräumt, auch die Macht des Staates wird durch Grund- und Menschenrechte kaum eingeschränkt. So konnte etwa im Jahr 2010 der Friedensnobelpreisträger Liu Xiaobo aus China seinen Preis nicht entgegennehmen, weil das Regime ihm die Ausreise verweigerte. Auch die **Zensurmaßnahmen** der Regierung verdeutlichen immer wieder, dass die Meinungsfreiheit in China nur dann einen hohen Stellenwert genießt, wenn nichts System- oder Regierungskritisches geäußert wird. Ob die Sache der Menschenrechte und der Demokratie auf internationaler Ebene durch einen menschenrechtsverletzenden Staat und ein autoritäres System wie China befördert wird, darf getrost bezweifelt werden.
Problematisch ist auch die **Vorbildrolle, die China durch seinen Aufstieg zukommt:** Galt seit den 1990er-Jahren das westliche Modell mit Demokratie, Menschenrechten und freier Marktwirtschaft als das Erfolgsmodell, **an dem sich Entwicklungs- und Schwellenländer orientierten**, so bekommt dieses Modell durch Chinas autoritären Kapitalismus Konkurrenz. Es wäre durchaus denkbar, dass z. B. afrikanische Staaten, die bisher nur sehr zurückhaltend und z. T. nur auf Druck der westlichen Staaten und internationaler Organisationen (wie des IWF oder der Weltbank) Strukturreformen und Demokratisierungsprozesse in Gang gesetzt haben, künftig eher dem chinesischen Modell nacheifern könnten. Dies würde nicht nur einen **politischen Machtverlust der westlichen Industriestaaten** bedeuten, noch empfindlicher wäre der Verlust der „Deutungshoheit" über den „richtigen" Weg in eine positive Zukunft für die Menschheit, an die sich die westlichen Staaten nach dem Untergang der Sowjetunion bereits gewöhnt haben. Mit einem Mal könnten **global anerkannte Werte infrage gestellt** werden: Warum eigentlich universelle Menschenrechte – offenbar kann man auch ohne Partizipation und Menschenrechte zu Wohlstand kommen.
Dazu passt, dass China als ständiges Mitglied im Sicherheitsrat bisher keine große Bereitschaft gezeigt hat, sich für Menschenrechte zu engagieren. Grundsätzlich **vertritt China das Prinzip der Nichteinmischung in die inneren Angelegenheiten eines Staates** und muss daher im Sicherheitsrat oft mühsam von der Notwendigkeit eines Eingreifens zum Wohl der Zivilbevölkerung überzeugt werden (so bei den Sanktionen, die im März 2011 gegen Libyen verhängt wurden).
Genau hier könnten aber diejenigen anknüpfen, die Chinas Aufstieg als Chance sehen. Einem **unilateralen Vorgehen**, wie es z. B. die Supermacht USA beim Irak-Krieg an den Tag gelegt hat, würde **durch eine wachsende Bedeutung Pekings Einhalt geboten**. Eben diese Politik der Nichteinmischung ist auch eine Politik, die Alleingänge verhindert und schon heute wesentlich dazu beigetragen hat, dass die unipolare Welt der 1990er-Jahre heute eine **multipolare Welt** ist.
Diese multipolare Welt ist nicht mehr die Gleiche wie bei der Gründung der UNO 1945, als v. a. die westlichen Staaten tonangebend waren. Mehr Einfluss und Macht für China ist nur fair angesichts einer Bevölkerungsgröße von über eine

Milliarde Chinesen, deren Interessen (sei es in Wirtschaft, Umwelt oder Politik) damit – ganz im Sinne der Demokratie – auf internationaler Ebene angemessener berücksichtigt würden.
China als ehemaliges Entwicklungsland war im Unterschied zu den anderen ständigen Mitgliedern im UN-Sicherheitsrat **keine Kolonialmacht** oder blickt auf eine imperialistische Vergangenheit zurück. Ein stärkeres Gewicht Chinas könnte daher dafür sorgen, dass die **Interessen und Sorgen der Entwicklungs- und Schwellenländer stärker in den Fokus gerückt werden** und nicht immer nur die des Westens.
Darüber hinaus stellt das „**chinesische Modell**" **des** „**autoritären Kapitalismus**" mit einer deutlich stärkeren Rolle des Staates im Wirtschaftsgeschehen wie schon erwähnt ein **Gegenmodell zum westlichen liberalen Kapitalismus** dar. Trotz der Schwächen, die dieser liberale Kapitalismus in den letzten Jahren offenbart hat (z. B. Finanzkrise 2008), fand in der westlichen Welt kaum ein vertieftes Nachdenken über die Grenzen und den Verbesserungsbedarf der eigenen Position statt – warum auch, der westliche Kapitalismus war seit dem Zusammenbruch der Sowjetunion ja alternativlos geworden. Mit dem Aufstieg Chinas könnte sich dies ändern und der Westen dadurch gezwungen werden, einen weniger selbstgefälligen und stärker selbstkritischen Blick auf das eigene System und die eigenen Probleme zu werfen.
Alles in allem hängt die Beantwortung der Frage, ob Chinas Aufstieg eine Gefahr oder eine Chance für die internationalen Beziehungen darstellt, davon ab, wie sich China in Zukunft entwickeln wird. Ich teile hier den Optimismus des Politikwissenschaftlers Francis Fukuyama, dass ein sich (wirtschaftlich) modernisierendes China fast automatisch auch den Weg zu einem sich politisch modernisierenden China eingeschlagen hat oder einschlagen wird. Ein solches China wird – ähnlich wie Südkorea – in naher Zukunft seine autoritären Strukturen modernisieren und damit demokratisieren, da eine moderne Wirtschaft nicht mit unterdrückten Untertanen im globalen Wettbewerb konkurrieren kann, sondern nur mit freien, mündigen und innovativen Bürgern. Ein solches China wäre in jedem Fall eine Chance für die internationalen Beziehungen.

Hessen – Politik und Wirtschaft – Leistungskurs 2011
Vorschlag A

Thema: *Deutschland und der Euro*

Aufgaben

1. Fassen Sie die Ausführungen Peter Bofingers zusammen (Material). (20 BE)
2. Ordnen Sie Bofingers Überlegungen einer wirtschaftspolitischen Grundkonzeption zu. (25 BE)
3. Im Schlussabsatz seines Textes behauptet Peter Bofinger, Deutschland habe ein „ökonomisches […] Interesse am Euro". Erläutern Sie diese Aussage. (25 BE)
4. In ihrer Laudatio auf Polens Ministerpräsidenten Donald Tusk, den Träger des Karlspreises 2010, sagte Bundeskanzlerin Merkel: „Scheitert der Euro, dann scheitert nicht nur das Geld, dann scheitert mehr, dann scheitert Europa, dann scheitert die Idee der europäischen Einigung."[1]
   Setzen Sie sich mit dieser These kritisch auseinander. (30 BE)

Anmerkung:
1 zitiert nach Zeit-Online vom 13. 5. 2010, http://www.zeit.de/politik/deutschland/2010-05/merkel-euro

M: Peter Bofinger: Deutschland lebt unter seinen Verhältnissen

Die Spekulanten sind schuld an der Eurokrise, und die Bundesrepublik ist ein Opfer? Alles Märchen.

Aus der Wahrnehmung der deutschen Politik wie des deutschen Stammtischs sind die Schuldigen der Eurokrise schnell ausgemacht. Zum einen sind es die bösartigen Spekulanten, die es sich zum Ziel gesetzt haben, den Euro zu zerstören. Zum anderen sind es die Mitgliedsländer in Südeuropa, die nicht nur bei der Haushaltspolitik geschlampt, sondern zugleich ihre Löhne viel zu stark erhöht haben. Deutschland ist bei alledem das unschuldige Opfer, das seit Beginn der Währungsunion alles richtig gemacht hat und jetzt riesige Milliardenbeträge zur Stützung der anderen Länder aufwenden muss.

Bei dieser Sichtweise ist klar, wie der Euroraum wieder genesen kann: Alle Länder müssen so tugendhaft werden wie wir. Das Problem müsse an der Wurzel angepackt werden, sagte die Kanzlerin, die Länder müssten ihre Staatsfinanzen in Ordnung bringen und sich um eine bessere Wettbewerbsfähigkeit bemühen.

Doch wie würde ein Euroraum mit 16 Deutschländern aussehen? In den vergangenen zehn Jahren war die deutsche Wirtschaftspolitik darauf fixiert, die Lohnkosten möglichst gering zu halten. Dies führte dazu, dass die Arbeitnehmer nicht mehr am Anstieg des Wohlstandes teilhaben konnten und die Ausgaben im Inland – preisbereinigt – nicht mehr zunahmen. Natürlich schlug sich das in einem enormen Exportboom nieder, die Ausfuhren stiegen real um bis zu 70 Prozent. Im finanziellen Sektor führte die Kombination aus Knauserei und Exportweltmeistertum zu einer riesigen Geldersparnis, die zwangsläufig im Ausland angelegt werden musste. Seit Beginn der Währungsunion gab Deutschland – ausweislich seines Leistungsbilanzsaldos – 895 Milliarden Euro weniger aus, als es einnahm. Wir lebten als Volkswirtschaft also nicht über, sondern wie kaum ein anderes Land unter unseren Verhältnissen.

Eine Währungsunion mit 16 Deutschländern wäre ein Albtraum. Gingen alle Mitgliedsländer dazu über, ihre Löhne nicht mehr zu erhöhen oder sie sogar zu senken, um so wettbewerbsfähig wie wir zu werden, würde der Euroraum geradewegs in die Deflation steuern. Diese Tendenz würde noch verstärkt, wenn alle auch noch versuchen würden, weniger auszugeben, als sie einnehmen, um genauso viel Geld zu sparen wie Deutschland. Das kann in der Summe nicht aufgehen, der Euroraum würde durch ein kollektives Gürtel-enger-Schnallen so in die Knie gehen, dass am Ende überhaupt keine nennenswerte Geldersparnis mehr möglich würde.

Das heißt allerdings nicht, dass sich alle Länder nun an den Beispielen Griechenlands, Irlands oder Spaniens orientieren sollten. Für den finanzpolitischen Schlendrian Griechenlands kann es keine Entschuldigung geben. Und in den südeuropäischen Mitgliedsländern sind – ebenso wie in Irland – die Löhne stärker gestiegen, als es von der Produktivität und dem Inflationsziel der Europäischen Zentralbank her angemessen gewesen wäre. Das hat der Wettbewerbsfähigkeit geschadet und zu einer überzogenen Verschuldung geführt. Der Euroraum wird nur dann ins Gleichgewicht kommen, wenn sich seine Mitgliedsländer überwiegend so verhalten, dass sie mittelfristig in etwa das ausgeben, was sie einnehmen. Ein Musterbeispiel hierfür ist Frankreich, das seit Jahren eine stetig steigende Binnennachfrage aufweist, ohne dabei in eine Schieflage wie die südeuropäischen Länder geraten zu sein. Eine Währungsunion mit 16 Frankreichs wäre aus makroökonomischer Sicht keine schlechte Vorstellung.

Bundeskanzlerin Angela Merkel hat sich in überzeugender Weise für den Euro ausgesprochen. Doch die Währungsunion wird nur Zukunft haben, wenn die deutsche Wirtschaftspolitik erkennt, dass wir selbst ein Teil des Problems wie auch der Lösung sind. […]

Ein zentraler Ansatzpunkt für mehr Eigendynamik sind die hohen Ersparnisse der deutschen Wirtschaft, die seit Jahren überwiegend in ausländischen Geldanlagen investiert werden. Wenn es gelingen würde, diese Mittel verstärkt für Investitionen im Inland einzusetzen, würde das nicht nur die Inlandsnachfrage steigern. Es würde zugleich dazu beitragen, dass wir nicht länger unsere Altersvorsorge auf spanischen oder US-amerikanischen Schrottimmobilien aufbauen.

Im Mittelpunkt der Wirtschaftspolitik muss deshalb die Förderung der Investitionstätigkeit stehen. […] Aber die Privaten werden es allein nicht stemmen. Nach den bisherigen Planungen werden die öffentlichen Investitionen in den nächsten Jahren so gering ausfallen, dass sie nicht einmal die Abschreibungen ausgleichen. Der Staat sollte deshalb ein umfangreiches öffentliches Investitionsprogramm auflegen, auch wenn er sich dafür zusätzlich verschulden muss. Das Ersparte der Bürger ist momentan sicherer und ertragreicher in der deutschen Infrastruktur investiert als in ausländischen Staats- oder Unternehmensanleihen. Auf den ersten Blick würde ein solches

Vorgehen mit den Bestimmungen der Schuldenbremse in Konflikt geraten. Aber man kann diese Bremse zeitweise außer Kraft setzen, wenn man es mit außergewöhnlichen Notsituationen zu tun hat, die sich der Kontrolle des Staates entziehen. Wenn die Eurokrise keine solche „außergewöhnliche Notlage" ist, was dann?

Deutschland hat ein vitales ökonomisches wie politisches Interesse am Euro. Doch ohne energische Anstrengungen der deutschen Wirtschaftspolitik für mehr Balance innerhalb des Systems wird die Europäische Währungsunion dieses Jahrzehnt nicht überleben.

Peter Bofinger: Deutschland lebt unter seinen Verhältnissen.
In: Süddeutsche Zeitung vom 17. 5. 2010, S. 2

Zum Autor: Peter Bofinger ist Professor für Volkswirtschaftslehre an der Universität Würzburg und Mitglied im Sachverständigenrat zur Begutachtung der gesamtwirtschaftlichen Entwicklung.

Lösungsvorschläge

Unterrichtsinhalte:

- 12/I: Ziele und Zielkonflikte wirtschaftlichen und wirtschaftspolitischen Handelns am Beispiel: Probleme der Staatsverschuldung;
  Konjunktur und Konjunkturpolitik;
  Wirtschaftliche Integration Europas;
  Internationale Wirtschaftsbeziehungen
- 12/II: Bundesrepublik Deutschland und europäische Integration

1. *Der Operator „zusammenfassen" verlangt von Ihnen, die Kernaussagen des Materials sach- und sinngemäß, komprimiert und unkommentiert wiederzugeben. Dabei ist vor allem auf sprachliche Distanz zu achten. Diese stellen Sie her, indem Sie die Thesen des Autors eigenständig strukturieren, in eigenen Worten wiedergeben und in indirekter Rede präsentieren. Die Rückanbindung an das Material erfolgt über Textbelege. (AFB I)*

   Peter Bofinger, Professor für Volkswirtschaftslehre und Mitglied im Sachverständigenrat der Bundesregierung, also einer der fünf Wirtschaftsweisen, weist in seinem Artikel „Deutschland lebt unter seinen Verhältnissen" in der Süddeutschen Zeitung vom 17. Mai 2010 die Sichtweise der deutschen Politik und des „deutschen Stammtischs" (Z. 3) zurück, allein Spekulanten und die schwachen südeuropäischen Länder der EU seien für die **Eurokrise** verantwortlich. Bofinger sieht Deutschland nicht als das „unschuldige Opfer" (Z. 8), vielmehr macht er die **deutsche Wirtschaftspolitik als Mitverursacher der Krise** aus.
   Vor allem der **Fixierung Deutschlands auf geringe Lohnkosten** (vgl. Z. 15 ff.) gibt er eine Hauptschuld. Sie habe zwar zu einer **Verbesserung der internationalen Wettbewerbsfähigkeit** und zu hohen **Exportüberschüssen** geführt, sei aber gleichzeitig die Ursache für eine **schwächelnde Binnennachfrage**. Die Überschüsse aus dem Export seien nicht für inländische Investitionen eingesetzt, son-

dern aufgrund der besseren Rendite im Ausland angelegt worden (vgl. Z. 20 ff.). Damit habe die deutsche Wirtschaft letztlich der Wettbewerbsfähigkeit anderer Wirtschaften geschadet und deren Inflation und Verschuldung indirekt gefördert (vgl. Z. 39 f.). Zudem führte die Politik der Auslandsinvestitionen und des Sparens, ablesbar am steigenden Leistungsbilanzsaldo, dazu, dass wir als Volkswirtschaft „unter unseren Verhältnissen" (Z. 25) lebten.
Diese deutsche Wirtschaftspolitik könne nicht auf die übrigen Euro-Länder übertragen werden. Denn wenn alle EU-Länder auf eine Erhöhung der Löhne verzichten und so viel Geld sparen würden wie Deutschland, wäre eine **Deflation für den ganzen Euroraum** die Folge (vgl. Z. 26–29).
Das heißt aber nicht, dass Länder wie Irland, Griechenland oder Spanien zum Vorbild werden sollten. Natürlich müssten die Mitgliedsländer eine **seriöse Finanzpolitik** betreiben und Lohnerhöhungen müssten immer in Abhängigkeit zur Produktivität sowie mit Blick auf die Inflationsrate getroffen werden (vgl. Z. 36–39). Darüber hinaus sei aber auch eine **ausgeglichene Handelsbilanz** notwendig.
Deshalb plädiert Bofinger für eine **Ausweitung der Investitionstätigkeit und Nachfrage im Inland**. Diese Investitionen müssten aber nachhaltig sein, also überschüssiges Geld in der Realwirtschaft binden. Insbesondere der Staat sei gefordert, für ein **besseres Investitionsklima** zu sorgen. Für diese Investitionsprogramme, z. B. zur **Verbesserung der Infrastruktur**, müsse auch eine höhere Verschuldung, die der **Schuldenbremse** widerspreche, in Kauf genommen werden (vgl. Z. 59–64). Das sei aber in einer Notsituation wie der Eurokrise geboten. Andernfalls sieht Bofinger den Euro zum Scheitern verurteilt (vgl. Z. 64–67).

2. *Der Operator „einordnen" verlangt, Sachverhalte in einen Zusammenhang zu stellen. Dabei müssen Sie erworbene Kenntnisse und gewonnene Einsichten mit neuen Aspekten oder Thesen verknüpfen. In dieser Aufgabe sollen Sie die Überlegungen Bofingers auf ihren wirtschaftstheoretischen Gehalt untersuchen und einer konjunkturpolitischen Theorie zuordnen. Wichtig ist es, gefundene Zusammenhänge nicht nur zu nennen, sondern jeweils auch zu erläutern und dabei weiterhin eng am Material zu arbeiten. (AFB II)*

Peter Bofinger kritisiert die deutsche Wirtschaftspolitik der vergangenen Jahre und macht gleichzeitig Vorschläge für ein Umsteuern auch auf europäischer Ebene. Aus beiden Argumentationsansätzen lassen sich Hinweise auf seine wirtschaftspolitischen Grundkonzeptionen ableiten.
Einerseits kritisiert er die **Lohnzurückhaltung** in der vergangenen Dekade (vgl. Z. 15 ff.). Diese Politik hätte einseitig auf die **Stärkung der Wettbewerbsfähigkeit der Unternehmen** gesetzt, die wichtige **Rolle des Konsums aber vernachlässigt**. Da der Großteil des Bruttoinlandsprodukts auf dem Binnenmarkt generiert wird, führt eine zu starke Exportorientierung damit zwangsläufig zur konjunkturellen Schwäche in Deutschland. Mit dieser Kritik und der Heraushebung des französischen Beispiels mit seiner seit Jahren stetig steigenden Binnennachfrage (vgl. Z. 42 ff.) reiht sich Bofinger bei den **Nachfragetheoretikern** ein. Andererseits aber möchte er die notwendigen Lohnsteigerungen an die Produktivität und

Stabilitätsziele der EZB binden und ruft die europäischen Staaten grundsätzlich zur **Haushaltsdisziplin** auf, was auch von **Angebotstheoretikern** vertreten wird und auf die Forderung nach einem „**policy mix**" hindeutet.

Die **aktive Rolle**, die Bofinger dem **Staat** zuweist und vor allem die Forderung nach Investitionen auf der Basis von Schulden („**deficit spending**") geht aber klar auf die **nachfrageorientierten Ansätze von John Maynard Keynes** zurück. In einer Politik der einseitigen Haushaltskonsolidierung, also des zu starken Sparens („Knauserei", Z. 21), und einer zu starken Exportorientierung sieht er die Gefahr deflatorischer Tendenzen (vgl. Z. 26–29), die die aktuelle Krise noch verstärkten. Er schlägt deshalb vor, **in der Krise zu investieren, also antizyklisch vorzugehen**. Eine solche staatliche Investitionstätigkeit würde erwartungsgemäß die privaten Investitionen ankurbeln und somit zur Ausweitung der Produktion sowie zur Schaffung von Arbeitsplätzen beitragen. Im so ausgelösten **konjunkturellen Aufschwung** müssen nach der Theorie von Keynes dann allerdings die **Schulden abgebaut werden**, was praktisch alle europäischen Staaten in den letzten Jahrzehnten versäumt haben, sodass sich gewaltige Staatsschulden aufgetürmt haben.

Während sich konjunkturpolitische Maßnahmen meist durch kurzfristige Wirkungen auszeichnen, erhofft sich Bofinger von seinem Maßnahmenpaket auch eine **Konsolidierung der Sicherungssysteme** (vgl. Z. 53 ff.) und einen **Ausbau der Infrastruktur** (vgl. Z. 61 ff.). Seine These ist, dass eine nachhaltige und sozial ausgewogene Entwicklung in Deutschland Vorbild und Impuls für eine Beseitigung von Ungleichgewichten in Europa (vgl. Z. 68–71) sein könnte.

Damit **kritisiert Bofinger** auch den **Standortwettbewerb innerhalb der Europäischen Union**. Die deutschen Überschüsse sind zuletzt von verschiedenen europäischen Staaten kritisiert worden. Deutschland würde sich mit Reallohnsenkungen und Konsumverzicht Marktanteile auf Kosten anderer Länder verschaffen, ganz im Sinne der Theorie der komparativen Kostenvorteile nach David Ricardo. Ein starker deutscher und europäischer Binnenmarkt ist aber letztlich nicht so anfällig für Krisen, die außerhalb der EU entstehen.

Weder eindeutig der Nachfrage- noch der Angebotstheorie zuzuordnen, ist die Forderung Bofingers nach einer **stärkeren Bindung des Kapitals in der Realwirtschaft**, die zu mehr Eigendynamik und damit höheren Investitionen im Inland führen könnte (vgl. Z. 50 ff., 56 f.).

Trotz einiger Anlehnungen an die Angebotstheorie sind **Bofingers Überlegungen eher einer nachfrageorientierten Konzeption** zuzuordnen.

3. *Der Operator „erläutern" (AFB II) verlangt von Ihnen, auf der Basis Ihres Wissens und der Einsichten in die Zusammenhänge die Thesen des Autors einzuordnen, zu verdeutlichen und zu begründen. Dadurch, dass Sie eine Behauptung Peter Bofingers behandeln sollen, enthält die Aufgabenstellung bereits einen geringen wertenden Anteil (AFB III). Welche Aspekte Sie zur Erläuterung heranziehen, ist Ihnen überlassen, sie sollen aber einen Bezug zur Euro-Thematik haben. Es sind also durchaus andere Zugänge als der hier vorgestellte denkbar.*

Das Verhältnis Deutschlands zum Euro ist durchaus ambivalent. Einerseits hat **Deutschland** wie kaum ein anderes Land **von der Währungsunion profitiert**. Dank der **festen Wechselkurse** kann Deutschland seine Exportüberlegenheit vor allem gegenüber seinen **europäischen Nachbarn**, immer noch **Haupthandelspartner Deutschlands**, voll ausspielen. In einem freien Wechselkurssystem dagegen würden die deutschen Exportüberschüsse durch die erhöhte Nachfrage nach deutschen Devisen zu einer Aufwertung der deutschen Währung führen. Dieser Mechanismus, der in einem freien Markt zu einer Art Selbstregulation führen würde, fällt innerhalb der Eurozone weg. So können sich tatsächlich gewaltige Ungleichgewichte in den Handelsbilanzen der Euro-Länder aufbauen, wovon Deutschland als starke Exportnation überproportional profitiert. Da über die Hälfte des deutschen Außenhandels mit Ländern der Eurozone abgewickelt wird, bedeutet die Existenz einer **gemeinsamen Währung auch die Verringerung von Transaktionskosten**, z. B. durch den Wegfall von Umtauschkosten, und eine **sichere Kalkulationsbasis** für Auslandstransaktionen.

Die gemeinsame Währung erlaubt darüber hinaus eine **bessere Vergleichbarkeit von Preisen und fördert damit den Wettbewerb**. Das kommt den europäischen Verbrauchern entgegen, nützt aber vor allem den gut aufgestellten, starken Standorten, besonders wenn diese ihre Wettbewerbsfähigkeit zusätzlich gesteigert haben, z. B. durch stagnierende Löhne. Wirtschaftlich **schwächere europäische Länder müssen** am Ende **Kredite aufnehmen**, um staatliche Leistungen und Importe finanzieren zu können. Solche Kredite wiederum kommen überwiegend aus den starken Euro-Ländern wie Deutschland. Überspitzt gesagt, leiht Deutschland Ländern wie Griechenland Geld, damit diese deutsche Waren kaufen können.

Die Eurokrise hat gezeigt, dass dieses Modell nicht zukunftsträchtig ist. Deutsche Banken, die einen Großteil der Kredite für Griechenland zur Verfügung gestellt hatten, mussten vom deutschen Staat und damit vom Steuerzahler gestützt werden. Damit sanken die griechischen Staatsschulden nicht, die deutschen aber stiegen. Die **massive Ausweitung der Geldmenge** produziert im Gegenzug eine **Inflation**, und zwar so stark, dass sich die **EZB zum Eingreifen genötigt** sieht, denn die Preisniveaustabilität ist ihre oberste Direktive.

Die **Gemeinschaftswährung fördert die politische Integration** durch die Übertragung von geld- und währungspolitischen Kompetenzen von den nationalen Notenbanken auf die EZB. Insofern schien die Einführung einer gemeinsamen Währung folgerichtig in der Erwartung einer **verstärkten Koordination der Wirtschaftspolitik** der Euro Länder. Über eine Stärkung der wirtschaftlichen Verflechtungen sollten sich auch die politischen Bindungen intensivieren.

Die konsequente Verfolgung der Hauptaufgabe der **EZB**, nämlich im Euro-Raum für **stabile Preise** zu sorgen, war erfolgreich. Die **jährliche Inflationsrate** liegt seit Einführung des Euro knapp **unter 2 %**. Damit ist der Euro sogar noch etwas stabiler, als es die D-Mark gewesen ist. Die gemeinsame Währung erwies sich damit nicht nur als stabil, sondern auch als spekulationsresistenter als es die Einzelwährungen vorher waren.

Nach Problemen in der Anfangsphase steht der **Euro** sehr stark gegenüber dem Dollar. Er ist zur **zweitwichtigsten Leitwährung der Welt** geworden. Allerdings mussten sich die Einzelwährungen zuvor dem Markt stellen und waren daher ein Index für die wirtschaftliche Leistungsfähigkeit der Euro-Länder. Die festen Wechselkurse kaschieren dagegen die Leistungsfähigkeit der einzelnen Volkswirtschaften.

Eine sehr **starke Bewertung der europäischen Währung würde den Export der Euro-Länder** erschweren. Mit einer solchen Erschwernis kommen starke Wirtschaftsstandorte besser zurecht. Insofern hat **Deutschland** tatsächlich ein **großes Interesse am Euro**, denn deutsche Unternehmen können weiterhin zu einem relativ günstigen Eurokurs exportieren. Durch die gemeinsame Währung verpuffen aber andererseits Anstrengungen einer Haushaltskonsolidierung des einen Landes, wenn die anderen nicht ebenso verfahren. Mangelnde Wettbewerbsfähigkeit kann durch Staatsdefizite, die von der gesamteuropäischen Bonität profitieren, jahrelang verschleiert werden.

Der gemeinsame **Standort- und Arbeitskräftewettbewerb** kann sogar zu einem **Wettlauf um Sozialleistungen** führen, die sich schwächere Volkswirtschaften gar nicht leisten können. Somit befinden sich diese Länder in einem Teufelskreis von immer höherer Auslandsverschuldung. Die Einführung des Euro war an Stabilitätskriterien gebunden, die im Laufe der Zeit fast alle Staaten – selbst Deutschland – ein- oder mehrmals nicht eingehalten haben. Die Konvergenzkriterien haben also keine hinreichende Sicherheit schaffen können, zumal deren Einhaltung nicht streng genug kontrolliert wurde.

Peter Bofingers These, Deutschland habe ein „ökonomisches […] Interesse am Euro", lässt sich also mit mehreren Argumenten belegen. Diese Argumente beziehen sich jedoch vor allem auf die Vergangenheit. Wenn, wie es in der aktuellen Eurokrise den Anschein hat, die Eurozone aber zu einer Transferunion wird, mit Deutschland als Hauptzahler und den deutschen Steuerzahlern als Hauptgläubigern, dann ist Bofingers Behauptung zu relativieren.

4. *„Auseinandersetzen" ist kein offizieller Operator, bedeutet aber so viel wie „diskutieren". D. h., Sie sollen zu einer These eine eigene Argumentation entwickeln, die zu einer begründeten Bewertung führt. Sie haben grundsätzlich verschiedene Zugangsmöglichkeiten, um die geforderte Lösung zu erstellen. Wichtig ist weder eine große Zahl unterschiedlicher Aspekte anzusprechen, noch einen bestimmten geforderten Aspekt besonders herauszustellen. Vielmehr kommt es auf die Stichhaltigkeit Ihrer Argumentation und die nachvollziehbare Anknüpfung an den Kern der Thesen an. Achten Sie auf Schlüsselbegriffe in dem angeführten Merkel-Zitat („Scheitern", „Euro", „Geld" und die „Idee der europäischen Einigung") und aktivieren Sie Ihr Wissen zu diesen Begriffen als Grundlage für eine lineare Erörterung. (AFB III)*

Vor dem Hintergrund der Eurokrise geht Bundeskanzlerin Angela Merkel davon aus, dass das Überleben der Währungsunion, also die Bewältigung der Eurokrise, von existenzieller Bedeutung für Europa und die Idee der europäischen Einigung insgesamt sei. Dabei sieht sie im **Euro das Symbol der Integration**.

Merkels These basiert offensichtlich auf der Annahme, eine **politische Einigung** sei nur **auf der Basis einer ökonomischen** möglich. Dieser Ansatz entspricht nicht nur dem tatsächlichen Verlauf der europäischen Integration, sondern ruft auch die Bedingungen der Einführung einer gemeinsamen Währung ins Gedächtnis. Die **Einführung des Euros** sollte nämlich nicht nur den Wirtschaftsraum vereinheitlichen, sondern auch die Integration insgesamt vorantreiben, man hoffte auf die Entstehung eines einheitlichen Sozialraumes.

Der Beitritt zur **Währungsunion** wurde darüber hinaus **an bestimmte Kriterien gebunden und der Überwachung durch** eine einheitliche Institution, die **europäische Zentralbank** (EZB), unterworfen. Nicht zufällig hat Deutschland den Sitz der europäischen Zentralbank bekommen. Schon damals galt Deutschland mit seiner auf Stabilität ausgerichteten Wirtschaftspolitik, seiner geringen Verschuldung und seiner unabhängigen Bundesbank als Vorbild für eine europäische Lösung. Unter dem Dach einer gemeinsamen Währung sollte die **Angleichung der nationalen Wirtschafts- und Sozialräume** quasi automatisch erfolgen. Der Verlust an nationalstaatlichen Kompetenzen, z. B. die Verfügungsgewalt über die eigene Währung, sollte durch die **Vorteile des Binnenmarktes und des erleichterten Handels** ausgeglichen werden. Diese Hoffnungen haben sich zu einem guten Teil nicht erfüllt.

Die wirtschaftliche Integration wurde zwar konsequent vorangetrieben, die Erweiterung – auch des Euroraumes – vollzog sich zügig, die **politische Vertiefung scheiterte aber oft an nationalstaatlichen Egoismen**. Damit war ein Kernelement der Währungsunion, nämlich die Stabilität, von Anfang an gefährdet. Eine **gemeinsame Währung erfordert eine stark koordinierte Wirtschafts-, Sozial- und Finanzpolitik**. Das wäre selbst für die Koordination der fortgeschrittenen Wirtschaften wie Frankreich oder Deutschland eine **anspruchsvolle Aufgabe**, denn die beiden „Motoren“ der europäischen Integration sind sehr unterschiedlich strukturiert: Frankreich eher zentral mit einer interventionistischen, auf Großkonzerne ausgerichteten Wirtschaftspolitik, Deutschland eher dezentral mit einem wirtschaftlichen Rückgrat, das sich im Wesentlichen auf mittelständische Unternehmen stützt; Frankreich mit starken Gewerkschaften und expansivem Sozialstaat, Deutschland mit eher schwachen Gewerkschaften und vorsichtigem Sozialabbau. Wie groß ist dann erst der Unterschied zwischen einem starken Industriestandort wie Deutschland und einem praktisch deindustrialisierten Griechenland in einer Währungsunion und mit einem gemeinsamen Wechselkurs?

Schon bald zeigte sich, dass die **EZB** enorm schwierige Aufgaben zu bewältigen hat. Sie muss für die **Preisniveaustabilität im gesamten Euroraum** sorgen und ist für die **Kontrolle der Zinsentwicklung** verantwortlich, ohne dabei direkt nationalstaatlichen Einflüssen zu unterliegen. Sie muss bei ihren Entscheidungen einen mittleren Kurs zwischen den Bedürfnissen einer deutschen und einer griechischen Wirtschaft fahren, also eines export- und eines importorientierten Landes. Die **gemeinsame Währung hat die Unterschiede zwischen den starken und schwachen europäischen Volkswirtschaften** in den letzten Jahren **eher verstärkt**, als abgebaut. Da schlechte Wirtschaftspolitik und fehlende Haushaltskonsolidierung einzelner Staaten an den Finanzmärkten nicht mehr unmittelbar abgestraft werden können, hat die **gemeinsame Währung alle Staaten zu einer Schuldenpolitik verleitet**. Die unmittelbare Vergleichbarkeit von Preisen und Lebensstandards führte z. B. in den schwächeren Ländern der Eurozone dazu, eine rasch aufholende Entwicklung beim Ausbau der Sozialsysteme zu verfolgen, bis zu einem Stadium, das sich diese Staaten eigentlich nicht leisten können. Es sieht also so aus, als ob eine **gemeinsame Währung nicht von sich aus** schon eine (**wirtschafts-**)**politische Einigung schafft**, sondern diese eigentlich als Voraussetzung benötigt. Insofern verweist Merkels These auf die Notwendigkeit, diese fehlenden Grundbedingungen einer Währungsunion zügig nachzuholen. Die dafür notwendige Zeit soll der Euro-Rettungsschirm schaffen. Gleichzeitig muss aber die bisher nicht gründlich genug geführte **Diskussion, wie es mit Europa weitergehen soll** (Europa der zwei Geschwindigkeiten – Kerneuropa – Modell Monet) fortgesetzt werden, und zwar mit den Bürgern. Die gut 50-jährige Geschichte der europäischen Einigung seit den Römischen Verträgen (1957) ist eine Erfolgsgeschichte. Ein **europäisches Bewusstsein bei den Bürgern ist aber noch nicht entstanden**, geschweige denn eine europäische Identität.

Die Eurokrise hat diesen Prozess zusätzlich erschwert. Zwar schafft sie einen äußeren Druck, besonders für die schwächeren Wirtschaften, sich stärker dem Wettbewerb zu stellen. Jedoch sind durch die Krise die fehlenden gemeinsamen Interessen und die nicht gelösten, sondern vertagten Fragen offen zutage getreten. Nicht zuletzt aufgrund dieser Tatsache nehmen die Zustimmungsraten in der Bevölkerung für die europäische Integration seit einiger Zeit deutlich ab. Zunehmend machte sich der Eindruck breit, die europäische Integration bringe dem einzelnen Bürger keine Vorteile mehr, sondern gerate zunehmend zum Selbstzweck und zur Bühne für eine politische Klasse, die die Bodenhaftung längst verloren hat. Jetzt rächte sich, dass die Ziele der europäischen Integration nicht genügend erklärt worden sind, ja vielleicht sogar letztlich unklar waren.

Die **Entwicklung der EU schwankte zwischen Erweiterung und Vertiefung**, wobei Letztere zunehmend auf der Strecke blieb. Die zunächst gescheiterte Verfassung schien geradezu der Beweis dafür zu sein. Besonders in der deutschen Bevölkerung wurde die mangelnde Beteiligung an den Grundsatzentscheidungen der weiteren Integration beklagt. Die Rettung der ins Trudeln geratenen gemeinsamen europäischen Währung durch gigantische Rettungsschirme, für die letztlich der Steuerzahler bürgt, brachten in Deutschland die Zustimmungsraten für eine weitere Integration 2010 erstmals unter 50 Prozent. Das ist ein Alarmsignal, denn die Rückkehr Deutschlands in die Völkergemeinschaft nach dem Zweiten Weltkrieg wurde wesentlich durch die europäische Integration befördert. Die enge wirtschaftliche und politische Zusammenarbeit mit unseren Haupthandelspartnern in Europa liegt im ureigensten Interesse Deutschlands. Die Einführung einer gemeinsamen Währung als Dach über disparaten Volkswirtschaften, ohne vorher bezüglich der politischen Grundlagen über Absichtserklärungen hinauszukommen, war wohl ein Fehler. Das will die Politik aber nicht zugeben.

Ob die Idee der europäischen Einigung scheitert, wenn der Euro scheitert, ist fraglich. Die **EU ist mehr als der Euro**, zumal ihn nicht alle Mitglieder eingeführt haben. Die **europäische Zusammenarbeit** beschränkt sich längst nicht mehr nur auf den **wirtschaftlichen** Bereich, auch **außen- und sicherheitspolitisch** nähert man sich langsam an. Die EU steht auch für ein Europa der **gemeinsamen Wertvorstellungen** wie Demokratie, Menschenwürde, soziale Gerechtigkeit, Rechtssicherheit und eine offene, pluralistische Gesellschaft.

Aber ein Aus für die gemeinsame Währung wäre doch ein fundamentaler Einschnitt in den Integrationsprozess. Ein **Scheitern des Euro**, der inzwischen zur zweitwichtigsten Währung der Welt aufgestiegen ist, würde **Europa global gesehen schwächen**, und zwar auch im Hinblick auf das politische Modell der europäischen Einigung. Für die europäischen Bürger würde bei aller Kritik das Abschaffen der gemeinsamen Währung ein Symbol für einen vorläufigen Stopp der europäischen Integration darstellen. Das könnte zu **Renationalisierungstendenzen** führen und letztlich sogar die gesamte EU sprengen.

Schon jetzt zeigt sich aber, dass gegenüber anderen großen Wirtschaftsräumen und global handelnden Großkonzernen sowie angesichts national nicht zu bewältigender Probleme wie der Energiefrage nur gemeinsames europäisches Handeln helfen kann. Insofern hat Bundeskanzlerin Merkel Recht, dass **im Scheitern des Euro eine große Gefahr liegt**. Der Preis der Stützung der Gemeinschaftswährung scheint sehr hoch zu werden, der Preis eines Auseinanderbrechens der Gemeinschaftswährung wäre aber auf jeden Fall höher.

Hessen – Politik und Wirtschaft – Leistungskurs 2011
Vorschlag B

Thema: *Repräsentative und plebiszitäre Demokratie*

Aufgaben

1. Geben Sie die zentralen Überlegungen von Markus Horeld in eigenen Worten wieder (Material). (20 BE)
2. Untersuchen Sie kritisch die Vor- und Nachteile der repräsentativen und der direkten Demokratie. Stellen Sie dabei das jeweilige Modell in Grundzügen vor. (30 BE)
3. a) Stellen Sie wesentliche Motive und Ziele von Auslandseinsätzen der Bundeswehr dar. (20 BE)
   b) Würden Sie sich für eine Ergänzung des Grundgesetzes aussprechen, die Plebiszite – bezogen auf Auslandseinsätze der Bundeswehr – zulässt? Erörtern Sie diese Frage auch unter Berücksichtigung der Überlegungen Horelds. (30 BE)

M: Markus Horeld: Mehr Direkte Demokratie wagen

Die Schweizer Abstimmung über Minarette ist für viele ein Beleg: Direkte Demokratie ist gefährlich. Das ist ein Irrtum. Gefährlich ist nur die Arroganz der Politik.

Ist das Votum der Schweizer also der finale Beweis, dass Direkte Demokratie mehr schadet als nützt? Gestern haben die Schweizer mehrheitlich beschlossen, dass in ihrem Land künftig keine Minarette mehr gebaut werden dürfen. In keinem Land der Welt gibt es ein solches Verbot. Es wird der Schweiz eine Menge Probleme bescheren. Dass womöglich sehr bald in manch einem islamischen Land einige Schweiz-Flaggen abgefackelt werden, ist dabei noch das Geringste. Viel schwerer wiegt, dass sich Muslime in der Schweiz nun als nicht akzeptiert fühlen müssen, dass Investoren aus arabischen Staaten abgeschreckt werden. Und auch auf der rechtlichen Ebene wird es heikel: Das Minarett-Verbot verstößt gegen verbindliche UN-Abkommen und gegen die europäische Menschenrechtskonvention. Möglicherweise wird die Schweiz aus dem Europarat ausgeschlossen.

Die Direkte Demokratie – Heimstatt merkwürdiger Beschlüsse? Auch Beispiele aus Deutschland lassen sich anführen: In Dresden stimmten die Bürger für den Bau der Waldschlösschenbrücke, obwohl damit die Streichung der Stadtkulisse von der Unesco-Welterbeliste bewirkt wurde. In Berlin kassierten sie das Megaprojekt Mediaspree und nahmen damit hohe Schadensersatzforderungen der Investoren in Kauf. Und ein Volksentscheid in Schleswig-Holstein hätte fast dazu geführt, dass dort eine andere Rechtschreibung gegolten hätte als im Rest Deutschlands.

Sind die Bürger nicht reif für die Direkte Demokratie? Sind sie zu uninformiert, zu sehr von Partikularinteressen geleitet, nicht zurechnungsfähig genug, um mitentscheiden zu dürfen? Ist der Minarettbau ein Fall für die Stadtplaner, nicht für das Volk?

Keineswegs! Volksabstimmungen sind das heiligste Element demokratischer Beteiligung, das auch durch ein verwunderliches Ergebnis nicht grundsätzlich infrage gestellt werden darf. Wenn nun in harschen Reaktionen an der Direkten Demokratie gezweifelt wird, wenn behauptet wird, in wichtigen gesellschaftlichen Fragen habe das Volk keine Kompetenz, dann spricht daraus die Arroganz einer politischen – und auch publizistischen – Klasse, die zum einen meint, alles besser zu wissen, und zum anderen fortwährend versagt, Politik und ihre Hintergründe besser zu erklären.

Demokratie lebt von der Kultur der Kommunikation. Doch wird dieses Prinzip häufig genug verletzt. Politiker verstecken sich und ihre Botschaften hinter verschwurbelten Sätzen, Wahlkämpfer versprechen allerlei Schönes, ohne zu erklären, was die Nachteile sein könnten. Schon in ihrer repräsentativen Variante hat die Demokratie ein Kommunikationsproblem. Umso mehr hat sie es, wenn es um direkte Bürgerbeteiligung geht. Direkte Demokratie funktioniert dann, wenn den Bürgern die Auswirkungen ihres Votums deutlich gemacht werden – ohne Arroganz und Hysterie. Wie es nicht geht, war in Berlin vor Entscheiden zu Pro-Reli und zum Flughafen Tempelhof gut zu beobachten. In den ideologisch aufgeladenen Debatten war es für die Bürger kaum noch möglich, sich ausgewogen zu informieren. Die Berliner Medien hatten leider ihren Anteil daran.

Dass die Schweizer gestern einer populistischen, kleinkarierten und intoleranten Kampagne auf den Leim gegangen sind, zerstört keineswegs den Nimbus der Direkten Demokratie. Es zeigt stattdessen, dass es sich Bürger nicht immer gefallen lassen, wenn sie mit ihren – berechtigten oder unberechtigten – Ängsten allein gelassen werden. Die Abstimmung in der Schweiz war auch eine Abrechnung mit der politischen Klasse, die zu sehr mit sich selbst beschäftigt ist.

Es ist auch diese Unfähigkeit der Parteien zur ehrlichen und verständlichen Kommunikation, die sich viele Menschen von der Politik abwenden und in Referenden ebenso überraschend wie eruptiv äußern lässt. Ein Argument gegen die Direkte Demokratie ist das nicht. Gerade die Schweiz kann auf eine lange und meistens vorbildliche plebiszitäre Tradition zurückblicken.

Direkte Demokratie funktioniert – wenn man sie ernst nimmt. Dazu gehört, dass man den Bürgern zutraut, sich über einen Sachverhalt eine Meinung zu bilden. Gerade das Internet ist hier eine riesige Chance. Dazu gehört auch, dass auf fast unerreichbare Quoren, wie sie in vielen deutschen Bundesländern Realität sind, verzichtet werden muss. Und dazu gehört, dass man sich in Deutschland endlich davon lösen muss, nur landespolitische und kommunale Angelegenheiten für „harmlos“ genug zu halten, um das Volk abstimmen zu lassen. Als sei die Bundespolitik nur etwas für eingeweihte Menschen.

Direkte Demokratie braucht Regeln – dieselben wie die Repräsentative Demokratie: Verfassungswidrige Beschlüsse darf es nicht geben. Deutschland ist hier besser gerüstet als die meisten anderen Länder, denn die Grundrechte sind unantastbar. Keine Volksabstimmung käme daran vorbei. Und natürlich muss auch das Volk akzeptieren, was für Parlamente gilt, dass nämlich seine Beschlüsse durch ein Verfassungsgericht kassiert werden können. Die Gewaltenteilung gilt auch für die Direkte Demokratie.

Was die Schweizer angeht: Sie werden mit diesem seltsamen Votum und seinen Folgen leben müssen. Das Volk hat gesprochen, es ist sein Beschluss, nicht der einer Regierung. Deshalb muss es auch akzeptieren, dass es fortan von vielen Beobachtern im Ausland für intolerant und vorgestrig gehalten wird.

Markus Horeld: Mehr direkte Demokratie wagen. In: ZEIT ONLINE. 30. 11. 2009, http://www.zeit.de/gesellschaft/zeitgeschehen/2009-11/schweiz-referendum-direkte-demokratie

Zum Autor: Markus Horeld ist Ressortleiter bei ZEIT ONLINE, zuständig für Politik, Meinung und Gesellschaft.

Lösungsvorschläge

Unterrichtsinhalte:

- 12/II: Politische Strukturen und Prozesse: Verfassungsnorm und Verfassungsrealität: Parlament und Regierung im konkreten politischen Gesetzgebungsprozess; Partizipation, Repräsentation und Regierung: Pluralismus und politischer Entscheidungsprozess; weitere Akteure und Formen der politischen Beteiligung
- 13/I: Internationale Beziehungen: Deutsche Außenpolitik nach der Wiedervereinigung: Aufgaben, Erwartungen, Probleme; Bundeswehreinsätze in Konfliktregionen

1. *Die Aufgabe verlangt von Ihnen, einen Zeitungskommentar, der ein aktuelles Thema aufgreift und dies mit grundsätzlichen Überlegungen verbindet, unter Wahrung seines Sinns auf das Wesentliche zu reduzieren. Sie sollten die Hauptthesen des Textes sowie ihre Begründung erfassen und diese möglichst selbstständig formulieren. Achten Sie darauf, Zitate zu vermeiden (Ausnahme: Schlüsselbegriffe) und die Thesen des Autors im Konjunktiv wiederzugeben. (AFB I)*

   Mit seinem Kommentar „Mehr Direkte Demokratie wagen", der am 30. November 2009 bei „Zeit Online" erschienen ist, reagiert Markus Horeld auf das Ergebnis des Schweizer Referendums, das den Bau von Minaretten verbietet, und auf die davon abgeleitete **negative Bewertung unmittelbarer Demokratie**. Fragwürdige Beschlüsse finden sich aber nicht nur in der Schweiz, sondern auch in Deutschland, z. B. die Entscheidung für den Bau der Waldschlösschenbrücke.
   Der Autor vertritt die These, dass **Volksabstimmungen „das heiligste Element demokratischer Beteiligung"** (Z. 24 f.) darstellen. Dem Volk fehle weder die Reife noch die Kompetenz, es lasse sich auch nicht von egoistischen Teilinteressen leiten. Vorwürfe dieser Art verrieten die „Arroganz" (Z. 28) von Politikern und Medien, die zur politischen Aufklärung nicht in der Lage seien.
   Daraus ergibt sich die zweite Hauptthese des Autors, die **Bedingungen für den Erfolg direkter Demokratie** benennt. Von Politik und Medien seien vor allem

verbesserte kommunikative Leistungen zu fordern: eine verständliche Sprache, sachliche Informationen und die Verdeutlichung der Konsequenzen eines Votums. Allein dadurch würden die Bürger und die direkte Demokratie ernst genommen. Zudem biete das **Internet** umfassende Möglichkeiten zur Information der Bürger. Darüber hinaus benennt Horeld ihm wichtig erscheinende institutionelle Bedingungen für eine funktionierende plebiszitäre Demokratie: **Volksabstimmungen** sollte es in Deutschland künftig auch **auf Bundesebene** geben, das **Beteiligungsquorum dürfe nicht zu hoch angesetzt sein und die Abstimmungen dürften nicht gegen das Grundgesetz** und die dort verankerten Grundrechte **verstoßen**. Gerade letztere Bedingung könne verfassungswidrige Entscheidungen verhindern und somit zum Gelingen der direkten Demokratie beitragen.

2. *Diese Aufgabe verlangt einen Vergleich der beiden Demokratiemodelle, also die Betrachtung ihrer jeweiligen Vor- und Nachteile. Dabei ist es sinnvoll, an einzelnen Punkten Bezüge zum Text herzustellen. Da der Schwerpunkt der Arbeit insgesamt jedoch in der 3. Aufgabe liegt (50 BE!), sollten Ihre Darlegungen nicht zu breit angelegt sein. Die ausführliche Musterlösung bietet aus Übungszwecken eine Vielzahl von Aspekten an, die in diesem Umfang nicht erwartet werden. Selbstverständlich müssen Sie hier vorrangig die im Unterricht erworbenen Kenntnisse einbringen. (AFB I, II mit Schwerpunkt auf AFB II)*

In der repräsentativen Demokratie wählen die Bürger ihre Abgeordneten für ein Parlament, das für die Dauer einer Legislaturperiode unabhängig von ihnen politische Entscheidungen trifft. Laut Art. 38 GG sind die Abgeordneten „an Aufträge und Weisungen nicht gebunden und nur ihrem Gewissen unterworfen". Die Entscheidungen der Vertretungskörperschaft betreffen in der parlamentarischen Demokratie zunächst die **Wahl der Regierung** sowie die Mitwahl von Richtern des Bundesverfassungsgerichtes und des Bundespräsidenten. Hauptaufgaben des Parlaments sind aber die möglichst interessenunabhängige Definition des Gemeinwohls bei der **Gesetzgebung und die Kontrolle der Regierung**.
Den Abgeordneten stehen bei der Beratung von Gesetzen zu meist hochkomplexen Sachfragen **Experten** zur Seite, z. B. durch die Anhörung von Sachverständigen und Interessenvertretern. Auch wenn durchschnittlich drei Viertel der verabschiedeten Gesetze ursprünglich von der Regierung eingebracht wurden, erfahren sie durch die Behandlung in Ausschüssen des Bundestags starke Veränderungen. Indem sachkundige und erfahrene Parlamentarier z. B. den Haushalt oder Steuergesetze beraten, sind **sachbezogene Kompromisse** eher zu erzielen.
Die Unabhängigkeit der Abgeordneten erlaubt es, auch **unpopuläre Maßnahmen durchzusetzen**, die im Interesse der Allgemeinheit notwendig sind. Die Anhebung des Rentenalters oder die Entscheidung für Bundeswehreinsätze im Ausland werden oft als Beispiele dafür genannt, dass die Mehrheitsmeinung der Bevölkerung der parlamentarischen Mehrheit entgegensteht.
Die **Bürger** haben aber auch in der vom Grundgesetz definierten Repräsentativdemokratie mehrere **Möglichkeiten, zwischen den Wahlen** den Abgeordneten ihre **Wünsche und Forderungen zu signalisieren**. Dazu können sie ihre Grund-

rechte, z. B. das der Meinungsfreiheit, nutzen und sich über das Engagement in Parteien, Bürgerinitiativen und Verbänden, durch Demonstrationen oder über die neuen Medien in die politische Diskussion einschalten.
Die ständige Mitwirkung der **Parteien** an der politischen Willensbildung ist im Grundgesetz besonders hervorgehoben und privilegiert; sie erstreckt sich auch auf die parlamentarische Willensbildung, wodurch die Unabhängigkeit des Abgeordneten eingeschränkt wird (GG Art. 21 und 38). Schließlich sorgt das deutsche System permanenter **Europa-, Landtags- und Kommunalwahlkämpfe** für eine **Rückkoppelung der Parteien und der Abgeordneten an das Volk**.
Allzu oft versetzt die Repräsentativdemokratie die Bürger jedoch in die **Rolle von Zuschauern**, denen nur das Recht bleibt, den politischen Entscheidern an Wahltagen eine Art Generalvollmacht auszustellen. Zudem bieten die Parteien den Bürgern bei Wahlen häufig keine deutlichen Alternativen an. Die Orientierung am Wechselwähler und an der „Mitte" unterstützt die **programmatische Annäherung der Volksparteien** und führt zu ihrer **Profillosigkeit**.
Die **vertikale Gewaltenteilung** zwischen Bundestag und Bundesrat bedingt eine für die Bürger **oft nicht mehr transparente Mitsteuerung durch Vertreter der Landesregierungen**. Komplizierte Verhandlungs- und Vermittlungsprozesse kann der Wähler kaum oder gar nicht nachvollziehen. Er rätselt, wer – welche Partei, welcher Politiker – für welche Politik verantwortlich ist, und wen er durch Nicht-Wiederwahl abstrafen soll.
Darüber hinaus benennt Horeld deutliche Gefahren, die die repräsentative Demokratie beschädigen, wenn er auf die „Arroganz" (Z. 28) der Politiker und die kommunikative Unfähigkeit der Parteien (vgl. Z. 34 ff.) hinweist. So kann es zu einer **Entfremdung zwischen Bürgern und Parlament** kommen, zur **Abstinenz bei Wahlen und zu Politikverdrossenheit**. In den letzten Jahren ist tatsächlich ein auffälliger Rückgang der Wahlbeteiligung zu beobachten, in dem sich ein Vertrauensverlust für Parteien und Parlamente spiegelt.
Oligarchisch deformierte Parteien und der Neokorporatismus, also die Ein bindung wirtschaftlich starker Interessengruppen in die staatliche Entscheidungsfindung, beeinträchtigen die Unabhängigkeit der Abgeordneten.

Der einzige Akteur, der Parteien und Politikern klare Signale vermitteln kann, ist das Volk. Hebel ist das direktdemokratische Korrektiv. Das **Modell der direkten Demokratie**, das von Horeld vehement verteidigt wird, strebt politische Entscheidungsverfahren an, bei denen das **Volk unmittelbar über Sachfragen abstimmt**. Dabei lassen sich mindestens drei Instrumente unterscheiden: Bei einem **Volksentscheid** (bzw. Plebiszit, lat.: „Volksbeschluss") geht die Initiative von Bürgern aus. Als **Referendum** bezeichnet man eine Abstimmung, wenn die Vorlage nicht aus dem Volk selbst, sondern aus einer gewählten Vertretung stammt. Ein **Volksbegehren** (Volksinitiative, Bürgerbegehren) ermöglicht den Bürgern die Einbringung eines politischen Gegenstandes oder eines Gesetzesentwurfes in ein Parlament. Ist ein Volksbegehren erfolgreich, kommt es zu einem Volksentscheid.
Diese in vielen Demokratien ergänzend zu Wahlen eingeführten Verfahren drücken unverfälscht und direkt die **Volkssouveränität** aus (vgl. Horelds Resümee

Z. 68 f.). Mitglieder der Gesellschaft kennen ihre Wünsche und Vorstellungen am besten und können sie so an die politischen Institutionen vermitteln. Politische Gruppen, welche nicht den etablierten Parteien oder Verbänden angehören, erhalten durch die direkte Demokratie die Möglichkeit zur **Partizipation**. Neben der direkten Klärung einer Sachfrage bewirken solche Verfahren grundsätzlich **Entscheidungsakzeptanz und Zufriedenheit mit dem demokratischen Prozess**.
Die **politische Kommunikation**, deren Bedeutung Horeld mehrfach hervorhebt (vgl. Z. 31 ff., Z. 48 ff.), gehört zu den Gewinnern der Direktdemokratie, sind doch eine breite Information der Bürger in der Vorbereitungsphase einer Abstimmung sowie eine intensive öffentliche Diskussion um Sachthemen mit ihr verbunden, nicht zuletzt mit positiven Folgen für die **politische Bildung der Bürger**.
Die Abgeordneten im Parlament, die meisten von ihnen Berufspolitiker, müssen bei ihren Entscheidungen **auf die Volksstimmung Rücksicht nehmen**, noch bevor ein Plebiszit sich ankündigt. Da über ihnen ständig die Drohung schwebt, dass ein Veto der Bürger die im politischen Raum der Parteien und Parlamente ausgehandelten Entscheidungen hinfällig macht, dürfte dies den „Tunnelblick" der Parteien korrigieren und sie veranlassen, die Bürger und ihre Bedürfnisse ernst zu nehmen.
Kritiker der direkten Demokratie führen ins Feld, sie fördere auf diese Weise den **Populismus**, sei stimmungsabhängig und führe zu sachfremden, **uninformierten Entscheidungen**. Horeld selbst deutet an etlichen Beispielen aus der Schweiz und Deutschland auf diese Risiken hin (vgl. Z. 14–20, 42 ff.). Notwendigerweise vereinfache ein Plebiszit komplexe Sachverhalte, indem es nur „Ja" oder „Nein" kenne. Direktdemokratie erlaube also **keine Kompromisse**.
Zudem **privilegiere** die direkte Demokratie **wirtschaftlich mächtige Gruppen**, die meist eher an der Erhaltung des Status quo interessiert sind, oder andere aktive Minderheiten und begünstige so eine **Flucht aus politischer Verantwortung**. Gewählte Vertreter können für ihre Fehler bei der nächsten Wahl abgestraft werden, eine Volksmehrheit bei einem Plebiszit nicht.

3. a) *Diese Aufgabe erfordert die sachliche Darlegung der Gründe, die bisher zu Auslandseinsätzen der Bundeswehr geführt haben. Dabei sollen Sie auch die Ziele dieser Einsätze angeben. Die rechtlichen Vorgaben des Grundgesetzes sind nicht zwingend zu nennen. (AFB I und II mit Schwerpunkt auf AFB II)*

Anfang der 1990er-Jahre wurde die Bundeswehr erstmals außerhalb Deutschlands zu **friedenserhaltenden und friedenssichernden Maßnahmen** eingesetzt. Nach der Wiedervereinigung hatte eine heftige innenpolitische Debatte über den Einsatz der Bundeswehr außerhalb des NATO-Vertragsgebiets („**out-of-area-Debatte**") begonnen. Bestand während des Zweiten Golfkrieges im Januar 1991 noch ein breiter Konsens, wonach eine Beteiligung von Bundeswehreinheiten an den Kampfhandlungen nicht infrage komme, wurde die verfassungsrechtliche Zulässigkeit von humanitären oder militärischen Einsätzen nach Maßgabe des **Art. 24 Abs. 2 GG** (also innerhalb von NATO- oder UN-Mandaten) vom Bundesverfassungsgericht in einem **Urteil von 1994** geklärt.

Dieses enthält auch den **Parlamentsvorbehalt** für den Einsatz bewaffneter deutscher Streitkräfte im Ausland, nach dem der Bundestag zuvor mit einfacher Mehrheit seine Zustimmung erteilt haben muss.
1999 hat die Bundeswehr im Rahmen der NATO mit der Luftwaffe am **Kosovo-Krieg** teilgenommen. Die Intervention wurde von den verantwortlichen Politikern als „**humanitäre Intervention**" gerechtfertigt, da man die Gefahr eines drohenden Genozids der Serben an den Kosovo-Albanern sah. Dieser Krieg war verfassungsmäßig und völkerrechtlich umstritten, weil die NATO ihn sowohl außerhalb eines Bündnisfalls, dessen Ausrufung bis dahin als Grundlage eines NATO-Vorgehens galt, als auch ohne ausdrückliches UN-Mandat führte.
Ein kurzer Bundeswehr-Einsatz fand 2006 im **Kongo** im Rahmen eines EU-Kontingents und aufgrund eines UN-Auftrags statt. Dieser Einsatz diente dazu, die im Land stattfindenden **Wahlen vor Störungen zu schützen**.
Seit 2001 beteiligt sich die Bundeswehr mit mehreren Tausend Soldaten an der vom Sicherheitsrat der Vereinten Nationen mandatierten **NATO-Schutztruppe ISAF für Afghanistan**, die das Land stabilisieren, den Aufbau staatlicher Strukturen unterstützen sowie rechtsstaatliche und demokratische Verhältnisse schaffen soll. Von Afghanistan und unterstützt von seiner Taliban-Regierung waren am 11. September 2001 die Al-Kaida-Terroranschläge gegen Ziele in New York und Washington ausgegangen. 2002 hatte der deutsche Verteidigungsminister Struck den Afghanistan-Einsatz der Bundeswehr daher mit dem Argument begründet, die Sicherheit der Bundesrepublik Deutschland werde auch am Hindukusch verteidigt. Insofern dient der Einsatz dem **Kampf gegen den internationalen Terrorismus**.
Im Sinne eines „**State-Building**" geht es in Afghanistan zudem um die Schaffung funktionierender Regierungs- und Verwaltungsstrukturen auf der Basis demokratischer Prinzipien. Die ISAF-Kräfte sollen die afghanische Regierung bei der **Herstellung und Wahrung der Sicherheit** unterstützen, solange afghanische Sicherheitskräfte dazu noch nicht in der Lage sind. Ziel ist es, dass sowohl die afghanischen Staatsorgane als auch UN-Einrichtungen in einem sicheren Umfeld arbeiten können. Deutschland trägt seit Mitte 2006 Verantwortung in der Nordregion des Landes und organisiert dort „regionale Wiederaufbauteams". Darüber hinaus unterstützt Deutschland den Aufbau der afghanischen Armee und der Polizei.

b) *Auf der Grundlage einer eigenen Pro- und Kontra-Argumentation sollen Sie beurteilen, ob das Grundgesetz für Auslandseinsätze der Bundeswehr um die Möglichkeit von Plebisziten erweitert werden soll. Horelds Plädoyer für direktdemokratische Verfahren ist dabei zu berücksichtigen. Jede Erörterung ist dreiteilig anzulegen: Einleitung, Hauptteil, Schluss. Ob Sie sich für die Pro- oder Kontra-Position entscheiden, bleibt Ihnen überlassen. Fassen Sie Ihre Stellungnahme am Ende in einem Resümee zusammen. Am besten bewahren Sie sich ein besonders triftiges Argument für den Abschluss auf. (AFB III)*

Das Grundgesetz lässt bisher allein im Falle der Neugliederung des Bundesgebietes ein Plebiszit zu. Die öffentliche Debatte der letzten Jahre über Auslandseinsätze der Bundeswehr rechtfertigt jedoch die Frage, ob die Bürger nicht auch die Möglichkeit haben sollen, solche schwerwiegenden Entscheidungen selbst mitbestimmen zu können. Auch Horeld regt an, nicht nur kommunale oder landespolitische, sondern auch bundespolitische Angelegenheiten direktdemokratisch entscheiden zu lassen (vgl. Z. 57 ff.).
Für eine Grundgesetzänderung spricht die Bedeutung dieses Themas. Es gibt nur wenige Fragen, die mit so großem Interesse und Engagement öffentlich diskutiert werden wie die Beteiligung an einem militärischen Einsatz im Ausland. Gerade bei zentralen Themen hat Horelds Forderung zu gelten, dass den **Bürgern die Meinungsbildung zuzutrauen** ist (vgl. Z. 53 f.). Die **unmittelbare Bedeutung eines Krieges für viele Bürger** ist nachvollziehbar: Es geht um Konsequenzen in zahlreichen Bereichen, von der wachsenden Lebensgefahr für die beteiligten Soldaten über die von terroristischen Gruppen ausgehende Bedrohung der Sicherheit in Deutschland bis hin zu den ökonomischen Folgen, die sich aus der Belastung der Kriegführung ergeben.
Während die Auslandseinsätze der Bundeswehr anfangs nur geringe Risiken für die Soldaten darstellten, sind im Afghanistan-Krieg bereits über 50 deutsche Soldaten gestorben, zahlreiche wurden schwer verletzt oder traumatisiert. Darin liegt ein Hauptgrund für weit verbreitete Zweifel am Afghanistan-Engagement in der deutschen Bevölkerung. Trotz der großen Bundestagsmehrheit für den Einsatz **lehnt ihn die Mehrheit der Bevölkerung** ab, wie es zahlreiche Meinungsumfragen offenbaren. Durch eine Volksabstimmung können die Bürger also deutlich zu verstehen geben, was sie „eigentlich wollen".
Zudem sind Plebiszite geeignet, das **in der Wahl abgegebene generelle Votum** der Bürger für die Programmpakete der Parteien durch eine **spezifische Stellungnahme zu einer konkreten Angelegenheit** zu ergänzen. Wer nämlich in den letzten Jahren den Auslandseinsatz in Afghanistan ablehnen wollte, hatte bei Bundestagswahlen nur die Möglichkeit, für Die Linke zu votieren, da alle anderen Parteien das militärische Engagement unterstützten.

Stimmungslagen in der Bevölkerung aufzugreifen kann aber auch problematisch sein. **Gegen die Verfassungsänderung spricht**, dass sich **Populismus, Demagogie** und Unzufriedenheit in direktdemokratischen Verfahren eher auswirken als in der repräsentativen Demokratie. Es ist durchaus vorstellbar, dass bei einem schlimmen Terroranschlag mit zahlreichen Opfern der emotionalisierende Ruf nach massiver Vergeltung gegen ein Land, das die Verantwortlichen deckt, erfolgreich ist und so zu vorschneller Reaktion führt.
Vernünftige Urteile über internationale Konflikte zu fällen, ist für Bürger eines Landes meist auch schwieriger als bei innenpolitischen Fragen. Wegen der **Komplexität eines Konfliktfalls ist eine Zuspitzung auf die Ja-Nein-Alternative in der Regel nicht möglich**.
Anders als bei Themen des nationalen Nahbereichs, wie z. B. die Nutzung der Kernenergie, der Nichtraucherschutz oder die Einführung einer „Schulden-

bremse“, erscheint es als sehr viel schwieriger, die zur Urteilsfindung erforderlichen Kenntnisse zu gewinnen. Man frage sich nur, über welches **Hintergrundwissen** zur Geschichte und Gesellschaft eines asiatischen Landes wie Afghanistan die deutschen Bürger nach dem 11. September 2001 verfügten. Dadurch würden die Medien mit ihren Möglichkeiten des „Agenda-Setting“ und andere außerparlamentarische Akteure an Einfluss gewinnen bei gleichzeitigem Machtverlust des gewählten Parlaments.

Das meines Erachtens gewichtigste Argument gegen eine Grundgesetzänderung liegt jedoch im besonderen Charakter und in den besonderen Zwängen des **außenpolitischen Entscheidungsprozesses**. Hier hängt ein Erfolg in der Sache oft davon ab, ob die Bundesregierung zu einer **raschen Abstimmung mit anderen Staaten** gelangt, sei es in der EU, in der NATO oder in den Vereinten Nationen. Auch **Bündnisverpflichtungen** sind zu bedenken. Da für Auslandseinsätze der Bundeswehr die Beteiligung des Bundestages vorgeschrieben ist, muss im Parlament eine Mehrheit sicher sein. Es würde die Handlungsfähigkeit der Regierung erheblich einschränken, wenn sie zusätzlich zu den dafür nötigen Klärungsprozessen ihre Position von einer Volksabstimmung abhängig machen müsste.

Horeld plädiert zwar dafür, dass sich die Direktdemokratie an die Regeln der Verfassung halten muss (vgl. Z. 62 ff.), lehnt es aber ab, einzelne Themen bei ihrer Anwendung auszuschließen. Dies halte ich für problematisch. Vor allem aus den beiden zuletzt genannten Gründen lehne ich eine Ergänzung des Grundgesetzes ab, die Plebiszite bezogen auf Auslandseinsätze der Bundeswehr zulässt. Für alle anderen Bereiche der Politik kann ich Horelds Argumentation unterstützen.

Hessen – Politik und Wirtschaft – Leistungskurs 2011
Vorschlag C

Thema: *Entwicklung durch Handel?*

Aufgaben

1. Fassen Sie die Argumentation von D. J. Kotte zusammen (Material). (25 BE)

2. Der Autor weist im Schlussteil seines Aufsatzes darauf hin, dass
   a) „auf nationaler Ebene begleitend eine aktive wachstumsorientierte Wirtschaftspolitik“ betrieben werden solle und dass
   b) „es auch einer Ausgestaltung des multilateralen Rahmens für die internationalen Handels- und Finanzbeziehungen“ bedürfe, der den Entwicklungsländern ausreichend Spielraum verschaffe.

   Erläutern Sie gemäß dieser Forderungen die Rolle nationalstaatlicher Politik („good governance“) und die Bedeutung der internationalen Rahmenbedingungen für Entwicklungsszenarien. (45 BE)

3. Diskutieren Sie vor dem Hintergrund von D. J. Kottes Überlegungen Möglichkeiten, Entwicklung aus Armut und ökonomischer Randständigkeit voranzutreiben. Dies kann auch unter Bezugnahme auf konkrete Beispiele geschehen. (30 BE)

M: Detlef J. Kotte: Entwicklung durch Handel?

[…] Dieser Artikel betrachtet die Frage des Zusammenhangs zwischen Handel und Entwicklung vor dem Hintergrund, dass der Schlüssel zu Produktivitätsfortschritt und nachhaltigem Wachstum des Sozialprodukts in einem typischen Entwicklungsland in der Ausweitung des industriellen Sektors und einer Erhöhung der dafür erforderlichen Investitionen in das Produktivkapital liegt. Von daher kommt es für positive Entwicklungsimpulse darauf an, inwieweit eine wechselseitige Dynamik zwischen steigenden Exporten und verstärkter Investitionstätigkeit entsteht.

Im Außenhandel der Entwicklungsländer bedingen sich Exporte und Importe zum größten Teil gegenseitig: Devisenerlöse aus Exporten sind erforderlich für die Finanzierung von Importen, umgekehrt erfordert die Produktion von Gütern für den Export häufig den Import von Kapitalgütern und Vorprodukten, die nicht im Lande selbst produziert werden können.

Höhere Exporte können das Sozialprodukt in den Entwicklungsländern unmittelbar in dem Umfang erhöhen, in dem sie die Wertschöpfung in diesen Ländern steigern, d. h. keine erhöhten Importe an Vorprodukten erfordern und nicht mit einer Verringerung der Produktion für den einheimischen Markt verbunden sind. Der für die wirtschaftliche Entwicklung wichtigere Effekt besteht dabei in den höheren Deviseneinnahmen, mit denen zusätzliche Importe bezahlt werden können. Ob daraus ein nachhaltiger positiver Entwicklungseffekt entsteht, hängt aber wesentlich davon ab, für welche Art von Importgütern sie verwendet werden. Exporterlöse, die für den Import von Konsumgütern verwendet werden, bringen keinen Entwicklungseffekt im Sinne einer Verbesserung der einheimischen Wertschöpfungsmöglichkeiten mit sich; das Gleiche gilt für Exporterlöse, die auf internationalen Kapitalmärkten angelegt werden.

Um Investitionen vornehmen zu können, die die Produktivität im Rohstoffsektor und die Kapazität für die Produktion von Industriegütern erhöhen, müssen Maschinen und Anlagegüter mit zunehmend anspruchsvoller Technologie und meist auch Vorprodukte importiert werden. Es kommt also darauf an, die Exporterlöse so weit wie möglich für solche Güter zu verwenden, um langfristig eine Steigerung der einheimischen Wertschöpfung sowie internationale Wettbewerbsfähigkeit zu erreichen.

Der potenzielle Beitrag eines erweiterten Außenhandels hängt daher u. a. davon ab, in welchem Maße Importe von Konsumgütern begrenzt werden können. Daraus ergibt sich für die Entwicklungsländer die Bedeutung der maximalen Selbstversorgung mit Nahrungsmitteln und der Vermeidung von Importen von Luxusgütern. Auch andere Konsumgüter sollten nach Möglichkeit nur dann importiert werden, wenn ihre Herstellung im Lande selbst aus Mangel an einheimischem Kapital oder Technologie nicht möglich ist.

Diese Überlegung hat zum Konzept der „Importsubstitution“ geführt, das aber nicht als Alternative zu „Exportorientierung“ verstanden werden sollte. Tatsächlich handelt es sich nicht um Alternativen, sondern um je nach den Bedingungen und dem Entwicklungsstand des einzelnen Landes unterschiedlich zu kombinierende Elemente einer umfassenden Entwicklungs- und Industrialisierungsstrategie. Dies zeigen die Erfahrungen aller Volkswirtschaften, die sich erfolgreich in die Weltwirtschaft integriert haben.

Die Vorstellung, dass eine Ausweitung des Außenhandels durch Handelsliberalisierung grundsätzlich von Vorteil sei, beruht auf den Überlegungen der neoklassischen Wirtschaftstheorie, derzufolge sich bei Abwesenheit von Handelshemmnissen die Allokation[1] der Produktionsfaktoren gemäß der „Theorie des komparativen Vorteils“ verbessert und die gesamtwirtschaftliche Effizienz erhöht. […]

Außerdem können sich dynamische Entwicklungseffekte daraus ergeben, dass bei einer Öffnung der Märkte einheimische Produzenten verstärktem Wettbewerb ausgesetzt sind, der den Druck zu Produktivitätssteigerungen und Innovationen erhöht.

Eine Ausweitung des Außenhandels kann auch ein Anreiz für ausländische Investoren sein, in dem betreffenden Land Produktionskapazitäten aufzubauen, was wiederum mit dem Transfer von Know-how und Technologie verbunden sein kann.

Unter den in den Modellen der neoklassischen Wirtschaftstheorie gemachten Annahmen ergeben sich all diese Wirkungen ohne Friktionen[2] und Zeitaufwand. Die Realität sieht allerdings anders aus: Gerade in Entwicklungsländern stehen den dynamischen Anpassungsprozessen zahlreiche strukturelle Hindernisse im Wege. […]

Handelsliberalisierung ruft selten die auf der Grundlage von abstrakten Modellen vorausgesagten positiven Entwicklungsimpulse hervor, und eine Ausweitung des Handels kann nicht mit ökonomischer Entwicklung gleichgesetzt werden. Sie kann ein wichtiger Antrieb für die wirtschaftliche Entwicklung im globalen Süden sein. Diese setzt aber voraus, dass auf nationaler Ebene begleitend eine aktive wachstumsorientierte Wirtschaftspolitik betrieben werden kann […]. Dazu bedarf es auch einer Ausgestaltung des multilateralen Rahmens für die internationalen Handels- und Finanzbeziehungen, der den Entwicklungsländern ausreichenden wirtschaftspolitischen Spielraum zur Ausgestaltung einer export- und wachstumsorientierten Wirtschaftspolitik erlaubt.

Detlef J. Kotte: Entwicklung durch Handel. In: Aus Politik und Zeitgeschichte, 10/2010, 8. 3. 2010, S. 16 f.

Anmerkungen:
1 Allokation – Verteilung von Ressourcen
2 Friktionen – Reibungsverluste

Zum Autor: Detlef J. Kotte ist Leiter der Abteilung „Macroeconomic and Development Policies" im Sekretariat der United Nations Conference on Trade and Development (UNCTAD)

Lösungsvorschläge

Unterrichtsinhalte:

- 12/I: Internationale Wirtschaftsbeziehungen: Außenwirtschaftspolitik, Außenhandel (Konkretisierung: Handels- und Finanzströme);
  Konjunktur und Konjunkturpolitik: angebots- und nachfrageorientierte Wirtschaftspolitik
- 13/I: Entwicklungs- und Schwellenländer und ihre wirtschaftlichen und politischen Beziehungen zu den hochindustrialisierten Weltzentren: Ursachen und Folgen der ungleichzeitigen Entwicklung

1. *Nach der Identifikation von Quelle und Autor im Einleitungssatz verlangt der Operator „zusammenfassen" die komprimierte Wiedergabe der wichtigsten Aussagen des Textes. Dabei soll auch der argumentative Zusammenhang bewahrt werden. Bei der Paraphrase des Textes müssen Sie auf den korrekten Einsatz des Konjunktivs achten. Wörtliche Zitate sind durch Zeilenangaben zu kennzeichnen. (AFB I)*

   In seinem in der Ausgabe 10/2010 erschienenen Artikel der Zeitschrift „Aus Politik und Zeitgeschichte", der hier in Auszügen wiedergegeben ist, beschäftigt sich Detlef J. Kotte, ein Abteilungsleiter der UN-Entwicklungsorganisation UNCTAD, mit der Frage, ob und inwieweit eine Liberalisierung und Verstärkung des Außenhandels dem wirtschaftlichen Fortschritt der Entwicklungsländer nützt.
   Aus Kottes Sicht sind die "**Ausweitung des industriellen Sektors**" (Z. 4) **und der „Investitionen in das Produktivkapital**" (Z. 5) **entscheidend für den Produktivitätsfortschritt und das nachhaltige Wachstum des Sozialprodukts** in den Entwicklungsländern. Deshalb könnte sich eine Steigerung der Exporte durchaus positiv auswirken, wenn dadurch Devisenerlöse erwirtschaftet würden, die den **Import von Maschinen und Anlagegütern mit hohem Technologiestandard** ermöglichten. Die positive Wirkung stelle sich aber nur dann ein, wenn

wegen der Exportsteigerung die Produktion für den Binnenmarkt nicht eingeschränkt werde oder die erwirtschafteten Devisen nicht zur Finanzierung von Konsum- oder Luxusimporten verwendet würden. Mit Nahrungsmitteln müsse sich das Land vielmehr selbst versorgen und Importe von Luxusgütern müssten nach Möglichkeit unterbunden werden. Die Erfahrungen erfolgreicher Entwicklungsländer machten deutlich, dass eine **verstärkte Exportorientierung mit dem Konzept der Importsubstitution zu einer "umfassenden Entwicklungs- und Industrialisierungsstrategie"** (Z. 41) verbunden werden müsse.
Die neoklassische Theorie, welche besagt, dass durch die Nutzung komparativer Kostenvorteile und daraus erwachsenden Effizienzsteigerungen eine Ausweitung des Außenhandels automatisch Entwicklungsfortschritte herbeiführen werde, wird dagegen von Kotte als abstrakt und nicht realitätsgerecht abgelehnt. Sie stehe im Widerspruch zu den Erfahrungen der Länder des Südens, in denen die **wirtschaftliche Entwicklung** immer wieder **durch strukturelle Hindernisse gehemmt** werde. Eine entwicklungsfördernde Wirkung habe eine Ausweitung des Außenhandels nur unter der Voraussetzung, dass auf nationaler Ebene begleitend eine strikt „**wachstumsorientierte Wirtschaftspolitik**" (Z. 63 f.) betrieben werde. Dies wiederum sei nur möglich, wenn die **wirtschaftspolitischen Handlungsspielräume der Drittweltstaaten durch multilaterale Abkommen** und Regelungen **nicht zu stark eingeschränkt** würden.

2. *In dieser Aufgabe sollen Sie im ersten Schritt an Beispielen verdeutlichen, worin eine aktive wachstumsorientierte Wirtschaftspolitik in Entwicklungsländern bestehen könnte. Sie können dabei von den im Text erwähnten Elementen ausgehen, sollten aber auch eigene Exempel zur Hand haben. Im zweiten Schritt geht es um die Bedeutung der internationalen Rahmenbedingungen von Entwicklung, die Sie mit zusätzlichen, also über den Text hinausgehenden Informationen erklären und in den Zusammenhang einordnen sollen. (AFB II)*

Die **Regierungen der Entwicklungsländer** spielen für das Zustandekommen eines nachhaltigen Entwicklungsprozesses eine **zentrale Rolle**, denn sie müssen die Ziele der wachstumsorientierten Wirtschaftspolitik bestimmen, die geeigneten Mittel zur Erreichung dieser Ziele festlegen und gemeinsam diese mit einer am Fortschritt des eigenen Landes interessierten Wirtschaftselite umsetzen.
Ein erstes wichtiges Ziel für eine nachhaltige Entwicklung ist die **Befriedigung der Grundbedürfnisse der Bevölkerung**, also deren ausreichende Versorgung mit Nahrung, Kleidung, Wohnung und sauberem Trinkwasser. Der **Aufbau eines funktionsfähigen Bildungssystems** für alle dient nicht nur der Qualifizierung von Arbeitskräften für neue Wirtschaftszweige, sondern auch der Befähigung der Menschen zur **gesellschaftlichen Teilhabe**. Diese wiederum ist die Voraussetzung zur Überwindung der vormodernen Strukturen ausgeprägter sozialer Ungleichheit, die die Gesellschaften vieler Entwicklungsländer bis heute kennzeichnen.
Wachstumsorientierte Wirtschaftspolitik ist dabei ein Mittel zur Erreichung der genannten Ziele. Eine an den Prinzipien von „good governance" orientierte Regierung wird dafür Sorge tragen, dass sich die wirtschaftlichen Interessen im

Entwicklungs- und Industrialisierungsprozess nicht verselbstständigen und – wie leider in der Praxis vielfach zu beobachten – auf Kosten der Umwelt und des nachhaltigen Umgangs mit den natürlichen Ressourcen verfolgt werden.
Die Befriedigung der Grundbedürfnisse der Bevölkerung, insbesondere ein erfolgreicher Kampf gegen Hunger und Unterernährung sowie die Selbstversorgung der Bevölkerung ohne massive Nahrungsmittelimporte ist ohne **landwirtschaftliche Entwicklungserfolge** nicht denkbar. Deshalb darf die neue Industrie nicht auf Kosten der Landwirtschaft bevorzugt werden.
Der Aufbau neuer Produktionskapazitäten für die bessere Versorgung des Binnenmarktes und/oder für den Export kann nur gelingen, wenn von einer **kreativen und innovativen Unternehmerschaft geeignete neue Produkte entwickelt** und hergestellt werden, welche auf den vorhandenen natürlichen Ressourcen (Rohstoffen) oder Gegebenheiten (klimatische Bedingungen) aufbauen. So kann es zum Beispiel sinnvoll sein, landwirtschaftliche oder mineralische **Rohstoffe**, die bisher zu Niedrigpreisen an multinationale Konzerne abgegeben wurden, **an Ort und Stelle weiterzuverarbeiten**, damit die eigenen Unternehmen in der Wertschöpfungskette eine höhere Stufe einnehmen können. Der Aufbau neuer Produktionskapazitäten erfordert hohe Investitionen, die vom Staat gefördert oder zu tragbaren Bedingungen, d. h. zu möglichst niedrigen Zinsen, kreditiert werden müssen.
Die wirtschaftliche Elite des Landes, also die wenigen Reichen und Superreichen, muss mit geeigneten Mitteln motiviert werden, ihr Kapital in die Entwicklung des eigenen Landes zu investieren, anstatt es sicher und hochverzinslich in Schweizer Banken zu deponieren oder die US-amerikanischen Staatsschulden zu finanzieren. Dies aber wird die Regierung nur erreichen, wenn sie ein **gutes Investitionsklima** garantiert, wenn die Investoren darauf vertrauen können, dass ihr Kapital nicht verstaatlicht oder mit konfiskatorischen Steuern belegt wird.
Ein **stabiler und nicht überbewerteter Wechselkurs der eigenen Währung** ist unverzichtbar für die Vermarktung der neuen Produkte im Ausland und die internationale Konkurrenzfähigkeit der neuen Wirtschaftszweige.
Zeitlich begrenzt kann auch die Erhebung von **Schutzzöllen** auf die Produkte der Konkurrenten der neuen aufstrebenden Industrien notwendig sein, um sie vor der Dumping-Konkurrenz internationaler Konzerne so lange zu bewahren, bis sie auf eigenen Füßen stehen können.
Aus der eigenen Bevölkerung rekrutierte, disziplinierte und qualifizierte Arbeitskräfte müssen befähigt werden, die neuen Produktionsanlagen ohne Hilfe von außen zu bedienen, instand zu halten und weiterzuentwickeln; dazu bedarf es entsprechender **Reformen des Bildungs- und Ausbildungssystems**.
Manche Entwicklungspolitiker rechnen „good governance" insgesamt, also auch die Gewährleistung von Grund- und Menschenrechten, die Einhaltung von rechtsstaatlichen Normen, die Abwesenheit von Korruption und Vetternwirtschaft sowie die Durchsetzung der demokratischen Regierungsform zu den unerlässlichen Voraussetzungen einer erfolgreichen nationalen Wachstumspolitik. Daran kann man angesichts der Entwicklungserfolge von Ländern wie Südkorea, das zur Zeit seines rasanten wirtschaftlichen Aufstiegs zum „Tigerstaat" eine Militärdiktatur war, dem kommunistischen China oder Vietnam jedoch Zweifel anmelden.

Eine wachstumsorientierte Wirtschaftspolitik kann in den Entwicklungsländern jedoch nur gelingen, wenn die **internationalen Rahmenbedingungen** dies zulassen. Einige dieser Rahmenbedingungen scheinen jedoch eine erfolgreiche Wachstumspolitik der Drittweltstaaten eher zu behindern.
In den 80er-Jahren des letzten Jahrhunderts setzten sich die Anhänger des **neoliberalen Freihandelskonzepts** gegen ihre protektionistischen Gegner mehr und mehr durch. In den 90er-Jahren wurde der **Welthandel** im Rahmen von WTO-Abkommen **durch Abbau von Zöllen und Vergünstigungen konsequent liberalisiert und ausgeweitet**. Manche Schwellenländer, so etwa die südostasiatischen „Tigerstaaten" Südkorea, Taiwan und Singapur, aber auch China und Indien profitierten von dieser Entwicklung und konnten sich ihren Anteil am wachsenden Welthandel sichern.
Aber auch schwächere Staaten der Dritten Welt in Afrika oder Lateinamerika wurden von der Weltbank oder vom IWF z. B. vor der Gewährung von Krediten zur Bewältigung von Währungs- oder Finanzkrisen zum Abbau von vorher bestehenden Zollschranken veranlasst. Im Zuge der nachfolgenden Ausweitung des Handels entstanden so in vielen **Drittweltstaaten Handels- und Zahlungsbilanzdefizite**. Vorher geschützte Industriezweige gerieten angesichts der übermächtigen Konkurrenz multinationaler Konzerne in Schwierigkeiten, das Wirtschaftswachstum geriet ins Stocken oder stagnierte ganz.
Zu den **Auflagen**, die den Drittweltstaaten **vom IWF im Zuge von Krisenbewältigungsprogrammen** gemacht wurden, gehörten in der Regel die Konsolidierung der Staatsfinanzen und der Kampf gegen die Inflation durch eine **restriktive Finanzpolitik**. Die logische Folge einer solchen Politik war aber der **Anstieg des Zinsniveaus** und damit die Verteuerung der für das Wirtschaftswachstum notwendigen Investitionen, die dann unterblieben.
Im Übrigen propagieren die Industrieländer die Durchsetzung des Freihandelsprinzips nur so lange, wie es den eigenen Interessen nützt. Die Forderung der Entwicklungsländer nach Liberalisierung des Handels mit landwirtschaftlichen Produkten und Abbau von Exportsubventionen wird dagegen von der EU, Japan und den USA, die alle den Zorn ihrer Bauern fürchteten, konsequent abgeblockt, woran die Doha-Runde im Jahre 2008 scheiterte.
Aber auch bei den Industrieprodukten kehren die **Industriestaaten** in der Zollpolitik zum **Protektionismus** zurück, wenn eigene Interessen bedroht sind: So steigen die Zollsätze für Industrieprodukte aus den Entwicklungsländern mit dem Grad ihrer Weiterverarbeitung.
Eine regelrechte Bedrohung der nationalen Souveränität von Schwellen- und Entwicklungsländern ist die **Existenz von ungeregelten, global agierenden Finanzmärkten**. Wenn es raschen Profit verspricht, können Spekulanten z. B. die Währung eines verschuldeten Entwicklungslandes angreifen und deren Wechselkurs in wenigen Wochen halbieren. Das Resultat ist die Verdoppelung des Werts der Auslandsschulden des betroffenen Landes und nicht selten der Staatsbankrott. Genau dies passierte Thailand im Zuge der sogenannten „Asien-Krise" in den 90er-Jahren des vorigen Jahrhunderts.

Alle diese Beispiele zeigen, dass die internationalen Rahmenbedingungen der Realisierung einer konsequent wachstumsorientierten Wirtschaftspolitik in den Entwicklungsländern bisher keineswegs immer förderlich sind.

3. *Der Operator „diskutieren" verlangt von Ihnen, dass Sie sich mit einem entwicklungspolitischen Konzept oder einer Theorie – unter Berücksichtigung kontroverser Standpunkte und Positionen – argumentierend auseinandersetzen und diese Argumentation mit einer eigenen Bewertung abschließen. (AFB III)*

Seit dem Eintritt der ehemaligen Kolonien in die nationale Unabhängigkeit sehen die meisten Industriestaaten die **Entwicklungshilfe**, d. h. die Zusage billiger Kredite oder auch die Leistung direkter Transferzahlungen an die Entwicklungsländer, **als notwendige Voraussetzung für eine erfolgreiche Entwicklung der Länder des Südens**. Im Rahmen der UN wurde sogar versucht, den Industriestaaten die Verpflichtung zur Verwendung eines bestimmten Anteils ihres Bruttosozialprodukts (BSP) für diesen Zweck aufzuerlegen. Die meisten Industriestaaten erreichten zwar nicht die geforderte Quote, aber Entwicklungshilfe leisteten alle; in der Zeit des Kalten Krieges nicht zuletzt, um die Staaten der Dritten Welt auf ihre Seite zu ziehen.
In den letzten Jahren wurden jedoch von einigen Entwicklungspolitikern und auch von einigen Repräsentanten der Dritten Welt selbst starke **Zweifel am Konzept der Entwicklungshilfe** angemeldet. Eine Überprüfung des Verhältnisses von Aufwand und Ertrag hatte nämlich ernüchternde Ergebnisse erbracht: Gerade einige Länder mit den höchsten entwicklungspolitischen Transferleistungen, zumeist afrikanische Staaten, verharrten in der Gruppe der „**least developed countries**", während andere Länder, zumeist südostasiatische, in die aus den Entwicklungshilfetöpfen vergleichsweise wenig Geld geflossen war, inzwischen zu Schwellenländern aufgestiegen waren. Dieser überraschende Tatbestand verlangte nach Erklärungen.
Entwicklungspolitiker wie James Shikwati kamen zu der Erkenntnis, dass sich **in den trotz hoher Transferzahlungen zurückgebliebenen Staaten bei den Empfängern**, meist den Regierungen und Teilen der Oberschicht, vielfach eine Art **Anspruchsmentalität herausgebildet hatte**. Man glaubte, ein moralisches Anrecht zu haben auf regelmäßige Transferzahlungen der ehemaligen Kolonialisten und nahm sie als eine Art Rente für Konsumzwecke entgegen, ohne davon – wie eigentlich von den Gebern intendiert – entwicklungsfördernde Investitionen zu finanzieren. Dies geschah offenbar auch deshalb nicht, weil man erwartete, dass nur das Verharren der Bevölkerung in tiefster Armut bei den Industriestaaten garantiert den Geberreflex auslöse, während ein erfolgreicher Kampf gegen Hunger und Not die Transferzahlungen vielleicht zum Versiegen brächte. **Entwicklungshilfe**, so das Fazit, **wirke also geradezu kontraproduktiv**. Sie verhindere Entwicklung, anstatt sie zu beschleunigen. Deshalb solle man die Zahlungen sofort einstellen.

Warum aber fühlen sich manche afrikanische Eliten legitimiert, entwicklungspolitische Transfergelder als Rente zu privatisieren oder aber damit die Loyalität der eigenen Anhänger, der bewaffneten Macht, des eigenen Stammes oder Clans zu erkaufen? Offenbar weil **manche dieser afrikanischen Staaten** eigentlich **noch keine modernen Staaten sind, sondern eher Stammesgesellschaften** darstellen, in denen weder die Eliten noch die Bevölkerung als Ganzes ein nationales Bewusstsein ausgebildet haben (für Afghanistan gilt übrigens Ähnliches). Das Denken der Menschen wird noch geprägt durch **partikularistische Prinzipien:** Die Loyalität gegenüber Familie, Clan und Stamm erscheint wichtiger als die Orientierung am Gemeinwohl und dem Wohlergehen der Nation. In Afrika hat diese Mentalität, der „**Tribalismus**", in den letzten Jahrzehnten immer wieder Bürgerkriege und den Zerfall von scheinbar stabilen Staatsgebilden hervorgerufen, die Entwicklungsexperten sprechen dann von „**failed states**". In Somalia z. B. kann man einen solchen Staat in Auflösung seit über zehn Jahren beobachten.
Das **erfolgreiche Gegenmodell** stellen die **südostasiatischen Schwellenländer** dar, welche nicht nur eine konsequent wachstumsorientierte Wirtschaftspolitik betrieben haben (s. Aufg. 2), sondern in der Tradition des Konfuzianismus über eine **am Gemeinwohl orientierte politische Elite** und eine Bevölkerung verfügen, die sich mehrheitlich an **universalistischen nationalen Prinzipien** orientiert sowie Korruption und Vetternwirtschaft ablehnt. Vielleicht sind diese Eigenschaften der südostasiatischen „Tigerstaaten" für deren entwicklungspolitischen Erfolg letztlich sogar wichtiger gewesen als die wachstumsfördernde Wirtschaftspolitik.

Die Bedeutung entwicklungshemmender internationaler Rahmenbedingungen für die Entwicklungspolitik wurde in Aufgabe 2 bereits angesprochen, insbesondere auch das Problem der unregulierten globalen Finanzmärkte, die z. B. durch Währungsspekulation und Kapitalflucht die finanzpolitische Souveränität von Entwicklungsländern bedrohen können.
Die Weltwirtschaftskrise des Jahres 2008, von der die Entwicklungsländer besonders schwer getroffen wurden, hat allerdings ebenso wie die Euro-Krise, die noch andauert, den Beweis dafür erbracht, dass unreglementierte Finanzmärkte nicht nur die Souveränität von Entwicklungsländern, sondern auch die von Euro-Staaten, ja den Euro selbst, bedrohen können. Insofern liegt die **Regulierung der Finanzmärkte** nicht nur im Interesse einiger ferner Entwicklungsländer, vielmehr sind die Industrie- und die Euro-Staaten im eigenen Interesse gehalten, die Finanzmärkte zu disziplinieren und einem international verbindlichen Regelwerk zu unterwerfen, das die Entwicklungsländer vor deren spekulativen Übergriffen ebenso schützt wie die europäischen Randstaaten und die europäische Währung.
Bei genauerem Hinsehen finden sich sowohl externe als auch interne Entwicklungshemmnisse. Dass gerade die Entwicklungshilfe zu einem externen Hemmnis werden kann, ist eine besonders ironische Pointe. Die Schlussfolgerung daraus muss sein, dass die Hilfe nur noch projektgebunden und als **Hilfe zur Selbsthilfe** vergeben wird.

Hessen – Politik und Wirtschaft – Grundkurs 2012
Vorschlag A

Thema: *Automobilindustrie und Globalisierung*

Aufgaben

1. Geben Sie die Hauptaussagen des Textes (Material) zur Situation der deutschen Automobilindustrie wieder. (20 BE)
2. Stellen Sie, anknüpfend an das Beispiel der Automobilindustrie, grundlegende Bedingungen und Merkmale einer globalisierten Weltwirtschaft dar. (25 BE)
3. Ordnen Sie die im Text beschriebenen Maßnahmen und Entwicklungen konjunkturellen Phasen und wirtschaftspolitischen Konzepten zu. (25 BE)
4. Erörtern Sie, ob Konjunkturprogramme eine wirtschaftspolitisch sinnvolle Maßnahme darstellen. (30 BE)

M: Frank-Thomas Wenzel: Auf Hochtouren

Schwacher Euro und leere Lager

Zwei kurzfristige Effekte haben den Autobauern in den vergangenen Monaten massiv geholfen. Erstens der schwache Euro. Die Gemeinschaftswährung sackte im ersten Halbjahr im Verhältnis zu vielen Währungen ab, insbesondere zum Dollar. Das machte die Exporte von Autos in die USA, aber auch nach China lukrativ – die chinesische Währung ist an den Greenback[1] gekoppelt. Ende 2009 gab es für einen Euro noch 1,50 Dollar, im Juni waren es gerade mal 1,20 Dollar. Inzwischen hat die Gemeinschaftswährung im Verhältnis zur US-Währung wieder kräftig angezogen. Aber das dürfte den Autobauern nicht allzu viel ausmachen.

Die Konzerne sichern ihre Geschäfte jenseits der Eurozone durch Devisen-Terminkontrakte[2] mit Banken ab. Zur Jahresmitte – als der Euro extrem schwach war – hätten die Hersteller sich sehr günstige Konditionen für Termingeschäfte in den nächsten Monaten sichern können, so Commerzbank-Analyst Daniel Schwarz. Gewissermaßen eine Gewinnversicherung. Hinzu kam, dass die Preise für die Autos in vielen Märkten relativ stabil blieben.

Das hat nach Ansicht von Willi Diez, Leiter des Instituts für Automobilwirtschaft der Hochschule Nürtingen-Geislingen, vor allem mit dem massiven Zurückfahren der Produktion im Krisenjahr 2009 zu tun. „Teilweise wurde weniger hergestellt als abgesetzt.“ Der Effekt war, dass die Lager leer waren, dass Hersteller und Händler bei anziehender Nachfrage nicht gezwungen waren, ältere Modelle losschlagen zu müssen, wodurch das gesamte Preisniveau womöglich ins Rutschen gekommen wäre.

[…] Noch nie ging es in der Autobranche so schnell bergab und so schnell wieder bergauf wie in den vergangenen zwei Jahren. „Die Autobauer haben mit großer Flexibilität beim Personal die Entwicklung erfolgreich aufgefangen“, sagt Ferdinand

Dudenhöffer, Leiter des Car-Instituts der Uni Duisburg-Essen. In den Verwaltungen wurden Stellen gestrichen, Entwicklungsaufgaben wurden ausgelagert. Und in einigen Fabriken, wo früher drei Meister die Abläufe kontrollierten, macht das jetzt nur noch einer. So wurden Kosten gesenkt.

Kurzarbeit war ein noch erheblich wichtigeres Instrument zur Bewältigung des Auf und Ab. Gerade die Autobauer und die Zulieferer hätten damit in den vergangenen Monaten sehr konstruktiv gearbeitet, heißt [es] in der Bundesagentur für Arbeit. Anfang 2009 waren 277 000 Beschäftigte in der Branche in Kurzarbeit. Ihre Zahl schrumpfte Monat für Monat zusammen. Der große Vorteil für die Autobauer: Als die Nachfrage wieder anzog, konnten sie die Beschäftigten schnell wieder zurückholen und die Produktion mit erfahrenen Leuten hochfahren, was die Umsätze anschob.

Die Schattenseite: Die Branche hat ein riesiges Heer von Tausenden von Zeitarbeitern in der Krise gefeuert. Inzwischen sind viele wieder in Lohn und Brot. Die Gewerkschaften kämpfen nun dafür, dass ihre unsicheren Jobs in normale unbefristete Stellen umgewandelt werden. Für Dudenhöffer hingegen steht fest: „Die Branche braucht die Zeitarbeit." Nur deshalb stehe beispielsweise BMW derzeit so gut da.

[…] In den Jahren nach der Jahrtausendwende war das durchschnittliche Alter der Autos auf den deutschen Straßen von sieben auf 8,5 Jahre gestiegen. „Da ist ein großer Ersatzbedarf entstanden", erläutert NordLB-Analyst Frank Schwope. Dieser Bedarf sei, angetrieben durch die Abwrackprämie, befriedigt worden.

Vor allem im Krisenjahr 2009 schnellten die Zulassungszahlen rasant in die Höhe. Davon profitierten japanische und koreanische Hersteller genauso wie Ford und Opel. Größter Gewinner unter den deutschen Herstellern war aber die Volkswagen-Gruppe, auch weil sie mit einem relativ neuen Golf und einem neuen Polo punkten konnte. Andere Staaten machten es den Deutschen mit Zeitverzögerung nach. Deshalb war ein Absatzschub bis zur Jahresmitte durch die paneuropäische Abwrackerei zu spüren.

Nachholbedarf gab es aber auch in den USA. In den düstersten Monaten der Krise, im Frühjahr 2009, lag der US-Automarkt am Boden. Die Konsumenten trauten sich nicht, größere Anschaffungen zu machen. Und die wenigen Mutigen bekamen keine Finanzierungen, weil Banken klamm waren. Mit Erholung der Konjunktur kam die Kauflaune zurück und die Banken wurden auch wieder großzügiger bei der Kreditvergabe. Aber inzwischen sieht es nicht mehr so rosig aus. Arbeitslosigkeit und Zwangsversteigerungen wachsen, damit geht die Dynamik auf dem Automarkt verloren.

[…] Die Zahlen sind atemberaubend: BMW hat seinen Absatz in China von Januar bis September um 95 Prozent, Daimler gar um 124 Prozent gesteigert. Nicht ganz so stark fiel das Plus (39 Prozent) bei Volkswagen aus. Dafür beeindruckt die Gesamtzahl von fast 1,5 Millionen ausgelieferten Fahrzeugen. Schwellenländer sind riesige Märkte, China ist der größte.

Die Ursache dafür liegt für Frank Schwope, Analyst der NordLB, auf der Hand: „Das Wachstum im Automobilbereich ist eine direkte Folge des gestiegenen Wohlstandes in China." Das Bruttoinlandsprodukt hat sich seit 2000 vervierfacht. Die [illegible]haftsleistung wuchs – dank riesiger Konjunkturprogramme – auch im globalen [illegible]jahr 2009. „In China entsteht eine Mittelschicht, diese umfasse mittlerweile je nach Berechnungsart 150 Millionen bis 300 Millionen Menschen", so Schwope. Tendenz steigend.

Und diese Mittelschicht ist extrem markenbewusst, den größten Imagewert haben die Autos der deutschen Hersteller: BMW, Audi, Mercedes. Schwope sieht für die Zukunft in China riesige Potenziale: Um in der Motorisierung auf westliches Niveau zu kommen, fehlten noch rund 600 Millionen bis 650 Millionen Automobile. Ein Quell unerschöpflichen Wachstums also? Daniel Schwarz, Commerzbank-Analyst, warnt: Es handele sich ganz stark um Neubedarf, der viel schwerer zu kalkulieren sei als der Ersatzbedarf in westlichen Ländern. [...]

Frankfurter Rundschau vom 26. 10. 2010
http://www.fr-online.de/wirtschaft/auf-hochtouren/-/1472780/4778418/-/index.html, abgerufen am 21. 02. 2011

Anmerkungen:
1 US Dollar
2 vertragliche Verpflichtung, einen Währungsbetrag zu einem bestimmten Kurs und zu einem festgelegten Termin zu kaufen oder zu verkaufen

---

Lösungsvorschläge

Unterrichtsinhalte:
- Q 2: Ziele und Zielkonflikte wirtschaftlichen und wirtschaftspolitischen Handelns am Beispiel: Konjunktur und Konjunkturpolitik, angebots- und nachfrageorientierte Wirtschaftspolitik
- Q 3: Weltwirtschaft und Globalisierung: Weltmarkt und Welthandel zwischen Liberalisierung der Märkte und globaler Ordnungspolitik, transnationale Konzerne, Standortfaktoren und Veränderungen der internationalen Arbeitsteilung

1. *Beginnen Sie Ihre Ausführungen mit exakten Angaben zur Textquelle und legen Sie die wichtigsten der darin enthaltenen Informationen in eigenen Worten, aber unter Verwendung der Fachsprache dar. Die Darlegung sollte im Konjunktiv erfolgen, es können auch kurze Textzitate eingebaut werden, die allerdings gekennzeichnet und durch Zeilenangaben nachgewiesen werden müssen. (AFB I)*

Der in Auszügen abgedruckte Zeitungsbericht von Frank-Thomas Wenzel über die Lage der deutschen **Automobilindustrie** nach dem Krisenjahr 2009 wurde unter dem Titel „Auf Hochtouren. Schwacher Euro und leere Lager" am 26. 10. 2010 in der linksliberalen FRANKFURTER RUNDSCHAU veröffentlicht.
Nach Wenzels Ansicht ist die günstige Lage der deutschen Automobilindustrie im Herbst 2010 vor allem auf den **schwachen** Euro und die infolge leerer Lager **stabilen** Autopreise zurückzuführen. Der gegenüber dem Dollar niedrig bewertete Euro habe vor allem die **Exporte in die USA und nach China** begünstigt, zumal sich die Konzerne gegen den inzwischen erfolgten Anstieg des Eurokurses durch **Devisenterminkontrakte** abgesichert hätten (vgl. Z. 1 ff.).

Dass die Kfz-Preise trotz Konjunkturkrise stabil geblieben sind, sei darauf zurückzuführen, dass die Produktion entsprechend zurückgefahren wurde. In der Folge seien die kompletten Lagerbestände zur Befriedigung der noch vorhandenen Nachfrage abgebaut worden – nicht zuletzt mithilfe der **Abwrackprämie des Jahres 2009**. Von dieser staatlichen Prämie wie auch von den Abwrackprämien in anderen europäischen Staaten hätten zwar ebenso ausländische Hersteller, insbesondere aber die VW-Gruppe profitiert (vgl. Z. 45 ff.).
Dank Flexibilität beim Personal sei es den deutschen Unternehmen in der Krise gelungen, die Entwicklung erfolgreich aufzufangen (vgl. Z. 22 f.). Die Autoindustrie habe auf den starken Absatzrückgang im In- und Ausland mit der **Entlassung von Zeitarbeitern**, **Kurzarbeit** für das Stammpersonal und Arbeitsverdichtung reagiert. Als im Jahre 2010 die Nachfrage wieder anstieg, haben die Produktionskapazität und das Arbeitsvolumen ohne hohe Kosten rasch wieder hochgefahren werden können. Gewerkschaften kritisierten zwar, dass die prekären Zeitarbeitsverträge von den Unternehmen nicht wieder in „normale unbefristete Stellen umgewandelt" (Z. 37 f.) würden. Für andere aber sei gerade die Zeitarbeit für das erfolgreiche Bestehen der Automobilindustrie notwendig (vgl. Z. 38 f.).
Weiter führt Wenzel aus, dass die deutsche Autoindustrie ihren Absatz während der Konjunkturerholung im Jahr 2010 insbesondere auf dem **chinesischen Markt** steigern konnte. In China sei inzwischen eine sehr **markenbewusste Mittelschicht** (vgl. Z. 71) entstanden. Das nütze neben der VW-Gruppe vor allem den deutschen Premiummarken wie BMW, Audi und Daimler.

2. *Hier sollten Sie zunächst die allgemeinen Voraussetzungen und Bedingungen der Globalisierung darstellen, um anschließend deren Strukturen und Merkmale an einigen Beispielen aus der Automobilindustrie zu veranschaulichen. (AFB II)*

Obwohl die Industrialisierung von Beginn an ein globaler Entwicklungsprozess war, spricht man erst seit den 90er-Jahren des 20. Jahrhunderts von „Globalisierung". Mit **Ende des Kalten Kriegs** trat die Welt in ein neues Zeitalter internationaler Arbeitsteilung. Die ehemaligen Ostblockstaaten wie z. B. Russland und China öffneten sich dem internationalen Handel und gaben ihre bisherige Abschottung auf. Erst von diesem Zeitpunkt an konnte von einem „**Weltmarkt**" wirklich die Rede sein.
Trotz mancher Rückschläge wurden im Rahmen der WTO das **Prinzip des freien Handels** weitgehend durchgesetzt und für den Handel hinderliche **Zollsätze reduziert**. Dies begünstigte die weltweite **Ausweitung des Handelsvolumens**. Die Fortschritte der **Telekommunikationstechnik** und des Internets ermöglichten eine ungleich größere Intensität und Dichte weltumspannender Kommunikation. In Sekundenschnelle können Kontrakte abgeschlossen, Transaktionen durchgeführt und riesige Datenmengen ausgetauscht werden. Die Entwicklung des Transportwesens, insbesondere die Luftfracht, ermöglichte eine Beschleunigung und drastische Verbilligung des Transports und begünstigte auf diese Wei-

se die **Intensivierung des globalen Warenhandels** und die **Vertiefung der internationalen Arbeitsteilung**. Neben **China und Russland** traten neue **Schwellenländer** wie Brasilien, Indien, Argentinien und Südafrika mit kaufkräftigen Mittelschichten auf dem Weltmarkt in Erscheinung und steigerten mit ihren jährlich wachsenden Im- und Exportziffern das Welthandelsvolumen. Nicht nur große **multinationale Konzerne** wie Daimler, VW oder Apple betätigen sich mit ihren Direktinvestitionen und Absatzstrategien weltweit. Auch für **kleine und mittelständische Unternehmen** und Zulieferer ist eine globale Ausrichtung der Geschäftspolitik inzwischen unerlässlich geworden.
Die vielleicht wichtigste Voraussetzung für die nachhaltige Globalisierung aller Wirtschaftstätigkeit in den letzten 25 Jahren war jedoch die **Erhaltung des Weltfriedens**, die trotz aller regionalen Konflikte und des Terrorismus bisher gelungen ist. Ein großer Krieg hätte den Globalisierungsprozess sofort beendet, so wie der Erste Weltkrieg den damals sich entwickelnden Weltmarkt sofort zerstörte.

Die deutsche Automobilindustrie profitiert stark vom globalen Markt und nimmt im internationalen Wettbewerb eine führende Rolle ein. Dies belegen die im Text erwähnten **Exporterfolge** in China und den USA, aber auch in Russland oder Brasilien. Schon seit langer Zeit sind die Verkäufe im Ausland, insbesondere in Übersee, für die Gewinnentwicklung der deutschen Autoindustrie wichtiger als der Absatz auf dem Heimatmarkt. Die Bedeutung der überseeischen Exportmärkte für den Erfolg eines Unternehmens wird deutlich, wenn man die Firma **Opel** betrachtet. Als Tochter von GM sind ihr die Absatzmärkte der USA und Chinas nach wie vor verschlossen. Nicht zuletzt deshalb schreibt Opel trotz attraktiver Modelle rote Zahlen.
Die große Bedeutung globaler Absatzmärkte führt zu weltweiten Abhängigkeiten, die z. B. über einen Nachfragerückgang infolge regionaler Konjunktur- und Wechselkursschwankungen spürbar werden. Umgekehrt konnten allerdings die Folgen der weltweiten Konjunkturkrise für die exportorientierte deutsche Autoindustrie durch einen schwachen Euro abgemildert werden (vgl. Z. 2 ff.).
Man darf sich nicht der Illusion hingeben, die in China oder Brasilien verkauften Automobile deutscher Hersteller seien „made in germany“. Die deutschen Autokonzerne haben in allen für den Absatz wichtigen Ländern inzwischen **Produktionsstätten** errichten lassen, nicht nur um von günstigeren Standortfaktoren wie z. B. einem **niedrigeren Lohnniveau** zu profitieren, sondern auch um **Wechselkursrisiken** zu minimieren und **Importrestriktionen** zu umgehen. Auch die „**Marktnähe**“ spielt bei den Standortentscheidungen eine große Rolle. Die globalen Wertschöpfungsketten verstärken die weltweiten Abhängigkeiten weiter. Kein einziges modernes Automobil wird heute noch komplett in dem Land hergestellt, in dem der Markeninhaber seinen Sitz hat. Die sogenannte „**Fertigungstiefe**“ moderner Autowerke ist gering. Mehr als die Hälfte der Einzelteile wird von Zulieferern aus aller Welt produziert, um dann vertragsgemäß „**just in time**“ im deutschen oder chinesischen Montagewerk abgeliefert und eingebaut zu werden. Die EU-Kommission hat vor diesem Hintergrund jüngst die Frage aufge-

worfen, ob es legitim sei, die in Deutschland montierten BMWs und Audis als „made in germany“ zu bezeichnen. Korrekter wäre wohl „made on planet earth“. Der Globalisierung der Produktion und den Absatzstrategien deutscher Autokonzerne entspricht auch die **Globalisierung der Besitzverhältnisse**. Nur ein kleiner Teil der Aktien z. B. von Daimler ist noch im Besitz deutscher privater oder institutioneller Anleger. Die Aktienmehrheit dürfte in den Händen verschiedener Golfstaaten und bei diversen amerikanischen Pensionsfonds liegen.
Bei VW sieht es nicht viel anders aus. Allerdings hält das Land Niedersachsen nach wie vor mehr als 20 % des Aktienkapitals und das deutsche **VW-Gesetz** sichert dem Land bei strategisch wichtigen Entscheidungen, z. B. über die Verlagerung von Produktionsstätten, eine Sperrminorität. Gegen dieses VW-Gesetz hat die **EU-Kommission** jedoch jüngst Klage vor dem Europäischen Gerichtshof eingereicht, weil es ihrer Ansicht nach gegen europäisches Recht verstößt. Es schrecke Investoren ab, behindere Innovationen und könne zu Preiserhöhungen führen. Die EU klagt also gegen Deutschland, um die Prinzipien der Globalisierung auch in der deutschen Automobilindustrie restlos durchzusetzen.

3. *Hier sollen Sie die im Text enthaltenen Fakten über den Verlauf der Konjunktur im beschriebenen Zeitraum den jeweiligen Phasen des Konjunkturzyklus zuweisen und die angesprochenen wirtschaftspolitischen Maßnahmen der Angebots- oder der Nachfragepolitik zuordnen. (AFB II)*

Der vorliegende Text behandelt zwei Phasen des Konjunkturzyklus: zunächst die **Rezession**, die durch den Zusammenbruch von **Lehman-Brothers** im August 2008 ausgelöst wurde, im Laufe des Jahres 2009 zu einer tiefen **weltweiten Finanz- und Wirtschaftskrise** auswuchs und Deutschland eine seit dem Krieg nicht dagewesene Verringerung des BIPs um knapp 5 % bescherte. Als zweite Phase wird der **Wiederaufschwung der Konjunktur, die Expansion**, behandelt. In dieser Phase konnte die Bundesrepublik mit einem BIP-Wachstum von fast 4 % die 2009 erlittenen Wachstumsverluste fast vollständig kompensieren. Das Wachstum hat sich im Jahr 2011 mit 3 % fortgesetzt, inzwischen ist es jedoch wieder etwas abgeschwächt.
Charakteristische Merkmale der Rezession waren scharfe Einbrüche der in- und ausländischen Nachfrage nach Automobilen. Das machte, wie im Text beschrieben, Einschränkungen der Produktionskapazitäten, Entlassungen von Arbeitskräften sowie eine Ausdehnung der Kurzarbeit für die Stammbelegschaften erforderlich (vgl. Z. 24 ff.). Die Arbeitslosenzahl stieg in der Folge an.

Die vom Staat zur Wiederankurbelung der Konjunktur ergriffenen Maßnahmen, die im Text erwähnt werden, können zwei unterschiedlichen wirtschaftspolitischen Richtungen zugeordnet werden. Auf der einen Seite steht die neoliberale, sogenannte **angebotspolitische Schule**, welche das beste Mittel zur Bekämpfung der Krise in einer Verbesserung der Rahmen- und Investitionsbedingungen der Angebotsseite sieht. Die Senkung der Lohnnebenkosten, Steuerentlastungen für Unternehmen und die Flexibilisierung des Arbeitsmarkts gehören zu ihrem Maß-

nahmenrepertoire. Auf der anderen Seite stehen die nachfrageorientierten **Keynesianer**, die in Krisensituationen ihre Wirtschaftspolitik an einer Verbesserung der Nachfragesituation ausrichten. Erhöhte staatliche Investitionen und eine expansive Geld- und Steuerpolitik sollen die Nachfrage stärken. Zur Deckung der finanziellen Einbußen und des Mehraufwands soll der Staat Schulden aufnehmen („deficit spending"), die er im Aufschwung wieder zurückbezahlt.
Im Maßnahmenkatalog der Bundesregierung finden sich Elemente beider Schulen. Mehrere **Konjunkturprogramme** und die Ausweitung der Staatsnachfrage sollten die ausgefallene private Nachfrage zumindest teilweise kompensieren und ein noch stärkeres Abgleiten der Konjunktur verhindern. Die **staatliche Abwrackprämie** in Höhe von 2 500 € konnte die private Nachfrage nach Automobilen steigern und den Absatz der in Deutschland besonders wichtigen Automobilkonzerne stabilisieren (vgl. Z. 45 ff.). Diese Maßnahmen sind klassische Instrumente der nachfrageorientierten, keynesianischen Wirtschaftspolitik. Der Staat stützt die Gesamtnachfrage, indem er die staatliche Nachfrage erhöht bzw. die private Nachfrage nach Automobilen subventioniert.
In den angebotspolitischen Instrumentenkasten gehören die Ausdehnung der Regelungen zur Kurz- und Zeitarbeit. Die finanzielle Unterstützung der Unternehmen mittels **Aufstockung der Kurzarbeiterlöhne durch die Bundesagentur für Arbeit** konnte vielfach Entlassungen verhindern. Die Arbeitslosenzahl stieg in Deutschland geringer an als in anderen Ländern, die von der Krise heimgesucht wurden. Gleichzeitig erleichterten Zeitarbeitsverträge eine bedarfsorientierte Entlassung der Arbeitnehmer **ohne Abfindung**. So konnten die Unternehmen auf den Nachfrageeinbruch des Jahres 2009 flexibel reagieren, ohne unter Kostendruck zu geraten. Kurzarbeit ist allerdings auch nachfragewirksam; ohne sie hätten mehr Autowerker entlassen werden müssen. Eine höhere Arbeitslosenquote wiederum hätte negative Auswirkungen auf die Konsumnachfrage gehabt.

Im Jahr 2010 setzte der Aufschwung ein. Auf vielen Märkten wurden **neue Absatzrekorde** erreicht, die Kurzarbeit konnte beendet und Zeitarbeiter konnten wieder eingestellt werden. Auch die Arbeitslosenzahlen gingen zurück. Die Konjunkturprogramme liefen aus, die Abwrackprämie wurde zum 31. 12. 2009 eingestellt. Wie von Keynes vorgesehen, erlangte in der beginnenden Expansionsphase die **Haushaltskonsolidierung** wieder Priorität auf der politischen Agenda.

4. *Hier sollen Sie das Für und Wider von Konjunkturprogrammen möglichst differenziert darlegen, dabei auch eigene Überlegungen anstellen und schließlich zu einem abgewogenen Urteil, einer Bewertung gelangen. (AFB III)*

In der weltweiten Wirtschafts- und Finanzkrise sind von allen wichtigen Industriestaaten mehr oder weniger umfangreiche Konjunkturprogramme beschlossen und umgesetzt worden. Der Erfolg und die **Sinnhaftigkeit** staatlicher Eingriffe sind jedoch **umstritten**.
Die Befürworter staatlicher Konjunkturprogramme verweisen darauf, dass der Staat eingreifen müsse, wenn die Nachfrage plötzlich und umfassend wegbreche.

Was passieren könne, wenn der Staat untätig bleibe, hätte der Verlauf historischer Wirtschaftskrisen, wie etwa 1929 in Deutschland, gezeigt. Die Rezession habe in eine Abwärtsspirale geführt und sich zu einer handfesten jahrelangen **Depression** ausgewachsen. **Massenarbeitslosigkeit und Massenelend** hätten schließlich dem **Nationalsozialismus** den Boden bereitet. Nichtstun sei in einem konjunkturellen Abschwung großen Ausmaßes unverantwortlich. Ein vorübergehend steigendes Staatsdefizit müsse dabei in Kauf genommen werden. Aufgenommene Kredite könnten nach dem Wiederaufschwung der Wirtschaft aus dem wachsenden Steueraufkommen leicht zurückgezahlt werden. Weiter, so die Befürworter, würden durch staatliche Konjunkturprogramme der Rückgang von Steuereinnahmen (z. B. Umsatzsteuer, Einkommensteuer), der ebenfalls zu finanziellen Engpässen führe, gedämpft und die Haushaltssituation stabilisiert. Staatliche Konjunkturprogramme setzten zudem positive Signale für den Arbeitsmarkt. Durch die Schaffung neuer Arbeitsplätze bzw. den Erhalt von Arbeitsplätzen würden die Versicherungssysteme, die sich überwiegend durch an die Löhne gekoppelte Sozialversicherungsbeiträge finanzieren, entlastet.
Die Zweifler am Sinn dieser Programme führen dagegen an, dass die Maßnahmen zumeist **zu spät** kämen bzw. zu spät wirkten („time lag"). Es liege in der Natur öffentlicher Investitionen, dass sie nicht von heute auf morgen getätigt werden könnten, sondern in einem vorgegebenen verwaltungsrechtlichen Rahmen sorgfältig geplant werden müssten. Das aber brauche Zeit. Vielfach würden die im Rahmen von Konjunkturprogrammen beschlossenen Investitionen erst nachfragewirksam, wenn sich die Konjunktur bereits wieder im Aufwärtstrend befinde. Dann aber verstärkten sie nur die Hochkonjunktur, wirkten also **„prozyklisch"** und könnten somit sogar Schaden anrichten. Wirkten sie allerdings tatsächlich antizyklisch, wie es bei der Abwrackprämie 2009 der Fall war, so seien die Maßnahmen auf ihre Nachhaltigkeit zu überprüfen. Oft sei die Wirkung nur kurzfristig und führe zu keiner dauerhaften Stabilisierung der Nachfrage.
Glaube man an die sogenannte unsichtbare Hand (Adam Smith), so behinderten Staatseingriffe die Selbstheilungskräfte des Markts. Wettbewerbsverzerrungen und die Verdrängung konjunkturbelebender Innovationen könnten die Folge sein. Hinzu käme, dass Konjunkturprogramme in aller Regel von sowieso schon hochverschuldeten Staaten durch eine nochmalige **Ausweitung des Haushaltsdefizits** finanziert würden. Das Versprechen, aufgenommene Kredite im Aufschwung sofort zurückzuzahlen, sei unglaubwürdig. Die Erfahrung zeige, dass auf diese Weise immer **neue Schuldenberge** aufgetürmt worden seien. Zudem sei die Wirksamkeit nationaler Konjunkturprogramme angesichts eines hohen Exportanteils am deutschen Wirtschaftsaufkommen und einer hohen Anzahl exportabhängiger Arbeitsplätze ohnehin infrage zu stellen. Für den Unternehmenserfolg deutscher Automobilhersteller sei die Konjunkturlage in ausländischen Volkswirtschaften entscheidender als die Nachfrage auf dem Heimatmarkt.

Mir erscheinen die Argumente beider Seiten plausibel und beachtenswert. Das Beispiel der verhängnisvollen **Deflationspolitik unter Reichskanzler Brüning** in den Jahren 1930 bis 1932, die durch prozyklische Maßnahmen die Krise wei-

ter verschärfte, ist eine Lehre, die insbesondere die deutsche Politik beherzigen sollte; andererseits zeigt die aktuelle **europäische Schuldenkrise** deutlich die **Gefahren der Staatsverschuldung**, die nicht zuletzt durch ein wiederholtes „deficit spending" zur Finanzierung von Konjunkturprogrammen entstanden ist.
Vor diesem Hintergrund erscheinen Konjunkturprogramme nur dann verantwortbar, wenn sie nicht über Kredite finanziert werden, zumindest aber nicht zu einer untragbaren Staatsverschuldung führen. Im Übrigen enthalten die Konjunkturprogramme – wie dargestellt – Maßnahmen sehr verschiedener Art, die entsprechend hinsichtlich ihrer Wirksamkeit differenziert beurteilt werden müssen.
So hat die Abwrack- oder Umweltprämie die Nachfrage nach Automobilen nur für kurze Zeit belebt und zum Wiedererstarken der deutschen Automobilindustrie weit weniger beigetragen als etwa der robuste chinesische Markt. Überdies ist die Inlandsnachfrage nach Auslaufen der Prämie drastisch eingebrochen.
Als außerordentlich **sinnvoll** hat sich dagegen die mehrmalige Verlängerung der **Kurzarbeitsregelung** erwiesen. Sie hat den Unternehmen den in der Krise notwendigen Abbau von Produktionskapazitäten ermöglicht, gleichzeitig aber den Anstieg der Arbeitslosigkeit und die Einkommensverluste der Arbeitnehmer in Grenzen gehalten. In der Expansionsphase ermöglichte sie das rasche Hochfahren der Produktion mit der alten, gut ausgebildeten Stammbelegschaft.

Hessen – Politik und Wirtschaft – Grundkurs 2012
Vorschlag B

Thema: *Europäische Union – Wohin geht der Weg?*

Aufgaben

1. Der Autor Dieter Ebeling betitelt seinen Artikel „Der EU geht es denkbar schlecht“. Fassen Sie zusammen, wie der Autor diesen Befund begründet (Material). (20 BE)

2.1 Stellen Sie Idee und Zielrichtung der politischen und wirtschaftlichen Integration Europas dar. (20 BE)

2.2 Erläutern Sie das institutionelle Gefüge der Europäischen Union. Beziehen Sie dabei Fragen der demokratischen Legitimation mit ein. (30 BE)

3. Wohin soll der Weg der Europäischen Union führen?
Setzen Sie sich, ausgehend von der Analyse des Autors Ebeling, mit dieser Frage auseinander. (30 BE)

M: Dieter Ebeling: Der EU geht es denkbar schlecht

[…]

Der Euro bebt. Das unkontrollierte Reisen über Grenzen hinweg wankt. Die gemeinsame Außenpolitik bröselt. Der Europäischen Union geht es also schlecht. Mit dem Inkrafttreten des Lissabon-Vertrages vor eineinhalb Jahren sollte alles besser werden. Tatsächlich aber steckt die EU gleich in einer ganzen Reihe schwerer Krisen. Jede ist brandgefährlich, weil sie den Kern der Union von 27 Staaten und knapp 500 Millionen Bürgern betrifft.

„Wir brauchen jetzt sehr drastische und schnelle Lösungen, um diese Krisen zu bewältigen“, sagt Sara Hagemann, Dozentin für EU-Politik an der London School of Economics. „Das ist eine Frage der politischen Führung, der Zusammenarbeit zwischen den Regierungschefs.“ Mit dem Lissabon-Vertrag habe die derzeitige Misere nichts zu tun. „Es gibt Mängel in den Entscheidungsprozessen“, sagt die Expertin, doch sei eine neue Vertragsdebatte unsinnig. „Wir sollten uns um die wirtschaftlichen, sozialen und politischen Herausforderungen Europas kümmern.“

EU-Gipfel und Finanzministertreffen sind seit mehr als einem Jahr ohne Diskussionen über Rettungspakete, Stabilisierungsmechanismen oder Schuldenkrisen unvorstellbar. Die Innenminister reden mittlerweile darüber, unter welchen Umständen der unkontrollierte Reiseverkehr zwischen den 25 „Schengen-Staaten“ wieder gestoppt werden darf. Es geht um eine der großen Errungenschaften der EU. Die Außenminister agieren – ob im Nahostkonflikt, in Nordafrika oder in Libyen – vielstimmig. Jeder für sich und allein gegen alle.

„Wir haben in verschiedenen Ländern einen innenpolitischen Druck, der da aufgebaut wird“, konstatierte der deutsche Innenminister Hans-Peter Friedrich in Brüssel. Zuvor hatte er sich von seinem dänischen Kollegen – der einer Mitte-Rechts-Minderheitsregierung angehört, die im Parlament auf die Rechtspopulisten angewiesen ist – erklären lassen, warum dieser gleich hinter Flensburg wieder Grenzhäuschen errichten will, wo Zöllner Reisende am Schlagbaum durchwinken – oder auch nicht.

Frankreich, wo sich der bedrängte Präsident Nicolas Sarkozy für den nächsten Wahlkampf warmläuft, hatte die Grenze zu Italien schon kurz vorher zeitweilig dichtgemacht. Denn Rom hatte den Flüchtlingen aus Nordafrika in Windeseile Papiere ausgestellt, die diesen zur Weiterreise nach Frankreich dienen konnten. Es sehe so aus, „dass beim einen oder anderen der innenpolitische Druck dazu führt, dass er sagt: Naja, hilft ja vielleicht für den Wahlkampf, machen wir es mal“, sagt Friedrich. So entstehe eine „Spirale“ nationaler Maßnahmen, die auch jene unter Druck setze, die solche Maßnahmen eigentlich gar nicht wollten.

Was im Kleinen bei den Innenministern abläuft, läuft im Großen auch bei den Staats- und Regierungschefs. Mit dem neuen Posten des ständigen Ratspräsidenten hat Herman Van Rompuy – sehr viel umtriebiger und machtbewusster als er aussieht – viele Kompetenzen und Entscheidungen an sich oder zumindest auf die Ebene der Regierungschefs gezogen. „Intergouvernemental“ heißt das Verfahren in der EU-Sprache – die EU-Kommission, die hingegen für die „Gemeinschaftsmethode“ steht, sei „zunehmend unter Druck geraten“, diagnostiziert Nicolai von Ondarza von der Stiftung Wissenschaft und Politik (SWP) in Berlin. In der Wirtschaftskrise habe sie weniger wie ein Initiativgremium, sondern „eher wie ein Dienstleister“ der Regierungen agiert.

Die Krise hat nach Ansicht Ondarzas gezeigt, dass die Regierungen „eine klare Präferenz für intergouvernementale Strukturen“ haben: Sie entscheiden lieber selbst. Die „Großen“ tun das zunehmend in ganz kleinem Kreis, sehr zum Ärger der „Kleinen“: So wurde der dauerhafte Krisenmechanismus von Sarkozy und Kanzlerin Angela Merkel im Wesentlichen unter vier Augen am Strand von Deauville festgezurrt. Auch die wichtigsten Euro-Währungsentscheidungen liefen an der EU-Kommission vorbei.

Das Erstarken populistischer und nationalistischer Kräfte in mehreren EU-Staaten habe dort einen Trend zur „Renationalisierung“ der Politik geschaffen, meint auch Yves Pascouau vom European Policy Center (EPC) in Brüssel. Das dritte Aushängeschild neben dem Euro und dem Schengen-Abkommen, die EU-Außenpolitik, leidet darunter nicht weniger. Vor allem London und Paris haben de facto die gemeinsame Sicherheitspolitik verlassen und reden in kritischen Fragen wie beispielsweise Libyen lieber miteinander als mit den EU-Partnern.

Dies sei nicht die Schuld der EU-Außenbeauftragten Catherine Ashton, fanden die meisten Abgeordneten bei einer Debatte im Europaparlament. Die Britin büße vielmehr für ihre mangelnden Befugnisse. Und dafür, dass die Regierungen auch die Außenpolitik lieber selbst machten. Europa werde hinterher nur noch informiert.

Wetterauer Zeitung vom 19. 5. 2011

Lösungsvorschläge

Unterrichtsinhalte:

- Q 1: Bundesrepublik Deutschland und europäische Integration: institutionelle Strukturen und Entscheidungsprozesse in der EU (Europäisierung von Entscheidungsprozessen)
- Q 2: Wirtschaftliche Integration Europas: wirtschaftliche Integration und nationalstaatliche Interessen
- Q 3: Die deutsche Außenpolitik: Aufgaben, Erwartungen und Probleme: die sicherheitspolitische Lage Deutschlands

1. *Legen Sie nach einer kurzen Einleitung, in der Sie die Textquelle und deren Kerninhalt kurz vorstellen, dar, welche Gründe der vorliegende Zeitungsartikel für den Befund eines kritischen Zustands der EU nennt. Bemühen Sie sich um eigenständige Formulierungen und verwenden Sie bei der Wiedergabe von Textaussagen den Konjunktiv. Wörtliche Zitate sollten Sie sparsam verwenden und durch Zeilenangaben belegen. (AFB I)*

   Dieter Ebeling untersucht in seinem Artikel „Der EU geht es denkbar schlecht", abgedruckt in der WETTERAUER ZEITUNG vom 19. 5. 2011, durch welche Entwicklungen die EU bis in ihren „Kern" (Z. 6) bedroht sei und benennt die Ursachen dieser Krisen.
   Die EU stecke gleich in mehreren bedrohlichen Krisen. Der Autor führt eingangs die Euro- oder Schuldenkrise an, die seit 2010 die EU-Gipfel beschäftigt (vgl. Z. 15 ff.). Im Falle Dänemarks oder Frankreichs bedrohten zudem innenpolitisch bedingte Initiativen den freien Reiseverkehr zwischen den Schengen-Staaten, z. B. um Flüchtlinge aus Nordafrika an ihrer Einreise zu hindern (vgl. Z. 28 ff.). Schließlich, so Ebeling, sei auch die Außenpolitik der EU von einer „Renationalisierung" (Z. 54) bedroht, wie der Nahostkonflikt oder die Abkehr Frankreichs und Englands von einer gemeinsamen europäischen Sicherheitspolitik im Libyenkonflikt zeigten (vgl. Z. 57 ff.).
   Ebeling nennt zwei Ursachen für diese Entwicklungen: Zum einen würden Entscheidungen verstärkt auf die intergouvernementale Ebene verlagert, fielen also in die Kompetenz der einzelnen Regierungen, während die EU-Kommission entmachtet werde und die „Gemeinschaftsmethode" (Z. 41) an Bedeutung verliere. Die Regierungen „entscheiden lieber selbst" (Z. 47). So handelte die EU-Kommission in der Wirtschaftskrise „eher wie ein Dienstleister" (Z. 44) als „ein Initiativgremium" (Z. 44). Dies zeigten die währungspolitischen Entscheidungen und die dabei auffällige Dominanz der großen EU-Staaten (vgl. Z. 49 ff.) besonders deutlich. Zum anderen seien populistische und nationalistische Kräfte in einigen Ländern erstarkt (vgl. Z. 53). Auf sie werde in nationalen Wahlkämpfen Rücksicht genommen und dadurch werde ein „Trend zur ‚Renationalisierung' der Politik" (Z. 54) gefördert.

2.1 *Die Idee und Zielrichtung der politischen und wirtschaftlichen Integration der EU darzustellen erfordert, deren Geschichte, deren Entwicklung und deren gegenwärtige Rolle strukturiert zu beschreiben und zu erklären. (AFB II)*

Die ursprüngliche Idee eines vereinigten Europas geht weit in die europäische Geschichte zurück. Tatsächlich entstanden ist die EU jedoch erst ab Mitte des 20. Jahrhunderts. Ein Bündnis von sechs westeuropäischen Staaten verfolgte in den 1950er-Jahren zuallererst das Ziel, den **Frieden** unter den Mitgliedstaaten zu sichern – als Konsequenz aus dem Zweiten Weltkrieg, in dem Deutschland und Frankreich erbitterte Kriegsgegner waren. Alle Einigungsschritte seit der Europäischen Gemeinschaft für Kohle und Stahl (EGKS) 1952 bis zur Bildung der EU durch den Vertrag von Maastricht 1992 waren an gemeinsamen Werten orientiert und auf ganz Europa angelegt. Die Integration erfasste im Laufe der Jahre und vor allem seit Ende des Ost-West-Konflikts zahlreiche neue Mitglieder.
Die europäische Integration konnte sich auf eine gemeinsame **Geschichte und Kultur** der beteiligten Völker stützen, mit gemeinsamen Wertvorstellungen und Zukunftshoffnungen. Große Werke der Literatur, der Musik und der Kunst haben zur Annäherung der Völker beigetragen, und die Vielfalt wird bis heute als Bereicherung empfunden. Die „Idee Europa" entstand vielleicht schon mit Karl dem Großen und steht heute für Frieden, Freiheit, Menschenrechte, für Demokratie und Rechtsstaatlichkeit. Diese Grundsätze der EU wurden im Vertrag von Lissabon (Art. 1 a) festgelegt.
Die Gemeinschaft und die Mitgliedstaaten sind inzwischen durch eine europäische **Rechtsordnung** miteinander verschränkt, die durch zahlreiche Verträge zustande kam: Von den Römischen Verträgen 1957 bis zum Vertrag von Lissabon im Jahr 2007 wurde die europäische Zusammenarbeit intensiviert, zunehmend verrechtlicht und auf weitere Politikbereiche ausgedehnt. Eine gemeinsame Rechtsordnung erleichtert nicht nur die wirtschaftliche Kooperation, sondern sichert auch den Freiheitsraum der Bürger, z. B. durch die europäische Grundrechtecharta. Jeder Vertrag und jede Abtretung von Hoheitsrechten an supranationale Einrichtungen muss von den Parlamenten der nach wie vor souveränen Mitgliedstaaten gebilligt werden.
Durch die wirtschaftliche Zusammenarbeit in Europa sollte der **Wohlstand** gesichert und gesteigert werden. Über nationalstaatliche Grenzen hinweg wurde nach und nach ein gemeinsamer Binnenmarkt geschaffen, der Mobilitätsgrenzen für Kapital, Dienstleistungen, Güter und Arbeit abbaute und ein größeres Wachstum als auf nationalen Märkten ermöglichte. Da der überwiegende Teil deutscher Exporte heute ins europäische Ausland geht, bestehen zusätzliche Arbeitsplätze. Europa konnte durch die zunehmende Integration im Zeitalter der Globalisierung an Wirtschaftskraft gewinnen und seinen Einfluss auf die Weltwirtschaft sichern. Auch in der **internationalen Politik** sind Rolle und Gewicht des integrierten Europas aufgrund seines gewaltigen wirtschaftlichen Gewichts und seiner koordinierten Außen- und Sicherheitspolitik bedeutender als der Einfluss einzelner europäischer Staaten. Die europäische Integration hilft in zahlreichen Politikfeldern bei der Lösung von **Zukunftsproblemen**, die im nationalen Rahmen nicht

mehr zu bewältigen sind und ein gemeinsames Vorgehen erfordern. Dazu gehören der Klimawandel, die Sicherung der Energie- und Rohstoffversorgung oder die Migration. Als internationaler Akteur bringt die EU ihr Gewicht für die Weiterentwicklung des Weltwirtschaftssystems und für europäische Werte wie die Erhaltung bzw. Schaffung des Friedens und die Sicherung der Menschenrechte ein. In diesem Zusammenhang sind auch gemeinsame Maßnahmen gegen Bedrohungen wie Terrorismus und organisierte Kriminalität zu sehen.

2.2 *Hier sollen Sie die Zusammensetzung und die Kompetenzen der zentralen Organe der EU beschreiben und ihr Zusammenwirken im europäischen Institutionengefüge darstellen. Gewichten Sie dabei auch die Macht der einzelnen Organe und gehen Sie in diesem Zusammenhang auf das Problem der demokratischen Legitimation ein. (AFB II)*

Drei Organe bestimmen die politische Richtung der EU und treffen wirksame Entscheidungen: der Rat der Europäischen Union, die Europäische Kommission und das Europäische Parlament. Jedem der Organe im sogenannten institutionellen Dreieck sind bestimmte Aufgabenbereiche zugewiesen. Die Aufgabenverteilung weicht von der klassischen, aus dem nationalen Rahmen bekannten Dreiteilung in Exekutive, Legislative und Judikative ab. Eine vierte Institution, der **Europäische Rat** der Staats- und Regierungschefs aller Mitgliedstaaten, der im Text als „EU-Gipfel“ (Z. 15) bezeichnet wird, legt die politischen Zielrichtungen und Prioritäten fest, hat jedoch keine legislative Funktion.
Der Rat der Europäischen Union – auch als **Ministerrat** bekannt – ist neben dem Europäischen Parlament das zentrale Entscheidungsgremium in der EU. Er besteht aus den Regierungen der 27 Mitgliedstaaten und fungiert als deren Sprachrohr. Er teilt sich mit dem Europäischen Parlament die gesetzgebende und mit der Europäischen Kommission die vollziehende Gewalt. Der Rat tagt mehrere Male im Monat auf Ministerebene. Mitglieder des Rats sind jeweils die Minister der inhaltlich betroffenen politischen Ressorts: Außenbeziehungen, Wirtschaft und Finanzen, Verkehr, Energie, Landwirtschaft usw. Die meisten Entscheidungen werden durch Mehrheitsentscheid getroffen. Heikle Themen in Bereichen wie Steuerpolitik, Asyl- und Einwanderungspolitik oder Außen- und Sicherheitspolitik erfordern hingegen Einstimmigkeit.
Die **Europäische Kommission** ist ein regierungsunabhängiges Organ, das die Interessen der gesamten Union vertritt. Sie hat zwei wichtige Funktionen: Als „Initiativgremium“ (Z. 44) ist sie als einziges Organ befugt, politische Maßnahmen sowie Rechtsetzungsakte vorzuschlagen. Des Weiteren hat sie als Exekutivorgan dafür zu sorgen, dass die EU-Verträge und europäischen Rechtsakte eingehalten werden. Aus diesem Grund wird die Kommission auch als „Hüterin der Verträge“ bezeichnet. Alle fünf Jahre wird eine neue Kommission eingesetzt. Jeder Mitgliedstaat entsendet einen Kommissar. Die Kommission wird in ihrer Zusammensetzung vor Amtsantritt vom Europäischen Parlament bestätigt.

Das **Europäische Parlament** wird – der Amtszeit der Europäischen Kommission entsprechend – alle 5 Jahre von den EU-Bürgern gewählt. Seine wichtigste Funktion besteht darin, die von der Kommission vorgelegten Gesetzesentwürfe zusammen mit dem Ministerrat zu verabschieden. Das Recht der Mitbestimmung gilt inzwischen bei 75 % der Entscheidungen. In manchen Bereichen, wie z. B. der Außen-und Sicherheitspolitik, verfügt das Parlament aber nach wie vor nur über ein Recht auf Anhörung. Zum Kompetenzbereich des Europäischen Parlaments gehören weiter die Genehmigung des europäischen Haushalts gemeinsam mit dem Ministerrat und die Kontrolle der EU-Kommission. Durch ein Misstrauensvotum kann das Parlament die Kommission absetzen.
Der **Europäische Gerichtshof** (EuGH) besteht aus je einem Richter pro Mitgliedstaat. Der EuGH soll sicherstellen, dass die Rechtsvorschriften der EU einheitlich ausgelegt und angewandt werden. Er ist befugt, in Rechtsstreitigkeiten, sofern sie europäische Angelegenheiten betreffen, zwischen Mitgliedstaaten, Organen der EU, Unternehmen und Privatpersonen zu entscheiden. Die Entscheidungen sind bindend.

Das Europäische Parlament ist das einzige Organ, das durch die EU-Bürger direkt legitimiert ist. Auch wenn dessen Rechte durch den Lissabonner Grundlagenvertrag gestärkt wurden, wird – vor allem mit dem Hinweis auf die Brüsseler „Eurokratie" – der EU noch immer ein **Demokratiedefizit** vorgeworfen. Auch das Bundesverfassungsgericht bewertete den Vertrag von Lissabon aufgrund einer Machtverschiebung hin zu demokratisch nicht unmittelbar legitimierten Entscheidungsträgern zurückhaltend. Es forderte, die Rechte des Bundestags und des Bundesrats in bestimmten Politikbereichen zu stärken.
Dem Europäischen Parlament fehlen klassische parlamentarische Kompetenzen. Es verfügt weder über das Recht zur Gesetzesinitiative, noch kann es die Zusammensetzung der Kommission und des Rats beeinflussen (Wahlfunktion). Auch die Kontrollfunktion gegenüber dem Rat ist auf mündliche und schriftliche Anfragen begrenzt, ebenso die Budgetfunktion. Das Parlament kann nur über die Ausgaben, nicht aber über die Einnahmen der EU entscheiden.
Ebeling deutet in seinem Artikel eine **starke Stellung der Regierungen** in der europäischen Finanz- und Währungskrise an. Wichtige Entscheidungen wurden zum Teil in einem Gremium vorbereitet, dem zeitweise nur noch die Bundeskanzlerin und der französische Staatspräsident angehörten (vgl. Z. 49 ff.).
Der im März 2012 auf der Grundlage solcher Beratungen im kleinen Kreis von den meisten EU-Mitgliedstaaten beschlossene **Fiskalpakt** verleiht Organen wie der EU-Kommission, dem EuGH und der Europäischen Zentralbank, die keiner direkten demokratischen Kontrolle unterliegen, mehr Macht. Das Abkommen soll mit der Verpflichtung zu ausgeglichenen Haushalten verhindern, dass Länder wie Griechenland gigantische Schuldenberge anhäufen. Durch die Beschränkung auf nur wenige Entscheidungsträger ist das Prinzip der Gleichheit der Mitgliedstaaten bedroht.

3. *Die Aufgabe setzt an der Analyse des Artikels von Ebeling an. Sie sollen dabei eine begründete Antwort auf die Frage nach der Zielrichtung der weiteren Entwicklung der EU geben. Welche Position – von einer Renationalisierung bis hin zu einer verstärkten Integration – Sie beziehen, bleibt Ihnen überlassen. Ausschlaggebend für die Bewertung ist eine nachvollziehbare und stichhaltige Argumentation. Stellen Sie dabei immer wieder einen Textbezug her. (AFB III)*

In der aktuellen Krise wird heftig darüber debattiert, worin die Perspektive der EU liegt. Das Spektrum der Szenarien und Vorschläge reicht von einer Vertiefung der Zusammenarbeit der Mitgliedstaaten durch eine Erweiterung der Kompetenzen auf EU-Ebene bis hin zu einer Rückkehr zu einem Europa der Nationalstaaten.
Ebeling zeigt an mehreren Beispielen die deutliche Gefahr eines Rückfalls der EU in nationalstaatliches Denken als Folge wirtschaftlicher oder politischer Herausforderungen (vgl. Z. 17 ff., Z. 57 ff.). Eine solche Renationalisierung, die durch populistische Trends angetrieben wird, dürfte die aktuellen Probleme allerdings eher verstärken als zu ihrer Lösung beitragen. In einer globalisierten Welt sind gemeinsame europäische Regelungen und ein geschlossenes Vorgehen bei überstaatlichen Problemen (vgl. Aufgabe 2.1) unabdingbar.
Das Grundgesetz legitimiert die Übertragung von Hoheitsrechten. Die Präambel und Art. 23 Abs. 1 GG enthalten den Verfassungsauftrag, zu der Entwicklung der EU zu einem vereinten Europa beizutragen. Angesichts der bisherigen Errungenschaften der EU – die vier Grundfreiheiten und die damit verbundenen wirtschaftlichen Vorteile für die Mitgliedstaaten und für die EU-Bürger – hat sich das bisherige Streben bewährt.
Das gegenwärtig drängendste Problem auf dem Weg zu einem vereinten Europa nennt Ebeling gleich zu Beginn des Textausschnitts: „Der Euro bebt“ (Z. 2). Die **Krise** lässt deutlich werden, dass nationaler Eigennutz und europäische Integration durchaus miteinander verflochten sind, allerdings auf andere Weise, als es die Vertreter einer populistischen Europamüdigkeit sehen: Wenn der Euro kollabiert, geht es mit der deutschen Wirtschaft bergab. Auch deshalb wäre es gefährlich, den wirtschaftlich schwachen und hoch verschuldeten EU-Mitgliedstaaten die Unterstützung zu verweigern. Ich plädiere daher dafür, dass die Zusammenarbeit der Regierungen der Mitgliedstaaten weiter forciert wird. Langfristig aber sollte die verstärkte intergouvernementale Kooperation durch eine Erweiterung der Kompetenzen der EU-Organe abgelöst werden.
Der Währungsunion, in deren Rahmen ab 1990 der Euro eingeführt wurde, fehlte von Anfang an die notwendige Ergänzung durch eine **gemeinsame Wirtschafts- und Fiskalpolitik**. Diese gilt bis heute als ein zentrales Element nationaler Souveränität, weshalb Entscheidungen über Steuern und Ausgaben bislang allein auf nationaler Ebene getroffen werden. Die EU gleicht auch nach dem Vertrag von Lissabon einem Staatenbund. Die Legitimation europäischer Entscheidungen hängt weiterhin von den nationalen Parlamenten ab.
Die Rechte des Bundestags in wichtigen finanz- und wirtschaftspolitischen Fragen dürfen schon aus legitimatorischen Gründen nicht beschnitten werden. Das

Grundgesetz schreibt vor, dass der Bundeshaushalt vom Bundestag beschlossen wird (Art. 110 GG). Das Budgetrecht stellt ein zentrales Element demokratischer Willensbildung des Volks und der Regierungskontrolle dar. Das Bundesverfassungsgericht hat 2011 die **Budgethoheit** zum „Identitätskern" der Verfassung gerechnet. Ebeling zitiert daher zu Recht eine EU-Expertin, die die dringende Bewältigung der aktuellen Krisen nicht von Vertragsänderungen, sondern von der entschlossenen Zusammenarbeit der Regierungschefs erwartet (vgl. Z. 10 f.).
Mit Blick auf die weitere Zukunft der EU trete ich jedoch für einen **demokratisch legitimierten europäischen Bundesstaat** ein. Damit Kompetenzen im wirtschafts- und finanzpolitischen Bereich überhaupt an EU-Organe abgegeben werden können, muss jedoch das Grundgesetz geändert werden. Die Perspektive einer Stärkung der „Gemeinschaftsmethode" (Z. 41) stößt in Deutschland auf Widerstände, weil sich gegenüber Brüssel ein Gefühl der Entfremdung ausgebreitet hat. Das europäische „**Wir-Gefühl**" ist erst schwach entwickelt. Ich sehe diese Einstellung aber nicht als unveränderbar an, denn im Unterschied zu anderen europäischen Ländern ist in der Bundesrepublik ein „Erstarken populistischer und nationalistischer Kräfte" (Z. 53) nicht zu beobachten.
Das dennoch spürbare Misstrauen gegenüber einer tiefer gehenden Europäisierung lässt sich in der Zukunft am ehesten durch die **Vertiefung der repräsentativen wie der direkten Demokratie** innerhalb der Union abbauen. Denn nur eine gemeinsame Suche nach Lösungen, die die Bürger stärker als bisher einbezieht, kann aus der Krise führen. Die Partizipation lässt sich verbessern, indem z. B. die Abgeordneten des Europäischen Parlaments künftig auf Basis **europäischer Listen** gewählt werden. Durch Direktwahlen der Abgeordneten in Wahlkreisen entstünde ein „echtes" EU-Wahlvolk. Auf der Grundlage gesamteuropäischer Programme müssten Politiker im Europa-Wahlkampf über Grenzen hinweg um die Mehrheit kämpfen. Es ginge um europäische Themen und Ideen und nicht um die Abrechnung des Wählers mit seiner nationalen Regierung.
Ergänzend können **europaweite Volksbegehren** die Partizipationsmöglichkeiten der Bürger erweitern. Mit der im Grundlagenvertrag eingeführten „Europäischen Bürgerinitiative" können die Bürger unterschiedlicher EU-Staaten in einer Gemeinschaftsaktion die Europäische Kommission auffordern, sich mit einem Thema zu befassen oder eine Gesetzesinitiative zu ergreifen.
Ebenso wie der Fiskalpakt zur Sicherung des Euro ist die Zukunft der EU kein Thema für technokratische Eliten oder Hinterzimmer, sondern geht alle an. Europa wird nicht am Spiel der Finanzmärkte oder am Euro scheitern, sondern an der mangelhaften Legitimation durch die Bürger. Deshalb plädiere ich für eine offene Debatte über die notwendigen politischen Reformen und Alternativen, um die Zukunft der EU zu sichern.

Hessen – Politik und Wirtschaft – Grundkurs 2012
Vorschlag C

Thema: *Deutsche Außenpolitik*

Aufgaben

1. Fassen Sie die vom derzeitigen Außenminister Guido Westerwelle vorgetragenen zentralen Zielrichtungen der deutschen Außenpolitik zusammen (Material). (20 BE)

2. Erläutern Sie wesentliche Aspekte des von Westerwelle angesprochenen europäischen Kooperations- und Integrationsmodells. (25 BE)

3. Analysieren Sie ausgehend von Westerwelles Ausführungen das für die deutsche Außenpolitik konstitutive Spannungsverhältnis zwischen der Sicherung des internationalen Handels und der Wahrung der Menschenrechte. (25 BE)

4. Diskutieren Sie, ob die Bundesrepublik Deutschland einen ständigen Sitz für die Europäische Union im Sicherheitsrat anstreben sollte. (30 BE)

M: Grundsatzrede von Bundesaußenminister Westerwelle bei der Deutschen Gesellschaft für Auswärtige Politik, 21. 10. 2010

Lieber Herr von Maltzahn[1],
Exzellenzen,
Kollegen aus dem Bundestag,
meine Damen und Herren,

vor wenigen Tagen ist Deutschland in den Sicherheitsrat der Vereinten Nationen gewählt worden. Dies geschah ein paar Tage, nachdem wir den 20. Geburtstag der Deutschen Einheit feiern durften. Beide Ereignisse haben etwas mit Vertrauen zu tun, das Deutschland entgegen gebracht wird.

Die Wahl in den Sicherheitsrat vor wenigen Tagen wie die Einheit vor 20 Jahren war für Deutschland Vertrauensbeweis und Vertrauensvorschuss zugleich.

Die Väter und Mütter des Grundgesetzes haben in der Präambel für die deutsche Außenpolitik einen klaren Kurs gesetzt, „in einem vereinten Europa dem Frieden der Welt zu dienen". Mit diesem Kompass haben wir uns das Vertrauen erarbeitet, das die Einheit erst möglich machte. Dieser Kompass bestimmt auch heute den Kurs unseres Landes.

Deutsche Außenpolitik steht in der Kontinuität der vergangenen Jahrzehnte. Sie ist verlässlich und berechenbar, sie ist orientiert an unseren Werten und Interessen, und sie ist ein Motor für politische Öffnung und wirtschaftliche Entwicklung. Deutsche Außenpolitik setzt auf Gleichberechtigung und auf fairen Interessenausgleich.

Deutsche Außenpolitik ist aber nicht statisch. Sie ist immer auch ein Spiegelbild der Welt um uns herum. Die Gewichte auf dem Globus verschieben sich rasant. […]

Daraus ergeben sich drei zentrale Orientierungen. Deutsche Außenpolitik zielt erstens darauf, das Kooperations- und Integrationsmodell Europa zu stärken.

Deutsche Außenpolitik ist zweitens im umfassenden Sinne Frieden, Sicherheit und Stabilität verpflichtet und setzt sich für Abrüstung und nukleare Nichtverbreitung ein.

Deutsche Außenpolitik setzt drittens darauf, die Chancen der Globalisierung zu Gunsten aller zu nutzen. Auf jedem dieser drei Felder haben wir in den zurückliegenden zwölf Monaten Pflöcke eingeschlagen, die unseren weiteren Weg markieren.

Die Europäische Union ist das Fundament deutscher Außenpolitik. Sie ist unser Garant für Frieden, Freiheit, Sicherheit und Gerechtigkeit. Die EU ist unsere Wohlstandsversicherung. Deutschland wird in der Welt von morgen nur dann Beachtung finden, wenn wir gemeinsam mit unseren europäischen Partnern in der Union agieren. Deutschland bleibt Motor der Integration. […]

Vor einer Renationalisierung gegen Europa kann ich nur warnen. Für Deutschland kommt ein solcher Kurs nicht in Betracht. Wer als Antwort auf die Euro-Krise den europäischen Gedanken in Frage stellt, hat aus der Geschichte nichts gelernt. Deutschland steht unzweideutig zu Europa, zur Europäischen Union und zu einem harten Euro. Renationalisierung ist ein Irrweg. […]

Wir wollen die Globalisierung mit gestalten, weil sie unseren Wohlstand, unsere Gesellschaft, unsere Freiheit mit prägen wird. Deshalb wollen wir die enormen Chancen nutzen, die die Globalisierung birgt, und ihr gleichzeitig ein Gerüst von Regeln geben. […]

Die Förderung deutscher wirtschaftlicher Interessen auf den Weltmärkten ist ein Ziel deutscher Außenpolitik. Dieses Ziel hat keineswegs nur etwas mit Geld zu tun. Handel trägt zur Globalisierung unserer Werte bei. Wohlstand und Verflechtung schaffen Mittelschichten. Mittelschichten wollen, was unseren Werten entspricht, bürgerliche Grundrechte, eine unabhängige Justiz, transparente und effiziente Verwaltungen, weniger Korruption, politische Verantwortlichkeit. Eine Welt, in der hunderte Millionen in Mittelschichten aufsteigen, ist eine bessere Welt. Menschen, die ihr Schicksal in die eigene Hand nehmen können, fordern und erkämpfen eine bessere Gesellschaft.

Diese Menschen sind unsere Verbündeten. Diese Bürgerinnen und Bürger schätzen es, wenn wir die Menschenrechte deutlich gegenüber ihren Regierungen ansprechen. Manchmal wird behauptet, man müsse sich entscheiden zwischen dem Einsatz für die Menschenrechte und guten Beziehungen zu Regierungen. Dies ist nicht meine Erfahrung. Für falsch verstandene Rücksichtnahme erntet man keinen Respekt, mit Leisetreterei ändert man nichts. […]

Wir werden mit ganzem Engagement an die nun vor uns liegende zweijährige Arbeit gehen. Wir werden daran mitarbeiten, dass der Sicherheitsrat selbst die Realität unserer Zeit abbildet. Deshalb wollen wir, dass auch Lateinamerika und Afrika ständig im Sicherheitsrat vertreten sind und auch Asien nicht länger unterrepräsentiert bleibt. Deutschland ist bereit, auch selbst dauerhaft Verantwortung im Sicherheitsrat zu übernehmen. Unser langfristiges Ziel bleibt ein ständiger Sitz für die Europäische Union.

Wir werden in den Sicherheitsrat unsere Erfahrungen, unsere Möglichkeiten und unsere Vorschläge einbringen. Zu belehren haben wir niemanden, aber zu verstecken brauchen wir uns auch nicht.

Ich danke für Ihre Aufmerksamkeit.

Grundsatzrede vom 21. 10. 2010, http://www.auswaertiges-amt.de/DE/Infoservice/Presse/Reden/ 2010/101021-BM-dgap-grundsatzrede.html, abgerufen am 15. 04. 2011

Die Rechtschreibung entspricht der Textvorlage.

Anmerkung:

1 Paul Freiherr von Maltzahn, geschäftsführender stellvertretender Präsident der Deutschen Gesellschaft für Auswärtige Politik (DGAP)

Lösungsvorschläge

Unterrichtsinhalte:

- Q 1: Verfassungsnorm und Verfassungsrealität: Grundprinzipien der Verfassungsordnung der Bundesrepublik Deutschland; Art. 1 und Art. 20 GG; Bundesrepublik Deutschland und europäische Integration: institutionelle Strukturen und Entscheidungsprozesse in der EU (Europäisierung von Entscheidungsprozessen)
- Q 3: Aktuelle internationale Konfliktregionen und die Möglichkeiten kollektiver Friedenssicherung: Interessen, Entstehungsgründe und Konfliktpunkte (Sicherung von Menschenrechten, Terrorismus, Friedenssicherung durch Vereinbarungen und Verträge, Einflusssphären); Die deutsche Außenpolitik: Aufgaben, Erwartungen, Probleme: die sicherheitspolitische Lage Deutschlands

1. *Hier geht es darum, die zentralen Aussagen von Außenminister Westerwelle zusammenzufassen. Beginnen Sie mit einer kurzen Einordnung der Rede (Zeitpunkt, Anlass, Autor). Bei der Wiedergabe der Aussagen sollen Sie sich einerseits um Distanz zum Autor bemühen, indem Sie indirekte Rede verwenden und zentrale Begriffe mit Zeilenangaben zitieren. Andererseits sollen Sie den Text strukturieren. Beachten Sie dabei, dass Westerwelle zunächst drei Prinzipien aufzählt und dann jedes einzeln erklärt. Sinnvoll ist eine Gliederung, in der Sie die drei Prinzipien (Europa, Friede, Chancen der Globalisierung nutzen) als Überschriften eintragen und darunter Westerwelles zentrale Aussagen dazu notieren. (AFB I)*

   In seiner Grundsatzrede am 21. 10. 2010 vor der Gesellschaft für Auswärtige Politik anlässlich der Wahl Deutschlands zum Mitglied des UN-Sicherheitsrats skizziert Bundesaußenminister Guido Westerwelle drei **Grundprinzipien deutscher Außenpolitik**. Westerwelle vergleicht den Vertrauensbeweis durch die Wahl in den **Sicherheitsrat** mit dem Vertrauensvorschuss, den Deutschland 1990 erhalten hat, als es sich mit internationaler Zustimmung wiedervereinigen konnte. Beides führt er auf die „drei zentrale[n] Orientierungen" (Z. 22) der deutschen Außenpolitik zurück, die so auch in der Präambel des **Grundgesetzes** zu finden seien („in einem vereinten Europa dem Frieden der Welt zu dienen"). Westerwelle betont ausdrücklich die **Kontinuität deutscher Außenpolitik** seit der Gründung der

Bundesrepublik Deutschland. Weder die Wiedervereinigung noch die sich rasch verschiebenden „Gewichte auf dem Globus“ (Z. 21) hätten daran etwas geändert. Der erste Grundpfeiler sei die **europäische Integration**. Westerwelle bezeichnet die EU sogar als „das Fundament deutscher Außenpolitik“ (Z. 29). Der Außenminister bekennt sich zur europäischen Idee und warnt vor dem „Irrweg“ (Z. 38) einer Renationalisierung, vielmehr sei die EU eine „Wohlstandsversicherung“ (Z. 30 f.) für Deutschland und Garant dafür, dass Deutschland „in der Welt von morgen“ (Z. 31) überhaupt Beachtung finde. Daher dürfe auch die Euro-Krise nicht den europäischen Gedanken infrage stellen.
Der zweite Grundpfeiler, das Ziel von „im umfassenden Sinne **Frieden**, **Sicherheit** und **Stabilität**“ (Z. 24 f.), wird im vorliegenden Ausschnitt aus der Rede Westerwelles nur kurz angesprochen. Der Außenminister hebt in diesem Zusammenhang **Abrüstung** und – vermutlich mit Blick auf das Atomprogramm des Iran – „nukleare Nichtverbreitung“ (Z. 25) hervor.
Im Sinne eines „umfassenden Friedensbegriffs“ geht Westerwelle mit dem dritten Grundsatz deutscher Außenpolitik auf das Ziel ein, „die Chancen der **Globalisierung** zu Gunsten aller zu nutzen“ (Z. 26 f.). Nutzen will Westerwelle diese Chancen auch im deutschen Interesse, wenn er betont, dass die Globalisierung „unseren Wohlstand, unsere Gesellschaft, unsere Freiheit mit prägen“ (Z. 39 f.) würde und daher die „Förderung deutscher wirtschaftlicher Interessen“ (Z. 43) auch ein Ziel deutscher Außenpolitik sei. Gleichzeitig benötige die Globalisierung ein „Gerüst von Regeln“ (Z. 41), auf das Westerwelle im vorliegenden Auszug nicht weiter eingeht. Er betont, dass Globalisierung auch eine „Globalisierung unserer Werte“ (Z. 45) bedeute. Durch Globalisierung könne Wohlstand entstehen, der wiederum zur Entwicklung einer Mittelschicht beitrage, die „**bürgerliche Grundrechte**, eine unabhängige Justiz, transparente und effiziente Verwaltungen, weniger **Korruption**, politische Verantwortlichkeit“ (Z. 47 f.) fordere. Die Angehörigen der entstandenen Mittelschicht bezeichnet Westerwelle als „unsere Verbündeten“ (Z. 52) und hebt hervor, dass man die Menschenrechte „deutlich gegenüber ihren Regierungen ansprechen“ (Z. 53 f.) müsse. Es gebe keinen Widerspruch zwischen guten Beziehungen zu – eher autokratischen – Regierungen und einem Einsatz für **Menschenrechte**, vielmehr könne man sich mit einem engagierten Einsatz für Menschenrechte Respekt verschaffen.
Nach Darlegung der Grundsätze der deutschen Außenpolitik blickt Westerwelle in die Zukunft der zweijährigen Arbeit als nicht ständiges Mitglied im UN-Sicherheitsrat. Deutschland werde sich für eine Reform dieses Gremiums mit dem Ziel, dass es „die Realität unserer Zeit abbildet“ (Z. 59 f.), einsetzen. Afrika, Asien und Lateinamerika sollten nach Westerwelles Meinung in Zukunft im Sicherheitsrat mit einem ständigen Sitz vertreten, bzw. stärker repräsentiert sein. Deutschland sei auch bereit, dauerhaft Verantwortung zu übernehmen (vgl. Z. 62 f.), womit Westerwelle einen ständigen deutschen Sitz im Sicherheitsrat meint. Langfristig strebe Deutschland einen ständigen Sitz für die EU an.
Westerwelle schließt seine Rede betont selbstbewusst. Deutschland werde seine Erfahrungen, Möglichkeiten und Vorschläge einbringen, ohne andere zu belehren, Deutschland brauche sich nicht zu verstecken (vgl. Z. 65 ff.).

2. *Der Ausdruck „europäisches Kooperations- und Integrationsmodell", der in der Aufgabenstellung verwendet wird, kann beim ersten Lesen möglicherweise abschrecken – lassen Sie sich nicht aus der Ruhe bringen und machen Sie ggf. während der Einlese- und Auswahlzeit von Ihrem Recht auf Erläuterung der Prüfungsaufgaben (OAVO §32 Abs. 5) Gebrauch.*
Sie haben im Unterricht die EU mit Sicherheit ausführlich behandelt. Hier ist jetzt abstrakt gefragt, nach welchen Prinzipien die EU funktioniert: durch Kooperation der 27 Mitgliedstaaten und durch Integration der einzelnen Politiken zu einer gemeinsamen europäischen Politik (daher Kooperations- und Integrationsmodell). Sie haben also eine Vielzahl von Möglichkeiten, diese Frage zu beantworten: Sie können die europäischen Institutionen ebenso wie die wirtschaftliche Einigung Europas als Beispiel für die Kooperation anführen. Auch ein historischer Zugang, der die zunehmende Integration aufzeigt, wäre möglich. Beachten Sie, dass Sie durch den Operator „erläutern" dazu aufgefordert sind, Ihre Aussagen anhand von Beispielen zu verdeutlichen. (AFB II)

Das europäische **Integrations- und Kooperationsmodell** ist durch drei Aspekte gekennzeichnet:
Die Europäische Kooperation begann als **Wirtschaftsgemeinschaft**. Nach dem Zweiten Weltkrieg wollten die europäischen Staaten ihre Wirtschaften vernetzen, um so den Wiederaufbau schneller in Gang zu bringen, aber auch um künftige Kriege durch **wirtschaftliche Interdependenzen** zu verhindern (vgl. Z. 35 f.). So sind sowohl die **Europäische Gemeinschaft für Kohle und Stahl** (**EGKS**, 1952 gegründet) als auch die **Euratom** und die **Europäische Wirtschaftsgemeinschaft** (**EWG**; beide 1957 gegründet) Wurzeln des europäischen Kooperationsmodells. Diese ökonomische Komponente wurde in den letzten 60 Jahren kontinuierlich ausgebaut, sodass die **EU** heute für ihre Mitglieder durch einen **gemeinsamen Binnenmarkt** mit den „**Vier Freiheiten**" (Freiheit des Kapitals, der Arbeit, der Personen und der Waren) zu der „Wohlstandsversicherung" geworden ist, die Westerwelle in Z. 30 f. anspricht. Dabei betont er die europäische Solidarität, die sich nicht nur in der aktuellen Euro-Krise zeigt, sondern auch in der europäischen Strukturpolitik, welche gezielt strukturschwache Regionen in ganz Europa fördert (z. B. die neuen Bundesländer, viele osteuropäische Staaten).
Das Europäische Kooperationsmodell war neben der wirtschaftlichen Zusammenarbeit der Mitgliedstaaten schon früh auch auf eine **politische Kooperation** ausgerichtet. Bereits in den genannten Gemeinschaften EGKS, Euratom und EWG wurden gemeinsame Institutionen gegründet, auf die im Laufe der Jahre zunehmend Souveränitätsrechte der Staaten übertragen wurden. 2007 wurde mit dem **Vertrag von Lissabon** sogar ein „**Europäischer Verfassungsvertrag**" von den mittlerweile 27 Mitgliedstaaten unterzeichnet. Das **Europäische Parlament**, das 1979 erstmals direkt von den Bürgern gewählt wurde, bekam durch den Vertrag von Lissabon das Recht zugesprochen, den **Präsidenten der Europäischen Kommission**, quasi der „Regierungschef Europas", auf Vorschlag des **Europäischen Rats** zu wählen und der gesamten **Europäischen Kommission** das Misstrauen auszusprechen, in dessen Folge diese geschlossen zurücktreten muss. Auf

europäischer Ebene sind heute zahlreiche Politikbereiche angesiedelt („vergemeinschaftet"), etwa die Umwelt- oder Agrarpolitik. Dabei hat sich die EU von einem Kooperationsmodell, das ausschließlich auf dem Konsens der Mitgliedstaaten aufbaute, zu einem Modell gewandelt, das auch **Mehrheitsentscheide** zulässt. Bis zum heutigen Tag werden allerdings Entscheidungen im Rahmen der **Gemeinsamen Außen- und Sicherheitspolitik (GASP)** nur einstimmig getroffen, was bei einem gemeinsamen Sitz im UN-Sicherheitsrat, den Westerwelle anstrebt (vgl. Z. 63 f.), zu bedenken wäre (vgl. Aufgabe 4).
Europa hat sich darüber hinaus, bedingt durch die wirtschaftliche und politische Kooperation der letzten Jahre, auch zu einer **Wertegemeinschaft** entwickelt. Westerwelle spricht davon, dass der Handel mit anderen Staaten zur „Globalisierung unserer Werte" (Z. 45) beitrage. Diese Werte (vgl. Z. 47 f.) können auch als Werte der europäischen Staatengemeinschaft bezeichnet werden. Allgemein formuliert sind es **Demokratie**, **Rechtsstaatlichkeit**, **Menschenrechte**, **freie Marktwirtschaft** mit sozialer Verantwortung und bürgerliche Freiheitsrechte, die den „europäischen Weg" charakterisieren.
Diese drei Dimensionen kennzeichnen meiner Meinung nach die Gegenwart des Europäischen Kooperations- und Integrationsmodells. Wohin sich dieses Modell entwickeln wird, ist noch nicht absehbar. Diese Offenheit könnte ebenfalls als Teil des europäischen Wegs bezeichnet werden. Sowohl Ansätze zu einer **Vertiefung der europäischen Integration** hin zu einem europäischen Bundesstaat lassen sich denken als auch eine **Erweiterung der EU**, etwa um die Schweiz, die Türkei, die ehemaligen jugoslawischen Staaten oder weitere osteuropäische Staaten. Das europäische Modell ließ zudem in der Vergangenheit durchaus mehrere Geschwindigkeiten zu, etwa bei der Einführung der gemeinsamen Währung (ohne Großbritannien, Schweden u. a.), einer europäischen Grundrechtecharta (ohne Großbritannien und Polen) oder dem Wegfall innereuropäischer Grenzkontrollen durch das Schengener Abkommen (ohne Großbritannien, aber z. B. mit dem Nicht EU Mitglied Schweiz).

3. *Der Operator „analysieren" erfordert, Merkmale eines Sachverhaltes kriterienorientiert bzw. aspektgeleitet zu erschließen und zusammenhängend darzustellen. Der Sachverhalt ist hier das „Spannungsverhältnis zwischen der Sicherung des internationalen Handels und der Wahrung der Menschenrechte", das Westerwelle in Zeile 52–57 beschreibt. Beachten Sie, dass Sie von Westerwelles Ausführungen „ausgehend" Ihre Analyse durchführen sollen, ein Bezug auf den Text wird also in jedem Fall erwartet.*
Für Ihre Gliederung kann es sinnvoll sein, zunächst beide Seiten (Sicherung des internationalen Handels und Wahrung der Menschenrechte) getrennt zu betrachten und zu sammeln, welche Interessen Deutschland hier jeweils hat. Beachten Sie dann aber, dass beide Teile verbunden werden müssen, sodass das Spannungsverhältnis der beiden Seiten erkennbar wird. Beenden Sie Ihre Analyse mit einem kurzen Fazit: Ist dieses Spannungsverhältnis unauflösbar? Welche Seite halten Sie für wichtiger? (AFB II)

Ein Spannungsverhältnis zwischen der Sicherung des internationalen Handels und der Wahrung der Menschenrechte wird von Außenminister Westerwelle in seiner Grundsatzrede eher verneint. Er bestreitet, dass man sich entscheiden müsse „zwischen dem Einsatz für die Menschenrechte und guten Beziehungen zu Regierungen“ (Z. 54 f.).
Westerwelle betont die Werte, an denen sich die deutsche Außenpolitik in den vergangenen Jahrzehnten orientiert hat und bis heute orientiert. Sie sind durch die **Werteordnung des Grundgesetzes** vorgegeben, zu der nicht nur Demokratie, Rechts- und Sozialstaatlichkeit (Art. 20 GG) gehören, sondern auch die Menschenwürde. Das Grundgesetz betrachtet die **Menschenwürde** als „unantastbar“ (Art. 1 Abs. 1 GG) und verpflichtet alle staatliche Gewalt und damit auch die Außenpolitik, sie zu achten und zu schützen. Auch die von der BRD anerkannten internationalen Verpflichtungen und Mitgliedschaften binden die deutsche Außenpolitik rechtskräftig. So verbietet der Atomwaffensperrvertrag eine nukleare Verbreitung und die UN untersagt einen Angriffskrieg.
Hinzu kommen die Wertedispositionen innerhalb der deutschen Gesellschaft, die Krieg als Mittel der Politik allgemein ablehnt und auch militärischen Mitteln zum Einsatz für wirtschaftliche Vorteile, etwa zum Schutz von Handelswegen (vgl. die Reaktion auf die Aussagen des damaligen Bundespräsidenten Horst Köhler), skeptisch gegenübersteht.
Schließlich versteht sich Deutschland trotz einer seit einigen Jahren stärker werdenden militärischen Komponente nach wie vor als **Zivilmacht**, die ihre Ziele mehr durch Kooperation denn durch Konfrontation zu erreichen sucht. Dieses Vorgehen hat Deutschland in den letzten Jahren durchaus Anerkennung eingebracht, wie Westerwelle eingangs feststellt (vgl. Z. 16 ff.).
All diese Faktoren sprechen für eine **wertegebundene deutsche Außenpolitik**, die mit autokratischen Staaten, die diese Werte nicht teilen und die Menschenrechte ihrer Bevölkerung missachten, nicht kooperieren darf. Eine rein wertegebundene Außenpolitik müsste konsequent gegen diktatorische Regime arbeiten, etwa durch Unterstützung demokratischer, oppositioneller Gruppen, durch ökonomische (z. B. Handelsembargo), ggf. sogar durch militärische Mittel (wie etwa beim Kosovo-Krieg 1999), und nicht einzig dadurch, dass die Menschenrechte deutlich gegenüber den Regierungen angesprochen werden (vgl. Z. 52 ff.). Westerwelle ist in der Beschreibung der Mittel sehr vorsichtig, er spricht sich nur gegen „falsch verstandene Rücksichtnahme“ (Z. 56) und „Leisetreterei“ (Z. 57) aus. Für diese Vorsicht Westerwelles in der Umschreibung der Mittel deutscher Außenpolitik gibt es einen guten Grund: Deutschland ist eine der weltweit größten Volkswirtschaften mit starker **Exportorientierung** und benötigt daher Absatzmärkte auf der ganzen Welt – nicht nur in den demokratischen Rechtsstaaten der EU, sondern auch in autokratischen Staaten wie z. B. China. Gleichzeitig ist Deutschland ein rohstoffarmes Land, das auf den Import diverser strategischer Rohstoffe (etwa Öl, Gas) angewiesen ist und dabei mit Staaten kooperieren muss, deren Wertvorstellungen nicht mit dem Grundgesetz in Einklang stehen (z. B. mit Russland oder mit einigen arabischen Staaten).

Daraus ergibt sich das in der Aufgabenstellung angesprochene Spannungsverhältnis zwischen den Interessen Deutschlands als Handelsmacht einerseits und den Interessen einer wertegebundenen deutschen Außenpolitik andererseits.
Deutschland hat immer schon auch mit autokratischen Staaten gehandelt, z. T. sogar mit Waffen (z. B. Export von Panzern nach Saudi-Arabien). Manche kritisieren in diesem Zusammenhang die Werte der deutschen Außenpolitik als Lippenbekenntnisse, die in Sonntagsreden betont würden, aber geopfert würden, sobald ökonomische Interessen den Werten entgegenstehen.
Auf der anderen Seite muss aber hervorgehoben werden, dass – nicht zuletzt aufgrund der kooperativen Erfahrungen Deutschlands im Rahmen der europäischen Integration – eine konsequente „Alles-oder-Nichts"-Politik nicht dem deutschen Politikstil der letzten Jahrzehnte entspräche. Westerwelle sagt: „Handel trägt zur Globalisierung unserer Werte bei. Wohlstand und Verflechtung schaffen Mittelschichten. Mittelschichten wollen, was unseren Werten entspricht" (Z. 45 f.). So kann durchaus argumentiert werden, dass über den „Umweg" einer **ökonomischen Kooperation** westliche Werte in diese Länder einfließen, dass sich durch den ökonomischen Einfluss, den Deutschland als Handelsmacht hat, auch – sanfter – politischer Druck ausüben lässt, dass durch deutsche **Entwicklungshilfeprojekte** mehr für die demokratische Entwicklung anderer Staaten getan werden kann als durch ein lautstarkes, aber erfolgloses Einfordern von Menschenrechten. In diesem Sinne hat Westerwelle vielleicht nicht ganz Recht, wenn er sagt: „mit Leisetreterei ändert man nichts" (Z. 56 f.).

4. *Bei dieser Aufgabe sollen Sie zu Westerwelles Forderung nach einem europäischen Sitz im Sicherheitsrat eine Argumentation entwickeln. Auch hier empfiehlt sich eine Gliederung, die Sie z. B. nach Pro- und Kontra-Argumenten strukturieren können. Die Lösung hier geht etwas anders vor: Das Streben nach einem Sitz im Sicherheitsrat für die EU wird anhand übergeordneter Kriterien (Legitimität, Umsetzbarkeit, Interesse) überprüft. Beachten Sie, dass von Ihnen am Ende eine begründete Bewertung erwartet wird. (AFB III)*

Die Diskussion um einen ständigen Sitz für die EU im UN-Sicherheitsrat kann auf mehreren Ebenen geführt werden:
Zunächst möchte ich die Ebene der **Legitimität** einer solchen Reform beleuchten. Kein ständiges Mitglied des UN-Sicherheitsrats kommt aus Afrika oder Lateinamerika, obwohl dort mehr Menschen leben als in der EU. Asien wird nur durch China repräsentiert, das mit seinem autoritären Regime sicher nicht für die demokratischen Staaten Asiens wie Japan, Südkorea oder Taiwan spricht. Staaten wie Indien mit über 1 Mrd. Menschen Bevölkerung sind ebenso wenig repräsentiert wie z. B. die Atommacht Pakistan oder muslimische Staaten. Der westlich dominierte Sicherheitsrat macht sich auf Dauer unglaubwürdig, wenn er einerseits demokratische Repräsentation fordert, andererseits aber an einer Zusammensetzung festhält, die die Machtverhältnisse nach dem Zweiten Weltkrieg widerspiegelt. Ein gemeinsamer Sitz für die EU (anstatt eines britischen und

französischen Sitzes) würde die aktuellen Machtverhältnisse deutlich besser widerspiegeln und stellt somit eine legitime Forderung dar – vor allem, wenn der eine Sitz im Sicherheitsrat, der durch einen gemeinsamen europäischen Sitz „eingespart“ wird, an eine bisher unberücksichtigte Region übertragen würde.
Unter dem Gesichtspunkt der Umsetzbarkeit erscheint eine solche Reform dagegen problematisch: Jede Veränderung der **UN-Charta**, insbesondere eine Umgestaltung der Machtverhältnisse im Sicherheitsrat, muss nicht nur die Zustimmung einer Zweidrittelmehrheit in der **Generalversammlung** und eine Ratifikation von zwei Dritteln der Mitgliedstaaten erreichen, vor allem müssen alle ständigen Mitglieder des UN-Sicherheitsrats einer Änderung der UN-Charta zustimmen (Art. 108 der UN-Charta). Diese hohe Hürde wurde bei den Reformvorschlägen in der Vergangenheit (z. B. Erweiterung des UN-Sicherheitsrats um einen Sitz für Deutschland) bisher nicht erreicht. Für einen europäischen Sitz im Sicherheitsrat stellt sich die Frage, was mit dem britischen und dem französischen Sitz passieren würde. Es ist unwahrscheinlich, dass diese beiden Staaten auf ihre Rechte als ständige Mitglieder im UN-Sicherheitsrat verzichten und einem europäischen Sitz, der mit einer Stimme spricht, weichen würden. Andererseits ist es aber auch undenkbar, einen europäischen Sitz neben einem britischen und einem französischen Sitz zu fordern. Dadurch würde nicht nur das europäische Übergewicht im Sicherheitsrat, welches eben nicht mehr „die Realität unserer Zeit abbildet“ (Z. 59 f.), weiter gestärkt, ein europäischer Sitz im Sicherheitsrat wäre auch kein wahrhaft europäischer, wenn er nicht zwei der wichtigsten europäischen Staaten, nämlich Frankreich und Großbritannien, einschließen würde. Eine Umsetzung dieser Forderung scheint höchst unwahrscheinlich.
Neben der Ebene der Legitimität und der Umsetzbarkeit einer solchen Reform bleibt die Frage, ob das Ausmaß der Integration der europäischen Außenpolitiken für einen ständigen Sitz im Sicherheitsrat ausreicht. Ein solcher Sitz würde der GASP der EU mehr Gewicht verleihen. Westerwelle betont: „Deutschland wird in der Welt von morgen nur dann Beachtung finden, wenn wir gemeinsam mit unseren europäischen Partnern in der Union agieren“ (Z. 31 ff.). Künftig könnte die gesamte EU ihr Gewicht in die Waagschale werfen. Auch die aus der Mitgliedschaft im Sicherheitsrat erwachsende Verantwortung (z. B. Stellen von Truppen zur Umsetzung einer **Resolution** im Konfliktfall) würde auf mehrere Schultern verteilt. Allerdings setzt ein gemeinsamer Sitz auch eine echte gemeinsame Außenpolitik voraus, zu der sich die 27 Mitgliedstaaten der EU bisher kaum durchringen konnten. Solange es nur bei Erklärungen bleibt, ist man bereit, der „**Hohen Vertreterin der EU für Außen- und Sicherheitspolitik**“, Catherine Ashton, den Vortritt zu überlassen, sobald es aber um vitale nationale Interessen geht, sind die wenigsten Länder damit einverstanden, sich einem europäischen Kurs unterzuordnen. Sichtbarstes Zeichen ist der sperrige Titel der „Hohen Vertreterin“ – der Titel „**EU-Außenminister**“ war nicht durchsetzbar. Dies legt den Schluss nahe, dass zunächst die notwendigen Voraussetzungen geschaffen werden müssten, bevor ein gemeinsamer Sitz gefordert wird.
Schließlich stellt sich eine ganz egoistische, machtpolitische Frage: Von einer Gleichgewichtung aller Sitze im Sicherheitsrat ausgehend – warum sollte die EU

ihr Gewicht von zwei Sitzen (Großbritannien und Frankreich) auf einen Sitz (gemeinsamer Sitz der EU) verringern? Würden die von Westerwelle angesprochenen Werte wie Bürgerrechte und Rechtsstaatlichkeit (vgl. Z. 47 f.) durch eine Verringerung des europäischen Gewichts in der Welt gestärkt? Noch zugespitzter: Wäre es für die Welt besser – im Sinne der von Westerwelle angestrebten Werte –, wenn der chinesische und der russische Einfluss stärker würden?
So komme ich zu dem Ergebnis, dass die Forderung nach einem ständigen europäischen Sitz im UN-Sicherheitsrat zwar legitim ist, diese jedoch weder mit Blick auf die Reformmöglichkeiten der UN noch mit Blick auf den Stand der GASP umsetzbar ist und im Sinne deutscher Interessen auch nicht wirklich wünschenswert. Meiner Meinung nach wäre ein ständiger deutscher Sitz (ggf. ohne Veto-Recht) im Zuge einer umfassenden Reform des Sicherheitsrats ein realistischeres und den deutschen Interessen eher entsprechendes Ziel.

Hessen – Politik und Wirtschaft – Leistungskurs 2012
Vorschlag A

Thema: *Soziale Marktwirtschaft und Globalisierung*

Aufgaben

1. Geben Sie die zentralen Überlegungen der beiden Texte wieder. (Material 1 und 2) (20 BE)

2. „Die Politik trägt eine Verantwortung für die Gesellschaft, und dieser muss sie nachkommen" (Material 2). Erläutern Sie ausgehend von den Materialien, wie die Verantwortung des Staates für die Gesellschaft aussehen kann und welche sozialpolitischen und wirtschaftspolitischen Instrumente dem Staat zur Verfügung stehen, um dieser Verantwortung nachzukommen. (25 BE)

3. Untersuchen Sie unter Berücksichtigung Ihrer bisherigen Arbeitsergebnisse, inwieweit die Globalisierung Auswirkungen auf die Rolle des Staates als Sozialstaat hat. (25 BE)

4. „Ein Land mit einer erfolgreichen, funktionierenden Marktwirtschaft bietet den besten Schutz vor Armut". (Material 1)
   Setzen Sie sich mit dieser Behauptung auseinander. (30 BE)

M 1: INSM[1]-Argumente rund um die Soziale Marktwirtschaft

[…] Wettbewerb ist die Triebfeder für den Erfolg der Sozialen Marktwirtschaft. Denn Wettbewerb sorgt für Beschäftigung und Wachstum. Und das funktioniert so. Anbieter von Waren und Dienstleistungen bemühen sich um die Gunst der Kunden und Konsumenten. Wer da erfolgreich sein will, muss seine Produkte ständig weiterentwickeln, ihre Qualität optimieren und möglicherweise auch die Preise senken. Das nützt den Verbrauchern, die optimale Qualität zum günstigsten Preis wählen können. Die Unternehmen setzt der Wettbewerb ständig unter Innovationsdruck. Auf diese Weise treibt die Marktwirtschaft die Entwicklung voran. Deshalb liefert die Marktwirtschaft unterm Strich bessere Ergebnisse als eine staatlich gelenkte Planwirtschaft ohne Konkurrenz.

Ein Beispiel dafür ist der Telekommunikationsmarkt. Er wurde Ende der 90er Jahre liberalisiert. Private Marktteilnehmer konnten mit dem früheren Monopolisten Post konkurrieren. So sanken die Preise für Festnetztelefonate auf etwa einen Cent pro Minute. 1997 waren es noch über 30 Cent. Dazu kamen viele neue Leistungen der Telekommunikation, die Verbrauchern heute angeboten werden – zum Beispiel mobiles Internet und TV, UMTS, DSL. […]

Wenn Unternehmen in einem immer härteren weltweiten Wettbewerb bestehen wollen, müssen sie sich ständig den Wünschen der Kunden nach neuen Produkten und Dienstleistungen anpassen. Wer hier erfolgreich bleiben will, muss intensive Forschung treiben und ständig die Grenzen des Machbaren neu ausloten. Dieses Spiel von Angebot und Nachfrage bringt immer neue Dienstleistungen und Produkte, die sich wenige Jahre zuvor niemand hätte vorstellen können. Der Verbraucher profitiert davon. […]

Ein Land mit einer erfolgreichen, funktionierenden Marktwirtschaft bietet den besten Schutz vor Armut. Die marktwirtschaftlichen Reformen der letzten Jahre – vor allem am Arbeitsmarkt – haben dafür gesorgt, dass zigtausende Menschen neue Beschäftigungschancen gefunden haben. Vom Beschäftigungsaufbau haben vor allem Menschen profitiert, die den Einstieg am schwersten finden. Es waren Langzeitarbeitslose, Geringqualifizierte und Ältere. Die Erwerbsquote der Generation 55 plus lag im Jahr 2005 bei nur 45,5 Prozent. Im Jahr 2007 war sie um 6,5 Prozentpunkte auf 52 Prozent gestiegen.

Nur eine funktionierende Marktwirtschaft kann zudem dafür sorgen, dass der Staat jene, die sich nicht selbst helfen können, unterstützen kann. Kontinuierlich ist in Deutschland seit der Nachkriegszeit der Anteil der Wirtschaftsleistung gestiegen, der für soziale Zwecke umverteilt wird. Er lag zunächst bei 15 Prozent, heute sind es rund 30 Prozent.

Die Soziale Marktwirtschaft lässt die Schwächeren keineswegs allein. Das belegt auch die Statistik. In Deutschland hat ausnahmslos jeder gesetzlichen Anspruch auf das Existenzminimum. Und rund jeder Vierte zwischen 18 und 65 lebt ganz oder teilweise mit staatlicher Unterstützung. Bezahlt wird dies vor allem von Besserverdienern. So trägt das obere Viertel der Einkommensbezieher mit 76 Prozent der Lohn- und Einkommensteuer einen größeren Anteil an der Steuerlast als je zuvor. Solche Zahlen belegen, dass die „Gerechtigkeitslücke", von der manche sprechen, vielfach eine gefühlte ist.

http://www.insm.de/insm/Themen/Soziale-Marktwirtschaft/INSM-Argumente-rund-um-die-Soziale-Marktwirtschaft.html; Erscheinungsjahr 2010; abgerufen am 26. 02. 2011

Anmerkung:

1 INSM = Die Initiative Neue Soziale Marktwirtschaft (INSM) ist eine branchen- und parteiübergreifende Plattform und ausdrücklich offen für alle, die sich dem Gedanken der Sozialen Marktwirtschaft verbunden fühlen. Finanziert wird ihre Arbeit durch die Arbeitgeberverbände der Metall- und Elektro-Industrie. Die INSM verfügt über einen Jahresetat von rund 8,32 Mio. Euro jährlich, nach Abzug von Steuern. Wissenschaftlich begleitet wird die INSM vom Institut der deutschen Wirtschaft Köln (IW).

M 2: Thomas Strobl: Wohlstand für alle ist mehr als eine Phrase

[…] Jenseits der politischen Propaganda führt die Soziale Marktwirtschaft ein recht bescheidenes Dasein. „Wohlstand für alle" – hinter diesem Leitbild versammelte sich einmal ganz Deutschland, nicht nur in Parteipamphleten[1] und politischen Sonntagsreden, sondern in der konkreten Lebenswirklichkeit. Das war zu einer Zeit, „die immer weitere und breitere Schichten unseres Volkes zu Wohlstand zu führen" vermochte, wie sich das der politische Vater der Sozialen Marktwirtschaft, Ludwig Erhard, zum Ziel gesetzt hatte. Erhards Kalkül war dabei recht einfach: Die Politik müsse nur dafür sorgen, dass der Kuchen wachse, dann würde für alle ein entsprechend größeres Stück davon abfallen.

Nun wächst der Kuchen heutzutage nicht mehr so kräftig wie zu Erhards Zeiten, aber zumindest in den letzten zehn Jahren wuchs er nach wie vor. Gleichwohl vermochten Erhards politische Erben sein Versprechen nicht mehr einzulösen: Der reale Zuwachs des Bruttoinlandsprodukts entfiel fast zur Gänze auf Unternehmensgewinne und Kapitalerträge, während sich die Arbeitnehmer mit Reallohnstagnation bescheiden mussten.

Ist es Zufall, dass diese Entwicklung mit dem Siegeszug des allgemeinen Liberalisierungs-Mantras[2] zusammenfällt? Das politische Spitzenpersonal scheint das zu glauben: Nur in absoluten Ausnahmefällen wären staatliche Eingriffe in die Wirtschaftsordnung gerechtfertigt, meinte die Bundeskanzlerin kürzlich, nämlich dann, wenn die Märkte, die ansonsten immer alles am besten regeln, diesem hehren Anspruch aus welchen Gründen auch immer nicht mehr gerecht würden.

Also ist offenbar alles wie gehabt. Aber was bedeutet das für die Wirtschafts- und Sozialpolitik von morgen, wenn wir die Krise endlich überstanden haben? Will man uns dann ein „Weiter so wie vorher" als zukunftsfähige Maxime zumuten? Ein Wirtschaftssystem, das nur dadurch vom alten Paradigma zu unterscheiden wäre, dass es jetzt wieder als „Soziale Marktwirtschaft" firmierte?

[…] Seit ihren frühesten Anfängen wird die Marktwirtschaft regelmäßig von Krisen heimgesucht. Neu und bedrohlich ist allerdings, dass diese Krisen seit Mitte der achtziger Jahre in noch nie dagewesener Häufung und Schwere auftreten und dabei jedes Mal eine gigantische Vermögensvernichtung nach sich ziehen. Würden wir auf diesem Kurs weitermachen, dann wäre unsere Zukunft einem System anvertraut, das sich neuerdings im Rhythmus von lediglich fünf bis zehn Jahren an den Rand der Selbstzerstörung bringt und nur mittels Einsatz unbeschreiblich hoher finanzieller Ressourcen am Leben halten lässt. Deren Aufbringung aber übersteigt die Leistungsfähigkeit unserer eigenen Generation wie auch die unserer Kinder und Kindeskinder.

Gleichzeitig erleben wir in Deutschland eine historisch beispiellose Konzentration von Einkommen und Vermögen. Nach jüngsten Erhebungen vereinigen die reichsten zehn Prozent der deutschen Bevölkerung mehr als sechzig Prozent des privaten Vermögens auf sich, die reichsten zwanzig sogar achtzig Prozent. Dieser Vermögenskonzentration steht rund die Hälfte der deutschen Bevölkerung gegenüber, die gar kein Vermögen besitzt. […]

Mit solchen Zuständen kann man sich nicht mehr zufriedengeben. Wir sollten der Politik und den Verbänden nicht länger gestatten, uns mit der wohlklingenden, aber inhaltsleeren Chiffre „Soziale Marktwirtschaft“ für dumm zu verkaufen. Die Politik trägt eine Verantwortung für die Gesellschaft, und dieser muss sie nachkommen. Die Faktenlage beweist eindeutig, dass der bisherige Kurs zu nichts anderem geführt hat als zu Verteilungsungerechtigkeit und finanzieller Instabilität. [...]

Thomas Strobl, FAZNET vom 05. 05. 2009, http://www.faz.net/s/Rub9A19C8AB8EC84EEF8640E9F05A69B915/Doc~EEA8814460A834563B4B14F9AF00C43D1~ATpl~Ecommon~Sspezial.html, abgerufen am 14. 09. 2010

Anmerkungen:
1 Pamphlet, hier: abwertende Bezeichnung für Parteiveröffentlichung
2 Mantra – Worte oder Silben, die durch vielfache Wiederholung eine besondere magische oder spirituelle Kraft in sich tragen

---

Lösungsvorschläge

Unterrichtsinhalte:

- Q 1: Verfassungsnorm und Verfassungsrealität: Grundprinzipien der Verfassungsordnung der Bundesrepublik Deutschland; Art. 1 und Art. 20 GG
- Q 2: Soziale Marktwirtschaft: Soziale Marktwirtschaft als ordnungspolitisches Leitbild; Funktionen und Folgen des Wettbewerbs
- Q 3: Weltwirtschaft und Globalisierung: Weltmarkt und Welthandel zwischen Liberalisierung der Märkte und globaler Ordnungspolitik, Standortfaktoren und Veränderungen der internationalen Arbeitsteilung

1. *Geben Sie zunächst die Quelle des jeweiligen Texts an und rekapitulieren Sie anschließend strukturiert die wichtigsten Aussagen. Die Wiedergabe erfolgt in der Regel in indirekter Rede, also im Konjunktiv. Auch kurze direkte Textzitate sind möglich. Sie müssen entsprechend gekennzeichnet und mit Zeilenangaben ausgewiesen werden. (AFB I)*

   Bei dem Text M 1 „INSM-Argumente rund um die Soziale Marktwirtschaft“ handelt es sich um eine programmatische Darlegung der **Vorzüge der Sozialen Marktwirtschaft**, veröffentlicht im Jahr 2010 auf der Webseite der wirtschafts- und arbeitgebernahen Organisation „**Initiative Soziale Marktwirtschaft**“.
   Die entscheidende Triebfeder der Marktwirtschaft sei demnach der **Wettbewerb**, der Wachstum und Beschäftigung verbürge. Er zwinge die Unternehmen, sich durch Weiterentwicklung der Produkte, Verbesserung der Qualität und Senkung der Preise um die Gunst der Kunden zu bemühen. Auf den Produzenten laste ein **Innovationsdruck**, der den Verbrauchern die Chance biete, **optimale Produktqualität zu günstigen Preisen** zu erhalten. Deshalb sei die **Marktwirtschaft** einer staatlich gelenkten Wirtschaft **überlegen** (vgl. M 1, Z. 1 ff.).
   Als Beispiel wird der **Telekommunikationsmarkt** in Deutschland angeführt, der in den 90er-Jahren das bis dahin bestehende Monopol der Bundespost ablöste. Die **Preise** für Festnetztelefonie seien seitdem auf einen Bruchteil des damali-

gen Niveaus **gefallen** und viele **neuartige Telekommunikationsleistungen** seien hinzugekommen (vgl. Z. 11 ff.).
Marktwirtschaftliche Reformen zur **Liberalisierung des Arbeitsmarkts** hätten in den letzten Jahren auch viele **neue Beschäftigungschancen** eröffnet, vor allem für bisher benachteiligte Gruppen wie z. B. Langzeitarbeitslose und Geringqualifizierte (vgl. Z. 25 ff.).
Nur eine prosperierende Marktwirtschaft könne den Staat mit den nötigen Ressourcen zur Finanzierung **großzügiger Sozialleistungen** ausstatten, um z. B. seinen Bürgern einen gesetzlichen **Anspruch auf ein Existenzminimum** zu gewährleisten und somit das marktwirtschaftliche System sozial abzufedern. Der Anteil des BIP, der für soziale Zwecke umverteilt werde, sei kontinuierlich auf heute rund 30 % gestiegen (vgl. Z. 33 ff.). Dabei trügen die Besserverdienenden einen besonders großen Anteil der Steuerlast; von einer „Gerechtigkeitslücke" (Z. 43) könne daher keine Rede sein.

Der Text M 2 „Wohlstand für alle ist mehr als eine Phrase" wurde am 5. 5. 2009, also auf dem Höhepunkt der damaligen weltweiten Finanzkrise, von **Thomas Strobl** auf der Webseite der FAZ veröffentlicht. Sein **kapitalismuskritischer Grundtenor** steht eigentlich im Widerspruch zu der eher konservativ-bürgerlichen Ausrichtung dieser Zeitung.
Strobl hält den Begriff Soziale Marktwirtschaft als Bezeichnung für das deutsche Wirtschaftssystem für **nicht mehr zeitgemäß**. Zur Zeit **Ludwig Erhards** habe dieser Begriff der Lebenswirklichkeit entsprochen, heutzutage gehöre er eher in „politische Sonntagsreden" (M 2, Z. 3 f.) und „Parteipamphlete" (Z. 3).
Zu Erhards Zeit sei das Wachstum des BIP noch den Arbeitnehmern zugutegekommen, heute aber stagnierten die **Reallöhne**, die Wachstumsgewinne flössen nur den Unternehmen zu und vermehrten die Kapitalerträge (vgl. Z. 12 ff.).
Nach Strobl ist dies die Folge einer falschen **neoliberalen Politik** und des Vertrauens der führenden Politiker in die Segnungen unkontrollierter Märkte. Er ist überzeugt, dass die **Krisen des marktwirtschaftlichen Systems** immer häufiger aufträten und immer schwerer ausfielen, wodurch sogar die Gefahr der **Selbstzerstörung dieses Wirtschaftssystems** heraufbeschworen werde. Dessen Zusammenbruch habe nur durch den „Einsatz unbeschreiblich hoher finanzieller Ressourcen" (Z. 33 f.) von der Staatengemeinschaft abgewendet werden können.
Außerdem sei es in Deutschland zu einer „**historisch beispiellose[n] Konzentration von Einkommen und Vermögen**" (Z. 36 f.) gekommen. Die wohlhabendsten 10 % der Bevölkerung besäßen mehr als 60 % des privaten Vermögens, die Hälfte der Bevölkerung verfüge demgegenüber über keinerlei Vermögenswerte (vgl. Z. 37 ff.).
Strobl appelliert an seine Leser, diese Zustände nicht länger zu tolerieren. Den Politikern dürfe nicht weiterhin erlaubt werden, das Publikum mit der Phrase der Sozialen Marktwirtschaft „für dumm zu verkaufen" (Z. 44), denn der bisherige wirtschaftspolitische Kurs habe zu „**Verteilungsungerechtigkeit** und **finanzieller Instabilität**" (Z. 47) geführt. „Die Politik trägt", so der Autor, „eine Verantwortung für die Gesellschaft, und dieser muss sie nachkommen" (Z. 44 f.).

2. *Dieser Aufgabenteil verlangt ausgehend von einem Textzitat aus M 2 die Verdeutlichung der gesellschaftlichen Verantwortung des Staats anhand von Beispielen aus dem Bereich der Sozial- und der Wirtschaftspolitik. Beziehen Sie sich dabei auf die in den Texten genannten wirtschafts- und sozialpolitischen Instrumente und bringen Sie darüber hinaus auch eigenes Wissen ein. (AFB II)*

„Die Politik trägt eine Verantwortung für die Gesellschaft, und dieser muss sie nachkommen" (M 2, Z. 44 f.). Der in M 2 formulierte Satz spielt auf das **Sozialstaatsprinzip** an, das die Verfassungsgeber der Bundesrepublik Deutschland 1949 ausdrücklich in das Grundgesetz aufgenommen haben, um die politische Grundordnung des neues Staats vom ungezügelten liberalistischen Typus des 19. Jahrhunderts abzugrenzen. Die Väter und Mütter des Grundgesetzes strebten demgegenüber eine „Soziale Marktwirtschaft" an, welche die **Effektivität und Produktivität der Marktwirtschaft** nutzen, deren Gefahren und Auswüchse jedoch durch Gesetzgebung und politische Eingriffe vermeiden sollte.
So wurde die Bundesrepublik Deutschland nach Art. 20 bzw. Art. 28 GG ein „sozialer Bundesstaat" und ein „sozialer Rechtsstaat". Dieses sogenannte **Sozialstaatsgebot** gehört zu den Verfassungsbestandteilen, die mit einer **Ewigkeitsgarantie** (Art. 79 Abs. 3 GG) ausgestattet sind und entsprechend nicht angetastet werden dürfen. Die inhaltliche **Ausgestaltung** und die politische Umsetzung dieses Sozialstaatsgebots sind jedoch unter Politikern, Wissenschaftlern und Verfassungsjuristen **umstritten**.
Grundsätzlich bewegt sich der Staat bei der Wahrnehmung seiner sozialpolitischen Verantwortung für die Gesellschaft im Bereich der **Sozialpolitik** auf zwei großen Politikfeldern: Er kann sich um **sozialen Ausgleich** bemühen, um das Einkommens- und Vermögensgefälle (vgl. M 2, Z. 36 ff.), welches durch marktwirtschaftliche Strukturen hervorgebracht wird, in erträglichen Grenzen zu halten. Der Staat kann aber auch auf dem Feld der **sozialen Sicherung** Prioritäten setzen und die Auswirkungen individueller oder gesellschaftlich induzierter **Lebensrisiken** wie Krankheit oder Arbeitslosigkeit minimieren und ein Existenzminimum garantieren.
Das Ziel des sozialen Ausgleichs kann z. B. mit den Mitteln der **Steuerpolitik** angestrebt werden. So dient das in Deutschland bei der Erhebung der direkten Steuern vorherrschende **Progressionsprinzip** dem sozialen Ausgleich. Es sorgt dafür, dass starke Schultern größere steuerliche Lasten tragen als schwache. Laut M 1 trägt deshalb das obere Viertel der Einkommensbezieher mit 76 % der Lohn- und Einkommensteuer den größten Teil der Steuerlast (vgl. M 1, Z. 41 ff.). Weil aber die von Strobl in M 2 angesprochene Vermögenskonzentration (vgl. M 2, Z. 37 ff.) dadurch nicht verhindert wurde, ist der **Spitzensteuersatz** für die Bezieher sehr hoher Einkommen wieder in die Diskussion geraten. Die Sozialpolitiker der Opposition fordern dessen Anhebung. Das gleiche Ziel wird mit der Forderung nach einer Wiedereinführung **der Vermögenssteuer** verfolgt, die in den 90er-Jahren abgeschafft worden ist.
Bei allen steuerpolitischen Maßnahmen ist jedoch zu beachten, dass Steuern in erster Linie kein Instrument der Sozialpolitik darstellen. Sie bilden vielmehr die

Grundlage der Staatseinnahmen. Die Staatseinnahmen, darüber besteht heute parteipolitisch Einigkeit, sollten zumindest die Staatsausgaben decken, damit der Staat sich nicht immer höher verschulden muss. Übermäßig hohe **Staatsverschuldung** würde nicht nur die **Stabilität der Währung** gefährden, sondern auch **Inflationsgefahren** heraufbeschwören und die **Zinsen** in die Höhe treiben. Diese Folgen aber wären sozialpolitisch höchst unerwünscht.
Das wichtigste Instrument der sozialen Sicherung bildet in Deutschland seit der Zeit Bismarcks das **System der gesetzlichen Sozialversicherungen**, in dem Renten-, Kranken-, Unfall-, Arbeitslosen- und seit den 90er-Jahren des 20. Jahrhunderts auch die Pflegeversicherung zusammengefasst sind. Dieses Sozialversicherungssystem soll verhindern, dass die von Alter, Krankheit, Unfall, Arbeitslosigkeit oder dem Eintritt des Pflegefalls betroffenen Menschen ihre Situation als Einzelne ohne die Hilfe einer **Solidargemeinschaft** bewältigen müssen. Deshalb beruht das deutsche Sozialversicherungssystem im Wesentlichen auf zwei Prinzipien: der **paritätischen Finanzierung** der Beiträge durch Arbeitgeber und Arbeitnehmer sowie dem **Umlageverfahren**. Nach diesem Verfahren werden die Leistungen, die an Alte, Kranke, Arbeitslose, Unfallopfer oder Pflegebedürftige von den Sozialkassen ausgezahlt werden, aus den Beiträgen der Jüngeren, der Gesunden und der produktiv Beschäftigten finanziert.
Dieses **Solidarprinzip**, das auch als **„Generationenvertrag"** bezeichnet wird, konnte allerdings in den letzten Jahrzehnten vor allem aufgrund der demografischen Entwicklung nur durch eine stetige Ausweitung staatlicher Zuwendungen an die Sozialkassen aufrechterhalten werden. Deshalb wurden Reformen notwendig, die zwar den Sozialstaat bewahren, das System aber an die demografische Entwicklung anpassen und zukunftssicher machen sollen.
Ein aktuell umstrittenes sozialpolitisches Thema aus dem Bereich der sozialen Sicherung ist der **Tarifpolitik** zuzuordnen. Grundsätzlich gilt in der Sozialen Marktwirtschaft das Prinzip der Tarifautonomie. Im Hinblick auf die wachsende Zahl von gering Verdienenden in prekären Arbeitsverhältnissen wird jedoch von den Sozialpolitikern der Opposition im Sinne der Gewährleistung einer Grundsicherung auch für prekär Beschäftigte die Einführung eines **flächendeckenden Mindestlohns** gefordert. Unter dem Einfluss der FDP und der Wirtschaftsverbände hat sich die Regierung Merkel jedoch dazu bisher nicht durchringen können, weil sie befürchtet, dass dadurch Arbeitsplätze verloren gingen.
Im Bereich der **Wirtschaftspolitik** hat die Regierung die Wahl zwischen **angebots- und nachfrageorientierten Maßnahmen**, um durch ein stetiges Wirtschaftswachstum allgemeinen Wohlstand sowie innergesellschaftliche Verteilungsspielräume zu erhalten und so soziale Verantwortung zu übernehmen. Auch eine Kombination aus beiden ist möglich und wurde mit Erfolg praktiziert.
Angesichts der in M 2 (vgl. Z. 28 ff.) beschriebenen Häufung schwerer Wirtschaftskrisen, die ihre Ursache in den spekulativen Bewegungen der Finanzmärkte haben, wird die Staatengemeinschaft im Sinne politischer Verantwortung Mittel und Wege zu einer **Regulierung** dieser Märkte finden müssen, wenn nicht Wohlstand und Beschäftigung unwägbaren Risiken ausgesetzt werden sollen.

Der Staat muss seine Verantwortung gegenüber der Gesellschaft auch im Bereich der Ordnungspolitik wahrnehmen. So soll er durch eine entsprechende **Wettbewerbspolitik** und strenge **Kartellgesetzgebung** dafür sorgen, dass der Wettbewerb funktioniert und nicht auf Kosten der Verbraucher unverdiente Monopolgewinne erwirtschaftet werden (vgl. M 1, Z. 11 ff.).
Schließlich muss der Staat gesellschaftliche Verantwortung wahrnehmen, indem er durch seine **Bildungspolitik** dazu beiträgt, dass die Beschäftigten bei ihrem Eintritt in den Arbeitsmarkt über ein hohes Qualifikationsniveau verfügen.
Eine gewisse Deregulierung des Arbeitsmarkts (vgl. M 1, Z. 25 ff.), durch die Einstellungshemmnisse beseitigt werden und die Flexibilität der Arbeitnehmer erhöht wird, kann die Beschäftigungschancen verbessern und die Arbeitslosigkeit abbauen. Demnach kann der Staat auch durch eine beschäftigungsfördernde **Arbeitsmarktpolitik** gesellschaftspolitische Verantwortung übernehmen.

3. *In dieser Aufgabe soll unter Berücksichtigung der bisherigen Ergebnisse geprüft werden, wie sich die Globalisierung auf die sozialstaatlichen Funktionen des Staats auswirkt. Beginnen Sie mit einer Definition des Begriffs Globalisierung und beschreiben Sie kurz deren allgemeine Effekte. Überprüfen Sie anschließend die Auswirkungen auf den nationalen Sozialstaat. Es liegt nahe, diese Überprüfung anhand der in Aufgabe 2 angeführten Beispiele vorzunehmen. (AFB II)*

Unter Globalisierung versteht man die vor allem seit Ende des Kalten Kriegs durch technische Entwicklungen und politische Entscheidungen weltweit zunehmende **Verflechtung** und **Vernetzung** in den Bereichen Wirtschaft, Politik, Kultur, Umwelt und Kommunikation. Nationalstaatlich geprägte Verhältnisse werden mehr und mehr durch **globale Strukturen** abgelöst.
Globalisierung und **internationale Arbeitsteilung** führen u. a. zu einer **Standortkonkurrenz** der Nationalstaaten um potente Investoren und global tätige Unternehmen. Zum Investitionsklima tragen vielerlei Faktoren bei, u. a. die Präsenz **qualifizierter** und **flexibel einsetzbarer Arbeitskräfte**, das Niveau von **Steuern und Abgaben** und schließlich die **Faktorkosten** für die Produktionsfaktoren Arbeit, Kapital und Ressourcen.

Die von der Globalisierung ausgehenden **Zwänge** haben sich in Form von Liberalisierungsbemühungen auf dem Arbeitsmarkt, Reformen im Bereich der sozialen Sicherung und Änderungen in der Steuerpolitik vielseitig auf den deutschen Sozialstaat ausgewirkt.
In ihrer zweiten Amtsperiode beschloss die **Regierung Schröder** mit der sogenannten **Agenda 2010** ein Bündel von Reformen, die die Wettbewerbsfähigkeit der Bundesrepublik verbessern und den damaligen „Reformstau" abbauen sollten. Die Flexibilität der Arbeitskräfte wurde durch die in M 1 (vgl. Z. 25 ff.) angesprochenen Reformen verbessert. Neue gesetzliche Regelungen ermöglichten die Ausweitung der **Leiharbeit** und die Entstehung eines **Niedriglohn-Sektors**.
Um einen weiteren **Anstieg der Lohnnebenkosten** abzuwenden und insbesondere **Langzeitarbeitslose** schneller wieder in den Arbeitsmarkt zu integrieren,

wurde im Zuge der Agenda 2010 das Arbeitslosengeld I (ALG I) gekürzt, die sogenannte Arbeitslosenhilfe abgeschafft und mit der Sozialhilfe zum **Arbeitslosengeld II** (ALG II, HartzIV) zusammengelegt. Hartz-IV-Empfänger müssen seitdem stetige Bemühungen um einen neuen Job nachweisen, wenn sie nicht die Kürzung von Leistungen riskieren wollen.
Der Begrenzung des Anstiegs der Lohnnebenkosten dienten auch die Reformen im Bereich der **Rentenversicherung**. So soll das Rentenalter schrittweise auf 67 Jahre heraufgesetzt werden. Das durchschnittliche Rentenniveau der gesetzlichen Rentenversicherungen wurde abgesenkt und durch die Einführung der staatlich geförderten **Riesterrente** wurden die Arbeitnehmer zur **privaten Altersvorsorge** veranlasst.
Auch die **Krankenversicherung** blieb nicht von einschneidenden Reformen verschont. Vom Prinzip der paritätischen Finanzierung wurde zugunsten der Arbeitgeber, deren Beitrag seitdem um einen Prozentpunkt unter dem der Arbeitnehmer liegt, abgerückt; die Leistungen der Krankenkassen wurden gekürzt und die **Zuzahlungspflichten** der Patienten wurden deutlich erhöht.
Auch in der **Steuerpolitik** versuchte die Regierung Schröder, die Position der Bundesrepublik im globalen Wettbewerb zu verbessern. Der **Spitzensteuersatz** der Einkommensteuer wurde um fünf, die **Körperschaftssteuer** der Unternehmen sogar um sechs Prozentpunkte gesenkt. Die entstandenen Mindereinnahmen wurden durch eine Anhebung einiger **indirekter Steuern** kompensiert. In M 2 (vgl. Z. 36 ff.) werden die negativen Folgen dieser Maßnahmen angeprangert.
Die skizzierten und in M 1 (vgl. Z. 25 ff.) positiv bewerteten sozialpolitischen Reformen der Regierung Schröder waren und sind bis heute höchst umstritten. Sie wurden von den Gewerkschaften als „**Sozialabbau**“ heftig kritisiert und haben zweifellos zum **Aufstieg der Linkspartei** beigetragen und letztlich zur vorzeitigen **Abwahl der rot-grünen Bundesregierung** geführt. Heute wird die Agenda 2010 von den meisten politischen Beobachtern und Ökonomen jedoch als die eigentliche Ursache für die im europäischen Vergleich gute Wirtschaftslage Deutschlands betrachtet. Den krisengeschüttelten südeuropäischen Staaten wird sie vielfach als **Blaupause** für eigene Reformbemühungen empfohlen.
Die Globalisierung hat also zweifellos Auswirkungen auf die Konstruktion und das Funktionieren des Sozialstaats. Wenn aber die Staaten für ein hohes Qualifikationsniveau der Beschäftigten sorgen, eine gute Infrastruktur aufweisen, politische Stabilität und Rechtssicherheit garantieren, Arbeitskosten, Sozialabgaben und Steuer- und Zinssätze im Rahmen halten, bleiben sie dennoch **wettbewerbsfähig** und können auf dieser Grundlage auch unter den Bedingungen der Globalisierung relativ hohe soziale Standards gewährleisten. Deutschland demonstriert gegenwärtig, wie man das macht.

4. *Hier sollen zu der in der Aufgabe zitierten These aus M 1 eine Argumentation entwickelt und letztlich eine begründete Bewertung dieser These vorgelegt werden. Ob Sie dabei historisch, wirtschaftstheoretisch oder tagespolitisch argumentieren, bleibt Ihnen überlassen. Wichtig ist in jedem Fall, dass Sie auch die Argumente beachten und verarbeiten, die nicht Ihre Position stützen. (AFB III)*

Das Zitat aus M 1 hätte so oder ähnlich bereits von **Adam Smith** im 18. Jahrhundert formuliert werden können. Smith war der erste, der die Überlegenheit freier Märkte und die produktiven Kräfte des Wettbewerbs erkannt und beschrieben hat. Smiths liberalistische Wirtschaftstheorie war in den folgenden Jahrhunderten die ordnungspolitische Grundlage für den von **Pionierunternehmern** in Gang gesetzten und durch viele bahnbrechende technische und wissenschaftliche Innovationen ermöglichten **Industrialisierungsprozess**. Durch diesen wurde in weniger als zwei Jahrhunderten der **Pauperismus der vorindustriellen Ära überwunden**. Durch ansteigende Löhne und in industrieller **Massenproduktion** preisgünstig hergestellte Produkte konnten breite Bevölkerungsschichten ein bis dahin undenkbares Wohlstandsniveau erreichen. Die zitierte Aussage ist also in diesem Sinne historisch korrekt. Sie ist aber auch ergänzungsbedürftig: Die Arbeitnehmer wurden keineswegs automatisch, sondern vielfach erst nach langen **Kämpfen der Arbeiterorganisationen** und **durch die Schutz- und Sozialgesetze intervenierender demokratischer Staaten** angemessen am wirtschaftlichen Erfolg des Marktsystems beteiligt. Es wäre also zu einfach zu behaupten, die kapitalistisch organisierten Gesellschaften hätten das Armutsproblem allein dadurch gelöst, dass sie auf die Kräfte des freien Marktes bauten.

Wirtschaftshistorisch kann man feststellen, dass sich die Volkswirtschaften des angelsächsischen Typus (Großbritannien, USA) lange Zeit erfolgreich an dem im Ausgangszitat beschriebenen Modell einer freien Marktwirtschaft orientiert haben. Gegen Lebensrisiken wie Alter und Krankheit müssen die Menschen nach diesem Modell **eigenverantwortlich Vorsorge** treffen. Sozialer Ausgleich hat keine Priorität, weil ein hohes Maß an **sozialer Ungleichheit toleriert** wird.
Dass dieses Modell an seine Grenzen stieß, zeigt z. B. die Einführung des steuerfinanzierten **National Health Service** in Großbritannien nach dem Zweiten Weltkrieg. Auch die amtierende US-Administration hat mit der Einführung einer **obligatorischen gesetzlichen Krankenversicherung** endlich eine sozialpolitische Lücke geschlossen, unter der viele Amerikaner gelitten hatten, die zur Eigenvorsorge gegen Krankheit finanziell eben nicht mehr in der Lage waren.
Die mittel- und westeuropäischen Staaten (z. B. Frankreich, Deutschland) bevorzugten demgegenüber eine Form der Marktwirtschaft, in der **staatliche Interventionen** und **Regulierungen** eine stärkere Rolle spielten und der Staat weitgehend die Aufgabe der sozialen Sicherung übernahm. Durch sozialen Ausgleich wird hier die Verwirklichung des Ideals „**Wohlstand für alle**“ angestrebt.
Aber auch dieses Gesellschaftsmodell ist aus demografischen Gründen und aufgrund der Sachzwänge, die von der Globalisierung ausgehen, an seine Grenzen gestoßen.

Weil das bestehende soziale Leistungsniveau nur noch durch stetig **wachsende Staatsverschuldung** zu halten gewesen wäre, werden überall in Europa soziale **Leistungen gekürzt** (vgl. Aufgabe 3). Der Eigenvorsorge der Menschen z. B. gegen altersbedingte Arbeitsunfähigkeit und gegen Krankheit wird wieder ein höherer Stellenwert beigemessen.

Nicht nur sozialpolitische Gründe zwingen jedoch dazu, die im Ausgangszitat aufgestellte These infrage zu stellen: In der Vergangenheit, z. B. 1929 und in den Folgejahren, haben immer wieder durch **Marktversagen** ausgelöste **Wirtschaftskrisen** zu schweren politischen und sozialen Verwerfungen geführt, durch Massenarbeitslosigkeit viele Menschen ins Elend gestürzt und damit dem politischen Radikalismus Vorschub geleistet.

Es ist eine offene Frage, ob die Staaten von heute daraus die richtigen Lehren gezogen haben. Immerhin haben die Regierungen versucht, die sozialen Auswirkungen der weltweiten **Wirtschafts- und Finanzkrise des Jahres 2008** durch massive staatliche Interventionen zu begrenzen. Mit Milliardenbeträgen wurden **Konjunkturprogramme** zur Stützung der Nachfrage finanziert. Um die Banken und das Finanzsystem vor einem Zusammenbruch zu bewahren, verbürgten sich die Staaten für hunderte von Milliarden Euro. Banken und sogar große Automobilunternehmen wurden verstaatlicht, um deren Pleite zu verhindern.

Bei drohenden Finanzkrisen sind offensichtlich zur Rettung und Wiederherstellung „funktionierender Marktwirtschaften" starke Staaten und deren Bereitschaft zu massiven Eingriffen in das Marktgeschehen erforderlich. Die Regierungen wären sehr schlecht beraten gewesen, hätten sie sich in den Jahren nach 2008 auf die Selbstheilungskräfte der Märkte verlassen.

Hessen – Politik und Wirtschaft – Leistungskurs 2012
Vorschlag B

Thema: *Zukunft der Demokratie in Deutschland*

Aufgaben

1. Geben Sie die Aussagen von Franz Walter und Michael Lühmann wieder. (Material) (20 BE)
2. Im Text wird gesagt, dass insbesondere das deutsche parlamentarische Regierungssystem durch eine „Vielzahl institutioneller Vetospieler", die „Permanenz von Wahlkämpfen" und den „Koalitionszwang bei Regierungsbildungen" geprägt sei.
   Arbeiten Sie die darin erkennbaren Strukturen des politischen Systems und die darin enthaltenen Stärken und Schwächen heraus. (30 BE)
3. Die Autoren sprechen davon, dass „Globalisierung, Europäisierung und Internationalisierung [...] die Verantwortlichkeiten für politische Beschlüsse" anonymisieren. Erläutern Sie diese Aussage. (20 BE)
4. „Auf Dauer kann ein demokratischer Staat indes nur ein begrenztes Maß von Demokratieunverständnis ertragen." Setzen Sie sich mit diesem Zitat aus dem Text auseinander. (30 BE)

M: Franz Walter, Michael Lühmann: Die Empörungsgesellschaft

Populismus hier, Parteienverachtung dort: Das Land wird zur Empörungsgesellschaft. Eine aggressive Anti-Politik gedeiht, mit fatalen Folgen.

Wir lesen Schlagzeilen vom Dauerstreit in der Koalition, von unlauteren Dienstreisen und populistischen Hartz-IV-Debatten. Wir empören uns über Parteispenden, Lobbyismus und unkluge Formulierungen. Oft geht dabei der politische Inhalt – der eigentliche Zweck von Politik – verschüttet. Wer ist daran schuld? Die Politiker? Die Medien? Wir, die Konsumenten?

Alle ein bisschen. Das Geschäft des Politikers besteht nun einmal darin, Unterstützung zu organisieren, Mehrheiten zu schaffen und Konsens zu stiften. Politik in parlamentarischen Regierungssystemen erfordert wesentlich – und dies gilt besonders für Deutschland mit seiner Vielzahl institutioneller Vetospieler, der Permanenz von Wahlkämpfen und dem Koalitionszwang bei Regierungsbildungen – die Kunst des Zuhörens, die Beschaffung sowie Verarbeitung von Informationen, die Bündelung von Interessen und die Herstellung von Kompromissen, kurz: Kommunikation, Moderation, Vermittlung.

Doch an eben dieser Vermittlung mangelt es. Politische Entscheidungsträger und Bevölkerung, Staat und Gesellschaft haben sich in den letzten Jahren voneinander entfernt. Die „politische Klasse“ scheint sich mittlerweile von ihrem gesellschaftlichen Wurzelgrund mehr und mehr abgelöst zu haben. In weiten Teilen der Gesellschaft wiederum wachsen – sagen wir es deutlich – Ahnungslosigkeit und Unkenntnis über die Realität des komplexen politischen Prozesses.

Auf Dauer kann ein demokratischer Staat indes nur ein begrenztes Maß von Demokratieunverständnis ertragen. Denn je mehr es grassiert, desto geringer ist die aktive und passive Beteiligung bei Wahlen, desto weniger Bürger beteiligen sich durch eigenes Engagement und Meinungsäußerungen. Es liegt daher im Selbsterhaltungsinteresse von Demokratien, die Parteien- und Politikverachtung zu bekämpfen. Ansonsten droht, so der niederländische Politologe Ruud Koole, ein Schwund an „konstitutionellen Werten“ zugunsten der „antipolitischen Momente“ einer Erregungs- und Empörungsgesellschaft. [...]

Die Ursachen der Entkoppelung von Politik und Gesellschaft sind leicht auszumachen und vielfach diagnostiziert. Die zunehmende Komplexität und Interdependenz politischer Probleme macht deren sachkundige Beurteilung immer schwerer. Gleichzeitig anonymisieren mit den Schlagworten Globalisierung, Europäisierung und Internationalisierung gekennzeichnete transnationale Verflechtungen die Verantwortlichkeiten für politische Beschlüsse, wodurch sich bei zahlreichen Bürgern das Gefühl verstärkt, die Politik sei eine ihnen fremde, abgeschottete Welt. Diese Entkoppelung wird ebenfalls befördert durch gesellschaftliche Großtrends wie Säkularisierung und Entheimatung der Individuen[1], in deren Folge homogene Lebenslagen sich zu diffusen Lebensstilen und lebenslange Bindungen in beliebig kündbare Beziehungen auflösen. Diese Auflösungserscheinungen treffen nicht zuletzt die Parteien, die [...] ihre Funktion als wichtigste Bindeglieder zwischen Staat und Gesellschaft weit weniger auszufüllen vermögen.

Offenkundig sind ebenfalls die Folgen – für die Demokratie im Allgemeinen wie die Parteien im Speziellen. Letztere sehen sich vor das Problem gestellt, sich immer weniger auf die Loyalität ihrer Wähler verlassen zu können. Dadurch stehen sie vor einem Dilemma. Einerseits sind sie aufgrund tiefgreifender Umbrüche und elementarer Unsicherheit mit einem verbreiteten Bedürfnis nach geschlossenen Konzeptionen, klaren Bekenntnissen und langfristigen Zielvorgaben konfrontiert. Andererseits haben sie durch Milieuerosion und ihre abnehmende Bindungskraft viel an Orientierungsfähigkeit verloren, sind also strukturell viel weniger als früher dazu in der Lage, konzise Strategien einzuschlagen, was beinahe zwangsläufig enttäuschte Erwartungen produziert. Die Frustration steigt, je verständnisloser und uninformierter die Bürger der Politik gegenüberstehen. [...]

Daher ist das Ziel im Grunde klar vorgegeben: Wenn Ahnungslosigkeit und Politikverdrossenheit miteinander korrelieren und die Wertschätzung demokratischer Verfahren mit der genaueren Kenntnis der politischen Strukturen steigt, dann muss die politische Unkenntnis bekämpft und das Niveau politischer Bildung gesteigert werden.

Aus DIE ZEIT vom 17. 03. 2010, http://www.zeit.de/politik/deutschland/2010-03/empoerung-gesellschaft-demokratie-populismus, abgerufen am 07. 09. 2010

Anmerkung:
1 Gemeint ist hier, dass sich die Bindungen z. B. zwischen sozialen Schichten und Parteipräferenzen zunehmend auflösen und dass die enge Verknüpfung zwischen sozialer Lage und Lebensorientierung durch Individualisierung der Lebensstile entkoppelt wird.

Zu den Autoren: Franz Walter ist Leiter, Michael Lühmann wissenschaftlicher Mitarbeiter des Göttinger Instituts für Demokratieforschung

---

Lösungsvorschläge

Unterrichtsinhalte:

- Q 1: Verfassungsnorm und Verfassungsrealität: Gewaltenteilung und Gewaltenverschränkung; Partizipation und Repräsentation an ausgewählten Beispielen: Parteien (innerparteiliche Demokratie, Fraktionszwang und freies Mandat), Wahlen; Bundesrepublik Deutschland und europäische Integration
- Q 3: Weltwirtschaft und Globalisierung: Weltmarkt und Welthandel zwischen Liberalisierung der Märkte und globaler Ordnungspolitik

1. *Die Aufgabe verlangt von Ihnen, einen Zeitungsartikel strukturiert und mit eigenen Worten wiederzugeben, der aktuelle Probleme der Demokratie in Deutschland beschreibt und ihre Ursachen analysiert. Fachsprachliche Begriffe sollten Sie dabei übernehmen, längere Zitate jedoch vermeiden. (AFB I)*

   Franz Walter und Michael Lühmann analysieren in ihrem in der Wochenzeitung DIE ZEIT vom 17. 3. 2010 erschienenen Artikel „Die Empörungsgesellschaft" den gegenwärtig problematischen Zustand der deutschen Demokratie und gelangen zu einer konkreten Lösungsstrategie.
   Die Autoren diagnostizieren, dass eine vordergründige Empörung der Öffentlichkeit über Lobbyismus, Politikerstreit und andere aktuelle Ereignisse die eigentlichen politischen Inhalte verdränge (vgl. Z. 1 ff.). Dies liege unter anderem an den Medien und ihren Konsumenten, vor allem aber an dem Problem der politischen Klasse, unter den Bedingungen einer hohen Zahl „institutioneller Vetospieler" (Z. 9), ständiger Wahlkämpfe und Koalitionszwänge zu einer Beschaffung von Mehrheiten durch Interessenbündelung und Kompromisse zu gelangen (vgl. Z. 6 ff.). Weiter vergrößere auch die mangelnde Vermittlung der getroffenen Entscheidungen seitens der Politiker den Abstand zwischen Staat und Gesellschaft. Mangelnde Kenntnisse über politische Prozesse rufe „Demokratieunverständnis" (Z. 21) bis hin zu einer „Parteien- und Politikverachtung" (Z. 24) hervor. Diese gefährliche „Entkoppelung" (Z. 28) der Bürger von der Politik bewirkten mehrere Faktoren. Zu diesen rechnen die Autoren zunächst die „zunehmende Komplexität und Interdependenz politischer Probleme" (Z. 29 f.) und ihre Internationalisierung, was zu einer Anonymisierung der politischen Verantwortlichkeiten führe. Zudem würden traditionell homogene Lebenslagen durch gesellschaftliche Trends wie den der „Entheimatung der Individuen" (Z. 36) aufge-

löst. Daraus ergebe sich für die Parteien die Konsequenz, dass sie aufgrund reduzierter Wählerbindungen ihre Rolle als „Bindeglieder zwischen Staat und Gesellschaft“ (Z. 39 f.) weitgehend verlören. Die Parteien könnten die Erwartungen an klare Zielsetzungen und Programme, die die Bürger gerade in Zeiten „tiefgreifender Umbrüche und elementarer Unsicherheit“ (Z. 44 f.) erwarten, infolge der Individualisierungsprozesse und der damit einhergehenden „Milieuerosion“ (Z. 47) immer weniger befriedigen. Dadurch wachse wiederum die Frustration der Bürger. Die Beständigkeit eines demokratischen Staats aber sei durch ein hohes Maß an Demokratieunverständnis auf Dauer stark gefährdet, da dieses zu einem Rückgang der Beteiligung am politischen Prozess führe (vgl. Z. 20 ff.). Um den demokratiegefährdenden Zustand zu ändern, fordern die Autoren eine intensivierte politische Bildung, da Politikverdrossenheit ein Ausdruck fehlender Kenntnis der politischen Strukturen und Prozesse sei (vgl. Z. 18 f., Z. 52 ff.).

2. *In dieser Aufgabe sollen Sie die in den drei genannten Merkmalen des politischen Prozesses erkennbaren Strukturprinzipien des parlamentarischen Systems der Bundesrepublik Deutschland herausarbeiten und erklären. Dazu ist es notwendig, die relevanten GG-Normen zu benennen und Aspekte der Verfassungswirklichkeit darzustellen. Schließlich wird erwartet, dass Sie Stärken und Schwächen der erläuterten politischen Strukturen benennen. (AFB II)*

Die Autoren betrachten die „Vielzahl institutioneller Vetospieler“ (Z. 9), die „Permanenz von Wahlkämpfen“ (Z. 9 f.) und den beständigen „Koalitionszwang bei Regierungsbildungen“ (Z. 10) als Merkmale der parlamentarischen Demokratie. Die genannten Aspekte spiegeln wesentliche Strukturen des politischen Prozesses in der Bundesrepublik Deutschland wider.
Art. 20 GG definiert **fünf elementare Staatsstrukturprinzipen:** das Demokratie- und Rechtsstaatsprinzip, den Föderalismus, die Republik als Staatsform und das Sozialstaatsprinzip. Die drei erstgenannten Prinzipien betreffen den Willensbildungs- und Entscheidungsprozess. Sie sind Ursache für die von Walter und Lühmann genannten Bedingungsfaktoren der Politik in der Bundesrepublik.
Gemäß Art. 20 Abs. 2 GG übt das Volk die Staatsgewalt „in Wahlen und Abstimmungen und durch besondere Organe der Gesetzgebung, der vollziehenden Gewalt und der Rechtsprechung“ aus. Der Parlamentarismus als grundlegendes Merkmal der Demokratie wird weiter durch Art. 63 GG bestimmt. Der Bundestag wählt den Bundeskanzler. Legislative und Exekutive sind dadurch eng miteinander verflochten. Das **Bundesverfassungsgericht** (BVerfG) als judikative Gewalt verfügt über Kontrollmöglichkeiten, die in Art. 93 und Art. 100 GG festgehalten sind. Neben dieser horizontalen Gewaltenteilung steht die föderale Struktur als vertikale Aufteilung der Staatsgewalt zwischen Bund und Ländern. Damit sind die zentralen **institutionellen Vetospieler** im parlamentarischen System der Bundesrepublik Deutschland benannt. Sie sind diejenigen Akteure, die Gesetze direkt verhindern oder nachträglich infrage stellen können.

Das BVerfG, in Grenzen auch der Bundespräsident, tritt im politischen Prozess als „Hüter der Verfassung" in Erscheinung. Die Hauptaufgabe des BVerfGs liegt darin, Gesetze auf ihre Verfassungsmäßigkeit zu überprüfen. Diese Prüfung erfolgt entweder anlässlich einer Verfassungsbeschwerde, die jeder bei einer Grundrechtsverletzung einreichen kann, oder bei Antrag auf Normenkontrolle, den die Bundes-, eine Landesregierung oder ein Viertel der Mitglieder des Bundestags stellen können, wenn sie ein Gesetz für verfassungswidrig halten. Die genannten Verfahren zur Anrufung des BVerfGs stellen auch Handlungsoptionen der Opposition dar, eine Niederlage im Parlament zu korrigieren. So kippte das BVerfG 2002 das Zuwanderungsgesetz der rot-grünen Regierung. 2010 erklärte es die Vorschriften zur Vorratsdatenspeicherung infolge einer Verfassungsbeschwerde für verfassungswidrig.

Als weiterer potenzieller Vetospieler überprüft der **Bundespräsident** alle Bundesgesetze dahin gehend, ob sie verfahrensrechtlich korrekt zustande gekommen und inhaltlich verfassungskonform sind. Liegt ein Verstoß vor, kann er die Ausfertigung eines Gesetzes verweigern. Das Prüfungsrecht ist verfassungsrechtlich eng begrenzt (Art. 82 GG), entsprechend beschränkt ist die Vetomacht.

Der **Bundesrat** als Vertretung der Bundesländer muss insbesondere solchen Bundesgesetzen mehrheitlich zustimmen, die die Finanzen der Länder oder die ihnen vom Grundgesetz zugesicherten Kompetenzbereiche betreffen. Die **Zustimmungsgesetze** sichern dem Bundesrat eine Vetomacht zu. Dadurch wird die Teilhabe der Länder an Gesetzgebungsprozessen, die sie maßgeblich betreffen, garantiert. Es wird kritisiert, dass sich der Anteil zustimmungsbedürftiger Gesetze zunehmend auf Bereiche ausdehnt, die kaum mehr den Kernbereich der Länderinteressen betreffen. Immer mehr Entscheidungen des Bundestags können blockiert werden. Insbesondere wenn sich im Bundestag und Bundesrat Mehrheiten unterschiedlicher politischer Richtungen gegenüberstehen, kann es dazu kommen, dass die Mehrheit des Bundesrats in Sachfragen nicht Länder-, sondern Parteiinteressen vertritt. Die Opposition kann so ihre parlamentarische Minderheitenrolle teilweise kompensieren. 2011 scheiterte z. B. eine Vorlage der Regierungsmehrheit zu Hartz IV im Bundestag zunächst an der Bundesratsmehrheit. Im Extremfall kann es sogar zu einer Blockadepolitik des Bundesrats kommen, die den Bundestag faktisch handlungsunfähig werden lässt.

Aus der bundesstaatlichen Ordnung mit 16 Bundesländern und der zusätzlichen Politikebene der Gemeinden ergibt sich eine „**Permanenz von Wahlkämpfen**" (Z. 9 f.). Die häufig stattfindenden Wahlen eröffnen den Bürgern zwar zahlreiche Teilhabechancen, die Konsequenzen für den politischen Prozess werden jedoch häufig beklagt. Die regierenden Parteien widmeten sich – anstatt sich mit komplexen Problemen auseinanderzusetzen und Entscheidungen voranzutreiben – vorrangig der Rechtfertigung ihrer vergangenen Politik, und die oppositionellen Parteien seien nicht zur Kooperation bereit. Wahlkämpfe dienten zudem weniger der Präsentation programmatischer Alternativen als vielmehr öffentlichkeitswirksamer Politikinszenierung. In **Landtagswahlen** spielen oft bundesstaatliche Aspekte eine bedeutende Rolle, sie werden als Testwahlen für die politische Stimmungslage im Bund betrachtet. Auch die Wähler vernachlässigen zuweilen

den eigentlichen Zweck von Landtagswahlen und strafen, statt landespolitische Gesichtspunkte abzuwägen, die Bundesregierung ab. Vorab kann es zu politischem Stillstand kommen, wenn die Mehrheitsparteien bei unpopulären Reformmaßnahmen erst eine Wahl abwarten. An die Stelle langfristiger Konzepte treten kurzfristige, stimmbringende Wahlversprechen. Es zeugt allerdings von vordemokratischer Effizienzorientierung, wenn Wahlkämpfe nicht als Korrekturmöglichkeit für die Bürger, sondern als Störfaktor betrachtet werden.
Der faktische „**Koalitionszwang bei Regierungsbildungen**" (Z. 10) ergibt sich aus dem Wahlsystem, das eine eindeutige parlamentarische Mehrheit einer Partei erschwert. Bei der personalisierten Verhältniswahl wird der Mandatsanteil der Parteien überwiegend nach einer Methode der Verhältniswahl, die für eine gerechte Stimmenrepräsentation sorgt, ermittelt. Dieses System erleichtert die Entstehung neuer Parteien. Durch „Die Linke", die sich 2005 als zusätzliche Kraft etablierte, und die aktuell sehr erfolgreiche Piratenpartei wurde die Zahl parteipolitischer Vetospieler weiter erhöht. Der politische Prozess wird inzwischen von fünf Bundestagsfraktionen geprägt. Koalitionsregierungen in unterschiedlicher Zusammensetzung sind unumgänglich. Am Ende einer langwierigen Suche nach dem kleinsten gemeinsamen Nenner innerhalb der Regierungskoalition stehen oft wenig richtungsweisende Kompromisse. Den Bürgern fällt es dabei oft schwer, die Verantwortung für politische Entscheidungen klar zuzuordnen.
Abhängig von der Perspektive fällt die Bewertung der hier dargestellten **Merkmale politischer Willensbildungs- und Entscheidungsprozesse** in parlamentarischen Systemen sehr unterschiedlich aus: Aus Sicht der Gewaltenteilung erscheinen institutionelle Vetospieler, der Zwang zur Koalition und die häufige Möglichkeit einer Abwahl der Repräsentanten als Garanten der Demokratie und des Konsenses, der allerdings eine komplexe und zeitintensive Beratung aller Beteiligten erfordert. Aus dem Blickwinkel der politischen Steuerungsfähigkeit und Effizienz können der Einigungszwang unter Vetospielern und die häufigen Wahlkampfphasen jedoch politischen Stillstand und Reformunfähigkeit bewirken, was zu der im Text beschriebenen Politikverdrossenheit führen kann.

3. *Diese Aufgabe erfordert, die im Text dargelegte Tendenz zur Anonymisierung politischer Entscheidungsprozesse infolge zunehmender Internationalisierung zu erläutern. Es bietet sich an, die Europäisierung der nationalen Politik zum Ausgangspunkt zu machen und an einem aktuellen Beispiel zu verdeutlichen. Über den europäischen Raum hinaus ist auf die Globalisierung politischer Entscheidungen einzugehen, wie Sie sie im Unterricht der Q 3 anhand von Themen internationaler Politik bearbeitet haben. Sie können dabei auf Beispiele aus der Ökonomie oder der Sicherheitspolitik eingehen. (AFB II)*

Die Autoren stellen fest, dass die zunehmende internationale Verflechtung zu einer „Entkoppelung von Staat und Gesellschaft" durch Anonymisierung (vgl. Z. 28 ff.) führt. Diese These möchte ich anhand der europäischen Integration und der aktuellen globalen Wirtschaftskrise veranschaulichen.

Die **EU** ist ein Verbund von 27 selbstständigen Staaten, die einen Teil ihrer Hoheitsrechte „vergemeinschaftet" haben. In manchen Politikbereichen, wie z. B. der Außen- und Sicherheitspolitik, sind die Regierungen nach wie vor souverän, arbeiten aber eng zusammen (intergouvernementale Zusammenarbeit). Vor allem in wichtigen wirtschaftsbezogenen Politikfeldern wie der Binnenmarkt- und Wettbewerbspolitik wird jedoch supranational auf EU-Ebene entschieden. Dabei wirken drei Organe der EU zusammen: das Europäische Parlament, der Rat der EU (Ministerrat) und die Europäische Kommission. Ihre Entscheidungen beeinflussen die deutsche Gesetzgebung erheblich. Inzwischen setzen ca. 40 % der vom Bundestag verabschiedeten Gesetze europäische Vorgaben um. Im Ergebnis rücken die politischen Entscheidungen in den genannten Bereichen immer weiter von den Bürgern und ihren gewählten Repräsentanten ab, oft unter Missachtung des Subsidiaritätsprinzips. Es ist nicht mehr klar erkennbar, wer die Verantwortung für die in Brüssel und Straßburg ausgehandelten Kompromisse trägt.
Die europäische Willensbildung ist eng mit den Institutionen auf nationaler Ebene verflochten, denn vor allem der Ministerrat und der Europäische Rat der Regierungschefs sind aus Vertretern der Mitgliedstaaten zusammengesetzt, deren Handeln stark durch die Einbindung in ihrem jeweiligen nationalen Rahmen bestimmt ist. Dieses „**Mehrebenensystem**" erscheint vielen Bürgern schwer durchschaubar und es kann der Eindruck einer Anonymisierung politischer Entscheidungen entstehen (vgl. Z. 31 ff.). Kritisiert wird vielfach auch die Macht der Brüsseler „Eurokraten" und ein Demokratiedefizit, da der Einfluss des Europäischen Parlaments stark begrenzt ist. Dass dieses Problem im Ansatz erkannt wurde, zeigt der 2009 in Kraft getretene Vertrag von Lissabon, der die Rechte des direkt gewählten Europäischen Parlaments stärkte und eine „Europäische Bürgerinitiative" ermöglichte. Um der Anonymisierung entgegenzuwirken, sah das BVErfG bei seiner Zustimmung zum Lissabon-Vertrag die Notwendigkeit, den Bundestag und Bundesrat durch Informations- und Vetorechte am europäischen Entscheidungsprozess zu beteiligen.
Die Eurokrise veranschaulicht die dargestellte Problematik. Der im März 2012 von den Regierungen der meisten EU-Mitgliedstaaten beschlossene **Fiskalpakt** verleiht Organen wie der EU-Kommission, dem Europäischen Gerichtshof und der Europäischen Zentralbank, die keiner direkten demokratischen Kontrolle unterliegen, erhebliche Macht. Da das Abkommen stark in die Haushaltsautonomie des Bundestags eingreift, soll es nach dem Willen der Bundesregierung von einer Zwei-Drittel-Mehrheit in Bundestag und Bundesrat genehmigt werden. Die unmittelbare politische Verantwortlichkeit für dieses EU-weite Abkommen mit all seinen Konsequenzen für die deutsche Haushaltspolitik ist aus Sicht der Bürger aber dennoch nicht mehr klar erkennbar.
Nicht nur die europäische Integration trägt zu einer Anonymisierung der Entscheidungsprozesse bei. In Zeiten der **Globalisierung**, in der politische Grenzen zunehmend an Bedeutung verlieren, ist der Staat nach wie vor der Adressat der Erwartungen seiner Bürger, er hat aber einen Teil seiner früheren Handlungsmacht eingebüßt. Politische Grenzen waren noch vor wenigen Jahren auch wirtschaftliche Grenzen. Heute haben die **Finanzmärkte** eine Dynamik entwickelt,

die der staatlichen Wirtschafts- und Sozialpolitik die Agenda vorschreibt. Entscheidungen müssen oft unter Zeitdruck gefällt werden, sodass eine demokratische Beteiligung entfällt oder auf eine nachträgliche Output-Legitimation beschränkt wird. Anonyme globale Marktmächte ersetzen zunehmend die Kontrolle durch demokratische Institutionen.
Die **Ausweitung des internationalen Kapitalverkehrs** ist auch auf das Auftreten neuer, Politik bestimmender Akteure zurückzuführen. Neben Banken, Versicherungen und „klassischen" Investmentfonds geraten seit einigen Jahren Hedgefonds und staatliche Investmentfonds auf den internationalen Kapitalmärkten ins Blickfeld. Eine Kontrolle dieser mächtigen Akteure und der spekulativen internationalen Kapitalströme durch eine institutionelle Rahmenordnung gibt es kaum. Inzwischen müssen Nationalstaaten und die EU die Stabilität der Geldmärkte sichern. Akzeptanz- und Legitimationsdefizite des politischen Systems sind das Ergebnis. 1999 hat sich die „Gruppe der zwanzig wichtigsten Industrie- und Schwellenländer" (G20) gebildet, ein informeller Zusammenschluss aus 19 Industrie- und Schwellenländern sowie der EU. Die G20 soll als ein Forum für Kooperation und Konsultation in Fragen des internationalen Finanzsystems dienen. Auch hier zeigt sich die Beeinflussung nationaler Entscheidungsprozesse durch Vorentscheidungen in internationalen, weitgehend anonymen Gremien.
Die dargestellten Entwicklungen der Europäisierung und der Globalisierung veranschaulichen die These, dass die Verantwortung für politische Beschlüsse aufgrund ihrer Verlagerung in den internationalen Raum weitgehend anonymisiert wird und für viele Bürger nur noch schwer greifbar ist.

4. *In dieser Aufgabe sollen Sie sich mit der Aussage des Texts auseinandersetzen, eine Demokratie könne nur „ein begrenztes Maß von Demokratieunverständnis ertragen" (Z. 20 f.). Ihre Argumente, die die These hinterfragen oder bestätigen, sollen zu einem abschließenden, begründeten Urteil führen. (AFB III)*

In ihrer These, ein demokratischer Staat halte auf Dauer nur ein begrenztes Maß von Demokratieunverständnis aus, setzen die Autoren Demokratieunverständnis mit einer wachsenden „Ahnungslosigkeit und Unkenntnis" (Z. 18 f.) der Bürger über die politische Komplexität gleich, die eine Abwendung von der Politik begünstigten. Die Politikverdrossenheit äußere sich in der Verachtung der Parteien, einer geringen Wahlbeteiligung und anti-politischer Empörung. Weitere Gründe für die Abkehr von der Politik seien Mängel im politischen Prozess und in der Kunstfertigkeit der Politiker, unterschiedliche Interessen zu vermitteln.
Eine Demokratie, d. h. eine durch die Zustimmung der Mehrheit der Bürger und deren Beteiligung legitimierte Regierungsform, benötigt ohne Zweifel **engagierte Bürger**, die das politische Geschehen verfolgen und sich um das Verständnis komplexer und neuartiger Probleme bemühen. In diesem Demokratieverständnis ist Politik vorrangig die Angelegenheit teilhabebereiter Bürger, vor denen sich die professionellen politischen Akteure in Wahlen rechtfertigen müssen. Ohne

ein gewisses Maß an Demokratieverständnis und eine damit verbundene Mitwirkung seiner Bürger kann ein demokratischer Staat dem hohen Anspruch einer Repräsentation des Volkswillens nicht gerecht werden.
Nicht zu Unrecht attestieren Wissenschaftler der Demokratie in Deutschland im Vergleich mit anderen westlichen Staaten gute Noten. Die **politische Bildung** ist in den Schulen stärker verankert als in anderen Ländern. Das **duale Mediensystem** aus konkurrierenden öffentlich-rechtlichen und privaten Anbietern garantiert ein breites Informationsangebot. Dessen Wirkung wird nur durch die zu beobachtende Neigung eingeschränkt, schwierige Probleme durch Skandalisierung (vgl. Z. 1 ff.), Personalisierung und die Konzentration auf die Rivalität von Spitzenpolitikern zu vereinfachen. Hinzu kommen die **neuen Medien**, die mithilfe sozialer Netzwerke schnelle und nicht-hierarchische Kommunikation ermöglichen. Zudem bietet die deutsche Demokratie ein breites Spektrum realer **Beteiligungsmöglichkeiten zwischen Wahlterminen**, die einer Output-Orientierung von Politik entgegenstehen. Mitbestimmungsmöglichkeiten in Schulen, Verbänden und Unternehmen, zahlreiche Bürgerinitiativen sowie direktdemokratische Strukturen auf Länder- und Gemeindeebene, um Bürger zu beteiligen, ergänzen die Repräsentativdemokratie im Bund. Demokratische Strukturen sind in der Bundesrepublik Deutschland fest etabliert.
Im Bereich der repräsentativen Demokratie haben Europäisierung und Globalisierung allerdings, wie in Aufgabe 3 dargestellt, zu einer **Verlagerung der Entscheidungszentren** geführt. Parteien und Politiker erwecken dennoch den Eindruck, nach wie vor alle wesentlichen Entscheidungen zu kontrollieren. Oder aber sie greifen zum **Argument der Alternativlosigkeit**, wenn diese Entscheidungen nicht mehr beeinflussbar sein sollen. Oft tritt die **Herrschaft von Experten** an die Stelle der Bürgerentscheidung. In Griechenland und Italien übernahmen aufgrund der Schuldenkrise Wirtschaftsexperten und Finanzfachleute die Regierungsverantwortung, Sachentscheidungen sollen den Parteienstreit ersetzen. Auch in Brüssel tritt mit der Europäischen Kommission eine expertokratisch orientierte Institution häufig an die Stelle demokratischer Beteiligung. Zeigt sich darin nicht vielmehr ein „Demokratieunverständnis" von Politikern?
Ihre Adressaten, die Bürger, haben möglicherweise gar kein begrenztes Demokratieverständnis, sondern nur eine andere, ebenso legitime Auffassung von Demokratie, die mit dem aktuellen System nicht im Einklang steht. Die **Schlussfolgerung** der Autoren, zur Rettung der Demokratie auf eine verbesserte politische Bildung zu setzen, um die Akzeptanz und Wertschätzung der vorherrschenden demokratischen Verfahren zu erhöhen, **greift meines Erachtens** daher **zu kurz**.
Ich plädiere für die **Weiterentwicklung demokratischer Strukturen** von unten, um eine **aktive Wahrnehmung der Bürgerrolle zu erreichen**. Es genügt nicht, Wissen über das Funktionieren der Institutionen oder über politische Sachverhalte zu erwerben. Menschen werden eher bereit sein, Bürgerinitiativen und Parteien engagiert zu nutzen, um die für sie wichtigen Probleme anzugehen (z. B. Energiewende oder Bau eines Bahnhofs), wenn sich die entsprechenden Möglichkeiten dazu bieten. Gleichzeitig ist die **Transparenz** von Planungsprozessen und politischen Entscheidungen zu stärken. Heikle Diskussionen dürfen nicht

hinter verschlossenen Türen stattfinden. Weitere Ansatzpunkte, die repräsentative Demokratie zu ergänzen, sind eine **Wahlrechtsreform**, die z. B. durch Vorwah-len den Einfluss der Bürger vergrößert, sowie **Volksentscheide auf Bundesebene**.

Neben dieser Erweiterung von Partizipationsmöglichkeiten sollten **Wahlen** auch viel deutlicher als bisher **programmatische Alternativen** aufzeigen. Ein aktuelles Beispiel bildet das Thema der sozialen **Gerechtigkeit:** Die Einkommensschere klafft weit auseinander, prekäre Beschäftigungsverhältnisse nehmen zu, und die Beispiele derer häufen sich, die durch geschickte Spekulationen zu einem gewaltigen Vermögen gekommen sind. Politikverdrossenheit steigert sich dadurch zu Empörung gegenüber den politischen und wirtschaftlichen Eliten. Wenn die großen Parteien deutlich zeigen könnten, was in diesem Zusammenhang anders gemacht werden kann, wenn also gegen wütende Empörung konkrete Alternativen ins Spiel gebracht würden, wäre viel für den Rückhalt der Demokratie getan.

Thema: *Völkerrecht und Friedenssicherung*

Aufgaben

1. Fassen Sie die Argumentation Reinhard Merkels zur Militärintervention in Libyen zusammen. (Material) (20 BE)
2. „Nach Kriterien, die sich inzwischen auch im Völkerrecht durchsetzen, war Gaddafis Despotenregime nach innen, der eigenen Bevölkerung gegenüber, niemals legitim". (Material)
   Erläutern Sie die Grundlagen und die Praxis legitimer Herrschaft am Beispiel der Bundesrepublik Deutschland. (20 BE)
3. Erörtern Sie Reinhard Merkels These, die Militärintervention in Libyen sei illegitim, vor dem Hintergrund des Spannungsverhältnisses zwischen dem Völkerrecht und der Praxis des „demokratischen Interventionismus". (30 BE)
4. Die Bundesregierung hat der Resolution 1 973 des UN-Sicherheitsrates vom 17. 03. 2011 nicht zugestimmt. Diskutieren Sie, ob die Entscheidung der Bundesregierung auch im Rückblick von heute richtig war. (30 BE)

M: Reinhard Merkel: Die Militärintervention gegen Gaddafi ist illegitim

[…] Die Resolution 1 973 des UN-Sicherheitsrats vom 17. März[1], die den Weg zur militärischen Intervention in Libyen freigab, und Maß und Ziel dieser Intervention selbst überschreiten die Grenzen des Rechts. Nicht einfach nur die Grenzen positiver Normen – das geschieht im Völkerrecht oft und gehört zum Motor seiner Entwicklung. Sondern die seiner Fundamente: der Prinzipien, auf denen jedes Recht zwischen den Staaten beruht. Die Entscheidung der Bundesregierung, der Resolution nicht zuzustimmen, war richtig. Die empörte Kritik daran ist so kurzsichtig und fahrlässig wie die Entscheidung des Sicherheitsrats und die Art der Intervention selbst: kurzsichtig im Ausblenden wesentlicher Voraussetzungen der Situation in Libyen, fahrlässig im Hinblick auf die Folgen dieses Kriegs für die Normenordnung der Welt.

Strenger als es der Sicherheitsrat getan hat, müssen zwei denkbare Ziele der Intervention unterschieden werden: die Verhinderung schwerer völkerrechtlicher Verbrechen und die gewaltsame Parteinahme zur Entscheidung eines Bürgerkriegs. Beides unterliegt höchst unterschiedlichen Möglichkeiten der Rechtfertigung. An eine dritte Unterscheidung sei vorsichtshalber erinnert: Ob man Gewalttaten unterbinden oder Diktatoren zum Teufel jagen soll, ist die eine Frage – selbstverständlich soll man das, so gut es geht. Eine ganz andere ist es aber, ob man zu diesem Zweck einen Krieg führen darf, dessen Folgen politisch wie normativ schwer abzusehen sind.

Das Ziel, einen Tyrannen zu stürzen und bewaffneten Aufständischen dabei zu helfen, ist kein legitimer Titel zur gewaltsamen Intervention dritter Staaten. […]

Schon Kant hat in seiner Schrift „Zum ewigen Frieden“ von 1796 festgehalten, die Intervention äußerer Mächte in einen unentschiedenen Bürgerkrieg sei „eine Verletzung der Rechte eines nur mit seiner inneren Krankheit ringenden, von keinem andern abhängigen Volks“, ein „Skandal“, der „die Autonomie aller Staaten unsicher“ mache. Dieser Satz bezeichnet das normative Grundproblem aller Interventionen in fremden Bürgerkriegen richtig. Solange die innere Auseinandersetzung andauert, verdrängt die konfliktentscheidende Parteinahme von außen für eine der kämpfenden Seiten die andere gewaltsam aus ihrer legitimen Rolle als Mitkonstituent der künftigen innerstaatlichen Verfasstheit. Ja, auch der interne Sieg einer der Parteien kann dies bewirken, so wie es durch das Regime eines Despoten vom Schlage Gaddafis schon zuvor dem größten Teil des Volkes aufgezwungen worden sein mag.

Aber Kant hat recht mit dem Hinweis, das bezeichne ein Ringen des Volkes mit seiner „inneren Krankheit“, verletze jedoch dessen Autonomie gegenüber anderen Völkern nicht. Das tut erst die gewaltsame Entscheidung des Konflikts durch externe Dritte. Und genau deshalb bedroht sie die Grundnorm des Rechtsverhältnisses aller Staaten: deren Gleichheit und Autonomie.

Ganz gewiss: Gaddafi ist ein Schurke, dessen Entfernung von der Macht ein Segen wäre, nicht nur für Libyen. Aber die Annahme, die ihn bekämpfenden Rebellen seien eine Demokratiebewegung mit homogenen freiheitlichen Zielen, ist lebensblind. Niemand durchschaut das dunkle Gemisch politisch-ideologischer Orientierungen unter den Rebellen derzeit auch nur annähernd. Was man dagegen sehr genau kennt, und nicht erst seit 2003, sind die Schwierigkeiten eines demokratischen State-Building ohne historisches Fundament und nach einem extern erzwungenen Regimewechsel. Sollte man nicht meinen, die führenden Politiker der westlichen Welt hätten inzwischen gelernt, was schon Kant gesehen hat? Die wichtigste Ressource eines solchen State-Building, die prinzipielle Loyalität der großen Mehrheit eines Volkes, dürfte durch den gewaltsamen Eingriff von außen weit nachhaltiger zerstört als durch die Entmachtung eines Despoten gewährleistet werden.

Was das für Libyens politische Zukunft heißt, mögen die Experten für die arabische Welt ermessen. Was es aber normativ heißt, liegt auf der Hand: Ein Ziel, das nicht oder doch nicht in akzeptabler Weise erreichbar ist, taugt als legitimierender Grund von vornherein nicht. Der demokratische Interventionismus, propagiert 2003, als sich die irakischen Massenvernichtungswaffen als Lüge erwiesen, und jetzt in der euphemistischen Maske einer Pflicht zur kriegerischen Hilfe im Freiheitskampf wieder erstanden, ist politisch, ethisch und völkerrechtlich eine Missgeburt. […]

Nun also: Darf man zum Schutz der Zivilbevölkerung eines anderen Staats gegen diesen Staat Krieg führen? Ja, in Extremfällen darf man das – wenn sich nur so ein Völkermord oder systematische Verbrechen gegen die Menschlichkeit verhindern lassen, wie sie Artikel 7[2] des Statuts des Internationalen Strafgerichtshofs beschreibt. Das hat die Entwicklung des Völkerrechts in den vergangenen zwei Jahrzehnten klargestellt. Gestritten wird zwar, ob eine solche Intervention auch ohne Mandat des Sicherheitsrats legitim sein kann. Aber für die gegenwärtige ist das belanglos.

Dass Gaddafi keinen Völkermord begonnen oder beabsichtigt hat, ist evident. Ein Völkermord setzt hinter allen dabei begangenen Taten das Ziel voraus, „eine nationale, rassische, religiöse oder ethnische Gruppe als solche“ zu zerstören. Nichts spricht dafür, dass die offensichtliche Intention Gaddafis, einen Aufstand – mit welcher Brutalität immer – niederzuschlagen, von diesem für ihn sinnlosen Motiv begleitet wäre. […]

Nach Kriterien, die sich inzwischen auch im Völkerrecht durchsetzen, war Gaddafis Despotenregime nach innen, der eigenen Bevölkerung gegenüber, niemals legitim. Davon zu unterscheiden ist seine Legitimität nach außen gegenüber allen anderen Staaten der internationalen Gemeinschaft. […]

So widerwärtig Gaddafis Regime gewesen und zunehmend geworden ist: dass der Widerstand dagegen das Recht zu einer Form gehabt hätte, die zahllosen Unbeteiligten, Frauen und Kinder eingeschlossen, den Tod aufzwingen musste, darf man mit Gründen bezweifeln. So schmerzlich das jeden anmuten muss, der das Recht auf demokratische Teilhabe als fundamentales Menschenrecht verteidigt: die libysche Opposition dürfte ihr legitimes, moralisch hochrangiges Ziel mit illegitimen Mitteln verfolgt haben. Der ägyptische und der tunesische Weg waren nicht nur klüger, sondern auch moralisch besser und wohl nicht zuletzt deshalb erfolgreicher.

Das ist ein trostloser Befund. Die Intervention der Alliierten, so berechtigt ihr Schutzanliegen ist, steht auf brüchigem normativem Boden. Die politische Ziellosigkeit des Unternehmens ist dabei das geringere Übel. Es geht um weit mehr als die pragmatisch beste Lösung eines einzelnen Konflikts: um die Garantie des Gewaltverbots und seiner vernünftigen Grenzen als Grundprinzip der Weltordnung. […]

FAZ.NET vom 22. 03. 2011
http://www.faz.net/s/Rub117C535CDF414415BB243B181B8B60AE/Doc~ED1054B1A2C78441F8F32CC4486887553~ATpl~Ecommon~Sspezial.html, abgerufen am 5. 9. 2011

Anmerkungen:

1 Die UN-Resolution 1 973 vom 17. 03. 2011 ermächtigte die Mitgliedsstaaten der UN, eine Flugverbotszone über Libyen einzurichten und „alle notwendigen Maßnahmen“ zum Schutz der Bevölkerung zu ergreifen. Jegliche Besatzung libyschen Territoriums durch ausländische Mächte wurde ausgeschlossen und das allgemeine Waffenembargo ausdrücklich bestätigt.

2 Das Römische Statut des Internationalen Strafgerichtshofs definiert in Artikel 7 folgende Handlungen als Verbrechen gegen die Menschlichkeit, wenn sie im Rahmen eines ausgedehnten oder systematischen Angriffs gegen die Zivilbevölkerung und in Kenntnis des Angriffs begangen werden: Vorsätzliche Tötung; Ausrottung; Versklavung; Vertreibung der Bevölkerung; Freiheitsentzug; Vergewaltigung oder jede andere Form schwerer sexueller Gewalt; Verfolgung einer identifizierbaren Gruppe aus politischen, rassischen, nationalen, ethnischen, kulturellen oder religiösen Gründen oder Gründen des Geschlechts; zwangsweises Verschwindenlassen von Personen; das Verbrechen der Apartheid sowie andere unmenschliche Handlungen ähnlicher Art, mit denen vorsätzlich große Leiden oder eine schwere Beeinträchtigung der körperlichen Unversehrtheit oder der geistigen oder körperlichen Gesundheit verursacht werden.
http://www.un.org/Depts/german/internatrecht/roemstat1.html#T27

Zum Autor: Reinhard Merkel lehrt Strafrecht und Rechtsphilosophie an der Universität Hamburg

Lösungsvorschläge

Unterrichtsinhalte:

- Q 1: Verfassungsnorm und Verfassungsrealität: Grundrechte und Grundrechtsabwägung (GG, BVerfG), Gewaltenteilung und Gewaltenverschränkung; Partizipation und Repräsentation an ausgewählten Beispielen: Parteien (innerparteiliche Demokratie, Fraktionszwang und freies Mandat), Wahlen
- Q 3: Aktuelle internationale Konfliktregionen und die Möglichkeiten kollektiver Friedenssicherung: Interessen, Entstehungsgründe und Konfliktpunkte (Sicherung von Menschenrechten, Terrorismus, Friedenssicherung durch Vereinbarungen und Verträge, Einflusssphären); Internationales Recht: Souveränität und Völkerrecht;

1. *Mit dieser Aufgabenstellung und dem Operator „zusammenfassen" sollen Textverständnis und Methodenkompetenz nachgewiesen werden. Es kommt darauf an, die Argumentation des Autors inhaltlich und formal korrekt, auf das Wesentliche reduziert, wiederzugeben. Das Material ist zunächst formal zu bestimmen (Verfasser, Textart, Zeitpunkt der Veröffentlichung, Titel). In der Einleitung soll darüber hinaus die Kernthese herausgearbeitet werden. Im Hauptteil ist für eine gute Bewertung entscheidend, ob zu den Thesen des Autors die notwendige Distanz aufgebaut wird (indirekte Rede), die Autorenthesen in eigenen Worten wiedergegeben und die Aussagen am Text belegt werden (Zeilenangabe). Maßgeblich ist dabei vor allem, dass es gelingt, die Zusammenfassung eigenständig zu strukturieren. (AFB I)*

   Die militärische Intervention in Libyen in der Folge der Resolution 1 973 des UN-Sicherheitsrats vom 17. 3. 2011 sei illegitim, da sie die Grundprinzipien von Gleichheit und Autonomie im Völkerrecht verletze. Das ist der Kern der Stellungnahme des Hamburger Rechtsphilosophen Reinhard Merkel in seinem am 22. 3. 2011 auf FAZ.NET veröffentlichten Artikel mit dem vielsagenden Titel „Die Militärintervention gegen Gaddafi ist illegitim".

   Der Autor sieht durch das Eingreifen der Alliierten in den Bürgerkrieg in Libyen, auch wenn der Einsatz im Sinne einer **Schutzverantwortung** erfolgte, das völkerrechtliche Weltordnungsprinzip des Gewaltverbots verletzt (vgl. Z. 81 ff.). Dieses dürfe nur im äußersten Notfall zum Schutz der Zivilbevölkerung gegen Völkermord und zur Verhinderung von Verbrechen gegen die Menschlichkeit im Sinne von Art. 7 des Statuts des Internationalen Gerichtshofs eingeschränkt werden (vgl. Z. 56 ff.). Dieser Tatbestand sei im Falle Libyens nicht erfüllt (vgl. Z. 63). Zwar sei Gaddafis Regime zu keinem Zeitpunkt nach innen legitimiert gewesen, wohl aber nach außen gegenüber anderen Staaten (vgl. Z. 69 ff.). Der Bürgerkrieg mit dem Ziel des Sturzes des Diktators sei damit eine innere Angelegenheit, in die die Weltgemeinschaft nicht eingreifen dürfe, denn sonst werde die **Souveränität** des Staats Libyen verletzt. Um dies zu verdeutlichen, verweist der Autor auf Kants Schrift „Zum ewigen Frieden" (1796), in der bereits die

äußere Parteinahme in inneren Konflikten als Verletzung der **Autonomie** der Staaten abgelehnt und Folgeprobleme einer Parteinahme für die Zeit nach Beendigung des Bürgerkriegs aufgezeigt worden seien (vgl. Z. 21 ff.). Genau diese Probleme befürchtet Merkel auch für Libyens politische Zukunft. Nach einem von außen gewaltsam erzwungenen Tyrannensturz werde ein erfolgreiches **State-Building** nur schwer zu betreiben sein, da durch Gewalt die prinzipielle Loyalität der Bevölkerung verloren gehe (vgl. Z. 45 ff.). Im Übrigen seien die Rebellen keine Demokratiebewegung mit homogenen freiheitlichen Zielen. Die Ziele der libyschen Opposition seien zwar legitim, ihre Mittel jedoch nicht (vgl. Z. 76 ff.). Somit seien der ägyptische und der tunesische Weg Erfolg versprechender und „auch moralisch besser" (Z. 80).
Der Autor lehnt aus den genannten Gründen ein kriegerisches Eingreifen im Sinne eines „demokratische[n] Interventionismus" (Z. 52) zur Unterbindung von Gewalttaten und zum Sturz von Diktatoren ab und befürwortet die Entscheidung der Bundesregierung, der Intervention nicht zuzustimmen (vgl. Z. 6 f.). Selbstverständlich sollten Grausamkeiten gestoppt und brutale Diktatoren entmachtet werden, die Mittel müssten allerdings andere sein (vgl. Z. 15 ff.).

2. *Anknüpfend an das Zitat sollen bei dieser Aufgabenstellung der im Grundgesetz verankerte Verfassungskern der parlamentarischen Demokratie der Bundesrepublik Deutschland dargestellt und der politische Prozess der Repräsentation und der pluralistischen Willensbildung im Hinblick auf die Kategorie „Legitimität" erläutert werden. (AFB II)*

Der Autor des vorliegenden Materials, Reinhard Merkel, behauptet: „Nach Kriterien, die sich inzwischen auch im **Völkerrecht** durchsetzen, war Gaddafis Despotenregime nach innen, der eigenen Bevölkerung gegenüber, niemals legitim" (Z. 69 f.). Es stellt sich die Frage nach den Grundlagen **legitimer Herrschaft**.
In der Bundesrepublik Deutschland gibt das Grundgesetz die Struktur der politischen Gestaltung vor. Die Verfassung setzt nicht nur den Rahmen für das Funktionieren der politischen Prozesse, sondern definiert auch die Grundlagen legitimer Herrschaft und politischer Macht. In Art. 20 GG sind die **Staatsstrukturprinzipien** festgelegt. Die Republik wird darin als einzig legitime Staatsform und die Demokratie als einzig legitime Regierungsweise festgelegt. Die **Souveränität** des Volks ist die oberste Legitimationsquelle politischer Macht. Die Bürger wählen nach Art. 38 GG in allgemeinen, freien, gleichen, geheimen und unmittelbaren **Wahlen** ihre Repräsentanten, die wiederum die Mitglieder weiterer Verfassungsorgane bestimmen und die Regierungsarbeit kontrollieren. Die gewählten Parlamente repräsentieren also nicht nur die Wählerinteressen (**Konkurrenztheorie**, Pluralismus) und integrieren so die Bevölkerung in die Politik, sondern übernehmen auch eine wichtige Kontrollfunktion. Bei der **Willensbildung** des Volks wirken insbesondere die Parteien, ausgestattet mit Privilegien (vgl. Art. 21 GG), mit. Das Grundgesetz garantiert allen Bürgern als wesentliches

Freiheitsrecht die Koalitions- und Vereinigungsfreiheit (Art. 9 GG), weiter schützen noch andere Grundrechte die Vielfalt und die plurale Meinungsbildung. An diesen Strukturen kann man schon erkennen, dass die Willkürherrschaft eines einzelnen Despoten wie Gaddafi und ein gleichgeschaltetes Parlament ohne Meinungsvielfalt nach unseren Maßstäben niemals legitim sein können. Ein ausgeklügeltes System von **Gewaltenteilung** soll in der Bundesrepublik Deutschland einem Machtmissbrauch vorbeugen. Neben der klassischen, horizontalen Gewaltenteilung nach Locke und Montesquieu in eine gesetzgebende, ausführende und richterliche Gewalt existieren weitere Formen der Machtkontrolle.

Der deutsche Staat muss gemäß Art. 20 GG als **Bundesstaat** organisiert werden. Durch die Kompetenzverteilung auf Bund, Länder und Gemeinden entsteht zusätzlich ein System vertikaler Gewaltenteilung. Gliedstaaten mit eigenen weitreichenden Kompetenzen sind aufgrund ihrer Kontrollwirkung eine Institution, die Alleinherrscher in sämtlichen Ländern als eines der ersten Kontrollorgane abgeschafft haben. Einem Missbrauch des Wählerwillens wird in der Bundesrepublik Deutschland weiter dadurch vorgebeugt, dass politische Ämter nur auf Zeit vergeben werden (temporale Gewaltenteilung). Der Grundsatz der **Inkompatibilität** verhindert zudem eine Ämterhäufung.

Art. 20 GG definiert Deutschland weiter als **Sozialstaat**. Dieses Strukturmerkmal erfordert eine aktive Fürsorge für die Bürger. Zwar definiert die Verfassung nicht die Ausprägung des Sozialstaats, im Zusammenhang mit den Grundrechten, insbesondere der Gewährleistung der **Menschenwürde** (Art. 1 GG), wird allerdings deutlich, dass Existenzsicherung und soziale Teilhabe garantiert werden müssen.

Das **Rechtsstaatsprinzip** vervollständigt die Merkmale legitimer Herrschaft. Hier werden die Unterschiede zu Gaddafis Herrschaftspraxis am deutlichsten. Die vorstaatliche Garantie der Menschenwürde und der Grundrechte stellt ein Abwehrrecht des Individuums gegen staatliche Gewalt dar. Diese Rechte sind durch die **Wesensgehaltsgarantie** (Art. 19 GG) geschützt. Darüber hinaus sind die Grundlagen politischer, gesellschaftlicher und sozialer Teilhabe, die individuellen Freiheitsrechte und die Gewaltenteilung in der freiheitlich-demokratischen Grundordnung definiert und als **Verfassungskern** durch die sogenannte Ewigkeitsklausel (Art. 79 GG) geschützt. Alle Bürger, aber auch die staatlichen Institutionen müssen sich an die Gesetze halten (**Rechtssicherheit**). Jeder darf seine Rechte – auch gegen staatliche Maßnahmen – wahren (Rechtsweggarantie, Normenkontrollklage, **Rechtsgleichheit**). Gerichte müssen unabhängig sein. Sie sind nur dem geltenden Recht unterworfen und dürfen nicht beeinflusst werden. Sie richten nach verfassungsmäßigen Verfahrensvorschriften auf der Basis einer Gesetzgebung, die an das Grundgesetz gebunden ist. Mit dieser umfassenden Absicherung des Rechtsstaats reagierten die Väter und Mütter des Grundgesetzes auf die Erfahrungen der nationalsozialistischen Diktatur. Eine Willkürherrschaft sollte für alle Zeit ausgeschlossen werden. Libyen kannte einen derartigen Rechtsstaat unter Gaddafi nicht. Nach der erfolgreichen Revolution muss sich das Land solche Legitimationsgrundlagen von Macht und Herrschaft erst erarbeiten. Ein notwendiger Meilenstein werden dabei freie Wahlen sein.

3. *Der Operator „Erörtern" erfordert in der Regel, eine These oder Problemstellung zu untersuchen, die verschiedene Elemente enthält. Dabei kommt es darauf an, diese Elemente zu erkennen, sie abwägend unter Hinzufügung eigener Gedanken zu diskutieren und schließlich zu einem schlüssigen und eigenständigen Urteil zu gelangen. In diesem Fall stehen sich eine Intervention zur Durchsetzung von Menschenrechten und Demokratie und die im Völkerrecht verankerte Souveränität und Gleichheit der Staaten gegenüber. Der Autor hat sich klar positioniert. Eine Intervention in Libyen ist seiner Meinung nach illegitim. Ob Sie dem Autor zustimmen oder widersprechen, spielt für die Bewertung keine Rolle, entscheidend ist die Argumentation. (AFB II und AFB III)*

Die **Vereinten Nationen** (UN) haben sich in ihrer Charta als Ziel gesetzt, den Weltfrieden und die internationale Sicherheit zu wahren (Art. 1), und zwar mit friedlichen Mitteln unter Achtung des Grundsatzes der Gleichberechtigung und Selbstbestimmung der Völker. In ihrem Basisdokument verpflichten sich die UN-Mitglieder, jede gegen die territoriale Unversehrtheit oder die politische Unabhängigkeit eines Staats gerichtete Anwendung von Gewalt zu unterlassen (Art. 2). In Art. 7 des Statuts des **Internationalen Strafgerichtshofs** wird zwar ein Eingreifen bei Verbrechen gegen die Menschlichkeit für zulässig erachtet, aber aus der **Charta** selbst lässt sich keine Befugnis der UN zum Eingreifen in innere Angelegenheiten von Staaten ableiten. Seit etwa 2005 hat sich jedoch das Konzept der **Schutzverantwortung** (**responsibility to protect**) im Sinne einer Einhaltung der Menschenrechte durchgesetzt. Reinhard Merkel nennt dies „demokratische[n] Interventionismus" (Z. 52). Eine gewaltsame Durchsetzung von Menschenrechten und Demokratie steht allerdings im Widerspruch zum Prinzip des **Gewaltverbots** und der Souveränität der Staaten. Dieses Spannungsverhältnis zwischen den verschiedenen Grundprinzipien der UN kann anhand der militärischen Libyen-Intervention des Jahres 2011 aufzeigt werden.
Die zugrunde liegende UN-Resolution 1 973 vom 17. 3. 2011 ermächtigte die UN-Mitgliedstaaten, eine Flugverbotszone über Libyen einzurichten und „alle notwendigen Maßnahmen" zum Schutz der Bevölkerung zu ergreifen. Eine Besetzung libyschen Territoriums durch ausländische Mächte wurde ausgeschlossen und das Waffenembargo wurde ausdrücklich bestätigt. Diese Entscheidung der UN ist unter dem Gesichtspunkt der **Legitimität** infrage zu stellen.
1948 wurde von der UN-Generalversammlung die „Allgemeine Erklärung der **Menschenrechte**" proklamiert. Heute gelten diese grundlegenden Rechte als Völkergewohnheitsrecht, das alle Staaten weltweit bindet. Die Einhaltung der Menschenrechte zu kontrollieren und notfalls auch durchzusetzen, ist insofern eine folgerichtige Erweiterung des internationalen Rechts und damit auch der Grundbeziehung der Staatengemeinschaft. Die Schwierigkeit ist zunächst die Qualifizierung der Verstöße gegen die Menschenrechte. Darauf weist auch der Autor Reinhard Merkel hin, wenn er nur systematische Angriffe auf die Zivilbevölkerung und Völkermord als Anlass für Interventionen zulässt (vgl. Z. 57 ff.). Eine weitere Schwierigkeit stellt die im Völkerrecht kodifizierte **Autonomie** der Staaten dar. Diese wird jedoch zunehmend als die freie Selbstbestimmung der

Völker und nicht als die ihrer Regierungen ausgelegt. Schon jetzt können einzelne Personen, ja sogar Staatschefs, auf der Basis des Interventionsrechts wegen Verbrechen gegen die Menschlichkeit oder Kriegsverbrechen vor dem **Internationalen Gerichtshof** angeklagt und verurteilt werden. Es stellt sich die Frage, ob aus dieser Schutzverantwortung heraus nicht auch eine Pflicht zur Intervention, z. B. zum Sturz eines Diktators, entsteht.
Diese mögliche völkerrechtliche Weiterentwicklung des Ziels der **Friedenssicherung** der UN hängt mit dem neuen **erweiterten Sicherheitsbegriff** zusammen. Dieser definiert **Frieden** nicht nur als Abwesenheit von Gewalt, sondern setzt auch die Ziele einer Verbesserung des Lebensstandards, der Bildung, der Gleichberechtigung und der politischen Teilhabe. Die Intervention in Afghanistan ist im Sinne des neuen Sicherheitsbegriffs erfolgt: Nach und schon während des Kriegs gegen die verbrecherische Talibanregierung wurden verschiedene **State-Building-Maßnahmen** durchgeführt. Auch hier zeigte sich schnell ein Grundproblem jeglichen Eingreifens in die inneren Angelegenheiten eines Staats. Der gesellschaftliche Aufbau, die politische Teilhabe und der soziale Friede wurden durch die westlichen Besatzungsmächte definiert. Kulturelle Eigenheiten Afghanistans blieben zunächst eher unberücksichtigt. Nach inzwischen mehr als zehn Jahren Krieg fällt die Bilanz des neuen Konzepts gemischt aus. Die von den Alliierten eingesetzte Regierung ist im Land nur schwach legitimiert und hat wenig Durchsetzungsfähigkeit. Religiöse, ethnische und kulturelle Konflikte belasten den Aufbau eines funktionellen Staats auch weiterhin.
Im Falle Libyens war die Lage ähnlich unübersichtlich. Mehrere Bürgerkriegsparteien kämpften gegen eine despotische Regierung. Welche Gruppierungen das im Einzelnen waren bzw. sind und ob sie selbst freiheitliche und demokratische Zielsetzungen verfolgen, kann von außen schwer beurteilt werden. Durch die **Intervention** der westlichen Alliierten ist Gaddafi nun gestürzt. Wie sich neue politische Machthaber legitimieren, welche Unterstützung die UN geben kann und wohin sich das Land entwickeln wird, ist aber völlig offen.
Eine zusätzliche Problematik stellt die Art der Entscheidungsfindung innerhalb der UN dar. Um angesichts von rund 200 Mitgliedstaaten in Krisensituationen überhaupt handlungsfähig zu sein, werden die Beschlüsse im Kern vom **Sicherheitsrat** getroffen, der aus fünf ständigen Mitgliedern und zehn nicht ständigen, gewählten Mitgliedern besteht. Die Kerngruppe der fünf ständigen Mitglieder mit Vetorecht konserviert im Grunde die Konstellation der Zeit nach dem Zweiten Weltkrieg. Staaten aus Südasien, Afrika oder Südamerika sind hier nicht vertreten. Seit Jahren wird – relativ ergebnislos – über eine Reform dieser Konstellation diskutiert. Die Mitglieder des Sicherheitsrats sind natürlich nicht frei von Eigeninteressen. Sie müssen aber im Ernstfall zwischen Anerkennung von Autonomie und Intervention wählen.
Vor dem Hintergrund dieser Problematik konstatiert Merkel, die Militärintervention in Libyen sei illegitim (vgl. Z. 1 ff.), weil einerseits die völkerrechtlichen Voraussetzungen (Völkermord) nicht gegeben und zum anderen rein militärische Gewaltlösungen generell abzulehnen seien. Diese Einschätzung erscheint übertrieben. Zum einen ist die **Friedenserzwingung** (**peace enforcement**) notwendi-

ge Voraussetzung für einen zivilgesellschaftlichen Aufbau im Sinne des **erweiterten Sicherheitsbegriffs**. Zum anderen handelt es sich um einen nach den Statuten der UN zustande gekommenen Beschluss mit klarem Mandat, der damit völkerrechtlich legitimiert ist. Ob es grundsätzlich Aufgabe der UN ist, in einen Bürgerkrieg einzugreifen – mit welch moralisch hochstehenden Argumenten auch immer –, kann allerdings zu Recht gefragt werden.

4. *Die Aufgabenstellung erfordert eine Argumentation mit Pro- und Kontra-Argumenten. Bewertet wird dabei nicht, welche Position Sie einnehmen, sondern ob Ihre Argumentation schlüssig ist. Verwenden Sie Ihr Unterrichtswissen, um Thesen aufzustellen, diese zu erläutern und mit Beispielen zu untermauern. In dieser Lösung ist beispielhaft eine Pro-Argumentation aufgeführt. Die Fragestellung erfordert weniger tief gehende Kenntnisse über die innere Entwicklung Libyens bis ins Frühjahr 2012 hinein, sondern eher eine begründete Bewertung auf Basis politischer Kategorien, z. B. Legitimität von Herrschaft, Rechtsstaatlichkeit, Bedingungsfaktoren von Außenpolitik oder State-Building-Prozesse. (AFB III)*

Außenminister Westerwelle hat sich im Namen der deutschen Regierung als nicht ständiges Mitglied im UN-Sicherheitsrat bei der Abstimmung über die **UN-Resolution** 1 973 vom 17. 3. 2011 der Stimme enthalten, um Bedenken gegen eine militärische Durchsetzung der Flugverbotszone über Libyen deutlich zu machen. Diese Entscheidung ist auf große Kritik in der deutschen und internationalen Öffentlichkeit gestoßen, zumal alle NATO-Bündnispartner im **Sicherheitsrat** zugestimmt haben und sich nur Deutschland auf selber Linie wie Russland und China einer Zustimmung verweigert hat.
Die deutsche Enthaltung ist vielfach als mangelnde Solidarität mit den Bündnispartnern der NATO, allen voran den USA, bewertet worden. Sofort wurde der Vorwurf laut, die bestehende Pflicht zur **Friedenssicherung** aus finanziellen Gründen oder sogar aus innenpolitischen Erwägungen heraus nicht wahrzunehmen. Ein Mitglied des Sicherheitsrats müsse internationale – auch militärische – Verantwortung übernehmen. Das Angebot von deutscher Seite, die Truppen logistisch zu unterstützen und Wiederaufbauhilfe zu leisten, brachte die Kritik nicht zum Verstummen. Die deutsche Entscheidung wecke Erinnerungen an die Zeit vor der Wiedervereinigung, als sich die Bundesrepublik aus wohlverstandenem Eigeninteresse eine starke Zurückhaltung in der Außenpolitik auferlegte und militärische **Interventionen** ausschloss. Diese damals als „Scheckbuch-Diplomatie" abqualifizierte außenpolitische Linie könne ein wiedervereinigtes Deutschland, das zu den größten Wirtschafts- und Militärmächten der Welt gehöre, nicht weiterverfolgen. Insgesamt habe das deutsche Ansehen in der Welt abgenommen, bemängelte nicht nur die Opposition im Bundestag.
In der Tat kann die Enthaltung als vergebene Chance gewertet werden, eine konfliktreiche Region schnell zu befrieden und den Menschen dort zu helfen, indem zuerst ihre physische **Sicherheit** hergestellt und garantiert wird und im Anschluss daran **State-Building-Maßnahmen** durchgeführt werden. Beispiele für

derartige Maßnahmen sind Demokratisierungsunterstützung, Auf- bzw. Ausbau von Infrastruktur und Wirtschaft, Bekämpfung von Korruption sowie Verbesserung des Bildungs- und Gesundheitswesens. Dieses Engagement wäre, so die Befürworter eines Einsatzes deutscher Truppen, nicht nur durch engere Beziehungen zu den NATO-Bündnispartnern belohnt worden, sondern auch durch den Aufbau guter Kontakte zu den künftigen Machthabern Libyens. Deutschland als gefestigte Demokratie sollte sich schon aus moralischen Gründen für eine Durchsetzung der **Menschenrechte** einsetzen. Es sei durchaus auch ein niedrigschwelliges militärisches Eingreifen, z. B. durch operative Unterstützung der Lufteinsätze, möglich gewesen.

Es gab allerdings auch gute Gründe für die Entscheidung der Bundesregierung. Die Lage in Libyen war sehr unübersichtlich. Zwar ist sich die Weltgemeinschaft in der Ablehnung des Diktators Gaddafi einig gewesen, wen man aber in Form der Opposition unterstützt und letztlich an die Macht bringt, weiß bis heute eigentlich niemand. Die **Interventionen** in **Afghanistan** oder im **Irak** mögen als mahnendes Beispiel dienen: Ein militärisches Eingreifen kann relativ schnell beschlossen werden. Hat aber erst einmal eine Eimischung in die inneren Angelegenheiten eines Staats stattgefunden, muss man sich auf Dauer engagieren und die Folgeprobleme bewältigen. Beide Länderbeispiele zeigen zudem, dass den intervenierenden Staaten ihr Engagement keineswegs von allen Gruppierungen innerhalb dieser Länder gedankt wird. Von anti-westlichen oder islamistischen Kreisen wird jegliche Parteinahme und Einmischung als neue Form des Imperialismus gewertet. Das erschwert die zukünftige Zusammenarbeit. Darüber hinaus hat insbesondere der Einsatz in Afghanistan gezeigt, dass ein militärisches Eingreifen ohne zivile Opfer unmöglich ist. Das kann neuen Hass und weitere Eskalation schüren. Dabei ist noch nicht einmal die Frage berücksichtigt, ob die **Bundeswehr** überhaupt in der Lage ist, weltweites militärisches Engagement zu stemmen. Schon jetzt meldet das Verteidigungsministerium das Erreichen der Belastungsgrenze. Hinzu kommt die grundsätzliche Problematik schneller operativer Entscheidungen bei mandatsabhängigen Einsätzen einer Parlamentsarmee. **Out-of-area**-Einsätze der Bundeswehr sind zwar laut **Verfassungsgerichtsurteil** von 1994 grundsätzlich möglich, aber nur, wenn sie innerhalb eines Systems **kollektiver Sicherheit** erforderlich sind. Die Diskussion, ob das Erfordernis im Falle Libyens bestand und eine Einmischung in die inneren Angelegenheiten rechtens war, ist in der Öffentlichkeit nicht geführt worden.

Ein gemeinsames Abstimmen mit Staaten, die dem westlichen Demokratieanspruch nicht genügen, schadet tendenziell der internationalen Reputation Deutschlands. Aber ob das deutsche Rechtsstaatsgebot weltweit ausgedehnt werden muss, Deutschland also qua Grundgesetz verpflichtet ist, die Menschenrechte weltweit zu schützen, ist innerhalb Deutschlands längst nicht ausdiskutiert.

Es gab gute Gründe für die Enthaltung im **UN-Sicherheitsrat**. Der massive Ansehensverlust Großbritanniens im Zuge des Irak-Kriegs hat bewiesen, dass bloße Gefolgschaft gegenüber den USA nicht immer der Königsweg ist. Sich durch ein Nicht-Eingreifen in den libyschen Bürgerkrieg alle Optionen für die Folgezeit offenzuhalten, erscheint im Nachhinein als die richtige Entscheidung.